ヤルタの娘たち

チャーチル、ローズヴェルト、ハリマン 父娘の愛と戦争の物語

The Daughters of Yalta

The Churchills, Roosevelts, and Harrimans: A Story of Love and War

キャサリン・グレイス・キャッツ
砂村榮利子 訳

中央公論新社

目次

ヤルタへの主要代表団員のリスト

このリストは、本書において特に重要な役目を果たす幾人かの人物が誰であるか、わかるようにするためのものである。ヤルタ会談に参加した何百人もの人々のうちのほんの少数しか掲載していない。リストに掲載した人物たちの何人かは複数の肩書を持っていることに留意されたい。筆者は、この物語における彼らの役割に関連するか、あるいは役割に基づき、容易にそれと認識される肩書のみをあげた。

アメリカ代表団

フランクリン・D・ローズヴェルト（合衆国大統領）
アナ・ローズヴェルト（フランクリン・ローズヴェルトの娘でその副官、アナ・ローズヴェルト・ベティガーとしても知られる）
W・エイヴレル・ハリマン（ソヴィエト連邦駐在アメリカ大使）
キャスリーン（キャシー）・ハリマン（エイヴレル・ハリマンの娘）
フレデリック・アンダソン陸軍少将（アメリカ戦略空軍ヨーロッパ副司令官）
チャールズ・ボーレン（国務長官の補佐、フランクリン・ローズヴェルトの通訳官）
ハワード・ブルーン海軍少佐（フランクリン・ローズヴェルトの新たな主治医、心臓病専門医）
ジェイムズ・バーンズ（戦争動員局長）
スティーヴ・アーリー（報道官）
エドワード・フリン（元民主党全国委員会議長、フランクリン・ローズヴェルトの友人）
ワイルダー・フット（国務長官補佐）
アルジャー・ヒス（国務省特別政治問題担当部副部長）

ハリー・ホプキンズ（大統領特別顧問）
ロバート・ホプキンズ軍曹（ハリー・ホプキンズの息子、アメリカ陸軍通信隊カメラマン）
アーネスト・キング海軍大将（合衆国艦隊司令長官、海軍作戦本部長）
ローレンス・クーター少将（合衆国陸軍航空軍作戦担当参謀次長、ヘンリー・「ハップ」・アーノルド陸軍大将の代理）
ウィリアム・レイヒ海軍大将（合衆国陸・海軍最高司令官であるフランクリン・ローズヴェルトの参謀長）
ジョージ・マーシャル将軍（合衆国陸軍参謀総長、陸軍大将）
H・フリーマン・マシューズ（国務省欧州局長）
ロス・T・マッキンタイア海軍中将（合衆国海軍軍医総監、フランクリン・ローズヴェルトの長年の主治医）
エディ・ペイジ（モスクワのアメリカ合衆国大使館二等書記官兼顧問）
エドワード・R・ステティニアス（国務長官）
アーウィン・「パー」・ワトソン少将（フランクリン・ローズヴェルトの軍事補佐および秘書官、合衆国陸軍《退役》）

イギリス代表団

ウィンストン・チャーチル（首相）
セアラ・チャーチル（ウィンストン・チャーチルの娘でその副官、空軍婦人補助部隊の分隊士官、セアラ・オリヴァーとしても知られる）
ハロルド・アリグザンダー陸軍元帥（地中海作戦戦域連合軍最高司令官）
アーサー・バース少佐（ウィンストン・チャーチルの通訳官）
アラン・ブルック陸軍元帥（大英帝国陸軍参謀総長）
アリグザンダー・カドガン卿（外務省常任次官）

アーチボルド・クラーク＝カー（ソヴィエト連邦駐在イギリス大使）
アンドルー・カニンガム卿、海軍元帥（第一海軍卿兼海軍参謀総長）
アンソニー・イーデン（外務大臣）
ヘイスティングズ・「パグ」・イズメイ卿、陸軍大将（ウィンストン・チャーチル付きの参謀長、戦時内閣参謀総長会議議長）
モラン卿（ウィンストン・チャーチルの主治医）
チャールズ・「ピーター」・ポータル卿、王立空軍元帥（空軍参謀総長）
チャールズ・「トミー」・トンプソン海軍中佐（ウィンストン・チャーチルの副官、王立海軍）

ソヴィエト代表団

ヨシフ・スターリン（ソヴィエト連邦元帥、ソヴィエト共産党書記長）
アレクセイ・アントーノフ将軍（ソヴィエト軍参謀第一次長）
ラヴレンチー・ベリヤ（内務人民委員《ＮＫＶＤ》）
セルゴ・ベリヤ（ラヴレンチー・ベリヤの息子）
アンドレイ・グロムイコ（合衆国駐在ソヴィエト大使）
フョードール・グーサフ（イギリス駐在ソヴィエト大使）
セルゲイ・フージャコフ空軍元帥（ソヴィエト空軍幕僚副長）
ニコライ・クズネツォフ海軍元帥（ソヴィエト海軍人民委員）
イヴァン・マイスキー（ソヴィエト連邦外務人民委員代理、前イギリス駐在ソヴィエト大使）
ヴャチェスラフ・モロトフ（外務人民委員〔実質上の外務大臣〕）
ウラジーミル・パヴロフ（ヨシフ・スターリンの通訳官）
アンドレイ・ヴィシンスキー（外務人民委員第一次長）

原注［　］（　）
訳注・補注〔　〕

ヤルタの娘たち

チャーチル、ローズヴェルト、ハリマン 父娘の愛と戦争の物語

家族に捧げる

第一部

「あの娘《こ》は彼らを上手に扱えるんだよ、
だから一行は彼女を連れて行くのさ」

第一章　一九四五年二月一日

一九四五年冬、かつては雪のように白かった正面は汚れで覆われ、リヴァディア宮殿は、黒海に臨む高台に、がらんとして建っていた。家具[1]や値のつけられないほど貴重な芸術品がなくなって久しい。洗面台やトイレやランプは、接合部品から引き抜かれ、壁から引きちぎられている。ナチスは、真鍮のドアノブに至るまですっかり略奪していた。

クリミア半島の南端のヤルタの保養地から沿岸を三マイル〔約四・八キロメートル〕も行かない位置にあって、宮殿は、かつては皇帝《ツァーリ》や皇后《ツァリナ》、ニコライ二世とアレクサンドラのための夏の離宮だった。皇帝と皇后は、アレクサンドル三世が病死した旧リヴァディア宮殿を取り壊し、家族生活により相応しい、新たに一一六部屋[2]備えた、ロマノフ家の隠れ家にした。地中海式気候と黒玉砂利の浜は、皇帝と皇后、五人の子供たちにサンクトペテルブルク〔一七一一年から一九一七年まで帝政ロシア時代の首都〕の湿気や豪奢からの息抜きを与えてくれた。棕櫚や糸杉が生い茂る緑豊かな庭園は、白色のクリミアの石で建造されたネオ・ルネサンス〔一九世紀前半から欧州で始まった建築様式。以前のルネサンス建築に基づき、当時の荘厳さや各地の新しい建築方式を織り交ぜた〕様式のイタリア風な宮殿を取り囲んでいた。皇帝と子供たちは、海で水浴びし、テニスを楽しみ、岩だらけの小道を馬で辿った。皇后はバザーで自分の針仕事[3]を販売し、地元の病院のための基金を集めた。だが、比較的地味な中にも、華麗さが顔をのぞかせた。白色の舞踏の間[4]は、フランス式のガラス窓付きの戸が庭園に面していたが、皇帝の長女である皇女オルガは、一六歳の誕生日を大晩餐会で祝っていた。オルガは一晩中、ピンクの舞踏会用ドレス姿で、弧を描いて踊っていた。髪は生まれて初めて頭上に高く結い上げていた。初めてのジュエリーは、三二粒のダイアモンドと真珠の連のネックレスで、シャンデリアの光を受けて、輝きを放っていた。

皇帝とその家族は、一九一八年にエカテリンブルクの町の外れの地下室で惨殺される以前、リヴァディア宮殿には、わずか四回滞在しに訪問しただけだった。この残虐行為は、ロマノフ王朝とロシア帝国の最期を画した。ボルシェビキ〔ロシア社会民主労働党の左派〕はすぐに宮殿を、休息と、安静、そして結核のための治療を必要とするソヴィエトの特別待遇の労働者のためのサナトリウムに変えた。共産党員たちは白く輝く宮殿を滅菌し、ロシア中の皇族に対する記念像を破壊し、それらを自分たちの記念像と代えたように、ロマノフ家のあらゆる印を外し、覆い隠した。そのうち戦争になったが、四半世紀のうちの二番目の戦争だった。一九四二年、ナチス・ドイツは近くの港湾都市であったセヴァストポリを何ヶ月も猛攻撃した後、クリミア半島を侵略したのだ。陰惨で最終的には不運だったバルバロッサ作戦の一部だった。ナチスがソヴィエトとの不可侵条約を破ってステップ地帯を横切って東へ突撃した時、クリミア半島を侵略したのだ。皇帝の夏の離宮のみが、ナチスのクリミア司令部になりえたため、侵略者はリヴァディア宮殿を乗っ取ったのだ。一九四四年の春、ソヴィエトはついにクリミアを再び取り戻し、ナチスを追い出した。だが、後退する敵はリヴァディア宮殿を略奪して、運べるものは全て持って行ってしまった。

一九四五年二月、キャスリーン・ハリマン、魅惑的にして二七歳になる全米第四位の資産家の娘が立ったのはまさにこの略奪された宮殿だった。急を要する配管の設置は言うまでもないが、のこぎり作業、鍛金、ペンキ塗装、燻蒸《くんじょう》消毒、艶出しや植栽などにかかわる何千人もの労働者で宮殿や庭園は込み合っていた。戦争が残した残骸の散らばる場所を片付けるためにソヴィエトが徴用した労働者たちや、集められたルーマニア人捕虜たちのために小屋が建てられた。[*5] しかし、かつての王朝の敷地全体で休みなくせっせと働いていた全員が寝るための場所はなお全く十分ではなかったのだ。

キャシー〔キャスリーンの愛称〕と父の駐ソ米大使、W・エイヴレル・ハリマンはモスクワから数日前に到着していた。彼らは、過去一五ヶ月間、かの地に住んでいた。戦争の最も重要な会議の一つの最終的な準備を監督するのに、一〇日ばかりを残すのみであったため、彼らは飛行機で来る予定だったが、[*6] 悪天候が彼らの離陸を阻んだ。八〇〇マイル〔約一二八七キロメートル〕の列車での旅は爆破された村々や踏み荒らされた田園地帯をのろのろとほぼ三日かかった。[*7] キャシーは一五ヶ月間の滞在のうちに、このような光景に慣れて来てはいた。彼女が目にしたすべての駅は、廃墟と化していた。[*8]「必要のない破壊には身の毛がよだちます」[*9] と、キャシーは子供時代の家庭教師で友人のエルシー・マーシャルに書いた。ニューヨークでは、「ムーシュ」〔フランス語でハエの意〕とニックネームが付いていた（この観察を記した手紙がムーシュにたどり着くか否かは、検閲官次第だった）。姉のメアリには「なんてことなの、この国は、とにかく後片付けをするという、やるべき仕事があるの」[*10] と書いた。

戦いは決して勝利したとは言えないが、一九四四年の後半には英米軍は、ローマ、パリ、ブラッセル、アテネをドイツ、イタリア軍の占領から解放していた。一方、赤軍〔一九一八年一月から一九四六年二月まで、ロシア帝国及びソヴィエト連邦にあった軍隊〕は、ポーランド、ルーマニアを越え西に進軍した。あの一二月のベルギー、フランス、ルクセンブルクにおけるドイツの連合戦闘部隊で編成された国防軍の、驚異的できわめて強力な反撃は、底冷えのするアルデンヌの森で、西部戦線を突き破ることが懸念されたが、連合国が優勢になったのは明らかだ。太平洋での戦争は、終結にはほど遠かった。米国の将軍たちは、秘密で未検証の全てを変えてしまうかもしれない兵器が間に合わなければ、戦争はもう一八ヶ月続くかもしれないと見積もった。しかし英国首相ウィンストン・チャーチル、合衆国大統領フランクリン・ローズヴェルト、ソヴィエト書記長ヨシフ・スターリンは、ヨーロッパにおけるきわめて重要な局面に達している事を認識していた。彼らの軍は競ってベルリンを目指したので、三人の指導者たちは、大陸での戦争の終結に関する複雑な問題に直面していたのだ。それは対面でのみ、解決のできる問題だった。

彼らが、そのような会談を呼びかけたのは、初めてではなかった。一九四三年の一一月の末、彼らがそう知られていたように、「三巨頭《ビッグスリー》」は、長く待たれた第二戦線〔西部戦線〕の土台を築くために、テヘラン〔当時、英ソ占領下にあったイランの首都〕で会談を持った。第二戦線は七ヶ月後にノルマンディの浜で開始された。当時、スターリンにアピールしようとして、ローズヴェルトとチャーチルはテヘランへの難儀な旅をすることを惜しまなかったのだ。その位置は、ロンドンやワシントンより、モスクワの方にかなり近かった。今回は、スターリンがやって来るのが、公平というものだった。西側の指導者たちは、地中海で会談を持つことを提案したのだ。だが、スターリンは、自分の健康状態が芳しくなく、自国を離れられないと主張した。主治医たちのアドバイスに従って、自国の国境を越えた場所は何処であろうと拒否した。*11 チャーチルと、とりわけローズヴェルトは太平洋での勝利を保証するには、また、ローズヴェルトの世界平和を確保する新たに構想された組織〔国際連合のこと〕を成功させるには、さらに、ポーランドのような最近解放された国家に対する政治的な民族自決を保証することにスターリンを長期的にかかわらせるためには、ソ連政府の協力が必要だと確信していた。スターリンの赤軍は、疑いもなく東欧を支配していたので、チャーチルとローズヴェルトは、民主的な戦後世界のビジョンに照らして失うものがスターリンよりも多かったのだ。ローズヴェルトは、そっとエイヴレル・ハリマンに、とやかく押し問答をしないで、スターリンの要請を受け入れるよう、[*12]チャーチルがあれやこれやと言いだす前に、彼とチャーチルがソヴィエト連邦を訪れる確約をするよう、命じた。

　黒海沿岸までが、スターリンが移動しても良いと思う極西だった。クリミア半島の南沿岸の一つながりの保養地は、皇帝一族や貴族階級の彼らの友人がかつて所有していた屋敷群があったため、「ロマノフ・ルート」という通称で呼ばれた細長い地域であり、未だに高位の共産党員の間で、ある種の魅力を醸していた。ソ連政府は、帝国主義者の時代の汚職を非難したが、自分たちがこれらの豪奢な宮殿を使用することに道徳的な良心の呵責は覚えなかったことは明らかだ。オデッサ〔別称「黒海の真珠」〕からバタム〔別称「黒海のラスベガス」〕まで黒海周辺の様々な場所を検討したのち、ソ連と米国はヤルタとリヴァディア宮殿を幾つかの選択肢がある中で、ベストと見なした。[*13]他の選択肢は、大規模な代表団を収容するには、戦争による損傷が大きすぎるか、船や飛行機では近づきにくかったのだ。チャーチルが強調したように、黒海は未だ水雷だらけで、指導者たちがヤルタまで船で行くのは危険であったとしても、ハリマンとモスクワのアメリカ大使館はしぶしぶヤルタとすることに同意した。[*14]とはいえ、彼らのサポート・スタッフの何人かは船で行かねばならなかったが。一九四五年の年明けまでに、ローズヴェルトとチャーチルはイタリアの南部の先端から六〇マイル〔約九七キロメートル〕沖の地点の、マルタ島〔第二次世界大戦中はイギリス海軍の重要拠点。連合国軍のシチリアやイタリア本土への上陸作戦の拠点〕にておち合い、そこからクリミアまで飛行機で飛び、元・皇帝の夏の離宮でスターリンと会うことが決定された。[*15]

　リヴァディアは、皇帝の屋敷だが、キャシー・ハリマンが育ったハドソン川渓谷の一〇万平方フィート〔約九二九〇平方メートル〕の大邸宅より規模が小さかった。また、三つの代表団全部を収容するには狭すぎた。しかも代表団は、日ごとに指数関数的に増えているようだった。愛想よく世話をやくホストを演じて、スターリンは丁重に、リヴァディアをローズヴェルト大統領に提供した。近場の幾つかの宮殿の中では、最大の広さの宮殿として、舞踏の間は、三巨頭《ビッグスリー》や彼らの側近たちの公式会談を主催するのに完全にかなっていた。ローズヴェルトは腰から下が麻痺していて車椅子にずっと座っていた。スターリンは、大統領が毎日会議へと移動しなくて良ければとても楽なのではないかと考えた。その一方、チャーチルとその一行は、ヴォロンツォフ宮殿に宿泊することになった。ソ連政府が国有化した別のロシア貴族の館で、道を三〇分、車で下った所にあった。スターリンは、若干小さな近場の邸宅を選んだ。コレイズ館《ヴィラ》、またはユスポフ宮殿と言われたのだが、アメリカとイギリスの宿舎の間に都合よく位置していた。ヴォロンツォフ宮殿とコレイズ館は、リヴァディアより、修繕が進んでずっと良い状態になっていた。しかし、スターリンの選んだ館にはある種の不穏なオーラが漂っていた。噂によるとそこは、かつて、ラスプーチンを殺害した男が所有していた。[*16] ラスプーチンは、神秘家（あるいは見方によってはペテン師）で、アレクサンドラ皇后への助言者だった。彼のロマノフ家への芳しくない影響が、王朝の衰頽《すいたい》を早めた。スターリンが、この特別の館を選ぶにあたって、ある種のメッセージ——威嚇あるいは腹黒いユーモア——を送る意図があったか、またはその館がただ単に最も快適と思ったのかは、謎である。

ひとたび三人の指導者たちが、ヤルタに集まることが決定すると、ソ連は、たった三週間で、荒廃した屋敷を史上最大で最重要な国際的サミットの一つにふさわしい場にした。ラヴレンチー・ベリヤは、恐れられていたソ連の秘密警察であるＮＫＶＤ——内部人民委員部〔刑事警察、秘密警察、国境警察、諜報機関を統括していた〕の不気味な長官であり、スターリンが最も不快な仕事を執行する際、いつもあてにできた男なのだが、今回の準備の責任者だった。[*17] この仕事は、建物の修理から、物資の輸送、さらに周辺の地域から「望ましくない要素」はなんでも除去することに至るまでありとあらゆることを、監督することを含んでいた。その中にはヤルタの二〇キロメートル以内でＮＫＶＤが七万四〇〇〇回実施した安全確保チェックをする過程で発見された、八三五人の反ソヴィエトの個人容疑者も含まれていた。[*18] ハリマン大使は会談の約一〇日前に到着して、改善がアメリカ基準になっているか、どれほど些細なことでも、問題なく外交の進展の妨げとならないよう、物流や外交儀礼にかかわる事項が準備万端整っているか、確認することになっていた。

原理的には、エイヴレル・ハリマンは会談の手配に関して最終的な責任があった。しかし、実際は、そうではなく、娘に任せた。エイヴレルは、好機にあって、めぐってきた活動の中心となるチャンスは決して逃さなかった。一九四一年はじめ、孤立主義〔権益を持たなかったヨーロッパの問題に介入しない外交政策〕は、合衆国で未だに横行していた。そして国民は中立だった。ローズヴェルトは、ナチスに対する闘いを支援することに熱意を燃やしたが、それは中立の立場を守りつつ、できうる範囲に限られていたのだ。創造的な思考法で、彼は、彼の目的を遂げる抜け穴を見つけた。そして、武器貸与法のプログラムが誕生したのだ。合衆国はイギリスとその同盟国に食料、燃料、船舶、航空機、弾薬、その他の戦争用物資を提供し、理論上は、戦後、イギリスはそれらを返却するというものだった。一九四一年二月、ローズヴェルトがエイヴレル・ハリマンを武器貸与法特使に任命した時、彼は、一瞬の躊躇もなく、「ブリッツ」〔一九四〇年九月七日から一九四一年五月一〇日、ナチスによるイギリスへの大規模空爆〕が猛威を振るっている中、そのポストに就くためにロンドンに向かった。だが、合衆国が参戦後、活動の場は東に移った。そして、エイヴレルは後を追って活動の場を移したがった。ローズヴェルトは一九四三年秋にクレムリン〔モスクワにある旧ロシア帝国の城塞宮殿の名。現在は、ロシア連邦政府の諸機関がある〕への大使の地位を彼に与えた。彼は、すぐさま、ロンドンからモスクワに発った。

今回も、〔彼の行動パタン〕に違いはなかった。エイヴレルとキャシーが、クリミアに到着して三日後、チャーチルとローズヴェルトに会うため、マルタ島に飛んだ。[*19] エイヴレルは、重要な会談前の進展なら何でもそれに参加することを熱心に希望した。その間、エイヴレルは娘をヤルタに残し、代表団が到着する前、残された一週間の間にリヴァディア宮殿での準備の終わっていない残りを実行させたのだ。

一見、驚くべきことのように見えるが、キャシーがこの仕事を監督することは、実際、完璧に理に適っていたのだ。彼女は、ロシア語を話した。エイヴレルは話せない。モスクワで父親が大使の義務を果たしながら言葉を習得するには、十分な時間がないことを理解していたため、キャシーは二人のためにロシア語を学ぶことにした。二人がモスクワにつくなり、キャシーは家庭教師を雇った。モスクワでは、アメリカ大使の住居であるスパソハウス〔一九一三年に建築。一九三三年、ソヴィエト連邦初の米大使ウィリアム・ブリットが一時的住居として選んで以来、歴代の米大使の住居〕の公的な女主人として務めることになっていた。少数の、英語を話すロシア人の家庭教師は、すでに仕事で多忙であったので、彼女はフランス語を話す家庭教師を雇い、ロシア語からフランス語へ、そして英語へと訳さなければならなかった。[*20] キャシーは、あらゆる機会に、ロシア語を学習した。名だたるボリショイ劇場〔ボリショイとは大きいという意味でロシア国内の幾つかの大劇場をそう呼ぶ〕やマールイ劇場〔小劇場をマールイ劇場と呼ぶ。別称・帝室劇場〕では上演にひたすら耳を傾け、道を歩くときはロシア語の表現を独りごちていた。時折、地元の人々はぽかんと見とれていた。しかし、彼女は姉のメアリに、あの人たちは私が毛皮のコートと絹のストッキングを身に着けているので、どのみち、じろじろ見るのだと言った。それらは、モスクワではほとんどの人たちが買う余裕のない希少な贅沢品だった。彼女のロシア語は完璧とは言えなかったが、社交の集まりで父親の通訳の役目を担うには十分だった。[*21] 今、ごった返しているリヴァディア宮殿で、彼女はロシアの歩哨たち、官僚たち、労働者たちと話をする仕事を引き受けた。時折、彼女が言葉を見つけようともがいても、彼女が彼らを許容するように、ロシア人が彼女を許容してくれることを望んでいた。彼女は、彼らが彼女の名前を正しく発音できるように懸命に努力していたために、彼らを許容していたのだ。ロシア語の正式な言葉で「ミスター」は「ガスパディーン（Gospodin）」であるため、ロシア人は、彼女に「ガスパディーナ・ハリマン」[*22]〔原文のガスパディーナ（Gospodina）は〔Mr. にあたる Gospodin の生格（属格）もしくは対格（直接目的語）なので〕誤り。〔正しくは Mrs. や Ms. にあたるガスパジャー（Gospozha）〕と呼びかけた。しかし、多くの人々は、ハリマンの「H」を発音することが不可能であったので、「ミス・ハリマン」は「ガスパディーナ・ガリマン」のような音になって聞こえた。キャシーには、「老人が朝早くに咳ばらいをして」いる音を想起させた。

　エイヴレルが――常にエイヴレルかエイヴ〔エイヴレルの愛称〕であって、「お父さん」でもダディでもなかった――キャシーを親元から遠く離れた辺鄙なところで自活させたのは初めてではなかった。ベニントン・カレッジ〔一九三二年創立。ヴァーモント州南西部にある私立の小規模リベラルアーツ校〕での四年間、キャシーはアイダホ州にあるエイヴレルのスキーリゾート、サン・ヴァリーで冬休みを過ごした。そのリゾートは、その類のものとして合衆国では初めてだった。アメリカ人が一九三二年のレイク・プラシッドでの冬季オリンピックをきっかけにスキーに熱狂した時、エイヴレルは自分の前に巨大な好機が横たわっていることに気が付いた。ユニオン・パシフィック鉄道の会長として、彼は西部の鉄道沿線で事業を拡大するもくろみだった。人々は西へ行く理由が必要だった〔西漸運動。米国では、一七世紀初頭の英植民地建設以来、経済的向上や土地を求めて西方の太平洋側への開拓が盛んだった〕。そしてヨーロッパアルプスの保養地に匹敵する魅力溢れる目的地であるスキー場こそが、まさにそれだった。「山々に抱かれた海辺の農場」[*23]と宣伝されて、とりわけエイヴレルが技師たちに世界初のチェアリフトを発明し取り付けるように指示した後、サン・ヴァリーはあっという間に成功を収めた。――ハリマン家のマンハッタン市内の住居やハドソン川渓谷にある田舎の邸宅であるアーデンハウス同様、サン・ヴァリーはすぐにキャシーにとってホーム《うち》となった。キャシーの両親は、彼女が一〇歳の時に離婚した。そして、母親のキティはキャシーが一七歳の時に、癌で死亡した。エイヴレルは、コーネリアス・ヴァンダービルト・ホイットニー〔ホイットニー家三代目の実業家・篤志家。競馬史に残る馬主〕の元妻マリー・ノートンと一九三〇年に再婚し、そしてマリーは自ずとアーデンの女主人の役を受け入れた。キャシーと義理の母は仲が良く、加えて、アーデンハウスはキャシーが最も真剣に取り組んだ乗馬や射撃のための素晴らしい土地に囲まれていたのだが、サン・ヴァリーは、キャシーを父親と真に結び付ける場所だった。

　エイヴレルは、まずビジネスに、それから次第に政治へと、様々な試みにかかわって世界中を駆け回っている間、キャシーを数週間も続けて彼の代理としてリゾートの日々の運営を手助けさせた。[*24]スロープの状態を査定すること、宣伝を取り仕切ること、アーネスト・ヘミングウェイのような著名人の客の世話をすること、などだ。ヘミングウェイはすぐにサン・ヴァリーをホーム《うち》と呼んだ。彼女は時折、ライバルのリゾート地への偵察のようなものまでした。それらは、西の方に華々しく出来はじめていた。一家は、驚くほど裕福だったが、見栄張りではなく、スパルタ的な家風だった。キャシーは、フォックスクロフト・スクール〔一九一四年創立の最も古い小規模女子校の一つ。乗馬のプログラムが人気〕に通っていた。[*25]キツネ狩りやルーレイ鍾乳洞〔米国東部最大の洞窟〕への馬の背に何日も乗っての遠出、生徒は毎晩、天候に関係なく、暖房のない戸外の玄関で寝ることを要求されることなどで知られるヴァージニア州の寄宿学校だった。サン・ヴァリーで、キャシーは、自然の中での生活を喜んで受け入れていたので、すぐにスキーに熱中するようになった。父がチェアリフトを設置する以前は、カシミアのセーターに組み合わせ文字のデザインの施されたジャケットを粋に着こなし、スキーの板を、シールスキン〔アシカやアザラシの毛皮〕で包み、誰も触れていないアイダホ州の雪の上をすべり降りたいという一心で、しばしば五時間がかりのトレックで山肌を上った。[*26]不屈の意志でさらに高くさらに高くと重い足取りで登る際、高高度での彼女の苦しそうな息の音から友人や家族は、彼女を「パフ」と呼び始めた。[*27]しかしサン・ヴァリーでキャシーが過ごした貴重な数週間は、競技的なスリルよりもっと多くの事を意味した。貴重な何週間かは、自分は父の隣に同等な者として並ぶにふさわしいことを示そうと決心した娘がそのことを証明する実験場となった。

　多くの点において、サン・ヴァリーの運営を手伝ったことは、キャシーが今、直面している仕事の理想的な準備だった。しかし、ローズヴェルトと一行がリヴァディア宮殿に到着する前にやっておくべき圧倒的な量の労働に対して、本当に準備が出来ている人などいなかったろう。ラヴレンチー・ベリヤの監督の下、ソヴィエトは、大わらわでモスクワの豪華なホテルから埋め合わせられるものが何であれ、躍起になって、三つの館を補充していた。一五〇〇両の車両に建築補充品、道具、調度品、敷物、白熱電球、美術品、食器、調理器具、食料品を積んで、クリミア半島へ一〇〇〇マイルの旅をあえぎながら運んだ。[*28]まるで、モスクワの著名なホテル・メトロポル〔一九世紀末から二〇世紀初頭、ロシアの実業家の資金提供と建築家によって完成。帝国時代からの豪華な調度品と風格のあるアール・ヌーボー様式のホテル〕の、動かせるものは全てが荷に積まれ、輸送されたかのようだった。会談のためのメイドの制服はメトロポルのものであることを示す「M」が刺繍されていた。[*29]ベッド、テーブル、椅子は一目瞭然だが、それらに加えて、例えば、コートハンガー、髭剃り用の鏡、灰皿のような日常生活のもっとありふれた品が供給されねばならなかった。キャシーは、これらの品のいくつかは戦争で打撃を受けた近場の町の「まさに家庭から『徴用』された」[*30]と推測した。

また、ナチスが出て行ったのと入れ替わりに、入ってきた最近の住民を立ち退かせる問題があった。それは小さな虫だった。宮殿には、ヒトシラミやトコジラミ〔別名ナンキンムシ〕が蔓延《はびこ》っていた。ベリヤのNKVD、赤軍の兵士、地元の農民労働者、ルーマニアの捕虜たちの混成チームが、片付けに苦労している中、アメリカ海軍医療部隊が宮殿からシラミを駆除するために到着した。彼らは、灯油で希釈した一〇パーセントのDDT溶液を作り、家具に噴霧した。[31] そして、DDTの粉末をすべてのリネンに散布した。その情け容赦のない投与量ですら、シラミを完全に取り除けたわけではなかった。キャシー自身は、ロシアの虫については知りすぎるほど知っていた。モスクワからヤルタまでの列車で、何かの虫に、目のあたりをかまれてしまった。[32] 彼女の皮膚はひどく腫れて、一、二日の間ほとんど見えなかった。戦時における国際外交は、明らかに魅力的ではなかったが、キャシーは動じなかった。

キャシーが父親の世界のなくてはならない存在になったのは、彼女が妥協しない泰然とした性格だったからだ。モスクワでの一五ヶ月とロンドンで戦争報道の仕事をしていたその前の二年間のお陰で、エイヴレル・ハリマンの魅力的で自分の意見に強くこだわる娘は、ヤルタに集まる三つの連合国の軍や民間にはよく知られていた。リヴァディア宮殿にキャシーがいることは、彼らの誰にとっても、ローズヴェルトにとっても、意外ではなかった。「これは彼女の管轄なので、キャスリーンを連れて行くことにしました」[33] と、エイヴレルは、一月一七日にFDR〔フランクリン・デラノ・ローズヴェルトの愛称の一つ〕に電報で伝えた。さらに、「私は娘をヤルタに残し、そこで手配の詳細に関して手伝わせます」[34] と伝えた。ローズヴェルトは、反対しなかった。[35]

代表団が日々を快適に送るための手配や、彼らを歓待するための事前の作業などが、キャシーの管轄となったのは、皮肉なことだった。彼女は、ジャーナリストとして仕事をするために、戦争の初期、ロンドンに引っ越した。幾度となく彼女が強調したように、父親の家政婦になるためではなかった。[*36]実際、モスクワに行く前に彼女が姉のメアリに書いた手紙の中で、最後に念押しした一つは、「接待の仕事がなければいいと望むばかりだわ」[*37]だった。キャシーはひどくがっかりした。モスクワでの暮らしは、次から次へと惜しげもなく供されるキャビアとウオッカ攻めの宴会の連続のようだった。今では、膨大な数の家事担当スタッフを監督し、ゲストを楽しませることが、彼女のヤルタでの仕事の一部になるだろうと懸念していた。しかし、時がたつにつれて、女主人として、父の代理としての役割は単にパーティを催し、館を切り盛りすることよりずっと複雑だと理解するようになった。決して公的な肩書を与えられていたわけではないが、彼女は実質的にアメリカ人の中の儀典士官としての役割を務めていた。この役割は、しばしば見落とされ過小評価されているが、国際外交において重要である。外交儀礼を監督することは、外国の祭礼、習慣を遵守し尊重することに始まり、公式晩餐会での席次の配置が些末な不平不満の種とならないようにすることに至るまでを網羅していたのだ。代表団が到着する前に、文化的混乱や苛立ちや動揺となりうる源を予想し、除去することは、キャシー次第だった。たまたま副長官の名前を座席カードにミスタイプするといった、一見無害に思えることでも、そのことでその代表は苛立つかもしれず、その苛立ちを会議室まで持ち込むかもしれない。その結果として生じる影響は有害なものとなりえたのだ。

外交儀礼の慣習的作法は重要なのだが、キャシーは時折、愛らしくも作法に無自覚だった。かつて、最良の友人で、首相の義理の娘であるパメラ・チャーチルと連れ立って、夜、ロンドンで外出をした時、ギリシアの王と出くわしたことがある。キャシーは、シンプルにアメリカ式に「初めまして！」と挨拶した。[*38]一方、パム〔パメラの愛称〕は腰をかがめて丁重に挨拶した。キャシーは、自分たちが相手より優越していると考える人々に従順に従う方ではなかった。一度など、アデル・アステアと言い争いをした。アデルはアメリカ映画スターのフレッド・アステア〔一九三〇年代から五〇年代のハリウッドのミュージカル映画全盛期のスター〕の姉で、以前、彼のダンスのパートナーでもあり、チャールズ・キャヴェンディッシュ卿と結婚していた。戦争への国民協力におけるアデルの寄与をめぐって、かなり嫌みな記事を『ニューズウィーク』誌に書いた後だった。戦時報道記者として、キャシーは、工場で働いたり、輸送パイロットを務めたり、前線のすぐ背後で兵士を看病したりする大勢の女性たちに会い、彼女らに関する記事を書いてきた。「代書屋」[*39]としてのアデルの寄与——兵士が故郷に送るラヴレターに手を加える——は、比較にはならなかった（アデルは上手に手紙を書いたのだが）。記事の中で、アデルは、「未だにばかばかしいリボンの蝶結びを白髪になり始めている髪の上の方に［付けて］いた」[*40]と書かれていた。そのうえ、『ニューズウィーク』誌は、彼女の年齢を印刷した[*41]——寛大にも四四歳。年齢に関してはキャシーに責任はなく、キャシーは編集者にそれをとがめることができた。アデルはキャシーの二度目の母の友人で、[*42]驚くにあたらないが、この記述を快く受け止めてはいなかったのだ。かつての女優の卵は、次に、自分より年下の女性記者をソーホーのレストランで目にした時、キャシーにむかって金切り声を上げ、「あばずれ中のあばずれ」[*43]と呼ばわった。彼女をロンドンで「破滅させてやるわ」と脅した。キャシーは、明らかに面白がっていたので、アデルはますます激怒した。

今キャシーは、ロシア人の給仕長が[*44]、白磁器と透明なグラス類を置く位置を設定するために、光学的に効果的な配置を入念に確かめていたので、彼を見て笑いたくなったのだが、自分の率直な意見は控えておいた。戦争は猛威を振るう。それゆえ、外交面からのアプローチは最重要である。外交面を深く気づかう人々の間では、全てが正しくなされることは責務である。それは、報われることのない仕事だ。もし、彼女が全てを正確に遂行しても、誰もその仕事に気づかない。彼女が間違いを犯せば、異文化間に調和をもたらすための準備を完璧に行わなかったとの誹《そし》りを父親が受けるのだ。身体にこたえる物理的環境という厄介な問題がない場合であっても、ローズヴェルトの取り巻きの中にいる、大勢の扱いにくい人々をロシアの習慣に適応させる手助けをすることは難しかっただろう。ソ連政府は、客人たちを快適にするための準備にベストを尽くした。だが、それにもかかわらず、海軍医療チームは、アメリカの代表団に期待値を下げるよう忠告し、「関係者一同は少しばかりおひとよしになって好意的なものの見方をすること」[45]を推奨した。

　リヴァディア宮殿では、キャシーは、常時控えていたＮＫＶＤ[46]の士官たちを引き連れて、生活環境を点検しに部屋から部屋へと廻った際にロシア語の語学能力を行使した。ＦＤＲ用のスイートは、執務室、私的ダイニング・ルームを含むかつての皇帝の私的空間で、キャシーが主に責任をもつ場所の一つだった。大統領の寝室として使われる部屋は、雰囲気が暗すぎた。[47]重い木の塊から彫りだされたプルマン車両〔一八六七年、ジョージ・プルマン創業。二〇世紀中葉まで、豪華な造りを特徴とする鉄道車両の製造や寝台車の運行を行っていた〕であるかのようだった。壁は、マホガニーで板張りされていた。金の葉装飾の巨大な額縁に入った絵が壁にずらりと並んでいた。オレンジ色のフリンジの付いた絹のランプシェードが幾つも置かれ、フラシ天〔ビロード〕の緑色の毛羽のある座面が低いハーレム・クッションが床に散らされていた。中央には、ソヴィエト政府が、訪問中の高位の人物が望むだろうと想像した、重厚な木製の枠組でできたベッドが置かれていた。彼らは完璧さを求めて、〔現ウズベキスタン共和国のブハラ地方で織られる〕ブハラ・ラグのどれが一番部屋に調和するか、数回、考えを変えていた。[48]その変更するという考えはそれぞれ、巨獣のようなベッドを元の位置に移動し終えた後、浮上したのだった。

キャシーはあらゆる点で強く要求し、細部に気を遣った。彼女は、ＦＤＲのバスルームのペンキ職人たちが彼女のロシア語を理解しないことを知った時、ひるまなかった。彼らの注意を引いて、窓とその先の海に指をさし、それから壁を指した。[*49] 指を行ったり来たり、往復させた。彼女は、壁の色は、海の色と合ったものでなくてはならない、と再び説明しようとした。傍で、配管工が、ナチスが壁から引き裂いた取り付け具の修理を監督していたのだが、彼女をじっと見ていた。[*50] 彼は、面白がってはいないようだった。多分、これは、彼女がペンキ職人たちに、すでに少なくとも六回は色を変えるように命じていたからだ。

キャシーには、配管工やペンキ職人の軽んじられたという感情よりもっと重要な事で心配な案件があったのだ。閣僚、国務省の高官、最上階級の武官――合衆国の大統領は言うまでもないが――軍の大隊規模の代表団が、宮殿の玄関口に到着間際だった。浴室、あるいはその不足はとりわけ悪夢となった。キャシーは、出来ることは何でもやって、入浴の大混乱を防いだ。数百人に対して給しえたのは、たった九つのトイレと四つのバスタブだけだった。[*51] そして、ローズヴェルトのスイートだけにトイレ付浴室が備わっていた。他の誰もが、我慢して列に並んで待つか、大急ぎで庭園に作られた穴式トイレを使用するほかなかった。[*52] 追加の一九世紀スタイル〔水洗トイレが公共で普及し始めたのは一九世紀で、用を済ませ蓋をして紐を引くと、水が流れた。しかしここでの一九世紀スタイルというのは、従来の穴式を指す〕の野外トイレ〔トイレには通常手を洗うような流しがついていた〕をもってしても、三五人の士官は、ベッドの脇のバケツを使って、髭を剃っていたのだ。

部屋を割り当てる任務には、また、戦略的な思考を必要とした。その人の信任状〔大使や公使に授けられる〕が、ニューヨークやロンドンの最も高級なホテルの最上のスイートを保証したと思われる人々であっても、彼らのすべてを収容するには十分な数の個室がなかった。実際、一六人の大佐が一つの部屋を、兵舎風に共有しなければならなかったのだ。[*53] 下級将校は軒下に詰め込まれた。キャシーは、大統領に一番近い一階の寝室は、大統領の最も身近な施政顧問であり、大統領の特別補佐のハリー・ホプキンズ、国務長官のエドワード・ステティニアス、ソ連政府の専門家でロシア語の通訳のチャールズ・「チップ」〔チップはあだ名から通称になった〕・ボーレン、戦時動員局長官で長老の政治家ジェイムズ・バーンズ、そしてエイヴレルに割り当てた。[*54] 最上階級の軍の指導者たちは、二階に配置した。陸軍参謀総長のジョージ・マーシャル将軍〔一九四四年一二月一六日元帥になる〕は、皆に位が抜きんでていた存在だった。キャシーは、マーシャルに皇帝のインペリアル・ベッドルームを当てて敬意を表した。アーネスト・キング提督は、合衆国海軍の中で二番目に上級の将校だったが、皇后の私室で満足しなければならなかった。

時間の余裕がある時は、キャシーは戸外へ逃れた。長いモスクワの冬を過ごした後、クリミア半島までの三日間、彼女と父親は害虫に悩まされた列車の中で過ごすという経験をしたので、宮殿の庭のなだらかな起伏の道を散策することは救いだった。糸杉が、地平を貫いて垂直に伸び、雪に覆われた山々が遠景となっていた。その光景はキャシーにイタリアを思い起こさせた。[*55] 歩道は上り勾配になっていたのだが、庭の探索は彼女がよく行っていた激しい運動にはならなかった。それでも、暖かい太陽は歓迎された。前年、終わりのないようなロシアの冬の間、彼女は、酷い壊血病〔ビタミンC欠乏症〕にかかってしまったのだが、彼女の歯茎は腫れて余りに激しく出血したので、歯が抜け落ちてしまうのではないかと思ったほどだった。[*56]

これら戸外の探索は、ゲストが到着する前にキャシーが完成させておかねばならなかった追加の任命に関する洞察やインスピレーションを与えてくれた。モスクワの大使館の若い外交官の一人、エデイ・ペイジと一緒に、彼女は、アメリカ人が地元の文化に短い間でも浸る助けとなるように短いパンフレットを書いていた。[*57] アメリカの代表団の大抵のメンバーはクリミア半島に足を踏み入れたことがなく、また、ソヴィエト連邦の他の場所にも行ったこともないので、このパンフレットは、この見知らぬ土地の地理や歴史や意義について情報満載の有用な外交上の道具となると考えていた。その仕事には、エイヴレルがモスクワに呼ばれた直前にキャシーが『ニューズウィーク』誌に書き始めていた、戦線での進展に関する容赦ない報告というジャーナリスティックな挑戦は無かった。だが、それでも少なくとも、それは相当なことではあった。

キャシーが最初にロンドンに引っ越した時、彼女はベニントン・カレッジで国際関係の一般教育やサン・ヴァリーの広報に役立つ経験以上のジャーナリストとしての訓練は受けていなかった。だが、ジャーナリズムはロンドンへの――そしてエイヴレルの世界への――切符だった。キャシーが真に父親について理解し始めたのは、母親が亡くなってからだった。キティが亡くなってすぐの頃、エイヴレルは、二人の娘たちに手紙をしたためた。この手紙の中で、エイヴレルは親であることに関して幾分急進的な考えを持っていると伝えた。[*58] 彼は娘たちの母親と同じことは決してできない。自分は、子供たちに情愛を示す、目に見える身振りを浴びせる愛情深いタイプではないからだと。しかし、彼は、違うものを提供できた。

たたき上げの鉄道王の、E・H・ハリマンは、エイヴレルが一七歳の時に死去した。エイヴレルの母親は、夫の莫大な富のすべてを相続した。「世界で一番裕福な女性」と雑誌で呼ばれた彼女は、アメリカの慈善事業における並外れた勢力となった。[*59] ハリマン家の女性たちには、自立心が深く脈々と流れていて、エイヴレルの姉のメアリ・ハリマン・ラムジィは、彼女自身の能力により影響力のある人だった。学生の頃、バーナード・カレッジに自分で四頭立て馬車を駆って通学したこと、そして、セツルメント運動の仕事や社会改革リーダーのジェイン・アダムズ〔一八八九年、シカゴに福祉施設ハルハウスをエレン・スターと共同で設立。公民権、選挙権の促進活動にも尽力。ノーベル平和賞受賞〕に奮起させられた全国的な組織、「ジュニア・リーグ」を創立したことで知られている。〔大学在学中の一九〇一年に、貧困地帯に住み込み活動するセツルメント運動にかかわり、The Junior League for the Promotion of Settlement Movements を創立。《現 Association of Junior Leagues International, Inc.》の前身〕メアリ・ラムジィは、ローズヴェルトの、大恐慌の大混乱後のビジネスや雇用の機会を安定化することを意図とした、ニューディールの組織である、全国復興庁〔全国産業復興法に基づき、一九三三年に設立された、この法律の施行を監督する機関。一九三五年廃止〕の重要な被任命者〔公的な機関で、特定の役職や仕事に選ばれた人を指す〕にまでなった。そのような女性たちを例に、エイヴレルは、自分の娘たちにも、彼女たちが望むがまま十分に自立してほしかった。それは彼女たちの階級の父親にしては、珍しい考えだった。やがて彼は、娘たちが自分のビジネスの事務に、彼女たちに十分だと思う程度で良いから加わってくれることを望んだ。娘たちが彼に対して寛容で、進取の精神に富んでいれば、すぐに「最もすばらしい存在になって最高の親友」と確信していた。[*60]〔姉の〕メアリが最終的には、結婚と家族という、より伝統的な生活を求めた一方、キャシーは、エイヴレルの提供するものを真剣に受け取った。

　エイヴレルがこの手紙をしたためた時、キャシーがサン・ヴァリーで彼と一緒に仕事をしたことに加え、戦争に巻き込まれたヨーロッパの二つの首都で外交を進めながら、さらに四年を過ごすことなど予想もしていなかったろう。エイヴレルの二度目の妻、マリーが彼に付き添うべき立場だったのだが、視力に問題を抱えていたために、ニューヨークに残ることを選んだのだ。エイヴレルはキャシーに義母の代わりに行くよう勧めた。エイヴレルにとって、娘をロンドンに連れて行くという考えは、革命的でもなんでもなかったのだ。一家のしきたりを続けただけである。エイヴレルが少年の頃、父親は、家族全員——妻、息子たち、娘たち——を世界一周旅行に連れて行くと主張した。一八九九年、エイヴレルが七歳の時、「ハリマン遠征隊」に乗り出した。[*61] それは、エイヴレルの父親が計画を立て、スポンサーになり、アメリカのまだ名の知られていない科学者、アーティスト、作家、写真家たちと共に、アラスカ沿岸で大規模な探検を行うというものだった。他の年の夏休みには、一家は、真新しい自動車に乗り、ヨーロッパを横断した。さらに後、一九〇五年、日露戦争の余韻が冷めぬうちに、エイヴレルの父は、家族を日本に連れて行き、そこで、彼は、世界一周鉄道網を作る予定だった。

　キャシーは、エイヴレルの招待にわくわくした。彼女の子供時代の家庭教師のムーシュが英国人であったために、ほぼ毎夏、ハリマン家の娘たちは、英国かフランスに旅行した。その経験は、キャシーの心にヨーロッパ人への親近感と冒険心を埋め込んだ。[*62] ところが、最初、アメリカ政府は、キャシーが必要不可欠な人員ではないと考えられるという理由で彼女がロンドンで父親に合流する許可を与えなかった。エイヴレルは、FDRの長年の同朋で、顧問の、大統領に一番近い人物である友人のハリー・ホプキンズに連絡をとった。ホプキンズは、キャシーに経験がないにもかかわらず、戦時記者としてロンドンで仕事ができるように査証を確保してくれた。キャシーは、豪胆にも、ホプキンズにこうしたためた。「どなたかがドアを開けて下さったり、テーブルの上のバターを回して下さったら、『ありがとう』が礼儀正しい答えでしょう……でもその同じ『ありがとう』をあなたが私のために可能にして下さった機会に対して用いるのでは、〔謝意として不十分で〕意味を成しません。……私はとても感謝しておりますし、これからもずっと感謝し続けます」。[*63] 彼女はニューヨークからバミューダ、リスボンへと豪華な飛行艇『ディクシー・クリッパー』に搭乗して、ロンドンに一九四一年の五月一六日に到着した。「ブリッツ」の最悪の襲撃から一週間もたっていなかった。五〇〇機以上のドイツ空軍機はロンドンを七時間以上も空爆した。下院の歴史的な議場はくすぶり続ける黒焦げの炭と化していた。

ロンドンに在住中は、キャシーは、最初『インターナショナル・ニューズ・サーヴィス』〔国際通信社。一九〇九年創立。一九五八年にUP通信社と合併して、UPI通信社となる〕で、後に、エイヴレルが所有者として関与していた幾つかのビジネスの一つ『ニューズウィーク』社で仕事をした。だが、エイヴレルとソヴィエトへ派遣されることは、彼女が北アフリカでの戦闘を報道するポストを目指していた時期に当たり、『ニューズウィーク』を辞職することを意味した。[64]「私はきみがこれまでに成し遂げてきたことに胸が躍っている――それにとても誇りに思っている。[65]将来の計画のことで、あれこれ心配しなくていい」とエイヴは短い手紙の中で娘に断言した。だが、いったんモスクワに来ると、彼女のジャーナリストとしての仕事は主に日報の大使館広報に掲載するため、記事を切り抜き、謄写版で印刷することに限定された。彼女が「紙人形の切り抜き」[66]にたとえた仕事だった。今、クリミア半島に関するこのパンフレットを編集しながら、キャシーは、古代と一九世紀以来の地元の歴史に関する情報がふんだんにあることを知った。だが、クリミアのもっと最近の過去について知ることはずっと困難だった。ある午後、ある年配の当地の女性を訪問することにした。マリア・チェーホヴァ、名だたるロシアの劇作家、アントン・チェーホフ〔一八六〇～一九〇四。祖父はロシア帝国の農奴の出身。医者兼短篇作家〕の妹である。結核を治癒しようと、一八九八年、チェーホフは母、妹とヤルタに転地した。そこで最も有名な作品である『三人姉妹』（一九〇一年）と、『桜の園』（一九〇四年）を書き上げた。作家は、一九〇四年に亡くなったが、八三歳の妹はリヴァディア宮殿への道路を上ったところにある、海が見える上品な白色のダーチャ〔ロシア語で「与えられたもの」の意。現代の、一般的な菜園付きセカンドハウスとしてのダーチャとは異なり、帝政時代の、皇帝から家臣、貴族に与えられた土地、別荘などが始まりだった〕に暮らしていた。彼女は、何とかして白色のダーチャをナチスの猛威から救っていた。ミス・チェーホヴァへの訪問には、情報を得る見込みがありそうだった。ロシアの過去半世紀の歴史と文化について、この人より卓越した見解を持っている人がいるだろうか。だが、ミス・チェーホヴァは、「魅力的で、生き生きとして、アメリカ人たちに会う事をひどく喜んでいた」*[67]ものの、ムーシュへの便りに書いたようにキャシーは、「ソヴィエト人が、この主題についてとても口が重いので、沿岸のこの地域の革命前の歴史を見つけるためにひどく苦労して」いた。チェーホヴァはまた、キャシーに「占領下の一年と半年の間に何が起きたのか」何も話したがらなかった。キャシーはすぐに気が付いたのだが、マリア・チェーホヴァは他の人とほとんど変わらなかった。宮殿においても、同様の寡黙さが存在することに気づいた。「リヴァディアのこの辺で仕事をしている地元の人たちも何も知らないみたいなのです」*[68]と彼女はかつての家庭教師に書いた。

キャシーが一九四三年の一〇月にモスクワに赴任した時、ロシアの日常生活はドイツ軍によるロンドン大空襲直後のロンドンと比べても、それまで彼女が知っていたのとは全く異なるものだと人々は警告していた。*[69]「私がこちらに来て、新聞社のためやらなにやらで、働き始めた当初、私が怯えるのもこれが最後と思っていました」*[70]。キャシーは、ロンドンを去る直前に、メアリにしたためた。「今では、〔大空襲直後で〕異例な存在であったロンドンすら、それほどでもなかったように思えるのです」*[71]。彼女は、モスクワが、粗野で笑いのない人々が住む、倒壊しそうな木造の建物の町であることを自分は知るのだろうと思っていた。だが、そうではなかった。ある意味で、モスクワは、現代の西洋の町そっくりだった。武器貸与法によるアメリカ製のトラックが広い大通りをガタガタと走っていた。*[72]市街電車は街中を駆け巡る人々でぎっしりすし詰め状態で、キャシーにハーヴァード対イエールの試合〔二大伝統校の間で行われるアメリカンフットボールの定例戦で、ニューヘイヴンとケンブリッジとで一年おきに交互に行われる〕を観戦して、ニューヘイヴン〔イエール大学のあるキャンパス所在地〕からニューヨークへ戻る電車を思い出させた。[*73] 大急ぎであるにもかかわらず、モスクワ市民はどこども知れぬ所へ向かって、永遠に駆けているようだった。食料品や飲み物のための順番待ちの列に大急ぎで加わるために、老齢の市民たちを除いた誰もが、路上で、若くて強健なキャシーを追い越した。[*74] しかも、何時間も列にならんで、ただ立っているだけだった。キャシーは、このようなパラドックスについて彼らに質問できたかもしれないが、彼女は彼らと交流することは許されていなかった。外交関係者、あるいは、アメリカの記者団の中の男性たちのみと交流を許されていた。彼らの多くは、ロシア人のガールフレンドがいたのだが、彼女たちは「公然たる売春婦」[*75] だった。キャシーの唯一の友人は、しばしば父親だった。数百万人の人々で喧騒とした都市の中で、生活は著しく孤立していた。

一九四五年までは、まだアメリカ人は東方の連合国についてほとんど知らなかった。ボルシェビキが権力を獲得した一九一七年から、ローズヴェルト大統領がついにソ連を承認する一九三三年までの間、ロシアと合衆国の間に外交関係は存在しなかった。その間、薄商い、学術交流が二国間で生まれた。しかし、一九一七年の革命以前ですら、アメリカ人はロシアにほとんど関心をもたなかったのだ。ロシア語を外国語として学ぶ者などほとんどいなかった。ロシア語の教科書がアメリカで手に入るようになったのは、二〇世紀初期にシカゴ大学〔一八九〇年、イリノイ州シカゴに設立された、長年、世界的評価を誇る研究型の私立大学〕のある教授が、仏露文法書を翻訳してからのことだった。[*76] キャシーがモスクワに着いた当初、一冊の初級者用の信用できる英露会話用語集『ボンダールの簡単ロシア語学習法』があっただけだった。キャシーは、そのような教本が存在することなど知らなかった。そこで、到着すると、彼女は『ボンダール』を同僚のアメリカ人外交官に借りねばならなかった。[*77]

ソヴィエト連邦を理解しようとする時、言語を学ぶことは、克服すべき最初の障害に過ぎない。キヤシーは、彼女が偶然モスクワで、あるいはレーニン・ヒルズ〔モスクワ川の右岸の丘に一九三五年から一九九九年までウラジーミル・レーニンに因んでつけられた名称〕のスキーのスロープで接触したソヴィエトの市民を「親しみやすく、率直だ」[78]と思ったが、公的なレベルで、政府の最上級の指導者たち以外と、その場合であっても個人的に知り合うわけではなかったが、知り合うことはほとんど不可能だった。キャシーが、この困難に出くわした唯一の人間ではなかった。ヤルタ会議の何週間も前に、国務省はアメリカ大使館に彼らが一緒に仕事をするだろうソヴィエトの官僚の伝記的な略歴を求める依頼をしてきた。大使館での、エイヴレルの代理大使で、国務省内・外交局のロシアの数少ない専門家の一人であるジョージ・ケナンは、そのリクエストを満たすことは不可能だと応じた。ソヴィエトの評議会は彼らの官僚の個人的な情報は、「彼らがもはや外の世界に役に立たない」[79]存在となったことを意味する死亡記事以外、部外者には明かさなかったのだ。友情や、相互に関心のあることの表明、親切な行為などは、何の役にも立たなかった。ケナンが説明したように、もしソヴィエトの官僚が「親切な、あるいは好意的な行為をしたら、それは、それが政府の利害にかなうと思うからである」。なぜなら、「ソヴィエトの役人の個人的見解は、その人の行動にほとんど、あるいはまったくと言っていいほど影響を及ぼさない……ソヴィエトの役人の見解は、彼向けに作り上げられたからだ」。政策の策定という事になると、「個人的な関係はしたがって、おそらくスターリン自身の場合以外に、そのような決定に大きな影響を持ちえない」。キャシーはソヴィエト連邦について知識があったが、キャシーより精通していたケナンであっても、そこには曖昧《あいまい》と忘却が広がっていた。それはソヴィエト連邦の国土ほど広大で、最も情報通の部外者の理解すら超えていたのだ。

キャシーが一〇代の頃、母親のキティは、もし家庭教師が彼女を注意深く指導しなければ、キャシーは、ただの「スポーツ好きの女性」[*80]になってしまうと心配した（その意見にはアイロニー《皮肉》が込められていなくもなかった。なぜなら、キティ自身が馬術、射撃の達人だったからだ）。ロンドンとモスクワでは、キャシーの生活は、確かに、馬術、射撃、スキーを超えて広がりを見せていた。彼女の継母は今では、キャシーの「未婚状態」[*81]を心配する傾向があった。ロンドンでは、キャシーには、熱烈な求愛者に事欠かなかったので、しばしばカレンダーには、二週間先まで予定が入っていた。[*82]デートの相手として相応しい人に出会うのは、モスクワではもう少し難しかったのだが。たった一一ヶ月だけ年上の姉のメアリを含めて、キャシーと同じ社会的立場にある大抵の女性は、結婚して、夫や子供たちと落ち着いていた。だがキャシーについていえば、そのようなことをする時間は、後に、たっぷりと訪れるだろう。

エイヴレルはかつて、彼とキャシーが最も親しい友人になるだろうと予言したのだったが、多くの点において、戦時の必然性は、彼らの関係を、父娘の関係というよりビジネス・パートナーや同僚との関係のようなものにしてしまった。ロシアでの暮らしは、多くの場合、快適ではなかったが、戦争が終わるまでは、父親の傍らを離れる気はなかった。キャシーの最も根気強い求愛者の一人であるアイラ・エイカー地中海連合国軍空軍の米国最高司令官〔一九四三年中将に昇進。イギリスでは、アメリカ陸軍航空隊の総司令官に任命された。退役後、大将に叙せられ、カーター大統領に議会名誉黄金勲章を授与された〕は、キャシーへの手紙の中で、予言していた。「貴女が父上の最も有能な副官であり続けるなら、ソヴィエト連邦に在留し続ける事になりますよ」[*83]と。

アメリカ代表団がリヴァディア宮殿に到着するまでに、最も有能な副官には、今や、きっかり七二時間残っているだけだった。そして彼女の周りのすべては、未だに驚くべき両極端の様相を呈していた。小さな町をまかなう以上のキャビアがあるのに、トイレについては大家族に必要な数にも満たなかった。世界で最も極上のホテルの一つから手に入れたベッド・リネンはいま、トコジラミだらけの固くて薄いマットレスを包んでいた。

　だが、それがロシアだった。極端と矛盾の大地で、五感による知覚されたものがしばしば現実と結びつかない。モスクワの商店が魅力的なディスプレイで通行人を招き入れても、店の中には、何も購入したいものがない。[*84]戦時下でアメリカ人が全く期待しないような贅沢が大使館公邸にはある。[*85]例えば、朝食にシャンペンやキャシーのベッドサイドのテーブルに置かれるアイリスとダリアのブーケなど。一方、モスクワの戦い〔一九四一年一〇月～一九四二年一月〕の時、隣接地の爆撃が窓ガラスをこなごなにしてしまって二年以上も経つのに、南向きと東向きの窓にはガラスがはめられていなかった。[*86]そしてここ、黒海に臨む帝国の名残の漂うこの地で、三人の、世界で最も力を持つ男たちが、幾つかの家具とペンキで塗りつぶされた紋章以外は、すべて接収されてしまった皇帝の宮殿に集まるのだ。

第二章　一九四五年二月二日

セアラ・チャーチルはイギリス軍艦『オリオン』の甲板に立ち、マルタ島のヴァレッタ・ハーバー〔自然の軍港〕を形作っている指のような形状の入江に、錨《いかり》を下ろしている巡洋艦越しに、その先を見つめていた。[*1] 古代都市の城壁が上からのしかかっていた。マルタは、イタリアの南端の先にある岩だらけの要塞島で、ヴァレッタの町は、地元の石灰岩をそのまま彫って造ったかのように見えた。市の城壁は上に向かって螺旋《らせん》を描き、それぞれの螺旋の中で三次元のジグソーパズルのピースのように建物がはまっていた。セアラは、一年半前、父親と共に初めてマルタに来た時、その色彩に胸を打たれた。王立空軍の女性部門として知られる空軍婦人補助部隊〔ＷＡＡＦ〕において、航空偵察の情報分析官として、彼女はマルタ島や地中海の写真を、二年間、とても綿密に精査したので、ロンドンと同じくらい把握していた。[*2] しかし、それらの写真は白黒だった。現実の世界では、それらの家々、教会、特権階級の建物は、朝の陽光を受け、暖かみのある薄い紅色を放って、輝いていた。あらゆるものが薄紅色だった。

まだ朝の九時半前だった。[*3] だが興奮した人々が、眼下に停泊する船舶を眺められる場所を求めて、狭い港の両側に集まっていた。中には、二年半にわたる敵の絶え間ない砲撃の間、三〇〇〇回以上の爆撃を奇しくも生き延びた建物の屋根に押し寄せている人々もいた。一九四二年の中頃には、マルタは、イタリアと北アフリカの間の連合国側の要塞の孤立した拠点となった。この島は、ロンドンのちょうど五分の一の広さながら、地球上で最も爆撃に曝された場所となった。マルタ人の不屈の精神に敬意を表して、英国のジョージ六世が彼らにジョージ十字勲章を授与した。そしてローズヴェルト大統領は、栄誉を顕彰する手書きの巻物を彼らに贈った。今、また別の褒賞が待ち受けていた。人々がその人たちのために戦い、耐えてきた二人の偉大な指導者の会合を一目、目にするチャンスである。その瞬間は迫っていた。彼らが待ち焦がれていた船は、港にじきに入って来るだろう。

いつもは、セアラは大勢の人々がいると緊張して不安になった。[*4] それは、セアラが、戦争前は演劇俳優であったことを考えると皮肉なことだった。しかし今日、見物人は、ほとんど彼女の心配の対象ではなかった。父親は、甲板の上を、彼女と並んで行ったり来たりしていた。[*5] 父親は長い葉巻をくゆらせていたので、小さな白い雲のような煙が、彼の通った後にたなびいた。英国の代表団は、アメリカの船が水平線上に姿を現すまで、三〇分近く、待っていた。[*6] 三〇分の遅刻は、大西洋を横断する旅であることを考えると、何でもなかった。しかし、この会談を実現するために父親がこうむった数ヶ月に及ぶ試練を考慮すると、ずっと以前に、忍耐心は擦り切れて、ほとんど残っていなかった。残りの代表団は、港の向こう側の『オリオン』の姉妹船のイギリス軍艦『シリウス』の手すり沿いに集合していた。[*7] 英米の統合参謀本部長に加え、エイヴレル、ハリー・ホプキンズ、米国国務長官エドワード・ステティニアス、英国外相アンソニー・イーデンもそこに同席していた（その朝、イーデンは、かなり非礼といえる目覚めを経験した。[*8] 甲板に集合した軍楽隊が少しばかり早くその日の典礼を開始した。その結果、聞く者を鼓舞する『ザ・スター・スパングルド・バナー』〔詩人・弁護士のフランシス・キーにより、一八一四年に作詞された合衆国の国歌〕のリハーサルを耳にして、驚いてベッドから飛び起きたのだ）。

船舶が姿を見せるのを待っているよりも、朝を過ごすもっと良い方法が間違いなくあるが、少なくとも、その日は暖かかった。英国では、七インチ〔約一八センチメートル〕の積雪があったが、ここ、地中海の気候は快適で穏やかなので、セアラは厚地の大外套を船室に置いてくることができた。[*9] きちんと仕立てられた空軍婦人補助部隊（ＷＡＡＦ）の制服を身に着け、彼女は、父親の隣で一段と目を引いた。[*10] 父親は、「ロイヤルヨット隊」〔the Royal Yacht Squadron. 一八一五年創立のイギリスのヨットクラブ。一八三三年に現在の名称に改称〕の士官の正装で決めていた。

　ブルーのウールのスカートとジャケットのアンサンブルは、その朝の港の岸壁沿いで目についた多くの制服のうちの一つに過ぎなかったが、セアラの姿を紺色とオリーブ色の制服の海に溶け込ませるのはほとんど不可能だった。それは、断じて、彼女の赤毛のせいではなかった。髪は、制帽を被った下方のうなじにウエーブが出るようにしてまとめられていた。かつて彼女は父親——彼は今ではほとんど禿げていた——とそっくり同じ色合いの赤毛の豊かな長い髪を持っていた。セアラが一九四一年の秋にＷＡＡＦの徴兵事務所に到着した時、彼女にインタビューをした女性の最大の関心は、兵役に服する適性がセアラにあるかどうかではなかった。[*11] 彼女は、むしろ、今まで目にした中で一番美しい赤毛を断髪しなければならないとセアラに伝えなければならず、胸を痛めていた。だが、セアラは気にしなかった。セアラが望んでいたのは出来るだけ早く戦争に加わることだった。[*12] それでも、新兵募集係りの女性は心残りなようで、セアラがキャンプの理容師のなすがままにはさせないで、訓練に出発する前に、ロンドンの流行りの美容師を訪れることを、セアラに約束させた。[*13]

　彼女の髪の色が彼女をその他大勢の中に埋没させるのを妨げなかったとしても、その名前のせいで、彼女は即座にそれと知られた。セアラは、人員名簿には、オリヴァー分隊士官と記載されていた。ＷＡＡＦに入隊する頃には、ヴィック・オリヴァーとの不運な結婚は終了しており、残っているのは離婚のための専門的な事項だけだった。人員名簿にどう書かれていようと、皆が「オリヴァー分隊士官」の旧姓を知っていた。セアラ・オリヴァーは、セアラ・ミリセント・ハーマイオニ・チャーチルといい、首相の三〇歳になる娘だったのだ。二人は並んで甲板に立っていた。それを見た人は誰でも彼女が父親にとても似ていることに気づいただろう。彼女は母親に似てほっそりとして身長があった。鼻と顎のつくりは繊細だったが、父親の眼を受け継ぎ、口角の上がった微笑みの持ち主だった。父と娘は『オリオン』の手すりの傍で、一緒に二月の陽光を浴びながら立ち、合衆国大統領の到着を待っていた。

ローズヴェルト大統領は、ワシントンから四八八三マイル〔約七八五八キロメートル〕の旅のほとんど終わりに近づいていた。[*14] 計画では、英米の代表団がマルタでおち合い、午後から夕方にかけてずっと、軍事上、政治上の戦略について協議することになっていた。そして翌朝の早い時間に、英米の指導者と代表団は全員一緒にマルタを発ち、ギリシアの島々、エーゲ海、トルコを経て、黒海沿岸のクリミア半島へと一三七五マイル〔約二二一三キロメートル〕の飛行をする。[*15] そこに到着後、車で八〇マイル〔約一二九キロメートル〕走った先には、会談の彼らのホストであるヨシフ・スターリンが待っているだろう。

セアラは、この旅で父に合流するため、彼女が所属するロンドンの西にある王立空軍基地――メドナム王立空軍（RAF Medmenham）〔基地は、カントリーハウスを拠点として、写真解析の重要な役割を果たし、軍事的な意味での「基地」として機能していた〕から、特別休暇を与えられていた。[*16] ウィンストンがセアラに主要な国際会議に随行するように頼んだのは、二度目だった。一九四三年一一月初旬、セアラの部隊指揮官が自分のオフィスに彼女を出頭させ、首相が、重要だが行き先の明記のない旅への随行を要請したので、彼女に休暇を与えると告げた。任務は、スリルに満ちた極秘のもので、G・H・ヘンティ〔一九世紀の歴史冒険小説家。著作の多くは、少年将校が歴史的に著名な戦争で活躍する話〕の、あるいはH・ライダー・ハガード〔一九世紀末から二〇世紀初頭に活躍。『ソロモン王の洞窟』一八八五年作、など秘境探検物を得意とする〕の小説の始まりのように、どこから見てもドラマティックだった。セアラは「有頂天だった」*17。彼女は、ほどなく、チャーチル、ローズヴェルト、スターリンの初めての会合に向かうテヘラン行の飛行機に搭乗していた。テヘラン会談は、連合国側の協力の成功を示すもので、ノルマンディにおけるDデイ〔ノルマンディ上陸作戦決行日を意味する。具体的には、決行された一九四四年六月六日〕に向け、指導者たちの結束を強めた。この会談は、ついに、東部前線でナチスの侵攻を一身に引き受けていたソ連を、その矛先から解放した。テヘランは、セアラを楽観的にさせてくれた。三人の指導者たちの間には善意が流れているようで、セアラは、心の高揚を覚えた。彼女は、母親あての手紙に「今後、どのようになるにせよ」*18、「友情を真に求める強い気持ちの種がまかれたと考えずにはいられませんでした」と記している。

その時以来、連合国軍はナチスをノルマンディで敗走させ、ゆっくりとドイツ方面へ、東に向けて追いやり始めた。その夏のヨーロッパにおける勝利のすぐ後に、三人の指導者たちは、彼らが望む戦争の終結の仕方について、諸々の案を協力してまとめるためのまた別の会合を要請した。この会談のためのコードネームは、チャーチルが勧めたようにギリシア神話の英雄たちに因んだARGONAUT《アーゴノート》〔アルゴー船隊員の意味を持つ〕で、アルゴー船隊員らは、黒海の岸辺にあった黄金の羊の毛皮を探し求めるイアソンに随行したのだ。一月の初旬、セアラは、自分もまたアルゴー船隊員の一人であると知った。あらためて彼女の部隊指揮官は彼女を出頭させ、荷物をまとめるように告げた。*19父親がセアラにまた別の「極秘」の旅行を命じたのだ。メドナムの信頼できる友人に、自分の代わりを務めてくれるように頼み、病気であると噂を流したので、誰も彼女がいない本当の理由など疑いもしなかった。*20一月二九日の夜、彼女はノーソルト（Northolt）王立空軍基地〔ロンドン市内にある、主要基地の一つ〕で、父親に会った。ほどなく、彼らは出発の途に就いた。

ヨーロッパでの勝利が日に日に現実味を増し、楽観的な気分が強まったにもかかわらず、セアラはこの会談について、不穏な感じを抱いた。それは、天候から始まったのである。彼らは、吹雪が彼らの後ろを追いかける中、ノーソルト王立空軍基地から飛び立った。[*21] 大風が本格的に始まる前に、大風と競って離陸したのだ。だが、一旦飛行に入ると、新たな問題が生じた。パイロットたちは、機内の室温をコントロールするうえで問題をかかえた。与圧されていない客室はひどく暑く不快で、セアラと同乗者たちは、「空気を求めて悲鳴を上げるトマト」[*22] のように感じた。一方、父親は、「今にも泣き出しそうな哀れな火照ったピンク色の赤ん坊」のようだった。彼は、うだるような暑さのキャビンの中で耐えねばならなかっただけではなく、三九度の熱が出た。ウィンストンは頑強な体格にもかかわらず、海外の会談に出掛ける度に、どういうわけか病に陥っているようだった。毎回、彼は自分の意志の力で回復しようとした。テヘランから帰国する道中、肺炎が深刻な期間ですら、そうだった。その時は、二週間、カルタゴで足止めとなったが。ウィンストンの決然とした気質の欠点がほころび始めた。今回、首相は、マルタへの夜間飛行中に、自分が「何かいやな目に遭いそうだよ」[*23]、そう絶対的に確信していると娘に告げた。

彼らを東へと追いまわす吹雪と父親の予感の狭間で、セアラは迷信的にならざるをえず、会談の開催が近づくにつれて、初演の夜を迎える前の俳優の不安感のようなものを体験した。彼女は、運命について深く考え始めていた。彼女の父親の主治医モラン卿は、マルタまで彼らと旅を共にしたのだが、セアラは妙な質問をした。人の手のひらのしわの線はその人の未来を予言するものとして役立てる事は可能なのでしょうか、と尋ねたのだ。[*24] セアラの言葉は、科学を標榜する男を慌てさせた。そんなことはありませんよ、とモラン卿は彼女に確信をもって言った。手のひらの人ごとに異なる線のパタンは、全て解剖学と遺伝学の結果です、と。「そこには何の意味もないと考えていらっしゃるのですか」[*25]と彼女はかすかに落胆しながら、尋ねた。だが、モラン卿は、セアラの求めていた答えを与えることが出来ず、急いで話題を変えた。

運のいいことに、いく晩か寝ると、ウィンストンは日ごろの活気のある物腰と健康をすっかり取り戻した。セアラにすべてうまくいっていると安心させるために、前の晩、夕食を食べに行く途中、韻を踏む二行連句さえ作った。「ぼくの体温は下がった。ぽんぽんの痛みも消えた。ぼくの身体は、元通りに戻ったのだ。本当のところ、絶好調！」[*26]

しかしイギリス代表団がローズヴェルトを待つために甲板に集まったころには、快活な気分は吹き飛んでしまっていた。その朝の八時に、彼らは恐ろしいニュースを受け取ったのだ。[*27]夜の間に、会談に向かう幾人かの外務省の専門家を乗せた飛行機が、小さなイタリアの島、ランペドゥーザ島〔チュニジアとマルタ島の間にある、イタリア最南端の島〕近くの海に突っ込んだのだ。早い段階の報告によると、一九名の搭乗員のうち七名が生存しているのだが、七名が正確な人数なのか、またこれらの生存者が誰なのか、誰も知らなかった。イギリス代表団は、呆然とした。

甲板を歩きながら、ウィンストンの胸には、恐怖心がこみ上げてきた。ウィンストンと彼の盟友たちが会議を計画し始めた時以来、彼は黒海で会合を持つことに重大な懸念を抱いてきた。期日が近づいてくるにつれ、彼は自分の懸念が正しかったとさらに確信を強めた。エイヴレル・ハリマンは、英米が翌朝到着する予定だった軍用飛行場の滑走路について、ソヴィエトが不正確な情報を中継したと報告していた。[*28]代表団のC54輸送機〔ダグラス・エアクラフト社が開発した大型レシプロ旅客機〕とヨーク輸送機〔イギリス空軍の軍用輸送機。ヤルタ会議出席のため、チャーチルが使用。多くの要人の輸送に使用された〕の着陸に対応するとの約束だったのだが、滑走路は延長されていなかったのだ。その代わりに、飛行機は、通常要求されるよりも二〇〇〇フィート〔約六一〇メートル〕短い、まったく別の滑走路に着陸することになった。飛行場からヤルタまでの行程は、同様に厄介なようだった。先発チームの一員としてヤルタに到着した王立空軍士官は、吹雪く大雪の中、ほとんど通り抜け不可能と思われる山道を六時間がかりだったと、行路について説明した。[*29] 軍用飛行場は彼らの宿泊場所から車で六時間離れていたばかりか、イギリス軍の秘話通信システム〔暗号化することで第三者が見ても中身が分からない安全な通信〕を装備したイギリス海軍艦艇『フランコニア』は、入港する途中で機雷〔水中に設置されており、船が接近すると自動または遠隔操作で爆発する〕を回避して、ヤルタへは東に車で三時間かかるセヴァストポリ・ハーバーに錨を下ろした。先発隊のイギリス陸軍少佐が同僚に言ったように、それはまるで、それぞれがウェールズの隅に位置し、しかも「雪、氷、雪泥で覆われた山の悪路で繋がった、三つの中心会場で会談を行うようなものだった」。[*30]

　首相もまた深い懸念を、とりわけフランクリン・ローズヴェルトとの関係に対して抱いていた。チャーチルとローズヴェルトは、過去四年の間に、真の友情を育んだ。マルタへの訪問自体が、そのような連携の心温まる記念碑だった。開戦初頭、この一つの小さな島の前哨基地以外は、イタリアとドイツが地中海と北アフリカを制していた。イギリス軍はマルタから、イタリア海軍を攻撃して、敵の補給線を狙うことができた。それによって、エルヴィン・ロンメル将軍〔最終階級は陸軍元帥。ヒトラー暗殺の疑いをかけられ、一九四四年、自死を選ぶ〕やドイツ国防軍〔一九三五年から一九四五年まで存在。ナチス・ドイツの陸軍、海軍、空軍の全軍を指す〕が北アフリカを野放しの状態で支配することを妨げた。だが、一九四二年の五月までには、マルタはほぼ屈服寸前だったのだ。敵はイギリスからの補給物資を積む被護送船団を次々と撃沈し、マルタ島民を飢餓の危機に追いやった。その間、戦闘機は休む間もなく空中戦に出撃したが、損傷した飛行機を修理する材料を入手できず、連合軍の戦闘能力は失われた。イギリス空軍の戦力は、ある時点で、マルタを守るわずか五機の戦闘機にまで減った。[*31]イギリス航空母艦が、島まで、代わりのスピットファイア戦闘機〔第二次世界大戦期に活躍したイギリスのスーパーマリン社開発の単発レシプロ単座戦闘機〕を載せて輸送するはずだったが、母艦はひどく損傷していたので、航海に支障があった。[*32]そして、敵の爆撃機を追い払う戦闘機がなければ、島が陥落するのは、しかも時を待たずして陥落することは目に見えていた。必死に助けを求めて、チャーチルは、ローズヴェルトに打電した。大統領は即座に対応した。新品のイギリス製スピットファイア戦闘機を搭載した米国航空母艦を一度ならず二度も、地中海に向かわせた。かくして、マルタを壊滅から救い、イギリス軍を北アフリカの補給十分なドイツ軍から救ったのだ。

しかし、ここ数ヶ月、二人が三巨頭会談を手配しようとしていた間、ローズヴェルトは、チャーチルの意見、信念、懸念に対してますます曖昧な態度をとるようになったようだ。このことは、チャーチルを深く悩ませた。一月を通して、彼は繰り返しローズヴェルトをせきたてて、スターリンとの会談前に、ヤルタで討論に上る問題に関して、イギリスとアメリカの連携した立ち位置について輪郭を描くためにマルタで会おうとした。[*33]チャーチルは、とりわけポーランドの独立について懸念していた。チャーチルは、米国が、問題のもつ微妙な複雑性を完全には理解していないのに対し、ソ連は、問題がはらむ複雑性を内々理解している、と考えていた。スターリンは、無慈悲で狡猾な独裁者だった。だがチャーチルは、彼が約束を守る、言行一致の男と信じたかったのだ。「もし、スターリンと週に一回でも食事が出来れば、問題は全くなくなる」[*34]と彼はかつて宣言したことがあった。一九四四年一〇月、チャーチルとスターリンはモスクワで会った。その会合の間に、二人の男は秘密の取り決めに至っていた。ソ連は、イギリスが長らく影響を持っていた、解放されたギリシア〔枢軸国軍から解放され、亡命政府が帰還した〕に干渉せず、また、イギリスはルーマニアやブルガリアに概してかかわらないでいる、と合意したのだ。今までのところ、スターリンは約束を守っていた。しかしチャーチルは、スターリンを囲む人々やロシアを数百年の間形作って来た歴史的な圧力に対して警戒心をもち続けていた。帝政時代の皇帝のように、クレムリンは東ヨーロッパを支配しようとした。開けた平原があるため、広大な領土をもつ国家は敵の侵入に曝されているというロシアの西部国境上の安全に関する強固な国家的強迫観念は、ソヴィエトの指導者たちの心をぎゅっとつかんだままだった。ヒトラーによる一九四一年のソヴィエト連邦への突然の猛攻撃――バルバロッサ作戦〔一九四一年六月二二日から一二月五日〕――は、そのような侵攻の最新の例の一つに過ぎなかった。特別に厳しい冬がナチスを不意打ちし、モスクワへの入り口の手前で、彼らの進攻を止めなかったならば、作戦は成功していただろう。ソ連は権益を求め、二人の西洋の盟友たちの間のどんなに小さな意見の相違であっても、それを利用しようとしていた。ポーランドは、長年、ロシアの欲望の対象だった。そもそも、ポーランドの主権を保証するため、イギリスはドイツへ宣戦布告したのだった。その問題に関して、おそらく他のどの問題よりも、イギリスとアメリカが両者の意見の相違を、事前に、十分余裕をもって取り除いておくことが肝要だった。

マルタでチャーチルと会談することは、まるで西洋の二つの列強が、彼の背後で策を弄《ろう》しているかのようにスターリンに感じさせるだろう、ローズヴェルトはそちらの方をはるかに懸念していた。両国の会合へのチャーチルの度重なる要請への応答として、ローズヴェルトは一貫して、彼や国務長官が、有意義な議論を持つのに十分な時間を確保できるほど早く到着することができない、という理由で、異を唱えていた。ワシントンにおける緊急事項が彼らをマルタに出発させる時間をぎりぎりの瞬間まで遅らせたのだ。そのうえ、ローズヴェルトは、二人の会談相手と交わす議論を「非公式に」[35]しておきたい、そして、協議事項を準備する必要はないと見ていたのだ。

ローズヴェルトは、ヤルタにおける会談に割く日程を、ほんの五日か六日間だけにしておきたかった。[36]だが、戦争の終結はヨーロッパの将来に関する深いイデオロギー上の問題をもたらすので、チャーチルは、それらの問題への答えは複雑すぎて、五日か六日では答えがでない、という強い信念を持っていた。結局、「全能の神ですら七日かかったのだ」[37]と揶揄した。チャーチルは、第一次世界大戦後の、彼が「勝者の愚行」[38]と呼んだものにとりつかれていた。勝ち誇る国は、自分たちが幾世代にもわたる平和を確保したと考えたのだが、彼らは、それを保証できるほど強力な制度を作れなかった。古傷は化膿し、勝利はさらなる大惨事――すなわち世界経済危機、国際連盟の失敗、ドイツが国家として味わった屈辱〔ヴィルヘルム二世は退位、亡命し、一九一九年にヴァイマル共和国が発足。激しい政治抗争と重い戦争賠償金の支払いなど〕、そして究極的にはまた別の、より残虐な戦争――へと導いた幻想であったことを証明したのだ。今回、連合国は注意深く事を進めなくてはならない。さもなければ、「この戦争の終結は前回の戦争の終結時よりも、更に失望をもたらすやもしれません」[39]とチャーチルは、ローズヴェルトにしたためた。連合国間の協力が重要だった。会談に出発する数日前にチャーチルが外務大臣のアンソニー・イーデンに話したように、「世界にとっての唯一の希望は列強の合意だよ……もし列強が諍《いさか》いを起こせば、われわれの子供たちは滅びるだろうね」[40]。

＊　＊　＊

首相は、首相を一目見ようと集まったマルタ島の群集も含めて、非常に多くの人々に、抜きん出た偉人として見られてきたので、彼の同国人の大抵の人々と同じように、彼もまた父であり、制服を着た子供たちの父である事は忘れられがちだった――陽光の輝く二月の朝、娘と共に佇んでいる一人の父。

　彼の隣に佇んでいる女性にとって、ウィンストン・チャーチルは、単に「パパ」だった。だが、セアラは、父親が首相になるずっと以前から、特別な何かが父親を他の男たちから別格にしていた事をいつも知っていたのだ。彼には、夕食会の客たちを彼のすべての言葉を書き留めようとペンと紙を求めて慌てて部屋の外へと走らせる偉大さのオーラがあった。[*41] しかし、高貴で、堂々とした修辞と人格の力があったにもかかわらず、ウィンストンはまた一人の子煩悩な父でもあった。子供たちを背中に登らせたり、英語の熟達した技能を駆使して、病気になった娘たちの愛犬である「かわいそうなパグのワグちゃん」[*42]（Poor Puggy-Wug）のためにオード〔自由形式の抒情詩〕を書いたりもした。セアラは学校から帰宅すると、家族の田舎にある本宅、チャートウェル邸の下方にある庭で何時間も過ごすのが一番好きだった。普通ではないのかもしれないが、彼女の父親のお気に入りの気晴らしの一つであるレンガ積みに熱中していたのだ。この作業は、政治から最も遠い仕事で、ウィンストンは手仕事にくつろぎを見出していた。彼は、チャートウェル邸の庭の周囲に数百ヤード〔一ヤードは〇・九メートル〕ものレンガの壁を積んだ。チャーチルには、呼べばすぐに来てくれる本職のレンガ職人がいたのだが、セアラは父に選ばれた「二等航海士」[*43]だった。父娘《おやこ》は、完璧な体制を作っていた。セアラは父にレンガを手渡し、いつでも渡せるようモルタルを準備していた。ウィンストンは、自分がレンガを壁に積む間、天辺に沿って動かした下げ振り糸〔建築などで垂直を示すのに用いる糸〕をチェックして、レンガがまっすぐで平らであるか確認する重要な仕事を彼女に任せた。静謐で、瞑想的な調和のもと、相手のあらゆる動きを予想しながら、レンガ職人とその助手は、共に多くの時間を楽しく過ごしたのだ。

二〇年後、セアラは再び、父の横にいた。セアラが演劇上演でツアーに出ていた年月の長い間の別離期間があった。彼の年齢と階級にしては、ウィンストンが、彼女の下した舞台俳優としてのキャリアを追求するという決断に全面的に反対しなかったのは驚きだった。

彼自身の母親、裕福なアメリカ人で、社交界にデビューしたジェニー・ジェロームは、あの時代としては、相当に反因習的な女性だった。彼女は、ロンドンのウエスト・エンド〔行政、商業、文化施設が多い区域だが、レスター・スクエアやコヴェントガーデンに映画館や劇場が集中する〕のために芝居を執筆した。数十人の愛人がいると噂され、手首には蛇の入れ墨があった。二人を比べれば、セアラ流の因習への抵抗は全くおとなしいものだった。セアラがずっと年上の俳優のヴィック・オリヴァーと結婚するためにニューヨークへ駆け落ちした時、父と娘の間には緊張が走った。ウィンストンは結婚を容認しなかったし、一貫して娘を説得し、思いとどまらせようとした。

だが、戦争がセアラとウィンストンを再び元のように結び付けた。戦闘の初めの頃、ウィンストンと妻のクレメンタインは、彼には家族の誰かが副官として、そして全般的に彼の世話をする保護者であり、支持者であり、腹心の友として、旅に付き添うべきだとの結論をだした。それぞれ個性の異なるチャーチル家の人たちは、等しくその任務に相応しいというわけではなかった。クレメンタインは、飛行機に搭乗するのが怖かった。[*44] 一番年長のダイアナは結婚して、三人の子供たちは若年だった上、彼女は政治に疎かった。二番目の子供で一人息子のランドルフは、イギリス陸軍の少佐で、ウィンストンのように優秀だった。時折父と一緒になることがあると、飲酒のせいで、無作法で高慢な態度を見せることがあった。ストレスのかかる一か八かの交渉の間、ウィンストンを支える難しい役割に就くには障害となった。末娘のメアリは、ウィンストンとクレメンタインと共にケベックまで、一九四二年のウィンストンとローズヴェルトとの会合のために旅行したことがあった。彼女は賢く、有能だった。国防義勇軍補助部隊〔大戦直前の役割は、陸軍と空軍の非戦闘任務の一部を担当することだったが、一九四一年の防衛（婦人部隊）大綱により、国軍所属の部隊として認定された〕の士官だったが、メアリはセアラより八歳年下で、まだ少しばかり経験が足りな過ぎた。セアラが理想的な選択だった。彼女はうってつけの年齢にあって、鋭い知性を備えていた。また、王立空軍基地メドナムでの任務のお陰で、懸案となっている軍事上、政治上の問題についてよく認識していた。

しかしそれらの理由以上に、父と娘の深い結びつきがその決断の正しさを裏付けた。子供時代から、セアラは「一匹狼」[*45]的だと感じていた。神経質で恥ずかしがり屋なために、彼女の属する社交の世界では、他の少女たちと友人関係を築けなかった。一〇代の頃は、デビュタント〔初めて正式に社交界にデビューする一六歳位から上の女性を祝う場。男女のペアでの式典参加や舞踏会への出場などがある〕のシーズンの多くを、彼女と同じ社会階層の女性たちと雑談をしないで済むように、浴室に隠れて、従姉のユニティ・ミットフォードとトランプをして過ごした[*46]〔ユニティは、貴族の娘で母方の親類。ドイツに渡り、ヒトラーとシンパとして特権的に交流するが、一九三九年、自殺未遂。一九四八年、三三歳で死去〕。家にいる時ですら、幼い少女の頃から、父親の前に出ると、臆病でぎこちなかった。思いきって父親に話しかける時はいつでも、口を開く前に、必ず頭の中を「整理」した。彼女の伝えたいことが重要であれば、口で言う代わりに、彼女は考えを短い手紙にしたものだった。[*47]彼女は、父親の方が自分よりはるかに雄弁で機転が利くと思ってきたが、自分は父を理解していると、確信していた。そして、自分が沈黙していても、父は自分を分かっていると信じていた。家族の中の誰かが、彼女の無口をからかったとしても、父は、「セアラは牡蠣《かき》だよ。秘密を私たちには言わないだろうね」[*48]と言って、すぐに彼らを黙らせたものだった。

父親の傍らでレンガを積んで過ごした静かな時間、セアラは博物学者が種《しゅ》について研究するように、父を研究した。彼女は父が「気心の知れた聞き手と一緒にいる時、彼の頭脳が息も切らさぬ勢いで縦横無尽に思考を巡らす様を披露すること」*49に気が付いた。セアラはなんとしてでもこの気心の知れた聞き手の一人となって、「彼の手助けをすることは出来ないにしても、彼がある考えを抱いて、どこへ向かおうとしているのか、そのことを理解している人々の仲間に加わりたい」と切に願った。そこで、彼女は、「自分自身で思考の訓練をする、しかも、彼が考えた事柄についてではなく、彼が考えた考え方で思考する訓練を行い、そして、実践練習としてそれを幾つかの問題に当てはめてみよう」と決断した。彼女が言葉を発しなくとも、彼女が「父と無言のうちに歩調を合わせている」のを父に知ってほしかった。今、母を除いては、ウィンストン・チャーチルの心のうちをセアラほど知る人物はいなかった。

　この理由ゆえに、セアラは現在、マルタにいて、父親が甲板をもどかしそうに往復しているのを眺めていたのだ。チャーチルには、政治上の子分であるアンソニー・イーデン〔一九四〇年、チャーチルの戦時内閣で外務大臣。後年、チャーチルの姪と再婚。チャーチル内閣で二度外務大臣を務める。チャーチル引退後は、保守党党首・首相〕以外、今度の会談をめぐる深い懸念や、とりわけアメリカの盟友〔ローズヴェルト〕に対する苛立ちを告白できる相手は、イギリス代表団の中にはいなかった。だが、イーデンにも自身の検討課題や注意を払うべき政治的将来があった。ウィンストンは、彼の傍で彼の内面の苦しみを分かち合いながら、お手伝いしてもよろしいですかと言えるほど配慮のできる人物が必要だったのだ。ドアを閉ざして二人きりになった時、ウィンストンが解き放つ、ほとばしる言葉の奔流を和らげることができ、かつ、言葉に現れなかった彼の感情をも理解できる人物が必要だったのだ。家庭では、この務めはクレメンタインの肩にかかっていた。彼女は夫のエネルギーを正しい方角に向け、熱情のこもった演説や最も深く根付いた信念を建設的な方向へと向けた。セアラには、母親がウィンストン・チャーチルを巧みにコントロールしてきた四〇年間の経験はなかった。だが、彼女には十分な経験があった。チャートウェル邸のレンガの壁で下げ振り糸を担当したように、ここでもピンと下げ振り糸を張って、もし、感情が高ぶって、チャーチルが、連合国の盟友たちの間に横たわる、歩くべき狭い道から足を踏み外しそうになった時には、彼が進むべき道を修正する助けとなるだろう。

朝九時三五分、大統領の乗船している、米国艦船『クインシー』がついに水平線上に姿を現した。[50] 実に悠々と、入り口の対潜水艦ネット〔潜水艦からの保護を目的に、港や海峡の口を横切って配置される対潜網の事〕を注意深く避けながら港に入って来た。六機のスピットファイアの編隊が上空を横切って飛行した。[51] 岸辺に集まっていた楽隊は急に活気づいた。アメリカ国歌を高らかに演奏して、巡洋艦を迎え、続いて、心をふるい立たせるイギリス国歌『神よ、国王を守りたまえ』[52]を演奏した。タグボート〔大型船を引くための強力なエンジンを持つ小型船〕の助けを借りながら、一万三〇〇〇トンの軍艦はその係留位置へと少しずつ移動した。[53] 二隻の船は狭い入り江で、非常に接近したため、船がすれ違った時、セアラは『クインシー』に乗り組んでいるすべての人々の顔を見ることができた。[54] その乗組員たちは、甲板上に集まり、鮮やかな気を付けの姿勢をとっていた。セアラは、アメリカの船員、兵士、航空兵は「きわめて優れた人々」[55]に見えると認めざるを得なかった。首相は甲板を行き来するのを止めて、海側に面している船の梯子《はしご》の一つの最上段の踊り場に身を置いた。[56] チャーチルはローズヴェルトが到着した時に、「埠頭でお待ちします」[57]とローズヴェルトに約束していた。この位置なら、埠頭で待つことと比べても、まったく遜色はなかったろう。

『クインシー』が『オリオン』と並ぶ形で停泊した時、沈黙が群集の間に訪れた。艦橋の上では、合衆国の大統領が手すり沿いに、威厳のある姿で車椅子に座っていた。大統領と首相は互いを見つめた。チャーチルは、ピシッと直立不動の姿勢で、ゆっくりと帽子に手をやった。[*58] 二人の男たちは互いにしっかりと会釈を交わした。二人の昔からの友人が再会した時、一瞬、過去数ヶ月の緊張と鬱積した不満は消えた。要人や政治家に囲まれた一生を送ったセアラにとってすら、「スリルに満ちた」[*59] 光景だった。港の向こう側では、イギリスの外務大臣アンソニー・イーデンが、アメリカの代表団のハリマン、ホプキンズ、ステティニアスと共に『シリウス』船上に立ち、この遭遇を観ていた。後にイーデンは、世界が「静止し［たか］のように[*60]」思えた時で、居合わせた人に「歴史における転換点」を意識させたと明言した。

ついに『クインシー』は係留位置に接岸し、歩み板を下した。ハリマン、ステティニアス、ホプキンズ、そしてマーシャル将軍が最初に乗り込んで、ボス〔ローズヴェルトの愛称の一つ〕に挨拶した。[*61] すぐ後、公式の発表があって、首相は号笛で船上に迎えられた。[*62] セアラは、すぐ後に従った。甲板に着くと、日だまりに用意されている四脚のウイッカー・チェア〔藤、柳、竹などの自然素材を編み込んだデザインの椅子の名称〕へ案内された。[*63] そこでは、セアラの父親と大統領が隣り合って座っていた。彼らは、釣り合いの取れない一対だった。チャーチルはロイヤルヨット隊の制服姿で、軍事パレード用に着用しているように見えた。ローズヴェルトはというと、飾り気なく、ストライプの入ったダーク・スーツにツイードのハンチング帽姿だった。ローズヴェルトは、まるで、自分が街中での商談に行くのか、それとも、ニューヨーク州ハイドパークの敷地内のお気に入りのヒルトップコテージ〔ハドソン川を見下ろす丘の上の、小さな石造りの離れ。ＦＤＲが母屋の喧噪から離れ、落ち着くことのできる場所として建てた〕での田園風のピクニックに行くのか、決めかねているようだった。

チャーチル同様、ローズヴェルトはマルタへ一人では来ていなかった。ローズヴェルトは、肉体的な限界を考えて、よく、一人かそれ以上の息子たちを連れて出張をした。息子たちは、彼が立ち上ったり、椅子と車とベッドの間を移動する介助をした。テヘランでは、彼の息子エリオットと義理の息子ジョン・ベティガーが彼に同行した。だが、今回、彼は息子たちを本国に残してきた。一月初め、ローズヴェルトはチャーチルに、「もし、あなたが、家族のどなたかをＡＲＧＯＮＡＵＴ《アーゴノート》に連れてこられるなら、私は、娘のアナを私の一団に入れることを考えています」*64という予想外の知らせを打電してきた。ＦＤＲが、五人の子供たちの一番の年長で一人娘だったアナを、公的な海外出張に連れて来たことは以前にはなかった。それは驚くべき、とはいえ、歓迎すべき随行員の変更だった。「実に素晴らしい」*65とチャーチルは返信した。「セアラが私と一緒に来ます」。

ウィンストンとクレメンタインは、一九四三年の首都ワシントン訪問の際に「大統領の娘《ファーストドーター》」に会っていた。そして、セアラはテヘランで、アナの夫ジョン・ベティガーと同席したことがあった。直接の面識はなくとも、セアラは新聞を読むだけでアナについて知ることが出来たろう。大統領の娘は、三八歳で、子供が三人いた。カーティス・ドールという名の株式仲買人との最初の結婚で産まれた一〇代の娘と息子、そして、ジョンとの間に産まれた五歳の息子だった。一九四三年、文民事務師団Civilian Affairs Division の大佐としてジョンが軍隊に入隊する以前、アナとジョンはシアトルに住んでいた。そこで、彼らは新聞『シアトル・ポスト――インテリジェンサー』を編集していた。夫が北アフリカと地中海に配属になるに及んで、アナは、一九四四年初頭、シアトルからホワイトハウスへ引っ越した。西での、比較的無名で過ごした歳月の後、彼女は次第にワシントンで目に付く存在になっていた。エリノア・ローズヴェルトの数々の出張の間、彼女はしばしば代理のファーストレディとして母の代わりを務めた。

さて、ＦＤＲの真向かいには、アナがいた。二人の娘たちは、紹介された。アナは背が高く、髪はブロンドだった。彼女の見事な、まっすぐの髪は、パーマネントがかかっていたが、海の湿度を含んだ大気のせいで、ちぢれていた。父親と同じように飾り気のない平服のスーツと帽子を身に着けていた。すぐさま、セアラは、アナがとてもエリノアに似ている、という印象を受けた。セアラは、自身の母親への手紙で、アナの方が「はるかに美人だったけれど」と秘密をこっそり母親と共有するかのように記した。[*66]それから、別の面白い考えが浮かんだ。赤の他人は、彼女と姉のダイアナはクレメンタインによく似ていると考えるだろう。でも、この場合、娘たちは「それほど美人ではなかった！」外見は別として、アナは、穏やかで気持ちの良い人物だった。セアラは、アナにとても好感が持てると判断した。しかし、アナの打ち解けた振る舞いにもかかわらず、彼女が「今度の旅行に出ていることにかなり神経質になって」いるのを見て取った。

セアラは、落ち着くと、彼女の左側に座っていた大統領に目を向けた。ウィンストンのローズヴェルトに対するイラつきを別にすれば、セアラは、再び彼に会えてうれしかった。テヘランでは、彼女には、大統領は心暖かく、魅力的な人物に思えた。大統領は生命力に溢れていて、時折、歩けないことを忘れて今にも椅子からすっと立ち上がりそうだった。[*67]今、彼を眺めて、非常に驚いた。テヘランでとても目についたこの活力は消えていて、生命力は、彼の衰弱した顔から吸い取られていた。彼女が最後に彼に会ってから一四ヶ月の間に「一〇〇万年」[*68]年老いたようだった。そしてかつて才気煥発で、機知にとんだ彼の会話は、あてもなくさまようようになっていた。

何かが決定的に違っていた。常に大統領に付き添っていた友人や顧問の一団でさえ、明らかに変わっていた。セアラがその朝船上で気づき、またその前の日に到着したアメリカ人との会話を通して知ったのは、ハリー・ホプキンズが、かつてはローズヴェルトとは切っても切れない仲だったのだが、もはや、長い間享受してきた影響力のある地位にはいないということだった。気の毒なホプキンズは、しばらくの間、とても具合が悪かった。彼は、ミネソタ州のメイヨー・クリニック〔一八八九年、イギリス人医師が二人の息子と共に起ち上げて以来、常にトップランクの評価を受けてきた世界的な医療機関〕で胃癌治療に伴う副作用に対処するための治療を受けていた。彼は、過去六年間、闘病生活を送ってきていた。ホプキンズは、是が非でもこの会談に出席しようとしていたのだが、彼と大統領との間には今までにない距離が生じていた。たった二ヶ月国務長官を務めただけのエドワード・ステティニアス〔FDRから声がかかり、ゼネラルモーターズやUSスティールの幹部から、連邦政府に入った。国務次官、国務長官、初代国連大使〕が、ホプキンズの代わりに、ローズヴェルトの第一位の「相棒[*69]」になっていた。おそらく、セアラは正しくないのだろうが、彼女の彼との最初のやり取りから判断すると、ステティニアスは結構「のろま[*70]」に見えた。最悪なのは、駐英アメリカ大使ジョン・ギルバート・ワイナントが数千マイルも離れていることだった。ハリファックス卿を除く、他のアメリカ、イギリス、そしてソ連への大使たちは皆来ていたのだが、ローズヴェルトはワイナントをロンドンに残していた（ハリファックス卿は、チャーチルが合衆国へ遣わした使者で、彼はワシントンに残っていた。また、以前の幾つかの国際戦時会議には参加していなかった）。セアラは、ワイナント、彼をよく知っていたので呼びなれた名でいえば、ギルがそこにいてくれたら、と切に願った。これは、ただの利己的な願いではなかった。父からすれば、ワイナントがいることは、アメリカ人の中に、強力な真の友がいることになる、そのことをセアラは知っていたからだ[*71]。だが、ワイナントがロンドンに残り、そして、ホプキンズの果たす役割が小さくなったのであるなら、ヤルタに来た大統領の内輪の側近団は明らかにこれまでほど親英的でなくなるだろう。英国と合衆国との間の関係が陥っている状況をめぐるウィンストンの懸念が、彼女の頭に忍び込んでくると、セアラが、父とローズヴェルトとが互いに会釈を交わした姿を見て感じた喜びは、すぐに消え去ってしまった。彼女がテヘランで彼を見て以来、ローズヴェルトに何が生じたのだろうか。「健康問題だろうか」*[72]と彼女は考えた。「それとも、大統領は私たちから少し離れてしまったのだろうか」と。

第三章　一九四五年二月二日

恐らく、セアラが広範囲におよぶ感情を呼び起こす役者の能力をもっていたからか、あるいは単に人々の心を読み取る天与の力が備わっていたからなのかもしれない。『クインシー』でローズヴェルト父娘《おやこ》に向かい合って座っている間に、セアラはアナが必死になって隠そうとしているものを察知した。アナは、この旅行について本当に神経質になっていた。それは、三国会議に不慣れだからというのではなく、初めて、戦争によるすさまじい破壊の跡をじかに見たからというのでもなかった。アナは自分自身のためではなく、父親のために敏感になっていた。セアラの勘は鋭かった。フランクリン・ローズヴェルトは重篤な状態だったのだ。彼は、鬱血性心不全で、死にかけていた。医師の他にはアナだけが、どれほど事態が深刻か知っていた。

一九四四年の冬、アナは夫が陸軍に入隊後、四歳の息子を連れて、ホワイトハウスに戻った。戻って間もなく、父親に小さな変化があることに気が付いた。彼は、四六時中咳をして、血色が悪く、六二歳の人間にしては、はるかに疲労しているように見えた。*1 一二年間の戦時を含む一二年間、ホワイトハウスに在職すれば、働き盛りの最適任者でさえ大きな打撃をこうむっただろうが、この状況は疲労以上のものを示唆していた。その徴候は注意深い観察者だけが知覚できた。紙巻タバコに火をつける時には、手が震えていた。一度などは、手紙の最後に署名する時、何をしたらよいのか分からないようだった。その頁にはペンで判読できない黒のくねった線が引かれていた。時折、ホワイトハウス内の映画室〔現在、ファミリー・シアターと呼ばれる部屋。ウッドロウ・ウィルソンが映画を上映し始めたのだが、ＦＤＲが本格的シアターにした。東棟にある〕の暗闇の中で、家族が夕食後の映画を鑑賞した時、スクリーンからの明かりはちょうどアナが、父親の口元が長い間だらりと開いているのを眼にさせた。口元を閉じておく力も出せないようだった。

アナの母親、エリノアは、ＦＤＲの蓄積した疲労の多くは、とかく面倒を起こす真ん中の息子、エリオットに関する心労から生じていると考えた。[*2] 彼は、若手の映画女優と結婚するために、最近、二度目の妻ルースと離婚をすると、宣言したのだ。だが、アナ自身はこうした観察と、ＦＤＲの秘書グレイス・タリーの、ＦＤＲは数ヶ月前に署名をしている最中に、居眠りに陥ったか、短時間気を失ったかのどちらかだという発言により、行動に移ったのだ。[*3] アナは、父親の主治医である海軍中将のロス・マッキンタイアを呼び出した。[*4] 彼は耳鼻咽喉科の専門医だった。彼はアナに、大統領は、単にインフルエンザの初期症状である副鼻腔感染症、そして発熱のしつこい影響に苦しまれているだけですと説明しようとした。だが、アナは、納得しなかった。彼女は、ＦＤＲは、包括的な健康診断を受けるべきだと主張した。[*5]

一九四四年三月下旬、ベセズダ海軍病院〔ホワイトハウスから一五キロメートル。現在は、二〇一一年に統合されたウォルター・リード国立軍事医療センターの一部〕において、若き心臓病専門医のハワード・ブルーンによって行われた徹底的な検査は、アナの抱いた疑念が正しかったことを示した。大統領は、それほど激しくないと思われる動きをした後でも、息切れがしていた。肺に水が溜まっていて、血圧は、一八六／一〇八ｍｍＨｇで、最高血圧値は、高血圧症の重大局面にあることを示していた。心臓病学は、比較的新しい分野であり、アメリカの心臓病医の専門医学会が初めて開催されたのは一九三四年であったが、ブルーンにとって結果は明白だった。[*6] 大統領は、深刻な鬱血性心不全を患っていた。[*7] 治療法がない病だった。ブルーンは、ジギタリスを使用することで一時的に肺の水を取り除くこと、また、仕事時間を減らし、睡眠を増やし、厳格な食事療法を維持し、体重を減らして心臓への負担を減らすことを大統領にアドバイスした。そのようにして、患者の延命を図ることがなしうる精一杯のことだった。だが、それは単なる「待機戦術」にすぎなかった。心不全の治療は、マッキンタイアの能力を超えていた。そこで、彼はしばしば三八歳のブルーンにある重要な条件のもと、大統領の初期治療を引き継がせたのだ。それは、ブルーンは、FDRの診断結果を誰にも口外してはならない――ローズヴェルト家の誰にも、とりわけ大統領自身に告げない、という条件だった。[*8] 驚いたことに、ブルーンは大統領からの抵抗にあわなかった。FDRは、自分のどこが悪いのか決して尋ねることはなかったのだ。[*9]

だが、アナは、だまされはしなかった。なぜ父親は新たな薬物治療を受けているのか、なぜ父親の食事は自分の子供の食事に酷似しているのか、[*10] そして、なぜ新たな医師はFDRが一日四時間以上仕事をしないように主張するのか、[*11] 理由がなければならなかった。間もなく、ブルーンはマッキンタイアとの約束を破り、アナに秘密を打ち明けた。[*12] 彼の勧告が深刻に受け止められるよう、FDRの診断内容は十分詳細に開示された。アナは、心臓病について読める本は何でも読んだ。そして、ブルーンの指示に完全に従った。彼女は誰にも、夫以外には、自分の母親にさえ話さなかった。

ローズヴェルトは、ブルーンに自分の健康について何も細かな点について尋ねなかったが、どこかがとても悪く、アナが彼を守っていることは、察知していたと思える。ヤルタにおける彼女の存在は、テヘランでの状況からの急激な変化を表していた。その当時、彼女は父親に同行することを願い出たのだが、非論理的な理由で、きっぱりと断られていたのだ。[*13] 代わりに父親は、彼女の弟のエリオットと、夫のジョンを選んだ。この拒否は、アナの胸を突き刺した。確かに、弟や夫は、彼女には出来ない方法でローズヴェルトを肉体的に支える助けになった。だが、特別警護官《シークレットサービスオフィサー》のマイク・ライリーにだって、それはできたのである。エリオットとやはりアナの弟のフランクリン・ジュニアは、一九四一年八月、チャーチルとの大西洋憲章会談に父の随行をした。この会談では、両首脳は、自由世界を団結させる共通の原則の見取り図を描いた。同様に、エリオットとフランクリン・ジュニアは、一九四三年一月のカサブランカ会談にも同行し、この会談ではドイツの無条件降伏へ向けて、連合国が一致団結して事に当たる足固めが行われた。ついに、彼女に番が回って来たのは公平としか言いようがなかった。当時、イタリアで投函された夫からの手紙は不安でとても沈んだ語調だったので、アナは夫に会いたくてたまらなくもあったのだ。アナはなにかしら夫を安心させるために、夫に会う必要があった。彼女がFDRに話したように、制服を着ていないことが問題ならば、赤十字に入ることだってできたのだ。それでも父は意見を変えることを拒んだ。女性を乗せた船は不運を引き寄せるという大昔からの海にまつわる迷信を踏まえて、女性は誰も、海軍の船で航海することを許されていないと（だが、最高司令官として、ローズヴェルトはたやすく彼女を例外とする許可が出せたはずなので、それは問題にならなかった。あるいは、彼女は飛行機で飛ぶことだってできたのだ）。その古い迷信はセアラをテヘランまで連れて来たウィンストン・チャーチルを悩ませはしなかった。アナがいかなる議論をしようと、FDRは同意しようとしなかった。珍しく父に対する不満の発作にかられて、アナは母親に苛立ちをぶつけた。FDRの「家族の女性たちに対する扱いは、鼻持ちなりません」[*14]。彼女は、不公平を前に、怒りでかっとなった。「パパは、女たちは皆『家庭を守る』ことだけで十分満足すべきで、そこから外れた女たちの振る舞いは単なる娯楽であって、男にとって厄介な女をしばらくなだめておくための最後の手段としてのみ、庇護者気取りの男社会の援助を受けて行われるべきものだ、と思っているようだわ」[*15]。

しかし彼女がヤルタで彼に合流する話を父親に持ちかけると、彼は「そうだね、その件についてはちょっと考えてみよう」[*16]と答えただけだった。彼女は再び、失望させられるのだろうと予想していた。そして、一月の初め、父親はアナを驚かせたのだ。ウィンストンがセアラを再び連れて来ることになっていた。ハリマン大使は、娘のキャスリーンを連れて来ることになっていた。アナは希望すれば、同行できたのだ。

ＦＤＲがエリノアに、アナを同行させることにしたと話すと、傷つくのは、エリノアの番だった。テヘラン行きに置いて行かれたことで、彼女はアナに同情していたが、アナも、どれほどエリノアが、今度の会談に、フランクリンが彼女に同行を求めることを願っていたか、知っていた。そのようにしないで、彼は、チャーチルとハリマンが、妻ではなく娘を連れてくるので、もし彼がアナを同行すれば、物事が「より簡明」[*17]になるだろうと言って、エリノアをはぐらかした。もしエリノアが行けば、人々は、皆、無用の「大騒ぎ」をするためにしなくてもよい仕事をするはめになると感じるだろう。エリノアは、理解したような振りをした。

アナを副官として連れて行くことは確かに会談の計画と実施《ロジスティックス》を簡明化した。一方、ＦＤＲがなぜこの会談に妻ではなく、娘を同行させたかったのか、もっと大きな理由があったのだが、その理由の十分な説明とはなっていない。エリノアは、四〇年にわたって連れ添った自分の夫が本当に病気であることを理解できなかった、あるいは、その事実を受け入れることが出来なかった。また、エリノアは、善意の人であったにもかかわらず、フランクリンの疲労を軽減する助けにはならなかった——彼女は疲労を増加させたのだ。アナは、母の途切れることのないエネルギーを称賛していた——母は、女性の権利を提唱したり、貧者のために機会を提供したりすることに全身全霊で打ち込んでいた。だが、彼女は、本来、心の温かい人の世話をする人ではなかったのだ。アナには、子供時代、母の仕事中に母の部屋へ入った時の、今でもはっきりと残っている記憶がある。書類から頭を上げず、エリノアは、深い冷たい声で、「あら、何なの」*[18]と言ったのだ。母は、アナの言葉に耳を傾けようとして、その言葉を発したわけではなかった。エリノアは、フランクリンの政治決断に対して自分の意見を発言する場合、時と場所をわきまえて、発言の頃合いをつかむセンスに欠けていた。彼女の意見はきつい傾向があった。彼は彼女の見解を評価していた――実際、彼はそれを自分の大きな資産の一つと見なしていたのだ。しかし、彼女はしばしば、多くの要求が、とりわけ戦時においては、大統領に時間を割いてもらおうと競い合っていることを認識できなかった。大統領の休息の時間はほとんどなく、あってもごくまれだった。その貴重な休憩の間に、彼は家族に問いただされることを、とりわけ受け付けなかった。ある特別なディナーパーティで、何であったか、彼が下したある決定について、エリノアは、根掘り葉掘り問いただし始めた。きつい一日を過ごした後、彼はくつろいだ、和気あいあいとした晩を過ごそうとしていたため、エリノアの詳細にわたる質問責めはありがたくなかった。アナは、父親が今にも爆発しそうなことに気づいて、仲裁者として飛び込んでエリノアを遮り、快活さを装ってこう言った。「お母様、お父様に消化不良を起こさせるおつもり？」*[19]ＦＤＲは、公的にも私的にも、常に彼の好意と注目を得ようと騒ぎ立てる大勢の人々に囲まれていた。アナは、父親が常に人々を傍に置いておきたがるのは、幼い頃、近隣に一緒に遊ぶ子供がいない環境の中、はるかに年長の異母兄〔父ジェイムズが二六歳の時、最初の妻レベッカ・ホーランドとの間に誕生した長男ジェイムズ・R・ローズヴェルトとＦＤＲは、二八歳の年齢差があった〕が時折一緒になるだけで成長したからだと考えた。かくして、彼はいつも、「仲間の一人」*[20]になりたかったのだ。だが、たとえ彼が認めがたくとも、FDRに以前の活力はなかった。エリノアをヤルタに連れて行くというのは心優しい行為であったろうが、彼が、疲労困憊するであろうと予想される旅を、できる限り波風の立たないものにしようとしたことで、彼を責められるだろうか。

アナは、父親の決断がどれほどエリノアを傷つけたか知っていた。[*21] アナは、初めてではなかったのだが、母親を裏切ったかのように、幾分か罪悪感を感じていた。しかし、エリノアが同行すれば、アナは自分が留守番になることも知っていた。そこで彼女は、口を閉ざした。自分の存在が真に物事を「より簡明に」するのだと自分自身に言い聞かせ、自分の心から罪の意識を阻んだのだ。

なぜFDRは、アナに同行してほしかったのかを説明する、また別の、更に微妙な理由があった。しばらく立ち止まって、そのことについて考えてみれば、彼女は理由に好感を持てなかったかもしれない。そうせずに、彼女はその問題点を素通りしてしまったので、彼女の念頭からすり抜けてしまった。FDRは、アナのいるところでは完全にリラックスできた。なぜなら彼は、一人の女性として彼女には「下心がない」[*22]と感じたのだ。自分たちのキャリアに役立つ可能性のある人々と会う機会としてFDRと共にいる時間を利用できたし、実際、利用した弟たちとは異なり、アナは、「彼女がいずれ何か得をする手助けとなる多くの人々に出会いたいと思って……彼と一緒にいる」ことはないと、FDRは当然のことのように考えた。彼女は、家族、とりわけ家族の男たちに仕えるために、そして彼らを穏やかで満ち足りた気分にさせておくために、存在したのだ。

アナとブルーン医師がFDRの生命を引き延ばすためにどれほど懸命に打ち込もうとも、彼はもうすぐ亡くなってしまうのだ。ヤルタへの同行は、アナが、父に必要とされているという経験をする、そして、父の世界の一部になる、おそらく最初で最後のチャンスだったのだ。それは長年、アナには閉ざされてきたことだった。そのようなわけで、彼女は、彼女を傍に置きたいという父の理由を受け入れた。そして、その理由はついに自分が父の人生で価値ある人になれたことの証《あかし》なのだと解釈することにしたのだ。

長年アナは、父親が最も傍に置きたがった人間になりたいと思ってきた。彼女の最もお気に入りの子供時代の記憶の幾つかは、彼女とフランクリンが、ハイドパークの彼らの家を囲んだ森や谷間を抜けて、馬で遠乗りをして過ごした午後の思い出だった。[*23] 彼らが馬の背に乗っている間、様々な種《しゅ》について教えようと、父は木や鳥を指さしたものだ。彼は、自然の環境と最も調和したやり方で土地を耕す方法を説明した。アナは、いつか父と二人並んで、ハイドパークの敷地を管理することを思い描いた。[*24]

ＦＤＲは本当に自然の世界が好きだった。だが、それ以上ではなかったにしろ、同じくらい政治も好きだった。彼は、重い木製のドアの後ろに引きこもり、政治仲間と一緒に戦略を練りながら、数えきれないほどの時間を費やしていた。葉巻の煙は閉めた扉の下の狭い隙間からホールへあふれ出て来ていた。父の自分への関心を引きたいあまり、アナは父に短い手紙で、お願い、おやすみを言いに来て下さい、と書いたのだった。弟にいたずらを仕掛けますからと約束して、来てもらえる公算をさらに大きく、魅力的なものにしようとした。彼女は、「Ｆ・Ｄ・ローズヴェルト閣下」[*25]、「おやすみ、を言いに来て下さいませんか……私は今、あるものをジェイムズのベッドに入れに行きます。いらした時に、叫び声［原資料では shreiks、正しいスペルは shrieks］が聞こえるかもしれません」と書いた。

ＦＤＲが自分のオフィスに仲間と閉じこもったある夕方、アナはオフィスに忍び込んで、隠れる決心をした。[*26] しばらくすると、アナは床から天井まで部屋に充満した葉巻の煙で息を詰まらせ、目がヒリヒリし始めた。彼女は、自尊心を捨てて、咳をし、くしゃみをしながら、降参して退却するしかなかった。あの部屋の空気は、明らかに小さな少女向きのものではなかった。

　彼女の父親は、ある時、本の手伝いをさせに彼女を彼の図書室へ招きいれた。[*27] アナは、ついに父の孤立した聖域で父と一緒になって、そわそわと興奮して震えた。彼女は、がくがくと震えがひどかったのかもしれない。父親がアナに積み重ねた本を手渡した瞬間に、本は、彼女の腕から滑り落ちて、床に音を立てて散らばった。アナは、余りにも恥ずかしくて、自分がいっそのこと床に溶けてなくなってしまうことができたらと思った。父が激怒するだろうと怖くなって、彼女は、わっと泣き出して、逃げ出してしまった。

　ＦＤＲがポリオに罹った時、アナは、彼女の夢は永久に失われたと思った。一九二一年のことで、アナは一五歳だった。ローズヴェルト家はカナダのニューブランズウィック州のキャンポベッロウ島の別荘〔高級避暑地になり始めの一八八三年、フランクリンの父、ジェイムズが購入〕に避暑のために滞在していた。その日は何も気になることのない美しい日で、セイリングや水泳日和だった。その午後、フランクリンはゾクゾクと寒気がして、次第に腰に不快感を感じ始めた。二日後、彼は腰から下が麻痺していた。彼はまだ三九歳だった。だが、助けなしで再び歩くことは決してないだろう。馬の背に乗っての森の中の遠乗りもできなくなり、それと共に、ハイドパークの管理人としていつかアナも父に加わるという夢も消滅してしまった。アナは、すぐにマンハッタンのチャーピン・スクール〔名門の通学タイプの女学校〕に行かされ、その後の子供時代は、彼女は人に行く手をふさがれずに父親に会えることは、めったになくなった。常に神出鬼没の彼女の祖母、医師や看護婦、ＦＤＲの政治方面の同僚などで、今や彼らは彼の元に来なくてはならなくなったのだ。アナのできることと言えば、父親が新しい松葉杖や鋼鉄の装具と格闘する時に見守ることだった。彼は、毎日、今日は車回し〔一般車道から各家の車庫や玄関へ通じる私道〕の一〇〇フィート〔約三〇五メートル〕を歩くぞ、と宣言するのだった。*28 彼は、松葉杖を軸にして、力を振り絞り、顔に汗をしたたらせ足を前後に揺らした。しかし、アナがなすすべもなく立ち尽くし、屋敷の車道の家側で失意のうちに沈んで見守る中、彼は、毎日、失敗したのだ。FDRはよくアナを肩車しては、*29 彼女の世界の中心で絶対に信用できるヒーロー*30としてあれほど長い間立っていた。その彼が、幾度も幾度ももがき格闘し、失敗したのだ。

　FDRの心臓の不全は、誰も彼の身の上に望まなかったことであるが、ある意味、賜物でもあった――アナが拒否することのできない賜物だったのだ。父親が生き延びて、戦争の終結を見ることになるのであれば、アナは、彼の人生でさらに大きな役割を担う必要があると、すぐに認識した。彼女と父親がホワイトハウスにおける彼女の役割について話し合うことはなかった。*31 彼女はごく自然にますます拡大する諸々の責任に足を踏み入れた。軍隊から、政府、市民までに至る無数の組織が、常に、大統領との会見を求めて執拗に叫ぶのだ。ブルーン医師の、FDRは一日四時間以上仕事をしてはならないという規定を考慮すると、彼はおそらく要望されたすべての約束に顔を出すことは出来なかった。面と向かっての直接のやりとりは、とても疲れるものだった。そこでアナが彼のゲートキーパー《門番》〔幾つかの分野で使われる言葉だが、元来、ニュースや通信など情報の取捨選択をする管理人の意〕となって、一体誰が大統領との時間を必要とするか、そして、誰かほかの人に任せても大丈夫なのか、決めたのだ。*32 時折、彼女自身が会合をもって、後でFDRに議論の要約を渡した。*33 彼女はまた、父の負担を、父の気が付かないやり方で楽にしようとした。例えば、父が床に就いてから、父の夜間用の郵袋が置いてあるところまでこっそり行き、彼女が、他の人でも対処できると判断した書類や要求は何であろうと、父がそれらで煩わされないように取り除いたのだ。[*34]
　一般国民が、アナがしていた事を知っていたら、確実に抗議しただろう。実際のところ、ある人たちは、彼女がホワイトハウスに住んでいただけで彼女を批判したのだ。一人の女性がアナに痛烈な手紙を書き、彼女は「納税者を台木にした接ぎ木だ」[*35]と叱った。アナが納税者の費用で、ホワイトハウスに住んでいるということだけでも、十分に悪質だと、その女性はけなした上――サラリーもいただく神経はお持ちじゃありませんよね――と狙い撃ちした。その女性は、アナが彼女の母親みたいになるリスクを負っているのではないかとほのめかした。彼女の母親の、夫の政権への過剰な介入は見苦しいと。この女性は、明らかに、FDRを尊敬していなかった。とはいえ、「少なくとも彼は選挙で選ばれたのですよ」と彼女は吐き捨てるように述べていた。誰もエリノアの事は選んではいなかった。彼女は政治的な案件に介入する立場にない「ただのうんざりするほどお節介な私人」に過ぎなかったのだ。
　この女性の、ローズヴェルト家の女性への辛辣な攻撃は別にして、彼女は、正当な懸念を提起した。アナは父親の郵袋から書類を引き抜くことは不適切だと、確かに知っていた。だが、アナは止めようとしなかった。彼女は父を助けるために必死に何でもやったのだ。もし、父をヤルタに行かせないことが可能であったなら、そうしただろう。全行程は数週間かかるだろう。会談そのものでも疲労困憊するだろう。彼が死んでもおかしくはなかったのだ。
　ヤルタへの長旅は暗闇の中で始まった。一月二二日、夜一〇時に、ローズヴェルトと彼の代表団は、ワシントンから人目を忍んで脱出した。[*36]国中の新聞が、三巨頭は近々、別の会談を持つだろうと予想していたが、安全上、合衆国、イギリス、ソヴィエト連邦の誰も会談がどこでいつ行われるか、確定的なことは述べようとしなかった。大統領用の、秘密の列車の駅は財務省印刷局別館の地下にあった。印刷局は、無難なコンクリートと石灰岩の建物で、一四番ストリートSWにあり、ナショナル・モール〔スミソニアン博物館群や各種美術館・博物館や記念塔等がある国立公園〕から一ブロック南の所にあった。そこで、彼は装甲列車「フェルディナンド・マジェラン」号に乗車した。このようにして、大統領はユニオン駅〔首都ワシントンの玄関口、一九〇七年オープン。第二次世界大戦時が一番繁忙〕での、車椅子に乗って進むのに障害となった階段に加えて、詮索好きな眼を避けたのだ。ワシントンから、FDRの側近たちや娘は、ニューポート・ニューズ〔ヴァージニア州、ニューポート半島に同名の現在国内最大の民間造船所がある〕へ移動したが、そこではアメリカ海軍重巡洋艦、『クインシー』が待機していた。艦船は、何週間も、大統領が使用しやすいように秘密裏に改修作業を続けていた。しかし、作業を完全に秘密にするのは、ほとんど不可能だった。一一月、ローズヴェルトは、退役アメリカ軍人から手紙を受け取った。[*37] その手紙はFDRに、コネティカット州のミドルバーグのレストランで二人の男たちが、『クインシー』の便座は近く発表される予定の旅行に向かう、さる人物用に調整されて、九インチ〔約二三センチメートル〕上げられたと話をしていたと警告していた。「口は災いの元」という格言が、これほどぴったりだったことはない。一月二一日にローズヴェルトの誕生日パーティが実際の誕生日の一月三〇日を九日前倒しにして開催され、何かが進行中であるという噂を抑えることがさらに難しくなった。[*38] ニューポート・ニューズまでの途中、地元のナチスのスパイやパパラッチを首尾よく避けた後、代表団は、マルタでのチャーチルとの待ちあわせのため、一一日間、四八八三マイルの航海へ出発した。

　ローズヴェルトが、また別の会談に向かう途上にあることを知っていたワシントンの少数の人々の間では、アナを彼の副官として選んだのは、少々驚きだった。労働長官フランシス・パーキンズは、

ＦＤＲが息子を一人か一人以上、彼を肉体的に補佐するために連れて行くだろうと考えた。エドウィン・「パー」・ワトソン〔「パー」＝パパ。陸軍士官学校時代のあだ名。軍事顧問〕将軍は、ＦＤＲの長年の補佐で、スケジュール担当の秘書官であり親友でもあった。彼はしばしばローズヴェルトの仲間に入れられており、ヤルタ派遣団の中に大統領が入れた人々の一人だった。ワトソンには、しばしば大統領が重い足の装具を装着して立つのを手伝う任務があった。彼が、ＦＤＲの肉体面でのサポートを提供できた一方で、アナはより無形のものを提供した。ワトソンが、出発の前にパーキンズに説明したように、「アナは、息子たちが出来ない事を、父親や他の人たちにすることができる……息子たちは父親を上手に扱えない……アナは父親に言えるのさ、『お父様、人にお会いになってはいけません。それはなさってはいけません。あの人たちとお話しなさってはいけないわ。お疲れになります。翌日、具合が良くなくなるわ』とね。それから、彼女は、他の人も上手に扱えるのさ。彼らを不安にさせずに、あの娘《こ》は彼らを上手に扱えるんだよ、だから一行は彼女を連れて行くのさ[*39]」。

　ワシントンを出発してすぐ、ジョン・ベティガーは妻に手紙を出した。「君がいないのは酷く嫌だ」と、彼はアナに伝えた。[*40]「でも、君が最も歴史的な会合の内側に本当にい合わせるチャンスを手にしようとしていることに、ぼくはとても興奮しているよ」。彼は、アナが父親にとって、どれほど価値があるか知っていた。この旅が父娘にとって、個人的にも、また世界の将来のためにも、どれほど、意味を持つかも、知っていたのだ。歴史の一部であるという感覚は全くアナにないわけではなかった。彼女がホワイトハウスへ戻った時、彼女が見聞きした事柄全てが機密文書であり続けるように、日記は付けない約束をしていた。[*41]だが、この会談に関しては、彼女は例外を作る決心をした。そうすれば、後で、自分の経験をジョンと分かち合えるからだった。

だが、歴史の次のページが書かれるには、まず初めに、ＦＤＲはその旅を生き延びなければならない。すでに代表団がヤルタに到着する以前から、うまく行かないことが多く起こる可能性があった。一一日間、ＦＤＲは、『クインシー』の艦上で人々の細かな観察下にあった。この人々には、ワトソンのようなローズヴェルトに心酔している個人的な友人だけではなく、自身の政治的野心が際立つ人々も含まれた。大統領の一行が航海に出て幾日もしないうちに、ローズヴェルト大統領の健康状態について尋ねる人が出始めた。ジミー・バーンズ、元サウスキャロライナ州選出上院議員、最高裁判所の陪席判事を歴任し、戦時動員局長官としてヤルタ会談に参加していたのだが、アナにそっとＦＤＲはあまり具合が良くないようだが、と口に出した。[*42] 彼の意見では、大統領の憔悴した外見、口を開いたままの凝視は、慢性の副鼻腔炎以上の症状を示しているようだと話したのだ。アナは、それはもちろん油断のならない副鼻腔のせいだと言い張り、相手にしなかった。口を開けて座っているのは、息をしやすくするためだと。バーンズは、疑っているようだった。

バーンズがすでに疑っているとすると、他の人々が疑うのも時間の問題だったろう。もしＦＤＲの症状がさらに悪化すれば、副鼻腔の説明では、人々の通り一遍の検閲さえ通るのは難しくなったはずだ。そこで、アナが父親をできるだけかばうことが、不可欠だった。一体どれほど具合が悪いのか誰にも知られてはならなかった。バーンズも、米国代表団の他の誰も、とりわけチャーチルとスターリンがその症状を知ってはならなかった。ローズヴェルト、チャーチルとスターリンの提携が引き続き成功するかどうかは、三人の男たちの強力な個人的な関係という不安定なバランスにかかっていたのだ。ごく近い将来に勝利がひかえているので、そのバランスを崩さないことが絶対必要であった。

運のいいことに、マルタへの航海は、ＦＤＲに十分な休息のための時間を与えてくれた。艦船は、無線封止〔通信の安全性という理由で、ある地域の固定・移動局に送信を停止するように要請すること。電波を発信すると居所が相手にわかるため〕下で、緊急メッセージ以外何も応答する義務はなかった。[*43]緊急メッセージには、急使〔外交文書などを運ぶ使者。本国と各国の大使館や公使館の間で文書を運ぶ〕という複雑なシステム経由で返答をした。国務省が会談のために準備した概況説明資料を読むのにしばらく時間を費やす以外は、ＦＤＲは、自由に甲板の上で陽光を浴びたり、客室で午睡をとったり、大切な切手コレクションの並べ替えをしてくつろげた。ヤルタへ到着後、ブルーンの四時間ルールは会談が続く間、一時停止にならざるを得ないだろう。ローズヴェルトにとって、数時間かかる本会議、あるいは、乾杯やスピーチで満ち溢れた正式晩餐はどれも必然的に夜半まで続いたのだが、そのどちらも逃すことはできなかった。アナは父親に、午前中や午後の早いうちに、できる限り休息をとらせようとした。だが、アメリカ人が皆一つ屋根の下にいて、ステティニアス国務長官、ハリー・ホプキンズ、あるいは他のアメリカ人が雑談をしにふらりと寄るのを制止するのは難しかった。チャーチルは全く別の問題をつきつけた。『クインシー』での航海中、彼は電報に次ぐ電報でローズヴェルトを攻め立て続けた。[*44]重要な軍事的、政治的案件にかかわるものもあったが、ほとんどがヤルタへの旅やかの地の宿泊施設についての不満だった。

もし、首相が電報という手段で、人を疲れさせたといえるなら、首相本人そのものが人の気力をなえさせたことは確かだった。チャーチルは、ＦＤＲとの内々の会見の予定を入れることを主張し続けた。だが、アナは許可することができなかった。チャーチルがローズヴェルトに強く迫りすぎたら、大統領は疲弊と脳卒中で命を落としても全くおかしくなかった。それは誇張でも何でもなかった。彼らは同盟関係にあったが、ローズヴェルトは、チャーチルの感情を害することよりももっと大きな心配を抱えていた。彼は、残された全力を挙げて、アメリカ人の利権をヤルタでの主たる目標として優先しなければならなかった。ローズヴェルトは、開戦中に国際的な力がかなり衰退した英国人との協力だけではなく、ソ連人民との協力によって、目標を達成することができたからだ。

第一に、ローズヴェルトは、とりわけ太平洋におけるアメリカ人の命を救う決心をした。彼の政権下の将軍たちは、彼らの島伝い戦略——太平洋上の中継空軍基地として役立ち、将来の日本本土攻撃の際の前線補給をするのに適した位置にある、小さな、防衛が不十分な太平洋上の島々への攻撃——は、これまでのところ成功しているし、最近マリアナ諸島やフィリピン諸島で勝利してはいても、少なくとも一年間は、自信をもって、全面的な日本侵攻の開始を想定することができなかった。*45 さらには、日本本土での決戦は消耗戦になる公算が大きかった。彼らは、連合国〔第二次世界大戦で日独伊枢軸と対立した二六ヶ国〕がいずれは勝利すると信じていたが、もし未だ実験に至っていない驚異の兵器が失敗したら、勝利の代償はおそらく一八ヶ月以上も続く戦争となり、一〇〇万人以上のアメリカ人の命を失うことになるというものだった。もしFDRがソ連人民を対日戦に引き込み、戦争の終結を早められれば、彼は、実に多数のアメリカ兵の命を救ったことになるのだ。

ローズヴェルトの第二の目標は、戦術的なもので、かつ、幾分、個人的なものだった。ソヴィエト連邦は、スターリンの指導の下、指数関数的に力を増強していた。その国は、もはや、ヨーロッパの外辺の、神秘に満ちた後背地であると考えられなかった。いまや、ソ連人民が世界の秩序の一部となったことは否定できなかった。ローズヴェルトの心の中では、世界秩序への道は、平和への強い関心によって結ばれた世界的な友愛の組織へ、何としてでも彼らを参加させることだった。FDRが尊敬する人物、ウッドロウ・ウィルソン〔第二八代大統領、任期は一九一三年から一九二一年〕は、そのような友愛の組織・国際連盟を創立しようとした。ウィルソン政権の海軍次官としてローズヴェルトは、一九一九年パリ平和会議に出席しており、身をもって、政治的駆け引きと裏取引を経験していたが、そのような駆け引きが最終的に連盟の運命を定めてしまったのだ。[*46]ウィルソンが失敗した地点で、ローズヴェルトは、成功させようと決意した。すべての国を結びつける世界平和の組織に関して彼が描く想像図には、ソヴィエトの参加がきわめて重要と映った。ローズヴェルトがチャーチルを長きにわたる友人でパートナーと見なしていたのと同じくらい、スターリンはローズヴェルトがヤルタで口説かねばならないと確信していた人物である。ローズヴェルトは、スターリンが彼の個人的な説得力で動かしうると確信していた。

アナは、ウィンストン・チャーチルがとても好きだった。彼女は、彼が一九四三年五月ワシントンを訪問した際、彼に会っていた。アナは、当時、夫の出兵を見送りに、ワシントンに滞在していた。アナの観察では、チャーチルはウィットに富んだ話し手で、明らかに頭脳明晰だが、丸ぽちゃのコミカルで風変わりな人物でもあり、ふんだんに嗅ぎタバコを嗅いだので「実際に家の基礎が振動したほど」[*47]、けた外れのくしゃみをした。しかし、彼と同席することを個人的に楽しみ、彼が戦時中の協力関係にもたらした価値を高く評価することと、彼の古めかしい帝国主義的な世界観を受け入れることは全く別なことなのだ。パールハーバーへの攻撃を受けて、アメリカが戦争に参加したわずか一ヶ月後に、エリノアはアナへの手紙で次のように語っている。「私は、チャーチルさんが好きです。魅力的で、感情的で、とても人間的でいらっしゃる。でも、私は、あの男《ひと》が講和条約を起草したり、あるいはそれを実践する人になってほしくないのです[*48]」

第四章　一九四五年二月二日

エイヴレル・ハリマンはモスクワからマルタへ二〇〇〇マイル〔約三二〇〇キロメートル〕の移動をして、ソヴィエトとポーランドとの関係に関連するすべての案件、ソヴィエトの賠償要求、日本との戦争にスターリンが介入した場合の代償などについて、ローズヴェルトに簡潔な報告や事前説明をする準備ができていた。ソ連に駐ソ米国大使としてほぼ一年と半年駐在した後、彼は、おそらく他のいかなるアメリカ人よりもソヴィエト政権の内部の仕組みについてよく理解していた。だが、今までのところ、昼食のアナウンスがなされ、アナ、セアラ、エド〔エドワードの愛称〕・ステティニアス、アンソニー・イーデン、ジミー・バーンズ、そしてFDR付きの参謀長の海軍元帥ウィリアム・レイヒ〔一九四二年七月、FDRが新たに設置した大統領付き参謀長就任。一九四四年一二月、初の海軍元帥就任〕を伴って、大統領と首相が『クインシー』のFDRのスイートへ向かったのだが、エイヴレル・ハリマンは招かれなかった。[*1] 明らかに、この昼食は、会議をしながらの昼食ではなかった。

ハリマンは、来たる会談をあのように辺鄙な荒れ果てた場所で開催することに同意したことで、幾日も、責められてきた。[*2] 事態をさらに腹立たしくしたのは、マルタの岩の多い地勢のせいで、彼は足首にひどい捻挫をしてしまっていたことだ。実際のところは、ローズヴェルトが一旦、黒海での会談に賛成であることを示したら、ハリマンが介入する余地は、ほとんどなかった。二日前、マルタの王立空軍基地ルア〔現在のマルタ国際空港。マルタ語でLuqaと記す〕でステティニアスの搭乗している飛行機を出迎えるために車を走らせていた時に、彼女をすんでのところでひいてしまいそうになった後、彼がセアラ・チャーチルに語ったように、「そう、そこで決まりだったのです。そうでなければ、もっとひどい、他の二つの場所だったのです」[*3]。

ハリマンは、彼のリゾートをたびたび訪れていた大方の映画俳優達よりも、顔立ちが整って美しく、全米で最大規模のたたき上げで築かれた財産のうちの一つの相続人だった。ハリマンは、粘り強さ、独創性、才能のあるスタッフ、健全な投資などによって、ビジネスで、スポーツで、あるいは実際に山頂の邸宅での生活に当たって、乗り越えられない障害物に行く手を阻まれたことはなかった。彼はハドソン川渓谷を見下ろす、山の頂上にある大邸宅で成長した[*4]。屋敷の下方の広大なパークランド〔地方の大邸宅の周辺の緑地を指す〕には、彼の父親が、アラスカへの科学的探検旅行へ出かけた際に捕獲した、三頭の茶色の熊〔コディアックヒグマ、別名アラスカヒグマのこと。コディアック諸島やアラスカ州沿岸部に生息〕が、広々とした檻の中でペットとして飼われていた。また、フニキュラー〔急勾配のケーブルカー〕の運行設備の隣に馬小屋があり、多数のポロ競技用の小型の馬でいっぱいだった。この運搬装置によって、食料品から、車両から、ポニーまであらゆるものを、山裾から屋敷まで輸送していた。ユニオン・パシフィック鉄道〔一九三二年、父の経営する同社の最高責任経営者になる〕、国際海運会社、鉱業会社、『ニューズウィーク』誌、ブラウン・ブラザーズ・ハリマン〔一八一八年創業の米国最古最大のブラウン・ブラザーズ銀行とハリマン・ブラザーズ投資会社が一九三一年に合併して誕生した投資銀行〕、彼のバンキング・ファーム〔銀行業務を行う企業〕に至るまで、彼のほとんどすべてのビジネスにおける試みは成功を収めていた。彼は、娯楽においてもビジネスと同様の集中力と闘志を持って取り組んだ。時間を浪費するだけのゴルフのラウンドを拒否して、ポロ〔一チーム四人で構成。競馬馬より小さいポロ・ポニーに乗ってマレットで球を相手チームのゴールへ入れる〕の持つスピードと攻撃性を好み、彼は、国のトッププランクの選手の一人になっていた。彼のチームは、世界一流のアルゼンチンのチームを「一九二八年度・南北アメリカ優勝杯」で負かした。やがて、ハリマンが政治に関心を向けるようになったのは、当然のことだった。ローズヴェルトの武器貸与法の促進者として、彼は、尽きることのないエネルギーとビジネスの才腕を、ロンドンで発揮した。彼はかの地で、三〇〇億ドル以上が援助としてイギリス帝国へ配給されるのを監督した。[*5]

運の悪いことに、過去数ヶ月が示していたように、ソヴィエト政府と仕事をすることは、ハリマンの以前の商取引とは全く異なっていた。第一次世界大戦後、大抵のビジネスマンは、突然ボルシェビキに率いられた国で商売をするよりも、投資を見送って現金をそのまま残すことを好んだのだが、彼はそのソヴィエト連邦で投資を行った。そして、その時の投資とも異なっていたのだ。ハリマンと彼のスタッフが、モスクワのアメリカ大使館で用いていた格言がある。「ロシア人と商売するなら同じ馬を二回買わねばならない」[*6]だった。過去六ヶ月間、ハリマンは、必死にローズヴェルトにソ連政府との交渉への取り組み方を変えるよう説得を試みてきたが、ローズヴェルトは抵抗した。マルタでは鼻であしらい、昼食会に呼ばなかったことが何かを示す兆候であったとしたら、大統領は再考するつもりはないということだったのだ。

昼食は終わったが、ローズヴェルトは、ハリマンを依然として呼びつけなかった。チャーチルがマルタで落ち合うことを提案したのは、ローズヴェルトがその助言者やイギリス代表団と腰を下ろして話し合うことを目論んでいたからだった。[*7]そうする代わりに、ローズヴェルトと娘は、マルタのツアーに出発した。ツアーは、島の総督や総督の家族同伴で、一時間半のスケジュールだった。アナは、セアラ・チャーチルにも同行するよう招待した。[*8]島を一周することは、地元民にとって心ある振る舞いだった。だが時間がなくなってしまった。米英の代表団は、その晩、ヤルタに向けて出発することになっていた。だが、まだ二つの代表団は、会談に関する実質的な話し合いを持っていなかった。ローズヴェルトは、午後のツアーに出かけてしまったので、チャーチルは、自分の艦船『オリオン』に戻って、午睡をとった。ハリマンは、行使できる影響力が大してあるわけではないので、ヤルタにキャシーと残った方がよかったかもしれない。

　ＦＤＲは正面から問題に取り組みそこなった、とハリマンが感じたのは、戦争中、これが初めてではなかった。ハリマンは、戦争当初、ローズヴェルトがナチスの脅威の大きさを心から理解してはいないと考えた。すなわち、ドイツ海軍〔Kriegsmarine 一九三五年から一九四五年までナチス・ドイツが有したドイツ国防軍の海軍のこと〕という形での脅威は、英国を敗退させうると彼は確信していた。武器貸与法〔第二次世界大戦中、連合諸国に武器、軍需品を貸与、賃貸、売却する権利を大統領に与えた法律。一九四一年三月に成立し、一九四六年に中止〕は、素晴らしい策だったが、十分ではなかった。アメリカは大西洋を越えて、食料と物資を輸送することができた。だが、もし、ドイツのＵボート〔一般に第一次世界大戦から第二次世界大戦時にドイツ海軍が保有した潜水艦の総称〕が護送船団を沈めれば、イギリスにはほとんど何も残らないだろう。その国民が飢えたなら、政府はヒトラーに降伏するしかない。一九四一年春、ローズヴェルトは、アメリカの世論はドイツに対する宣戦は支持しないと気付いていたが、ハリマンは大統領が「世論を導こうとしないことに、またその問題を顕在化しようともしないこと」[*9]にイライラしていた。駐ソ大使は、大統領は再び、アメリカと連合国側の利権にとって、深刻な危機を軽視することを選ぼうとしており、それは、ソヴィエト指導部の真の力や野心に対する未熟な理解を露呈しているのではないか、と危惧した。

　ソヴィエト連邦が開戦当初の一年半〔実際は一年一〇ヶ月〕の間、ナチスと同盟関係〔一九三九年八月から一九四一年六月のナチス・ドイツ軍のバルバロッサ作戦による独ソ戦開始まで〕にあったことを忘れてしまうことは、都合のよいことだった。一九四一年六月、ナチスがソヴィエト連邦へ侵攻した時、エイヴレル・ハリマンはローズヴェルトの武器貸与法の特使として、在任資格を有する地位に就いたばかりだった。一九三九年のモロトフ‐リッベントロップ不可侵条約を破ることによって、ナチスは、ソ連をイギリスとの同盟関係に駆り立てた〔署名した両国の外務大臣の名を付けた協定は、一九三九年八月二三日にナチス・ドイツとソヴィエト連邦の間で締結された「独ソ不可侵条約」の別名〕。アメリカ国民は、コミュニストとナチスに対して、同様に敵対的な見解を持っていたが、この新たな同盟には、否定しがたい利点があった。赤軍が英国兵と並んで戦ってくれれば、アメリカ人は戦争に参加する必要がないかもしれなかったのだ。ローズヴェルトはソヴィエト連邦へ武器貸与法による一〇億ドルの援助を差し伸べた。エイヴレルはローズヴェルトの決断を心から支援し、英国と、いまだ中立であったアメリカにとって、ソヴィエトとの同盟を好ましい進展と捉えた。彼は、社会構造、工業、経済をめぐるソヴィエトの考えに拘泥せず、状況に対応して、実際的な立場をとった。彼にとって肝心なのは、彼らがヒトラーに敵対するということだった。「単刀直入に言えば、いくらかかろうと、この戦争を我々の国土から離れたところで行わせておくことができれば、それは、安いものなのだ」[*10]と彼は説明した（自己の利益が彼の意見を支えていたのかもしれなかった。一九四一年七月時点で、彼は、一九二八年に清算されたマンガン契約による、ソヴィエト政府中期国債で五六万ドルを所有していた）[*11]。

だが、ほぼ最初から、二三歳になりたてのキャスリーンは、スターリンとの同盟は、究極的には代価に見合う価値があると、父ほどは思わなかった。ロンドン駐在の記者として、キャシーは早々と父親とは異なる見通しを得たのだ。たいがいの場合、国際通信社は、彼女の記事に「娘たちの陽気な歌は、ロンドン子たちが自らの災難を忘れるのに役立った」[*12]とか「女性記者は女たちが、洗濯物をいつものようにつるしているのを目にした」[*13]等のタイトルをあてたのだが、古参の記者たちが担当する時間も関心もなかった場合には、彼女のボスは徐々に彼女に戦争関連の報道領域を受け持たせるようになった。戦争関連の報道領域の仕事の中に、チェコスロヴァキア、ユーゴスラヴィア、そしてポーランドなどの国々から亡命した人々が樹立したヨーロッパ亡命政府の指導者たちとの記者会見があった。ナチスが侵攻した時、それらの国々の首相や王たちはロンドンに逃れてきた。ちょうど三年前、キャシーは、ベニントン・カレッジの学生だった。[*14] ナチス・ドイツによるチェコスロヴァキアへの敵対的な行動の激化をテーマにして、三年次に課せられた論文を書いていた。突然、彼女は、以前、理論として熟考していたことの悲劇的な結末を、今、報告している自分に気がついた。これらの記者会見で、直近の関心となった論点はナチスの侵攻ではなく、イギリスとソヴィエトとの新たな同盟だった。イギリスと合衆国において、突然、スターリン支持が激増するのを見て、亡命者たちは喜んでいなかった。

　キャシーも父親も、特に、休息に価値を置いてはいなかった。父と娘はドーチェスター・ホテルの彼らのスイートで、夜更けまで起きていて、世界の情勢について話し合った。時折、これらの会話は健全な討論になった。「今まで私は亡命自由主義政府の集会へあちこち顔を出して［き］ました」[*15]とキャシーは、姉に書いた。〔原本の資料のキャシーの手紙では、goのgが抜けている〕「私は彼らがスターリンに対してとても異なる感情を抱いているのに気が付きました（エイヴレルのとは異なるということです）。自由主義政府の人々は、彼を信用せず、彼を恐れ、彼がうまく立ち回って、アメリカ人やイギリス人の裏をかいていると考えています」。亡命中のポーランド人の指導者たちはとりわけ声高に主張していた。彼らは、スターリンがポーランドを手中にし、事実上のソヴィエト政権を打ち立てるチャンスを付け狙っている、と主張した。キャシーは彼らの言うことを信じた。一九四四年の晩夏まで、エイヴレルは、キャシーが正しく、耳を傾けるべきであったことに気が付かなかった。

一九四三年一〇月、ローズヴェルトはハリマンをソ連への大使に任命した。[*16] スターリンは信用できない、というポーランド人による不断の警告にもかかわらず、西欧の目標とソヴィエトの目標が一直線上にあるという、ハリマンの確信に揺るぎはなかった。ソヴィエトが、とりわけ攻撃を受けやすい西側の国境に、友好的な隣人をもちたがっているという歴史的な願望は、論理的には、理解できる。西側国境についていえば、キャサリン大帝〔一八世紀の第八代ロシア皇帝。別名エカテリーナ二世〕の治世以来、ポーランドと国境をめぐる論戦があり、一八一二年のナポレオンから一九四一年のドイツ国防軍まで、侵略軍に攻撃された。だが、ハリマンはスターリンがコミュニストの傀儡政権をポーランドのような国々に押し付けたり〔一九四四年七月、ポーランド・ルブリンで「ポーランド国民解放委員会」ルブリン政権樹立〕、完全に乗っ取るまでやるとは考えなかった。[*17] 彼は、もしソヴィエトが予想外の行動にでるなら、アメリカが「将来に向けトラブルをため込ま[*18]」ないように、合衆国が断固たる立場をとれるよう用心すべきだと信じた。しかし、チャーチルとローズヴェルトも含めた多くの西洋人のように、ハリマンは、ソ連政府の指導者たちとの、堅固な人間関係の持つ力を信じた。ハリマンは、ビジネスマンだった。そして人は自分の好きな人たちとビジネスをしたいのだ。そのことは、アメリカ人の生産業者や金融業者同様、ソヴィエトの政治家にも当てはまらないだろうか。

一年近く、はるかに残酷な現実が明白になるまで、ハリマンはこの前提に固執した。ロンドンでキャシーが亡命中のポーランド人の指導者たちから耳にしたことが、一九四四年八月、実証された。

戦争中ずっと、ポーランド人は、とりわけ占領下のワルシャワで、活発なレジスタンス運動のネットワークを維持していた。占領下のワルシャワでは、彼らは、非常に不利であるにもかかわらず、ナチスに対してゲリラ戦を行った。一九四四年の夏の間の短期間、戦況はポーランド優勢に傾いた。ワルシャワのナチス軍は脆弱で、赤軍は急速に迫ってきていた。ポーランドは、ソヴィエトの援助なしでは、ポーランドから、ナチスを撃退させられないことを知っていた。一方、彼らはまた、ソ連は、ポーランドに足を踏み入れるチャンスがあれば、そして西ヨーロッパから地中海にかけて、アメリカとイギリスが彼ら自身の戦闘で手一杯の場合には、その地を併合したくて堪らないことも理解していた。もし、赤軍が到着する前に、ポーランドのレジスタンスがワルシャワを確保できれば、西洋の同盟国に対する抗し難い申し立てとなるだろう。つまり、ポーランドは、ナチスのくびきから解放されたとたんにソヴィエトへ見捨てられても構わないような不必要な国民ではなく、世界で独立した地位を占めるにふさわしい、畏敬の念を起こさせる勢力である、と。ワルシャワ蜂起は八月一日に起きた。当初、作戦は見込みがありそうだった。ポーランドのレジスタンスはワルシャワの中心部を確保したのだ。だが、食料品と弾薬はすぐに減少し始めた。戦闘員たちは、赤軍が、供給物資と増援隊を連れて、今にも到着するのではないかと期待していた。しかし、ソヴィエト軍はいまやヴィスワ川の対岸、ワルシャワから数マイルのところにあって、突然進軍を停止した。弾薬はなく、ポーランド人は、ナチスにとって、無防備で狙いやすい標的となった。彼らの勇気ある蜂起は、大量殺戮となった。そのほとんどが一般市民だった二〇万人以上のポーランド人が殺戮され、町はほとんど完全に破壊されたのだった。

ハリマンは、ナチスがポーランド人のレジスタンスを虐殺しているのを、赤軍がヴィスワ川の岸辺にただ座って眺めていたのを知って、衝撃を受けた。なぜソヴィエトはナチスがワルシャワで再び優位に立つのを許したのか理解することができず、彼は、ポーランドのレジスタンスに補給するため、英米の飛行機がソヴィエトの飛行場を使用する許可を与えるよう、ソヴィエト政府に働きかけた。[*19] スターリンは拒否した。いくら個人的に説得しても、彼を動かすことはできなかった。ハリマンは、西欧諸国が判断の大間違いをしたと気付きはじめた。彼らは、自分たちが「ジョーおじさん」とユーモアたっぷりに呼んだ男を誤解していたのだ。チャーチルはスターリンを平然と無視して、王立空軍にどのような補給品であれ、できる限り空中投下するように命じた。その間、ハリマンは気が気ではなく、当時、再選〔四期〕を目指して選挙運動中だったローズヴェルトの説得を試みた。ソヴィエトが自由自在に東ヨーロッパを蹂躙《じゅうりん》する前に、アメリカがスターリンに強硬策をとることが急がれると説得したのだ。だが、ローズヴェルトと国務省は、ほかに優先すべきことがあった。彼らは、そのような介入は、軍事面において、また国際平和組織へのソ連の参加に関して、将来の米ソの協力関係を危うくするのではないかと危惧したのだろう。三つの同盟国からの代表がこの組織について議論するためにワシントンDCにあるダンバートン・オークス邸〔一九四四年八月から一〇月にかけて、連合国により、国際連合の輪郭が論じられた会場。現在はハーヴァード大学の研究機関〕に八月二一日集まることになっていた。ローズヴェルトは、これらの計画を狂わせることを断じて許さなかった。悲劇であったかもしれないが、ワルシャワのレジスタンスは、単に戦時の死傷者が新たに増えたに過ぎなかったのだ。

キャシーは手紙で姉に、彼女たちの父親にとって、今は「ひどくしんどい時」[20]だと告げた。八月中旬には、ポーランドに対する懸念は、ハリマンに大きな打撃を与えた。背の高い、運動神経の発達したエイヴレルは、警戒を要するほど体重を失った。彼の体格は、たったの一六〇ポンド〔約七三キログラム〕に落ち込み、そして胃潰瘍を発症した。[21]キャシーは、父親の健康についてひどく心配した。しかし、キャシーの心配を退け、ハリマンは彼の問題を執拗に主張し続けた。スターリンの代理たちと、時には朝の六時半まで夜を徹して、議論した。エイヴレルは、夕方になると、クレムリンからのお決まりの電話を待っていたので、はやる心を静めてくれるものを必要としていた。唯一、助けになったのは、ベジーク〔通常、二人が六四枚の札でするピノクルに似たゲーム。一九世紀半ば、ヨーロッパ上流社会で人気となった〕ゲームだった。キャシーは、父と対座してゲームをし、策略に次ぐ策略を仕掛けた。[22] エイヴレルは通常、彼女を苦も無く続けざまに負かした。一九四四年の最初の七ヶ月間に、キャシーは一〇万ポイントの負けを積み上げていた。ところが突然、一九四四年の晩夏に、彼女は勝ち始めたのだ。彼女はたびたび勝利したので、もう少しで、父と引き分けになるところだった。だが彼女は、自分の勝利は、自分の能力とはほとんど関係がなかったことを知っていた。エイヴレルの心はどこか別のところにあったのだ。

　大使は助けを必要としていた。ポーランドに関して、彼は自分だけではソ連と戦えなかったのだ。最終的に、ハリマンはハリー・ホプキンズに訴えて、ポーランドのためだけではなく合衆国のためにも、大統領に状況の重大さを理解させるよう強く迫った。「政策は、私たちとイギリスが、赤軍の力と威信に裏打ちされたソヴィエトの政策のすべてを受け入れざるを得ないような形で固まりつつあるように思えます……全般的な傾向は、ロシアは私たちのために戦いに勝利したのだから、ロシアを助け、ロシアの政策を受け入れるのは私たちの義務であるというもののようです。ソヴィエト政府に対する私たちの政策を具体的に変ぇさえすれば、私たちは、この傾向を変えられると私は確信しています……彼らは、私たちの彼らに対する気前の良い態度を弱さの印と誤解しました……現在の政策に異議を唱えなければ、ソ連が世界の威張り屋となる、ありとあらゆる兆候があります」[23]。

　ハリマンは、ワシントンに来てローズヴェルトに直接会って説明をする許可を求めた。彼の要請は拒絶された。その間、ナチスはワルシャワを破壊し続けた。九月になって、スターリンは、ポーランド人を援助することに同意したが、それでは遅すぎた。ワルシャワの人口の四分の一は死んでいたのだ。[24]

　ワルシャワ蜂起がハリマンのソヴィエト観を根本的に変えた一方、大使と彼を任命した大統領との間には、確執が生じていた。ハリマンとローズヴェルトは、ニューヨークのえり抜きの上流階級の二つの一族の家長だったが、彼らは必ずしも見解が同じわけではなかった。実際、ハリマン家とローズヴェルト家は、FDRあるいはエイヴレル・ハリマンが著名になる以前に、衝突していたのだ。一九〇〇年代初頭にエイヴレルの父親とFDRの従弟のテディ・ローズヴェルトの間で、凄まじい政治抗争が勃発した。[*25] その結果、テディ・ローズヴェルトが、E・H・ハリマン所有の軌道持ち株会社に対して独占禁止にかかわる調査に着手する事態となった。〔軌道とは、車両の通行のための道、枕木、レールからなる線路のこと。父ハリマンは実質的に三つの大陸横断鉄道の会社経営者だった〕エイヴレル・ハリマンは、一つにはリベラル派の父から受け継いだ国民としての義務の意識から、FDRのニューディール施政に参加したのだが、元来、彼はその進歩的な協議項目《アジェンダ》の真の信奉者ではなかった。かつては共和党員であったが、一部にはプラグマティズム〔ウィリアム・ジェイムズなどによる二〇世紀初頭から前半にかけてのアメリカ思潮の主流。行為による結果を重要視して、善は進化の過程にあるとした思想〕の考えから、民主党員に鞍替えした。だが、最終的に、ハリマンがニューディールに参加するには、姉のメアリ・ハリマン・ラムジィの後押しが必要だった。彼女は、ジュニア・リーグの創始者で、ローズヴェルトに消費者顧問会議の議長に任命されていた。当時、新聞社は、彼を嘲り、政権の「飼いならされた大富豪たち」[*26] の一人と呼んだ。だが彼は、信じがたいような純粋な友情をハリー・ホプキンズと育んだ。ホプキンズは、若かりし頃、中西部の貧しいソーシャルワーカーだったのだが、そこから、ローズヴェルトの最も身近な側近にまでに成り上がった人物だった。一九四〇年末に、ハリマンをロンドンにおける武器貸与法の特使として指名するよう、FDRを説得したのはホプキンズだった。

だが、ハリマンとローズヴェルトの間のもっと深刻な問題は、制御にかかわっていた。エイヴレル・ハリマンの富は、FDRの資産とはけた違いだった。そのような富を所有するがゆえに、もの・

ことを金で買う力とある程度の政治的独立性を獲得するに至った。地位と名声のために大統領を頼ったＦＤＲの他の側近たちとは異なり、影響力を得るためにＦＤＲと親しい関係にある必要はなかったし、官金をあてにしなくてもよかった。彼は、武器貸与の特使として給与をもらわず、モスクワの大使館でのソヴィエトへのもてなしの多くは彼個人のポケットマネーから支払われたのだ。それゆえ、一つを除いて、ローズヴェルトはハリマンを抑えるために必要な道具を持ち合わせていなかった。その場に近づくことを許可するか、拒むことでＦＤＲは彼を制御できたのだ。一九四一年のチャーチルとの大西洋憲章会談前には、ハリマンは大統領の許可を、ＦＤＲがついに彼の同行を認めるまで何度も求めるよりほかはなかった。[*27] ＦＤＲは同じように、一九四二年にアメリカの権益を代表してハリマンをモスクワ会議に特派することを拒否した。そのため、ハリマンは、ローズヴェルト宛にハリマンの会議への同席を求める依頼状を送るよう、チャーチルに訴えざるを得なかった。チャーチルは、喜んで、そのようにした。やがて、ＦＤＲは折れた。

二人はあからさまに争うことは決してなかったが、一九四四年一〇月、ワルシャワはすでに瓦礫と化していたのだが、ハリマンがついにワシントンへ戻り東欧について簡潔に報告することを許可された時、ローズヴェルトとハリマンの関係は最悪の状態になった。彼らの最初の会議の時、ハリマンは、自分の努力が頓挫したことにすぐ気付いた。[*28] 大統領と二人だけで話すことはほとんど不可能だった。ハリマンは、常時存在するＦＤＲの仲間たちと接した経験を多く持っていた。しかし、新たな一人の人間がいまや大統領の頼みの綱のようだった。アナは、片時も彼の傍を離れなかった。ハリマンは、アナに対して個人的な不平はなかったが、彼女の存在は事を複雑にした。ハリマンは五〇〇〇マイル〔約八〇五〇キロメートル〕移動して大統領にワルシャワの難局について、また太平洋における進展について手短に説明した。だが、アナが機密情報を聞く許可を持っているかわからなかったため、ハリマンは、最初の会議ですべての情報を完全に開示することはできなかった。また、別の会議で、アナの息子、ジョニーが彼の飼い犬のラブラドール・レトリーヴァーとひょっこり入ってきたことがあった。大統領は会議をやめ、ジョニーとおしゃべりを始めたので、ハリマンの説明《ブリーフィング》は、ジョニーが庭の方へぶらぶらと歩いて行くまで、待たねばならなかった。

ハリマンは遂に、急を告げる事態の進展について細部にわたってローズヴェルトに語ることができたが、FDRの反応にひどく失望した。ハリマンは、彼の備忘録に「大統領は一貫して東欧の諸問題に対して、それらがアメリカの心の琴線に触れない限り、ほとんど関心を示さなかった」[*29]と記した。さらに、FDRは「ロシア人たちが重大な関心事と考える問題」とりわけポーランド問題を、「彼らの思いのままに解決しようとしている彼らの決断のほどを、まったくわかっていない」とも記した。一〇ヶ月前、テヘラン会談で攻囲された国に議題が変わった時、FDRは無情にも冗談を口にした。「私にとって、ポーランドなど知ったことじゃないよ……ドイツを話題にする時、起こしてくれたまえ」[*30]と、寝入った振りをする前に言った。率直にも、一九四四年五月、彼はハリマンに、合衆国の世論にほとんど影響はないのだから、自分は「ロシアと国境を接する国々が共産主義化しようが、どうでもいいのさ」[*31]とも述べた。

だが、おそらくもっと懸念されたことは、FDRが、スターリンは、ハリマンがかつて無邪気にも信じたように、個人的説得によって、アメリカの意思に屈服するだろうと確信していたことだった。ローズヴェルトはかつて、チャーチルに「単刀直入に言わせてもらうと……あなたの外務省や私の国務省より、私個人の方がスターリンをうまく扱えますよ。スターリンは、あなたたちの首脳陣すべてを心底憎んでいますからね。彼は、私の方が好ましいと思っていますし、それに私も彼にずっとそう思っていてほしいですがね」[*32]と語ったことがあるのだ。ワルシャワ蜂起の間にあれほど何度も失敗に終わった交渉の後、虚心坦懐に向き合うこと、そして外見上の友情をそのように信頼するのは無益であることを、ハリマンは痛いほど学んでいた。ハリマンは、自分の意見を強く主張するところまではしなかった。それは、ローズヴェルトと仲たがいすることになりかねなかったからだ。彼は、英国駐在のアメリカ大使〔一九四一年三月一日から一九四六年四月一〇日まで在任〕〔ジョン・〕ギル〔ギルバートの愛称〕・ワイナントが、ロンドンに拠点を置く亡命ポーランド政府を精力的に擁護したため、ローズヴェルトと疎遠になるのを目撃していたのだ。その結果、当然のこととして、ワイナントは自分が近々開催される会議からのけ者にされたことに気が付いた。ハリマンは地政学の中心で自分の立ち位置を享受し、かつ、ローズヴェルト政権の大使として仕える以上の政治的野心を持っていた。にもかかわらず、すっかり意気阻喪し、落胆して、一九四四年の一一月末、彼はモスクワに戻った。「問題が生じた時、それぞれが異なる東欧諸国における政治的局面に対処する際、用心深く周到にして、なおかつ断固とした政策が重要であることを大統領に説得できたとは思えない」[*33]と彼は備忘録で結論づけていた。

キャシーをヤルタに残してマルタへ出発した時に至っても、エイヴレルの不吉な見解は変わっていなかった。ポーランドの戦後の国境と統治がヤルタの議論の主要議題だったが、チャーチル同様、ハリマンは時すでに遅しではないかと恐れていた。一九四四年の後半を通して、米国は、ポーランドのことでソヴィエトに真に異議を申し立てることに失敗した。そして今や、赤軍はオーデル川に至るまでポーランド領を支配していたが、ドイツ国境から数マイルの地点だった。会議で、西洋連合国が何を議論しようと無関係に、ポーランドに関するソヴィエトの策略は、ハリマンが新たな国務長官エドワード・ステティニアスに警告したように「実質的には、既成事実」[34]だった。名だたるローズヴェルトの魅力をもってしてもそれは変えられなかったのだ。

ローズヴェルトが四時三〇分に島めぐりから戻った時、ハリマンはついに自分の助力が必要とされることを知った。ただ、必要としたのは大統領ではなかった。FDRは『クインシー』に戻るや否や、統合参謀本部との軍事報告へと直行した。ハリマンの助けを必要とするローズヴェルトとは、アナのことだった。FDRは、マルタで土産物は求められなかったので、ホワイトハウスのスタッフのためのお土産として持ち帰る品物を購入するよう、彼女に一七ドル与えていた。[35]それには、二つ問題があった。第一に、一七ドルでは全く足りなかった。第二に、店は三〇分もしないうちに閉店になると思われたのだ。通常、沈着冷静な大使はアナを気の毒に思った。そして、FDRは、ハリマンのアドバイスを欲しなかった。彼は他にすることがなかった。そこでせっかくなので、彼女を助けることにしたのだ。

エイヴレル・ハリマンは、世界で最も裕福で、最も力のある人々の一人で、ビジネスや政治の多くの領域にわたって達人だった。ハリマンには、マルタでの買い物について、たまたま、ある個別の細目に関する知識があった。世界的に名の通ったマルタのレースがまさに必要とされた贈り物だった。エイヴレルは、財布を持ち歩いたことがなかったため、彼はすでに、地元の行政官の妻に、彼のためにある程度集めてくれるよう依頼してあった。[36]彼は、寛大にもアナに、彼自身の選んだものから、好きなものを選んでいいと話した。彼らは、すぐにその女性の家に行き、見ることができるのだ。アナは、躊躇なく、同意した。そして、大使と大統領の娘は、一緒にレースの山を吟味しに向かったのだ。

第五章　一九四五年二月二―三日

午後一一時を少し回ったころ、セアラ、アナと彼女たちの父親たちは、マルタの王立空軍基地ルアに到着した。公用車両が多数空港に殺到し、英米の代表団は今、車両から滑走路へと降りて、割り当てのヨーク輸送機やC54スカイマスター輸送機へと移動した。輸送機までの道は、灯火管制の中、スポットライト一つだけで照らされていた。[*1]「ロシア人は私たちが一機当たり三五人連れてきていると聞かされています」[*2]とセアラは、一昨日、母親に書いたところだった。「人員数は今、全部で五三五人です！」すでにロシアに駐屯している人員や船でロシアへ向かった人員はいるが、大方は今、飛行場にいた。何千という荷物や供与品が飛行機に積まれていた。[*3]白のラベルの付いた個人のカバンやもみ皮製の札付きの手荷物、黒の帯にくっきりと黄色のラベルの付いた秘密書類入りのケース等である。ローズヴェルトと一行は彼らの旅行カバンが飛行機へ運ばれていく間、その忙しそうな作業を見物していた。大統領の傍に立っていたのは、四四歳の国務長官、エドワード・ステティニアスで、いつものように若白髪を隠すホンブルグハット〔カーブしたつばが特徴的な中折れ帽。チャーチル、イーデンも愛用〕をかぶっていた。[*4]白髪は、彼の太い黒い眉毛とくっきりとコントラストをなしていた。大統領はステティニアスに、西側連合代表団はやたら人数が多いからロシア人には「小規模の侵攻」[*5]に見えるかもしれん、と冗談を言った。

　セアラ・チャーチルは、侵攻とはどのようなものか、知っていた。彼女は、一九四二年の秋に、王立空軍基地メドナムでトーチ作戦、つまり連合国の北アフリカへの侵攻の準備〔一九四二年一一月八日、英米の連合国軍によるモロッコとアルジェリアへの上陸作戦。一九四三年五月一三日、北アフリカの枢軸国軍が降伏した〕をしていたことがあった。航空偵察師団における分隊士官として、セアラと同僚の情報分析官は、二四時間仕事をして飛行士の撮影した空中写真に写るドイツやイタリアの造船所、鉄道、軍隊の動きや工場を入念に吟味した。それらは、連合国海軍による侵攻地上襲撃、また爆撃戦術について知らせるきわめて重要な情報だった。訓練は男性にも女性にもきわめて困難だった。彼たちや彼女たちは、地上一万フィート〔約三〇四八メートル〕上空から撮影した写真を熟視して、その地域の草が軍隊の移動や展開で荒らされたのか、あるいは放牧動物で荒らされたのか鑑別した。[*6] 船舶がつくる船影のみで船舶のタイプを識別することを学び、また、どのように画像を重ね合わせて三次元の像を創出するのか、どのように複雑な計算尺を使用するのか、どのように対数を計算するのか、学ばなければならなかった。

　セアラにとって、トーチ作戦は、彼女の戦争経験の中で勝利の一つの象徴だった。とはいえ、その勝利は、侵攻そのものと直接かかわっていたわけではなかった。その一一月の週末の休暇中、セアラは、ロンドンの北にある首相の別邸・チェカーズへ、軍用モーターサイクル〔オートバイのこと〕に乗って行った。到着するや否や、彼女は、晩餐のために着替えていた父に会いに行った。二、三本を除けば禿げていた頭の残り少ない髪を慎重にブラシで整えて、彼は、セアラの方を向いて秘密を暴露するかのように「まさに今この時、北アフリカへ上陸するため、五四二隻の船が、暗闇に紛れてジブラルタル海峡をひそかに通り抜け、航行しているのだよ」[*7]と洩らした。

　それがどのような軍事的な主題であっても、セアラが、ウィンストンより知っていることはめったになかった。だが、今回は知っていたのだ。「二四三隻です」と彼女は自制して黙っていることができず、父の数を訂正した。

「どうして知っているのだね」と彼は言い返した。

セアラは過去三ヶ月間、その地域の画像をじっくり研究していた。船が錨を下ろせる場所を分析していたので、フランス保護領モロッコやアルジェリアの沿岸にどの位の規模の艦隊が着けるか知っていたのだ。

彼女の父親は感銘を受けて、彼女が就いていた任務について、なぜ父親に話さなかったのか問いただした。セアラは、「〔スパイ活動に対する〕予防措置というものがあると思っていますから」と切り返した。この明らかに生意気な受け答えに「激怒」する代わりに、ウィンストンはクスクスと笑った。その晩遅く、彼はゲストにその話をして、楽しませさえしたのだ。彼はまた、戦争関連の労働に従事していた英国女性を訪問するため英国に滞在していたエリノア・ローズヴェルト〔一九四二年一〇月下旬、エリノアは、イギリスで任務に就いているアメリカ軍の慰問も兼ねた視察旅行中だった〕に、その話を繰り返した。面白く思ったエリノアは、今度はその話をアメリカの報道機関に話したのだ。

数日後、セアラは空軍省〔一九一八年から一九六四年、空軍を統括した行政機関〕に呼び出されていた。当局者たちは彼女を、主要な連合国軍侵攻の詳細を漏らしたことで予防措置を侵害したと非難した。「誰がこの話をローズヴェルト夫人に話したのだね」と彼らは強く迫った。

セアラは、「私の父です」としか答えられなかった。

彼女の上司たちは苛立つと同時に面白がった。この件に関して、空軍省ができることは、何もなかった。

しかし、今晩に関しては、ユーモアの入り込むゆとりはほとんどなかった。外務省からの代表団員たちがそれぞれ各自の飛行機に案内される際、彼らにウィンストンとセアラは、しばしの別れを告げた。[8] 首相も外務大臣も、地中海へ墜落したヨーク輸送機に搭乗していた同僚たちや友人に関して、まだ何も具体的な情報は得ていなかった。その悲劇が目前の飛行に不安な影を落としたのは確かだ——客観的に言えば、英国からマルタへの旅よりずっと危険な飛行の旅だった。輸送機は無加圧で、二つの代表団は、クリミア半島まで海抜六〇〇〇フィート〔約一八二九メートル〕程度という低高度を飛行し、彼らをエーゲ海の島々に少数残っていたナチスの高射砲部隊にさらすことになった。[9] また、現実にトルコの高射砲砲火を受けるリスクがあった。まだ厳密には中立国であったので、トルコは連合国軍の飛行機に発砲するつもりはなかった。[10] しかし彼らは、会談に先んじてマルタからクリミア半島への先遣隊の一部を搭乗させていた英国機に誤って砲火を浴びせてしまった。攻撃は尾部に砲弾の跡を多数残した。ローズヴェルトとチャーチルの搭乗している飛行機は、護衛のため、それぞれ六機のP－38戦闘機〔ロッキード社開発の米国陸軍などで運用された三胴設計の双発単座戦闘機〕に囲まれて飛行した。[11] しかし、一二機の残りの輸送機の唯一の護衛手段は、暗闇の中を飛ぶことだった。各飛行機は正確に計画された時刻に離陸することが絶対必要だった。飛行機がクリミア半島に到着すると、さらに厄介な事態が生じた。ほぼ一日中、濃霧がサーキ飛行場に立ち込めていると予想されたので、ＶＩＰを乗せた飛行機が安全に着陸するための時間帯が絞られてしまったのだ。[12] ソヴィエトの飛行場は、視界が悪い時、機器のみを頼りに飛行機を着陸させる際、パイロットが必要とした技術的サポートに欠けていたのだ。[13]

　危険であることはさておき、アナ・ローズヴェルトは、合衆国大統領のために特注された初めての飛行機となった、『聖牛』号とニックネームの付いたＣ54輸送機に搭乗した時、飛行の途に就いたことで安堵した。彼女は、父親にとっての女性版フライデー〔ロビンソン・クルーソーが無人島で出会い助けた忠僕。金曜日に出会ったことから命名〕であることを享受したが、彼は彼女の仕事をやりやすいものにはしなかった。彼女は過去八時間狂乱状態で過ごした。父親は、アナが彼の頭の中を読めると考えたようだ。マルタにおけるツアー、そして、ハリマンがアナのために解決してくれなかったら、大失敗となりかねなかった土産物の品の購入の後で、FDRはアナに、ディナーの用意をするよう指示した。[*14] 彼は、誰を招待したいのか口にせず、出席者の人数すら言わなかったのだ。そして彼はすでに戦況報告を受けに移動していたので、彼女ができることと言えば経験に基づいた推察をすることだけだった。推察した後、彼女は、招待状を配りながら、「大わらわで」[*15] 駆けずり回った。その間、彼女は、長くて消耗する一日がもたらした極度の緊張の後の父親の体調を案じ、気をもんでいた――まだ、ディナーが控えているというのに。参謀長らとの戦況報告の後、FDRはついに短い小休止を取れるのではないかとアナは考えた。だが、ステティニアスやイーデンが、アナが目を離したすきに、ディナー前の噂話などに興じるために、FDRの部屋にすっと入ってきてしまった。その後、前触れなしの訪問者がだしぬけに姿を現した。首相の息子であるランドルフ・チャーチルだった。チャーチルが、ランドルフに会議への同行を依頼しなかったのは議論の余地がなかった。ユーゴスラヴィアに駐屯していたランドルフは、歯の治療を受けにイタリアへ行く途中マルタに寄ったのだが、それが、父親の訪問と偶然一致したのだ。ランドルフが「父親を困らせて「いた」」と聞き知っていたので、アナは彼を近寄らせないよう努めた。[*17] 彼女は、ランドルフとセアラに酒をふるまうために自分の客室に招待し、その間、最も外交的な流儀で策を企てて、ディナーが始まる前に、彼を追い払った。結局のところ、セアラは招待され、ランドルフは招待されていなかったのだ（「ランドルフが訪問してきました」とセアラは、謎めかせてクレメンタインに報告した。弟がどれほどウィンストンを苛立たせるか、知っていたのだ。「その件はまたの手紙でお話しします」[*18]）。ランドルフは、素早く自分が拒絶されたことを理解した。幸いにも、彼は見苦しいところを見せずに

『シリウス』で「差し迫った仕事」[19]を抱えているという言い訳をしたのだ。
遂に、ディナーとなり、そしてディナーは終わった。[20] アナが飛行場に行く前に数分間で自分の荷物を適切なケースやバッグに大急ぎで放り込めると考えていた矢先、いらいらしたハリー・ホプキンズが——アンソニー・イーデンと口論したばかりで——彼女の部屋へ、酒を求めて現れたのだ。アナは、やっと荷造りを終えたケースをしぶしぶ開けて、持ってきていたスコッチを少し提供した。だが、彼女が背を向けているすきに、ホプキンズはボトルを持って出て行ってしまった。彼女は、スコッチを失ったからと言ってひどく動揺してはいなかった。しかしボトルは、彼女の夫が地中海で軍務に就いている間、持ち歩いていた特別な箱に収まっていたのだ。アナはそれを身近に持つことで、夫のほんの一部でも身近にあるように感じていた。ホプキンズは、何の考えもなしにそれをとって行ってしまったのだ。

午後一一時三〇分、一番に離陸予定の飛行機のエンジンがうなり始めた。[21] 轟音がとどろき渡った。[22] 飛行機は、一〇分ごとに離陸して闇の中に滑るように東方面に飛行した。青い炎を後方になびかせていた。続く四時間、一機、一機と飛行機は、二機の輸送機とその二機を守る護衛の戦闘機だけを残して、暗い夜空に消えていった。午前三時三〇分、『聖牛』号が飛び立ち、数分後に首相のスカイマスター輸送機が続いた。[23]
ブルーン医師と、大統領の特別警護官長《シークレットサービス》のマイク・ライリーにとって気がかりだったのは、ローズヴェルトが飛行中にベッドで眠る際に、安全ベルトの使用を拒否したことだった。もし、突然飛行機が離陸中にブレーキをきかせれば、大統領は転がり落ち、怪我をしかねない。そう懸念して、ブルーン医師は、ＦＤＲの寝台にすべり込んで、身をＦＤＲの脇に横たえた。彼は、招かれざる客がいることをローズヴェルトに気付かれずに、何とか忍び込めたと思っていた。医師は間違っていた。ＦＤＲは、後で、ウィンクをして笑いながら、「君が入ってきたとき、君だと気が付いてよかったよ」[*24]と彼に言ったのだ。

＊　＊　＊

現地時間の朝八時三〇分、飛行機は、低く垂れこめる雲を突き破り、舞踏にたとえれば完璧な振付けを実践して、サーキに到着した。飛行場の周辺のあらゆるものが、飛行機の到着に備え、注意深く演出されていた。滑走路の傍には、ソ連政府によって中にはあふれそうな軽食が並べられているテントがいくつも張られていた。[*25] きらびやかな赤軍の軍楽隊は立奏の構えで、意気揚々とした軍楽を今にも演奏し始めそうだった。代表団のための宴が滞りなく行われた後、武器貸与法の賜物である黒の装甲車両のパッカード〔スターリンが、戦前は世界的な高級車であったパッカードを愛用していたため、ローズヴェルトは、戦略的に大型パッカードのプレス型をソ連政府に売却した。ソ連はこれを利用し、ジス工場でパッカードそっくりの高級車を生産した〕、そして、ロシアのジス工場で生産された、霊柩車のようなリムジンは、代表団をヤルタまで送り届ける準備ができていた。

飛行機の映画的《シネマティック》な進入口と、ソヴィエト政府が不毛な草原《ステップ》上の薄い大気に魔法を使って出現させたような豪奢な豊穣の角《コルヌコピア》〔古代ギリシア・ローマ時代に、食べ物が無限にあふれ出る豊かさの象徴として山羊の角が用いられた。豪華な軽食がどっさり並べられているテントを指している〕の間の、撮影セットの上に代表団は着陸したようだった。だが、ひとたび飛行機から出ると、彼らはオズのテクニカラーの世界ではなく、ドロシーのセピア色のカンザスへと足を踏み入れたのだった〔一九三九年制作の映画『オズの魔法使』では、ドロシーは竜巻によってセピア色のカンザスから、テクニカラーのオズの世界へ運び去られている〕。日差しに強いバラ色の石灰石の建物とマルタの濃青色の海は消えてなくなってしまった。コンクリートにタールマック舗装〔古くからある舗装法だが、一九〇一年に特許取得され、発明者らが創業した舗装会社の社名がついている〕した滑走路から、彼方のどんよりした地平線に向かって広がっている雪で覆われた野原まで、大地は平らで特徴のない無色だった。ハリー・ホプキンズの二二〔二三〕歳の息子で、アメリカ陸軍通信隊付きのカメラマンだったロバート・ホプキンズは、アメリカの第一カメラマンとして、アメリカ代表団に同行していた。彼は、カラーフィルムの貴重なロールをいくつか持ってきていた。[*26] しかし、サーキで一巻き以上使うのは、無駄というものだった。飛行場に沿って、旗竿〔旗用ポール〕からはためいている三つの連合国国旗に用いられている真紅が、景色を支配していた様々な色合いの灰色を際立たせているだけだったからだ。

　皆より早くにアルバトロス（ＡＬＢＡＴＲＯＳＳ）へ到着していた中に、ハリマン、ステティニアス、ホプキンズ、イーデン、ジョージ・マーシャル将軍がいた。アルバトロス[*27]〔長距離を飛ぶ能力に優れたアホウドリの意〕とは、サーキと、その危険なほど短い滑走路に、アメリカ軍が的外れにも付与したコード名だった。着地用の細長い滑走路は、銃弾の穴だらけのコンクリート製平板を敷いた、[*28]ただの通路だったが、ソ連軍はできる限り平板を滑らかにしていた。すべてが氷の層におおわれていた。ステティニアスは、滑りやすい「タイルの床」[*29]に到着したみたいだと感想を述べている。奇跡的に、不運な事故は生じなかった。赤軍のアレクセイ・アントーノフ将軍〔最終的な階級は上級大将。赤軍参謀総長〕がマーシャル将軍に挨拶するために即刻到着した。[*30] マーシャルが飛行機から降りた時、アントーノフはテントの中の贅沢な朝食の試食に誘った。ご馳走が積まれたパヴィリオンに入ると、この控えめなペンシルヴァニア人は、フルーツジュースと思われる飲み物がなみなみと入ったタンブラーを目にして喜んだ。[*31] より子細に見て、絶対禁酒家のマーシャルは、自分が間違っていたことに気が付いた。タンブラーはクリミア産のブランディで満ちていたのだ。いつもの通り落ち着き払って、マーシャルは心身に有害な甘い食後酒から離れた。後ろを振り返ることなく、彼は仲間の方を向いて「さあ、行こう」[*32]と低い声で言った。彼らはホプキンズと一緒にすぐにヤルタに出発した。ホプキンズは搭乗中にひどく具合が悪くなってしまっていたのだ。湿っぽい寒さの中、ステティニアス、イーデン、ハリマンは残って、大統領と首相を待っていた。カスタムメイドのひざ下までの長さで、毛皮を張ったフライトジャケットを着こんで、彼らの中でハリマンだけが、粋で、なおかつ少なくともある程度は天候の変化に対応する準備ができているようだった。他の二人は、ウールのオーバーコートをすり抜けて忍び込んでくる冷気を追い払うために、湯気の立つ甘いロシアン・ティーを何杯も飲むことで満足しなければならなかった。[*33]

　午後〇時一〇分、『聖牛』号はサーキに着陸し、滑走路の脇で停止した。FDRが降りる準備をしている間、アナはチャーチルの搭乗しているスカイマスターが雲間から現れるのを確認できるよう飛行機を急いで降りた。[*34]首相の飛行機が停止点まで滑走路をゆっくりと誘導滑走してくると、大勢の人々が集まってきた。ほどなく、胴体のドアが開き、チャーチルが姿を現した。[*35]軍の大外套と官帽〔軍隊や警察の制帽〕を身に着け、いたずらっぽい微笑みを浮かべ、口もとには、八インチ〔約二〇センチ〕の葉巻がしっかりと歯と歯の間にくわえられていた。彼は、集まっていた人々に軽く挨拶をした後、注意深くよたよたとタラップを降りた。セアラは少したって続き、少し脇によって立っていたアナに加わった。セアラは、再び制服を着用したのだが、一晩搭乗した後であっても、服にさしたる乱れはなかった。一方、アナは飾り気のないツイードのコートから毛皮のコートに着替え、ロシア精神を身に着け始めたようだった。ソヴィエトの外務大臣〔外務人民委員〕ヴャチェスラフ・モロトフ〔モロトフは一九三九年から四六年まで外務人民委員だったが、この会談では外務大臣を務めた」は、著名な訪問者たちを待っていた。そして今、チャーチル首相に挨拶をした。パグに似たモロトフは、ダブルのオーバーから、耳当てを上に折りたたみ頭頂部で結んだ伝統的な毛皮の帽子・ウシャンカに至るまで、黒ずくめだった。帽子は「モロトフの砲弾頭」[*36]とチャーチルが呼んだ彼の頭を際立たせていた。ボルシェビキの若者であったころ、「ハンマー」を意味するモロトフというあだ名を選んだ彼が、そのからかいを喜ばなかったのは確かだ。チャーチルは、面白い頭の被り物にもかかわらず、ソヴィエトの外務大臣が、鋭い目と「シベリアの冬のような微笑」[*37]をもつ、非情で抜け目がない男であることを知っていた。チャーチルと握手をしながら、彼の通訳である、血色が悪くせっかちなウラジーミル・パヴロフを介して、モロトフは、スターリンがまだクリミアに到着していないとチャーチルに説明したのだ。[*38]その間、モロトフは書記長の代理ということだった。

　チャーチルとモロトフは一緒に、ローズヴェルトが『聖牛』号から現れるのを立って待っていた。通常だと、FDRは航空機のタラップを下に運ばれるのだが、『聖牛』号のエンジニアたちは大統領と彼の車椅子を航空機の胴体の腹部分から地面へと降ろすエレベーターを取り付けたのだ。ハリマンが武器貸与法の下、ソヴィエト連邦に供与するよう交渉した何千という車両の中の一台であろうオープン・ジープが待機していた。ソ連政府は、気配りして、ローズヴェルトが、彼の脇を歩く人々と同じ高さになるように、ジープを改修補強していた。[*39]チャーチル、モロトフから赤軍兵士たちに至るまで、皆が、マイク・ライリーがFDRを車椅子から抱え上げて、ジープに乗せるのを眺めていた。一般の人々に対する自分のイメージをこわさないよう常に守ってきたローズヴェルトが、自身の肉体の脆弱性を晒す以外なかった、きわめて稀な瞬間だった。チャーチルは、その男《ひと》を気の毒に思わずにはいられなかった。ほんのつかの間、強さの幻影は消えうせ、チャーチルの感傷的な心には、「悲劇の人物*40」としてのローズヴェルトが露わになった。ソヴィエト政府は、ローズヴェルトの座るジープの席をカザック〔最も古い種類の毛の高級絨毯で、文様が美しい〕で覆っていたので、兵士たちを閲兵するために、チャーチルとモロトフが横を歩く一方、ジープに座ったローズヴェルトが前に進む姿は、老齢のマハーラージャ〔サンスクリット語による『偉大な王』という称号〕の佇まいを醸していた*41（チャーチルの主治医モラン卿は、大統領を、フェートン〔軽四輪馬車〕をあやつる老齢のヴィクトリア女王に、そして首相をその後ろに従う身分の低い馬副役《うまぞえ》になぞらえて、少し意地悪くこの光景を描いている）*42。

　ローズヴェルト、チャーチル、モロトフが、銃剣を装着した小銃を肩越しに寸分たがわぬ位置で構え、白い手袋をはめて膝までの長靴姿のソ連の兵士たちが、油っぽい水溜まりの中を敢然と力を込めて踏みしめ行進しているのを閲兵していた間、セアラとアナもその場面を共にじっと見ていた*43。赤軍の楽団はソヴィエトの国歌を演奏し始めたが、その旋律に耳を傾けながら、アナは、不思議と哀愁を帯びていると思ったが、その悲しげなメロディは、この場に似つかわしいようだった*44。セアラが気の付いたように、彼女たちは、「雪で覆われた何もない非常に広大で空虚なスペース」*45の真ん中に立っていたのだ。目に入る範囲のいにしえのあらゆる建物は戦争で破壊されていた*46。

　セアラが不毛の地平線に見入っている間、アナは、カメラを取り出した。彼女は、帰国後、夫と分かちあうために、記念のスナップ写真を撮ろうと持参したのだった。公式のソヴィエト政府のカメラマンたちと〔アメリカの〕撮影班が近くに立っていることに気が付いた*47。アナはカメラのファインダを通して、父親をちらりととらえたが、また別の心配が心にわいてきた。本国では、ＦＤＲとアメリカの報道機関の間に紳士協定があった。新聞では、ＦＤＲの車椅子を明示するような写真を掲載することは慎まれていた。多くのアメリカ人は、ローズヴェルトに歩行機能の障害があることすら気が付いていなかった。ソヴィエトのカメラマンたちが、同様に協力的であるとは期待できそうもなかった。

彼女が気にかけたのは、ローズヴェルトの脚の障害だけではなかった。チャーチルは閲兵を面白がっているようだった。[*48] 一方、モロトフはしかめ面をして、まだ、さらに続くパレードのために、悪天候の中、立っていることに密かにいらついているかのようだった。対照的に、アナの父親は、全く違う場面からその情景へ貼り付けられたかのように、半分だけしか存在していないようだった。マルタでの長い一日に続く、飛行機での短い夜の睡眠が、父をいつもよりさらにげっそりやつれさせていたことを、アナは知っていた。[*49] しかし、首相と父との違いは衝撃的だった。チャーチルより父の方が七歳以上若かったが、FDRの方が年老いて見えた。頬はこけ、口元やあごのしわで、風雪にさらされたかのように見えた。[*50] 彼は、いつものブルックス ブラザーズ〔一八一八年創業の歴代大統領に愛された世界最古の紳士服メーカー・販売店〕の海軍ボートクローク〔濃紺の防水ウール製のマント。四分の三の円形で丈は膝下。胸は組紐で止める〕を着用していたが、粋なヨットマンの雰囲気を出すよりも、服がだぶだぶで、彼を飲み込んでいるかのように見え、実際より痩せこけて見えた。マルタへの船上で、バーンズが気が付いていたように、彼は長い間口を開けた状態で座っていて、時折遠い目をし、肌は蠟のように青白かった。病を得た人間にとって、カメラのレンズはひどく無慈悲だった。だが、アナのできることはなかった。ソ連のカメラマンたちは写真を盛んに撮り続けた。

＊＊＊

クリミアのステップ地帯を蛇行しつつ横切りヤルタに向かったパッカードとジス工場生産のリムジンの行列は、移動を始めたばかりだったが、セアラはすでに、自分たちが「困難なスタート地点」[*51]へ向かって出発したことを感じ取っていた。隊列を組んだ車両団が時速わずか二〇マイル〔約三二キロメートル〕

でゆっくり進むにつれて、冬と戦争のせいで、痘痕《とうこん》のようにでこぼこでぬかるんだ道路*52は、乗客たちをがたんがたんとゆらせた。この速度では、ヤルタへの最後の八〇マイル〔約一二九キロメートル〕は、マルタからの一四〇〇マイル〔約二二五三キロメートル〕と同じくらいかかるだろう。

ロシアが、キャサリン大帝の名のもとに、汗《カン》国を併合した一七八三年まで、クリミアは長い間、争いや帝国主義の交差する地だった。古来タウロイ人、ギリシア人、ペルシア人、ヴェネチア人、ジェノヴァ人、オスマン帝国のムスリム国家の一つであったタタール汗《カン》国民が、クリミアを牛耳っていたのだ。各植民地開拓者はクリミアにそれぞれの伝統の痕跡を残していた。その地の文化は、地中海、ムーア人、ロシアの影響の混ざり合いを露わにしていた。都市名は、たとえばセヴァストポリ〔古代ギリシア語の「神聖な都市」の意〕など、ギリシア語に由来していた。一方、南岸沿いのウチャンス滝は、「飛び散る水」を意味するタタール語に由来していた。どの点からみても、自然環境も同じように多様だった*53。その豊かな緑樹、海岸に沿って走る細いリゾート地、そして亜熱帯の気温で知られる南部はフランス南部に似ていたが、クリミアの地中海との類似は、内陸に進むに従い、あっという間に消えた。沿岸の背後には、クリミアの山々が、黒海の底から空に向かって突き上がる波のように、突然せりあがっていた。山々の北方では、劇的な表情を見せる峰々は次第にステップの平坦地にとって代わられた。夏、ステップは花々や青々とした草に覆われた大草原のようだったが、冬になると、霜と霜解けの繰り返しによって、荒涼とした広い大地は濃い霧で経帷子《きょうかたびら》のように包まれた。ステップは、ヘルソン州の北一〇〇マイル〔約一六〇キロメートル〕近くまで広がっていた。クリミアとウクライナの中核地域の間の自然国境は、腐海によって、すなわち、非常に浅い海水から発する腐敗臭のせいで、「腐った海」とニックネームが付いた塩分の濃い潟湖《ラグーン》によって、形成されていた。微細藻類が腐海を驚くほど深い赤にしていた。まるで、半島を横切って戦われた二世紀にわたる戦いの間の何千人という兵士たちから流れ出た血が集められ、潟湖に貯留されたようだった。クリミアはロシアの、後に、ソ連の最も価値ある国土の一つだったが、常に「母なるロシア《マザー・ロシア》」からは、やや離れた位置関係にあった。ペレコープ地峡、すなわち真紅の腐海と黒海に挟まれた四マイル〔約六・四キロメートル〕の細長い土地だけで、クリミアと本土は結び付いていたのだ。

「永遠」[*54]の時が過ぎたように感じた後で、ウィンストンは、不機嫌そうにセアラの方を向いて、どの位車に乗ってきたと思うかね、と尋ねた。

「一時間位です」と彼女は答えた。

「なんてこった」と彼は小声で咎めるようにつぶやき、「これがもうあと五時間続くのか」と付け加えた。

　セアラは、ヤルタが会談の場所として選ばれたのは、エイヴレル・ハリマンの罪とは言えない、とわかってはいた。だが、一行が不毛なステップを車で進むにつれて、セアラは、批判のコーラスに唱和せずにはいられなかった。「ほんと！」[*55]彼女は思ったのだ。ローズヴェルトをこんなドライブで苦しめるなんて、「エイヴレル〔原資料ではAveril。正しくはAverell〕は無分別にもほどがあるわ」。一行らの車がのろのろと進んでいるときに、モラン卿はウィンストンやセアラと一緒に乗車していたのだが、何マイルも何マイルも続く、凍った、霧の立ち込めたステップは、彼に、北部イングランドの人の心を乱す、雪に覆われた荒野を思い出させたと書き記した。[*56]それは適切な比較だった。おそらくエミリー・ブロンテの『嵐が丘』を思い出しながら、セアラは、母への手紙の中で、田園地方の広大な広がりが「絶望した死者の霊のように荒涼として」[*57]見えたと記した。

かつて、この荒れ果てた大地には、共同農場が点在していた。車で南に向かっていた時、セアラもアナも知らなかったことだが、クリミア半島でナチスが犯した破壊は、ナチス以前に、ソ連政府がその自国民にもたらした蛮行をおおい隠したのだ。共同農場はスターリンが一九二八年の穀物不足に応えて組織化したものだったが、黒焦げの共同農場は戦争によって破壊された農耕の繁栄の跡ではなく、国が主導した飢饉の痕跡だった。一九二八年から一九四〇年まで、ソヴィエトの集団農業化は何百万人もの農民の死をもたらした。ウクライナほど死亡者数の多いところはなかった。[58] ウクライナにおいては、飢饉は別の目的の偽装、すなわち、ホロドモール〔ウクライナ語で、飢《ホロド》えと殺害《モール》の合成語〕と呼ばれる、ソヴィエト政府が行った少数民族であるウクライナ人の大量虐殺《ジェノサイド》の偽装だったのだ。そして住民を失ったシンフェロポリという都市では、ナチスは、国に対して敵対すると考えられている別の民族的なマイノリティを排除する上で必要となる口実を、ソヴィエトに与えた。ソ連は、何者にもさえぎられることなく、ダーダネルス海峡とトルコへ向かうことを欲していた。だが、途中には、トルコ人と宗教的かつ民族的な絆を分かち合ったクリミア・タタール人〔大半はスンニ派ムスリム〕が立ちはだかった。スターリンは、NKVDの冷酷な長官ラヴレンチー・ベリヤ、ヤルタでの準備を担当したのと同じ男に、彼らを立ち退かせる仕事を課した。ベリヤは、タタール人をナチスと共謀したと非難した。一九四四年五月の三日間のうちに、ベリヤは、ほぼ二〇万人のタタール人を牛の運搬列車に積み込んで、力ずくで、彼らをウズベキスタンへ追放した。その多くはその地で追放の身のまま死亡した。

　今、彼らの農場は捨て置かれたままだった。ほとんどすべての建物は、列車、戦車やその他の戦争関連の機器の黒焦げの残骸と共に、焦げた廃墟と化していた。[59] まるで、〔ウィリアム・〕シャーマン将軍〔北軍の将軍。南北戦争（一八六一年から一八六五年）において、南部連合のジョージア州アトランタから港市サバナまで焦土作戦を展開、破壊進撃をした最初の近代将軍〕が世界を半分向こう側へ渡り、今再び海まで進軍するために、まるで冥府から蘇ったかのようだった。旅人たちがゆっくりと車で南へ向かっていた時、目にした人間は、ソヴィエトの兵士たちだけだった。その多くは女性や一〇代の娘たちで、彼女たちは数百フィートごとに、道路に沿って、気を付けの姿勢で立っていた。これらのやつれた兵士たちは大方儀式上の存在以上のものではなかったにもかかわらず、道筋を守るために、歩兵部隊一個師団が丸ごと前線から引き揚げさせられたかのように見えた。小銃を所持している兵士はほとんどいなかった。ジェンダーや武器を所持していなかったことより衝撃的だったのは、顔つきだった。[*60] 兵士たちは、ソ連を形成している多くの民族グループからえり抜き集められていた——ロシア人、ウクライナ人、白ロシア人、ジョージア人〔グルジア人〕、アルメニア人、アゼルバイジャン人、ウズベク人、カザフ人、チェチェン人、その他だった。長い、詰め物の入ったコートにくるまった、それぞれの兵士たちは、国という歯車における単一同形の歯として、前に並んだ兵士の名もなきコピーとなるよう意図されていた。だが、彼女らの顔つきは民族的個性をさらけ出していた。

実物の人間というよりも白黒のニューズ映画を想起させる光景ではあったが、護送車列がシンフェロポリに到着するまで日常の人間生活のいかなる徴《しるし》も見られなかった。シンフェロポリは、かつてはキャサリン大帝の治世下で繁栄していた都市だったが、一九四五年時点で、そこを都市と呼ぶのは人が良すぎるというものだった。まだ建っていた数少ない建物には、熱も電気もなく、住民は現代世界に繋がっているとは言えそうもなかった。[*61] 衣服には、色がなかった。「灰色でもなく茶色でもなく——ただくすんだ黄褐色」[*62]と、父親や大統領の特別警護官長のマイク・ライリーと同乗していたパッカードの窓から、アナは観察していた。女性のスカートはたっぷりとした形のない麻袋のようだったし、子供たちがなにかしら新しい服を着たのは、明らかに何年も前のことだったのだ。その間、子供たちは成長していた。ズボンやスカートはすべて短すぎ、くるぶしや脛《すね》を寒気にさらしていた。アナは最初、その環境を考えれば、人々が驚くほど健康的に見える、と思った。だが、より子細に人々の顔を見ると、子供たちや、とりわけ母親たちは、驚くほど老けていることに気がついた。女性たちの肌は、深くしわが寄っていて、腰は、重い荷物を運んだため、ずっと曲がったままだった。

護送隊がシンフェロポリを発ち、山々へと上り始めた時、アメリカ側は短い間だが、『クインシー』から持ってきたサンドウィッチを食べるために道路の脇に車をよせた。だが、イギリスの護送車列はそのまま前進した。ハリマンは、休憩所はたったの四五分先にあると保証したので、イギリス代表団は、とりわけセアラは、そこを見つけようと懸命だった――彼女はその場にいるたった二人の女性の一人であることによる不快な現実を経験していたのだ。[*63] セアラは、「休憩所は[*64]」とおかしく思いながら母親に、「休むことより他の理由で、とりわけ必要」だったと書いた。しかし、四五分が過ぎても休憩所は見えなかったのだ。味のないハムサンドウィッチとブランディをすすって食欲は和らいだが、彼らはほぼ四時間も車に乗っていた。そして生理的欲求は、一分が経過するごとに、さらに切迫してきた。ある地点で、セアラは、道路の脇にそった木の茂みを見つけることを必死に考えた。

――「私は（茂みを見つけようと）地平線を眺め渡したのだけれど――車が前面に――報道機関のカメラマンが後ろに！　その考えに見込みがないのは明らかだわ！」とセアラは、クレメンタインに告げた。セアラの望みがほぼ潰えた時、ついに、車は停止した。ありがたいことに、彼らは休憩所を見つけたのだ。

セアラとウィンストンは、設備を使用するために数分だけ車を止めるつもりだったが、彼らのソヴィエト側のホストは、明らかにほかの計画を抱いていた。二人が手洗いを終えると、小部屋に連れていかれた。モロトフは二人よりも先に休憩所に着き、今、「食べ物とワインがどっさりできしむ程の」[65]テーブルの隣に、にこやかに微笑みながら立っていた。サーキのテントの下の食べ物の圧倒的に贅沢な盛り合わせ同様に、ここにおける気前の良い豪華さは、それまでの四時間、西欧の旅人たちが目撃した最低水準の生活の陰気な情景と、際立って不調和だった。礼儀正しいホストであるモロトフ、彼の副官であるアンドレイ・ヴィシンスキー〔法律家、戦後は外交官として活躍〕、ソヴィエトからの駐英大使であるフョードル・グーサフ〔駐英大使、任期は一九四三年八月一二日から一九四六年八月二二日〕は、彼らに腰を下ろすよう手招いた。テーブルは、明らかに、三人のソヴィエトの政治家と首相と大統領、そして父親に付き添う娘たちが豪華な私的な昼食会を楽しむために、しつらえられていた。ソヴィエト政府は、一行のあらゆる要求に応える準備をしていた。彼らは、フロントの戸口に織物で覆われた傾斜路〔車椅子用の傾斜で、日本ではスロープというが、英語ではrampという〕まで設け、ローズヴェルトが安心して快適に入れるようにしていた。[66]

しかし数分後、ローズヴェルトが到着した時、彼は自分たちがそのほとんどが危険な山道をまだ数時間進まなければならないという事実に、もっぱらこだわった。[67]そうであれば、自分たちは暗くなる前にかろうじてヤルタにつくことになる。ローズヴェルトは疲れ切っていて、そのまま先に進むことを望んだ。パッカードの窓からぞっとする破壊状況を目にしたことは、彼を暗い気持ちにした。車で移動しながら、ローズヴェルトは、アナの方を向いて、「これまで以上に、ドイツ人には目には目を、の姿勢で臨みたいと思うようになったよ」[68]と伝えた。

しかし、アナは、ほんの少しの間でも、車から降りたいと必死だった。セアラと同じ問題に直面して、彼女は父親に、食事以外の目的でほんの少しの間「停まる許可を懇願した」[69]。ローズヴェルトは拒むことができなかった。しかし、車から降りたのは彼女一人だけだったので、彼女はFDRが「昼食会に加われないことをモロトフと交渉しなければならない」羽目になったのだ。

休憩所に入った時、アナは、集められた珍味がテーブルの上に広げられているのを発見して、「恐慌」をきたした。[*70]「ウオッカ、ワイン、キャビア、魚、パン、バター――次に何が出てくるやら」。FDRは贅沢なロシアの珍味を好んだことはなかった。[*71]彼は、自分の好みの食事ができるように、自身のシェフをテヘラン会議に連れて行った。ハリマンは再び、FDRが長年来のフィリピン人の食堂下士官を伴うこと、彼自身の食糧をヤルタに持参することについて、モロトフに話を付けたが、今回は、ただ単に料理の好みの問題ではなかった。ブルーン医師は、危険域を超えるほど高い血圧を下げるために、FDRを厳しい食事制限下に置いた。テーブルに高く積み上げられた胃にもたれる塩分の強い料理と大量の酒は、特に禁止されていた。アナは、父親の血圧が前日の夜ひどく高かったのを知っていた。[*72]厳格な食事制限から少しでも逸れれば、父を深刻な危険に陥らせる可能性があったのだ。FDRが礼儀を守り、昼食に立ち寄りたいと思ったとしても、彼は単純に、アナの前に置かれた、キャビアや塩づけ、乾燥、燻製など、保存処理された魚や肉を口にできなかったのだ。

アナは、続く数分の間、昼食への招待をできる限り丁重に断ろうとして、車中の父親と休憩所のモロトフの間を、走って往復したのだ。[*73]彼女は、ロシア語を知らなかったので、ソヴィエト側の通訳官パヴロフに助けを求めなければならなかった。ついに、気まずい数分の後、国際的事件をひき起こすことなく、モロトフをはぐらかした。彼女は車に戻って飛び乗った。そして、アメリカ側はヤルタを目指し旅を続け、ソヴィエト外務人民委員との饗宴はチャーチルとセアラに任せた。アナは、チャーチルに対し幾分無礼な呼び方で「あのへこたれない老練なじい様[*74]は気軽に［原資料では alacrety とあるが、［正しくはalacrity］応じた――私は、あの人たちを後に残し、彼らだけで昼食会にいそしんでもらった」と、日記に記した。

ローズヴェルト父娘は山々の中へ入って行ったので、アナが、ソヴィエトの人たちの顔に無念さや不満の表情が刻印されるのを見ることはなかったし、ましてや自分たちの出発がどれほどイギリス側を困った状況に追いやったのか、目撃することもなかった。ＦＤＲ同様、チャーチルも自分の車の中で昼食を終えていたので、昼間のうちに山道を移動したかったのだが、二人の西欧の指導者がソヴィエト側の歓待を受けずに出発したら無礼であったうえ、モロトフやその一行にひどく気まずい思いをさせることになっただろう。食欲がないことを一生懸命隠しながら、セアラとウィンストンは、ご馳走にかぶりつき始めた。[*75] その時になって初めて、モロトフ、ヴィシンスキー、グーサフの顔から、落胆の表情が消えた。

昼食は美味で、チャーチル父娘はすぐに、ハムのサンドウィッチを食べなければよかったと思った。しかし、彼らは、アメリカ人たちが、あわただしく出発したのをすぐに忘れたわけではなかった。[*76] ローズヴェルトが、アメリカ製西部劇のヒーローのように、落日に向かって南西へと去ってゆくにつれて、彼らの車のテールランプはかすんで行ったのだ。その件についていえば、ソヴィエト側も気が付かないわけではなかった。かつては、イギリスとアメリカは、同一歩調で進むユニットとして動いていた。片方の言葉と行動は他方の言葉と行動を完璧に補完し合っていた。だが最近、この一枚岩に見えた統一性に裂け目が生じたようで、昼食時に遭遇した出来事はそのさらなる証拠を提供したのだ。ソヴィエト政府が、この先の数日間に、その裂け目を利用できれば、それにまさる幸運はなかった。

第六章　一九四五年二月三日

午前六時、アメリカ代表団の車両の車輪が車寄せの砂利を踏み潰していく音が遂に聞こえてきた。[*1] キャスリーンは、彼らを出迎えるため、リヴァディア宮殿の入り口に立っていた。ローズヴェルトの車は暗闇から姿を現し、宮殿の前で停止した。宮殿は、徴集された労働者たちが磨いて落とすことのできなかった煤《すす》と汚れにもかかわらず、いまもって壮麗な気品を放っていた。光がキャシーの周辺に溢れていて、キャシーはまるで豪壮な屋敷へゲストを招き入れる女主人のようだった。誰も彼女に明白な権限を与えたわけではなかったが、誰もそのことを問題にしなかった。彼女は、公式の称号を持っていなかったが、父親が大統領の車両の後ろの車に乗車していたために、この瞬間、皇帝の宮殿にいる最も重要なアメリカ人だった。

ローズヴェルトが車から姿を現して宮殿に入った時、キャシーは、本当に初めて彼に会った。彼女は、他の二人の連合国の偉大な指導者たちとはすでに、面識を持っていた。一九四四年の一〇月、彼女は、モスクワでのバレエ鑑賞で、スターリンに初めて出会っていた。[*2] そして、彼女は、ずっと以前から、チャーチル父娘《おやこ》を最も親しい友人たちの中に数えていた。一九四一年、ロンドンに到着して二週間後、記者会見で、キャシーは女王〔エリザベス二世の母であったエリザベス皇太后〕に紹介されさえした。[*3] だが、ローズヴェルトとは一度も会ったことがなかったのだ。キャシーは、ロシアが自国の大統領に初めて会う所になるなんて、なんて皮肉なのかしらと思った。[*4] その間、モスクワの豪奢なホテル・メトロポルから派遣された給仕長は、大統領の周りを忙しく動き回り、むやみとお辞儀をして、あたかもFDRのあらゆる要求に気配りすることが彼の最大の喜びであるかのように、絶えず「大統領閣下」[*5]と口にしていたのだ。

代表団は引き続き、彼らの乗物から、四苦八苦して這い出してきていた。キャシーは洞窟を思わせるレセプションホールへ彼らを案内した。暖炉には炎がめらめらと燃え上がり、厳寒の中、車に乗ってきた旅行者にはありがたかった。[*6]右側が白の舞踏の間だったが、そこで、会談の本会議が開かれることになっていた。左側はローズヴェルトの居所で、かつては皇帝の執務室と食堂から成る私的なスイートだったところであり、二階の皇帝の公式の寝室よりも車椅子で入りやすかった。皇帝には皇帝用寝室があったのだが、睡眠中の皇帝を暗殺しようとする輩の裏をかくために、皇帝は毎晩宮殿の異なる部屋で寝たという言い伝えがあった。

キャシーは、皆が到着するのを待つ間、あらゆるゴシップや進行中の事柄についてパメラ・チャーチルが事情通になるよう、モスクワの大使館から彼女にしたためていたのとちょうど同じように、親友のパム〔パメラの愛称〕へ、話題満載の長い手紙を書き始めた。キャシーの姉メアリが、キャシーが真っ先に手紙を書く相手だったのだが、パムに手紙を書くと、何かしら特別に心に安らぎがあったのだ。首相の義理の娘は、キャシーのロシアからの報告に出てくる政治的な事案や人々を理解してくれるものと、常にあてにすることができた。パムは英米の代表団のほとんど全員の重要人物と個人的に親しかった。彼女とキャシーは実際、このエリート集団に受け入れられた数少ない若い女性の内の二人で、ロンドンやチャートウェルにおける戦時中の指導者たちも出席した晩餐会や他の集まりにしばしば招待された。セアラもまたそのような若い女性の一人だったのだが、彼女はその時間のほとんどを王立空軍基地メドナムで過ごした。パムは、肉体的にはヤルタに存在しなかったのだが、精神的にはそこに存在した。後に、会談が終了した後、キャシーは、彼女の手紙をロンドンにいるパメラに届けることを申し出た数多くの人々の中から、好みの人物を選ぶことができた。[*7]

キャシーがパムへの手紙に記したように、彼女が、大統領の次に、とても会いたかった人物は、父の後に従って、たった今宮殿に入ったアナだった。アナはかつて、夫のジョンとサン・ヴァリーを訪れたことがあったが、キャシーがロンドンに引っ越した後だったため、彼女はアナに会う機会がなかったのだ。おそらく、ベティガー夫妻のサン・ヴァリー訪問が最も好ましい第一印象を残さなかったかもしれないので、二人の娘たちがその機会に紹介されなかったのはちょうどよかった。リゾート地で、アーネスト・ヘミングウェイと猟に出ていた間、ジョン・ベティガーはなぜかエイヴレルの犬たちの一匹の脚を偶然撃ってもぎ取ってしまっていた。[*8] エイヴレルは、ごく最近のワシントンへの出張でアナに会っており、大統領の娘さんは、キャシーがパムに伝えた言葉を「そのまま引用すれば、『素敵なひと《ピーチ》』[*9]」だ、とキャシーに断言した。「私たちが会ったら、あなたにも教えてあげるわ」。

新たな到着者たちも緊張がほぐれてきたので、キャシーはアナの方へ行った。常に快活で親しげな物腰の持ち主であったので、キャシーは、三人の子の母親のリヴァディアへの到着を歓迎した。横に外れたところで、給仕長は、いまだ大統領の前でお辞儀する度に、体を上下させていた。二人して、この面白い場面を眺めながら、キャシーはアナと共謀者のようなクスクス笑いをした。キャシーは、大統領の娘に、給仕長は、すべて旨く収まっているかを確認するため、「先週はずっと、一日に、三、四回も……グラス類と磁器の置き具合を点検して」、ダイニング・テーブルの上に「セッティングしたり、それを崩したり」[*10] していたわと語った。ソ連の人たちは、またアメリカからの訪問客のために、ぴったりの雰囲気を醸し出そうと、何度も何度も、何枚も絵を壁にかけては、またかけ直していた。キャシーは、「あの人たちには決断するということがあるのかしら」と不思議に思った。ローズヴェルト父娘《おやこ》がリヴァディアに到着する前は、疑いもなく、キャシーが宮殿の女性首席代表だった。しかし、アナが到着して数分以内に、力は突然に移動したのだ。アナはコートを脱ぐやいなや、指示を矢継ぎ早に出した。FDRの晩餐のお決まりのマティーニ〔ジンと辛口のヴェルモットで作るカクテル。冷たさが命〕を楽しむ習慣を変更する理由がないと考えて（医師の指示に反するものであったにもかかわらず）、アナは、大統領特別警護官《シークレットサービス》の一人にジンがあるか調べに行かせ、[11] キャシーには、どこに氷があるか尋ねた。キャシーは彼女に、「どこかに隠して電気冷蔵庫があるはずですけれど」と告げた。[12] それから、アナはメモパッドと鉛筆を取り出し、ディナーに呼ぶ人々の名前の一覧表を作成し始めた。彼女はリヴァディアのことや、ソ連の労働者のことや、彼らが訪問者たちのために大いに骨を折ったことも知らないままに、瞬時にキャシーを職務から解き放し、自分自身が最高位の娘だと断言したのだ。

　アナがアルコールに気を配っている間、キャシーが入念に準備した部屋割りが宿泊者たちに配られた。ハリマン父娘《おやこ》がほんの数日前にリヴァディア宮殿を見た状況について幸せなことに無知であったせいで、ローズヴェルトは宿泊施設に満足しているようだった。[13] ハリー・ホプキンズの息子である写真家のロバート・ホプキンズは予期せぬ追加要員だったが、彼だけが、宿舎について、生意気にも文句を言った。そこは、土壇場でキャシーが軒下の下士官兵のための宿泊区域内に見つけたものだった。キャシーは、彼は「わきまえていない」[14] と考えた。その間、エイヴレルはアナとキャシーに加わっていた。エイヴレルは、アナの方を向いて、まるで彼自身が配置をしたかのように、彼が完全には満足していない宿舎はアナの部屋だと言った。彼女の部屋は、父親のスイートの近くの一階にあったのだが、「小個室」とでも言った方がよかった。よろしければ、代わりにキャシーの部屋を共有されたらいかがですか、とエイヴレルは話した。その部屋はずっと広かったが、FDRから遠くなった。キャシーと浴室を共有しなければならなかったが、広さよりも、プライバシーと父との距離を優先して、アナはその小さい個室を選んだ。彼女の狭い寝室はスパルタ人を思わせる質素さで、家具として、がたがたの鉄製のベッドの「スプリングベースの丈より一フィート〔約三〇センチメートル〕短い」貧弱なマットレスがのっているだけだった。だが、少なくとも彼女自身の部屋だった。それは、〔軒下の宿泊区域の〕大佐たちでさえ望めないものだった。

代表団が落ち着いたので、アナは、かつてビリヤード室であった部屋での大統領との私的な晩餐会に彼女が招待した選ばれた人たちを探しに「人を走らせた」[*16]。キャシーとエイヴレルは選に入り、国務長官のエドワード・ステティニアスも同じく選に入った。[*17]晩餐会にくつろいだ家族の集まりの雰囲気を持たせるため、アナはまた、大統領の最も親しい友人たちの数人――信頼できるパー・ワトソン、FDR付きの参謀長で、初めて五つ星の階級〔一九四四年一二月に海軍元帥〕に昇進した海軍士官であるレイヒ海軍大将――も含めた。[*18]ハリー・ホプキンズは、加わらなかった。彼はまだ具合が悪く、ベッドに寝たきりだった。ソヴィエト側が準備した晩餐は手が込んでいた。カクテル、白ワイン、赤ワイン、シャンペン、キャビア、魚の燻製、じゃが芋、様々な肉やジビエ、二種類のデザート、デザート・リキュール〔蒸留酒に果物、香草など加えて食後のデザートのように味わえる甘いリキュールのこと〕。客の一人が料理に手を付けずにパスするたびに、給仕長は致命的な一撃を受けたかのような顔をした。FDRは、自分の連れてきたシェフが準備した食べ物を食べ、食事の間ずっとにこやかだったが、疲れており、居残る気分ではなかった。食事がすむと、彼はベッドに直行した。

＊＊＊

料理の皿が片付けられ、皆が自室に戻った後、エイヴレル・ハリマンの仕事は始まった。彼は荷を下ろす間もなく、再びキャシーをリヴァディアに残し、出かけた。彼には、寝る前にやり遂げなければならない仕事が二つあった。まず、翌日の議事日程を確認するため、彼は、コレイズ館を目指して、暗闇の中へ出発した。

午前〇時直前に、彼は、ラスプーチンの暗殺者の旧宅の館に着いた。ハリマンは、会談に同行したわずか三名の国務省役人のうちの一名で、アメリカ代表団唯一のソヴィエト専門家のチップ・ボーレンを伴っていた。[＊19] 専門的知識があったにもかかわらず、四〇歳のボーレンは、その比類ない知識のゆえに会議に呼ばれたわけではなかった。彼はそこで、ローズヴェルトの通訳官として任務に就いていたのだ。館の外の三ヶ所のそれぞれの検問所において、それらの一つは犬に警護されていたのだが、ソ連人兵士たちが彼らの資格認定書を調べている間、二人の男たちは忍耐強く待っていた。[＊20]

午前〇時から一〇分経過して、ハリマンとボーレンはついに許可された。[＊21] モロトフは、自分専用の通訳官、ウラジーミル・パヴロフと共に待っていた。ハリマンのモロトフとの真夜中の会合は、今ではお決まりの仕事となっていた。一九四三年一〇月、ハリマンがモスクワに大使として着任した際、ソヴィエト外務大臣は、ソヴィエト政府はハリマンが「やり合うのにとても手ごわい男だ」[＊22]と理解していると述べて、奇妙な挨拶で歓迎した。ハリマンが、自分は友人として来たのだと否定すると、モロトフは、私はお褒めの言葉として述べたつもりです、と答えた。以来、二人の男は、警戒心を解かなかったものの、相互に尊敬の念を育んできていた。

最初の儀礼的な挨拶や、大統領は宿泊施設を気に入られました、というような是認の言葉を手短に交わした後、ハリマンは仕事に取り掛かった。[*23] ハリマン大使は外務大臣に、ローズヴェルト大統領は、会議を軍事上の案件に関する議論で始めたがっていると告げた。連合国軍は、それぞれの前線からベルリンへ敏速に接近していたが、三国の参謀本部は、うっかり軍が互いを殺戮し合わないように、何としても連携する必要があったのだ。

モロトフは、いつものように、最初の段階で、アメリカ側の提案を受け入れまいと決めていたので、スターリンはドイツについてまず議論したがっている、と迎え撃った。

ハリマンは、二つの議題は本質的に一つで同じだと指摘した。妥協案として、最初にドイツでの軍事連携について議論し、次いでドイツにおける政治的懸案事項について話し合うことを提案した。モロトフは同意した。

この件が解決したので、ハリマンは、翌夕、最初の本会議後、リヴァディア宮殿で晩餐会が計画されているが、スターリンやモロトフも、大統領とその一行に加わらないかと、ローズヴェルトに代わって、招待の誘いに話を進めた。イギリス側ももちろん同様に招待されるだろう。モロトフは、スターリンが「喜ぶ」のは確かだが、翌日午前、手はずを確認したい、[*24] と応えた。

ハリマンには、ローズヴェルトに代わって、モロトフに伝えなければならない最後の伝言があった。議題を設定することと、晩餐会への招待状を出すことはほとんど問題にならなかった。また、合意は三国の全代表団の利益になった。だが、この最後の要請は違っていた。スターリンが、彼らが彼の知らないところでこそこそ企んでいると考えることを恐れて、FDRは、チャーチルにマルタで個人的に二人だけで会うことを拒否した。その懸念は、明らかにもう片方の側までには至らなかった。ローズヴェルトがハリマンを派遣して何を頼ませたのか知ったら、チャーチルは怒り狂っただろう。スターリンは、ローズヴェルトへの個人的な訪問のため、最初の本会議の一時間前に、リヴァディア宮殿へ来訪することを検討できるだろうか。面会は「全く個人的なもの」[25]だが、ローズヴェルトは大変ありがたがるだろう、という内容だった。

モロトフは、私は「元帥〔スターリン〕のお考えは知っています」[26]と答えた。彼は、スターリンがローズヴェルトと私的な、個人的な会合を持つことを喜ぶだろうと確信していた。それは、スターリンが望んでいたことでもあったからだ。スターリンは午後四時に大統領を訪問することになった。

モロトフのもとを去って、ハリマンは、その晩の二つ目の会合のためヴォロンツォフ宮殿へと暗い海岸沿いの道を下って行った。その晩早くに、首相は、私設秘書を通じて、翌日の計画について尋ねる伝言をリヴァディアに伝えていた。[27]イギリス側は、いまだに最初の会議で大統領が何を議論しようとしているのか厳密には知らなかったのだ。ボーレンは、詳細についてはまだ手はずを整えているところであり、明朝、実施計画の詳細を電話します、[28]と言った。ハリマン自身、今、最初の本会議についてある程度の概括的な情報を首相に伝えることはできた。だが、真夜中過ぎての首相への訪問は仕事上のことばかりではなかった。むしろ、旧知の友人への個人的訪問だったのだ。

イギリス代表団は、アメリカ代表団がディナーを食べにすでに腰を下ろした時点で、まだヴォロンツォフに到着していなかった。モロトフ、ヴィシンスキー、フョードル・グーサフたちが、イギリス代表団を昼食の饗宴や乾杯やらで一時間半引き留めたので、代表団が山々を進む行路を再開し始めたころには、日は傾いていた。[29]首相は、旅路の残りをバイロン卿の『ドン・ジュアン』〔ロマン派の未完の叙事詩〕をセアラに朗唱して過ごした。その間、彼らは暗闇の中をのろのろ進んだ。道路にまだ整列していた兵士たちを通り過ぎ、無名の彼ら・彼女らの姿は、車のヘッドランプで照らしだされた。チャーチル父娘がヴォロンツォフに到着した時には、真っ暗だったが、十分な光が窓からこぼれて宮殿《ヴィラ》の輪郭を照らし出していた。宮殿は白色の石から彫りだされた大きなライオンたちに守られていた。建物は奇矯だった。まるでモスクが、スイスのシャレー風別荘〔スイス山地の屋根の突き出た田舎家〕を飲み込んだか[30]のようで、そしてそのシャレーは、スコットランドのバロン建築〔一六世紀に起源をもち、一九世紀にゴシックリバイバルの一環として、スコットランドのみならず、大きな屋敷が建つ欧州大陸でも復興した建築様式〕の館を取り込んだものだったのだ。奇矯さはその内部にも続いていた。リヴァディアにおける状況とは異なり、ドイツ兵たちは、元の所有者の備品にはほとんど手を付けず、食堂の暖炉のいずれの側の壁にも、有名なよく知られた顔の肖像画がかけられていた。[31]一八世紀の駐英ロシア大使のセミョーン・ヴォロンツォフ伯爵〔一七八五年から一八三二年に死去するまでイギリス在住。ロシア帝国の強力な貴族一族〕には、第一一代ペンブルック伯爵であるジョージ・ハーバードと結婚した娘〔エカテリーナ。エカテリーナの兄ミハイル・セミョーノヴィチ・ヴォロンツォフがこの宮殿を建造〕がいた。ハーバード家の肖像画は首相を妙にくつろがせた。

キャスリーン・ハリマンは、ソヴィエト人たちがリヴァディア宮殿の中の会議室とアメリカ人宿泊区域の両方を準備するのを監督した。一方、チャーチル付きの参謀長のパグ・イズメイ〔陸軍大将。チャーチルは、戦時中、誰よりもイズメイに助けられたと述べたという〕は、助手のジョーン・ブライトを派遣して、英国政府側の宿泊設備についてこまごまと目配りさせた。会議の期間中、彼女はヴォロンツォフ宮殿には宿泊しないのだが、その晩は、裏方として立ち去る前に、トップの代表たちを彼らの宿泊場所へ案内するため、彼女は宮殿にとどまっていた。彼女がチャーチルを彼のスイートへ案内すると、彼はあまり満足していないようだった。「セアラは、どこに泊まるのだ」[32]と追及した。「私の宿泊する場所に彼女は寝るのだと言っただろう」。彼は娘を続き部屋に泊まらせ、娘の身に何事もないようにしたかったのだ。ミス・ブライトは、首相のリクエストは承知しておりましたが、それを実現することは不可能でしたと説明した。スイートでセアラのベッドを置ける唯一の場は、首相の寝室のドアの外の大広間《ホール》だった。しかし、その場所では、彼女は、就寝中、チャーチルの寝室のドアを警備するイギリス海兵隊やロシア兵たちに、丸見えになってしまうだろう。ミス・ブライトは、代わりにセアラをホールの先の部屋にしたのだ。その頃には、チャーチルはかなりいらいらしていたため、海軍副官を務めるトミー・トンプソン海軍中佐は、ミス・ブライトに退散を命じ、首相がカッと怒りを爆発させる前にセアラを探しに行った。

夜は更けていたが、大使がヴォロンツォフへ到着した時には、チャーチルはまだ目が冴えていた。ロンドン駐在中、ハリマンは、深夜、ダウニング街へカードゲームや世界の懸案をめぐる真剣な話し合いのために、しばしば召喚されていた。チャーチルは、首相としてイギリス政府の同僚とカードゲームをするのは不適切だが、ハリマンがローズヴェルトの〔武器貸与法〕特使として、首相と楽しむ分には全くかまわないのだと告げた。[*33] ハリマンは、チャーチルが彼の同席を喜んだ本当の理由は、ハリマンが妻に書いたように、「あらゆる問題に対して私がぶっきらぼうで、かつ、率直だからだ――チャーチルは同意しないにしても、異なる考えを聞いて刺激を受けたいのだ」[*34]と考えていた。ハリマンは大使としての在任中に、ローズヴェルトに関しては、同じことは言えないということを発見した。

今宵、ハリマンは、首相が、私的諮問機関、つまりセアラ、アンソニー・イーデンとモラン卿と共に引きこもっていることを知った。チャーチルのそれまでの苛立ちは鎮まったが、それはもっと暗いものにとって代わられていた。イギリス側は、ついに、地中海に墜落した輸送機に何が生じたのか詳報を受け取った。[*35] 何らかの航行ミスと悪天候のせいで、搭乗員は、マルタとの無線交信ができなくなった。天候がさらに悪化したため、彼らは方向感覚を失ってしまったのだ。小さな島があるに違いないと考えた区域を何時間も旋回するうち、燃料が無くなり始めた。ついに、ようやく搭乗員たちは、陸地を示す小さな点を識別した。それがマルタだと信じて、彼らは再び交信を試みたが、彼らが耳にしたのは受信機の雑音だけだった。彼らが見つけた陸地の小点は、マルタではなかったのだ。それはランペドゥーザ島、マルタから一〇〇マイル〔約一六〇キロメートル〕以上離れていた岩だらけのイタリア領の島だった。パイロットは小さな湾を見つけ、決死の着陸を試みた。驚くべきことだが、彼は何とか飛行機を無事、海面上に着水させた。しかし、暗闇の中、海面のすぐ下に横たわっている難破船に気が付かなかった。飛行機は、海面を横滑りしたので、水没した鋼鉄の大きな塊とぶつかった。難破船は、飛行機の機体の胴をずたずたにした。即座に海水が機室に入ってきて、四人の搭乗者と乗務員を除き、会議のためにごく細部まで準備をした資料を熟知していた三人の外務省の専門家[*36]を含む、残り全員が溺死したのだ。

彼らの死に対するチャーチルの深い悲しみは、マルタでのほぼ終日無益だった一日に対するやり場のない落胆にすぐに取って代わられた。ハリマンのボスは、危機に瀕した諸問題のはらむ複雑性、また、ソヴィエトとの交渉にかかる時間をひどく軽く見ている、とチャーチルは確信した。ドイツの分割や賠償金の支払い、ローズヴェルトの国際平和組織の機構、ソ連の太平洋戦争への参戦、そして東ヨーロッパにおける自由選挙といった複雑な諸問題を彼らが五日、六日で解決できると考えるとは、全く愚かだ。討論に上がってきているすべての問題の中で、ポーランドの将来と国家の独立が表すことに対するアメリカ人の独りよがりな態度ほどチャーチルを動揺させたものはなかった。「私たちは、ポーランドがロシアの単なる傀儡政権になることに賛成できない。そこでは、スターリンに同意しない人々は殺されてしまうのだ[*37]」と息巻いた。「アメリカ人はポーランドの問題に関してひどく無知だ。

私は、マルタで彼らに、ポーランドの独立について話したのだが、『とんでもないです。独立は危機になど瀕しておりません』と言い返されてしまった」。危機になど瀕していないというのが本当であるなら、それはすでに手遅れだという理由からなのだ。もし、西側の連合国がポーランドの独立を保障しそこなったら、米国代表団がワシントンを目指して帰途に就いている間、チャーチルこそがロンドンに亡命中のポーランドのリーダーたちを直視して、彼らにはもはや主権国家はないと伝えなければならない人物だったのだ。最悪なのは、イギリスが世界の舞台で弱体化した立ち位置にあるせいで、ローズヴェルトの全面的な支援なしで、ソヴィエトに正しいことをせよと強要する力が自分にはないことを、チャーチルが実感していたことだった。

三〇分後、ハリマンがリヴァディア宮殿に帰館すると、いつもは熱情溢れる首相であるのにその首相と熱を冷ますような会合を持ったことから、彼自身も信頼できる腹心の友を求めざるを得ないことになった。腹心の友は、いつだって、自分の最も気にかかる関心事を理解してくれると、ハリマンはあてにできたのだ。

ワルシャワ蜂起〔一九四四年八月一日から一〇月二日、ワルシャワで起きた武装蜂起。この蜂起は、ナチス・ドイツの占領下のワルシャワを解放するためだったが、ナチスの反撃により失敗〕の間、エイヴレルは、夜ごとのベジークのゲームにキャシーを呼び出したものだった。周囲をはばかることなく会話を交わしつつ、頭を空にしてカードゲームの勝負を続けることはカタルシスとなった。今回は、カードはなく、疲れる話だけとなるだろう。マルタから戻って以来、キャシーと初めて私的な話をする機会だったので、エイヴレルはヴォロンツォフ宮殿への厄介な訪問について説明した。チャーチルはすっかり「気落ちした状態だった」[*38]と、彼はキャシーに語った。最も簡潔な言葉で言えば、FDRは、この会議に関して「全面的に明るい見通し」[*39]で、会談は意気揚々たる意見の完全なる一致と見ている。

対照的に、チャーチルは明らかに「最悪の見通し」だ。ポーランドの運命が、エイヴレルの上にものしかかっていたように、チャーチルの上にものしかかっていたのだ。また、飛行機の墜落事故と外務省派遣の若くて才気あふれる人々の死去の知らせものしかかっていた。損失は英国一行にとってひどい打撃となった。失われたのは外交の専門知識ばかりでなく、首相とその一行は、親しい友をも失ったのだ。死亡者の中には、アンソニー・イーデンの一番お気に入りのボディガードのH・J・バトリ軍曹[*40]、会議の代表アリグザンダー・カドガン外務省常任次官〔初代イギリス国際連合代表。外交界の重鎮〕の秘書であるミス・パトリシア・サリヴァン、妻が前日死産したばかり[*41]の外交官のピーター・ロックスリー、そしてアラン・ブルック〔帝国参謀総長〕の副官[*42]のバーニー・チャールズワース大佐がいた。ノーソルト王立空軍基地〔ヒースロー空港北六マイルに位置しヒリンドン・ロンドン自治区最西端にある。王立空軍誕生前の一九一五年からの歴史を持つ。第二次世界大戦中、基地は、王立空軍の他にポーランド空軍がバトル・オブ・ブリテンで主要な役割を担うのに役立った〕から出発した時、チャールズワースへのブルックの最後の言葉は、「マルタで会おう」[*43]だった。今、この言葉が彼の脳裏を去らなかった。ヤルタでの一週間の不吉な始まりだった。

エイヴレルにとって、三六時間ほど前に始まったその日は、ついに終わった。やっと、彼はベッドへと引き上げた。

エイヴレルが自分の重荷を和らげるために向かった人物がキャシーであったように、キャシーもまた告白する相手が必要だった。そして、彼女の場合、それはパメラ・チャーチルだったのだ。キャシーは、パムとの最初期の出会いの時から、彼女が「私が出会った中で最高に賢い女性の一人」[*44]と捉えていた。二人の女性は、一緒に、ロンドンの灯火管制をものともせずに、音楽やダンスを求めた。彼女たちは首相のディナーの席で、戦争の重要な瞬間に何度も立ち会っていた。彼女たちはまた、友人をおぜい作り、そして失った。とりわけロンドン近郊に駐留していたパイロットたちは帰らぬ人となった。[*45] キャシーとエイヴレルがロンドンに別れを告げて以来、手紙を通じて、彼女はパムと、ソ連で直面した難題をめぐる懸念に加えて、ロシアでの暮らしの面白いゴシップやウィットに富んだ観察を共有していた。エイヴレルが連合国間の会談や、クレムリンでのモロトフとの夜中の言葉による取っ組み合いから帰ってくるといつも、キャシーはパメラ宛に、彼女と父親が共有する懸案についてしたためた。もし、誰か理解できる立場にある人がいるとしたら、それはパムだったのだ。彼女は義理の父や彼の側近たちから同様の懸念を多く耳にしていた。会談に先だつこと五日前に開始されたキャシーのヤルタ書簡には、屋内トイレが足りないことを含め、リヴァディアが理想の宿泊施設とは言えないことに対する気の利いた皮肉がちりばめられているが、彼女の性格の無頓着さは盾であり、その背後から、彼女は、ロシアという有利な立場に立って、戦争の悲劇と破壊を綴ることができた。今、彼女は暗い気持ちで綴った。「現在、だれもが人差し指と中指を交差させ〔英語圏では、相手の成功や幸運を祈るサインとして使われる〕、最終的に万事がよくなることを祈っています」[*46]。

　キャシーがパメラに手紙を書く理由は他にもあった。ヤルタでの会合が近づくにつれ、すべての精力は、戦争の余波と、それが関係諸国に与える影響に注がれた。同時に、ヤルタでチャーチル父娘《おやこ》と再会したことが引き金となり、父がその将来について、とりわけ個人的な関係の面で、考えるようになったことを、キャシーは知っていた。もし、一九四二年の〔英領〕エジプトのエル・アラメインでの連合国軍の勝利は、チャーチルが語ったように、「始まりの終わり」[*47]を画したとするなら、連合国軍が遂にナチスを形勢不利にした、一九四五年の冬は、終わりの始まりに思えたのだ。ようやく、戦争は終わりに近づいていた。そしてそのことは、戦争が終わるやいなや、エイヴレルは、困難な選択、キャシーと彼だけではなく、パメラにもまた影響する選択を行わなければならないという現実に、直面せざるを得ないことを意味したのだ。

＊　＊　＊

一九四一年、ロンドンの目くるめく夜に心を奪われないでいることはほとんど不可能だった。土嚢、瓦礫、くすんだ制服は、日中、ロンドンを荒涼とした感じにさせたが、夜になると、危険と破壊の真っただ中で、ロンドンは別世界のロマンティックな魔力を放っていた。キャスリーンは、その場にくぎ付けになり、まるでウォルト・ディズニーの『ファンタジア』〔一九四〇年公開。クラシック音楽の名作とアニメーションが融合した、初のステレオ録音の実験的な映画〕の戦時版[48]の中で暮らしているような気がした。ロンドンの真っ白な建物は、影絵のような黒いタクシーのほの暗いヘッドランプから放たれた柔らかい明りの中で、輝きを放っていた。タクシーは、ドイツ軍の攻撃をものともせず、低いうなりを立ててロンドンを疾駆した。タクシーの運転手たちは、若くて無鉄砲な連中を地下のクラブ、そして「ドーチェスター」や「リッツ」や「サヴォイ」のようなしゃれたホテルまで連れて行った。そこでは、時代を代表する最高に素晴らしいジャズ・オーケストラのいくつかが、夜ごと演奏をしていた。ドーチェスター・ホテルはロンドンで最も安全なホテルと考えられていたが、エイヴレル・ハリマンのような英国在住のアメリカ人の泊まり客はそこで豪勢な暮らしをしていた。彼らは英国での配給など忘れていた――配給は想像の産物のようだった。またアメリカ人は、むやみやたらと人気があった。ある日、キャシーは、若い兵士にフリート・ストリート〔シティ・オブ・ロンドンの主要道路の一つ。二〇世紀には通信社関係の産業が大いに栄えた〕[49]で出会った。「戻って、アメリカ人に会ったぞ、と連中に伝えるまで、ちょっと待っていて」と兵士はキャシーに言った。エイヴレルは手紙で妻のマリーに「キャシーがスパルタ的しつけを受けていなかったら（それを私の手柄とは思っていないが）、彼女はどうしようもないほどスポイルされていただろう」[50]と語った。英国人は、合衆国が中立であった時に、英国を支持しにやってきたアメリカ人には大いに感謝の念を抱いていた――とりわけ、純粋に自身の意志で英国を訪問したキャシーのようなアメリカ人には。ローズヴェルトがエイヴレルに語ったように、キャシーは、その春、英国在留の特別許可をローズヴェルトが出した、たった二人の女性の一人だった。[51]〔ジョン・G・〕ワイナント駐英特命全権大使の妻がそのもう一人だったのだが、彼女はキャシーとは異なり、滞在しなかった。

　多くの人々にとって、ジャズ・オーケストラや優美なホテル、褒めたたえる賞賛の言葉、そして危険が一つに合わされれば、それは一生のスリルとなっていただろう。だが、ハリマン父娘《おやこ》にとっては、チャーチル一家との親交は、他の何事に比べようもなく際立っていたのだ。ウィンストン・チャーチルは即座にエイヴレル・ハリマンを自分の側近仲間に引き込み、彼の戦時内閣〔戦時中、政府が緊急的に組閣する内閣の総称〕の会合に招待した――外国人にとっては、前例のない出入り自由の権利だった。さらに、地方官邸であるチェカーズにおける週末の会合にも招待した。キャシーが一九四一年五月に到着すると、彼女もまた早速週末に招待された。「あまりに頻繁に戯画化された人物を目にした後その人に会うのは、かなり衝撃的です」[52]と、彼女は、姉のメアリに、首相と会った後に手紙を出した。彼は、彼女が予想していたよりも背が低く、また「少しも太っていな」かった。とはいえ、彼は彼女が想像していたよりもはるかに印象的な人物だった。「私は、強烈な性格で、かなり恐ろしい人物を予想していました――彼はその反対でした――素晴らしい微笑み、それに話しかけにくい人ではなかったのです」。キャシーは、チャーチルが国民のそれぞれ一人一人に声をかけているようだ、ということを実感した。キャシーは、ある日、二〇ヶ月間、王立空軍に籍を置いて戦傷を負ったパイロットに会った。彼は一一機の敵機を撃ち落とし、自分自身も四度撃ち落とされた。彼は最初に所属した飛行中隊で生き残ったただ二人のうちの一人だった。ほんの二八歳になったばかりで、もうすぐ死ぬと確信していたが、死すべき運命と和解していたのだ。「これ以上は続けられないと感じた時に、自分を鼓舞するために携帯するある物を、彼は私に見せてくれた」[*53]と彼女は姉に語った。チャーチルの王立空軍に対する言葉の一節――「世界の歴史上、これほど多くが、これほど少数の者のおかげをこうむったことはない」だった。

キャシーが首相に感じた温かみは、すぐに家族全体に広がった。キャシーは、物静かで、優雅なクレメンタインを賞賛して、姉に首相の妻を、こう描写した。「とても優しい方[*54]――夫のために自分の人生をすっかりあきらめられた――そして優雅に一線を退かれた。チャーチル一家の皆さんは彼を神様のように見て、彼女はかなり無視されている。それで、誰かが彼女に関心を寄せると、大喜びしてしまうのです」。「彼女を、さえないミセス・ワイナントのように思わないで」とキャシーは、観察を述べた。「全然そうじゃないの。自分の考えを持っていらっしゃるの」。キャシーは三人のチャーチルの娘たちと、とりわけ、彼女に年齢の近かったセアラとメアリと友人になった。キャシーは、セアラの夫のヴィックについてはあまり好きになれなかったのだが、セアラは「とても素敵な娘」[*55]だと思った。セアラが驚くほど優れた役者であることを発見した[*56]一方、キャシーは、姉に、セアラの結婚は幸福なものではないと考えていて、「舞台に立つことは［セアラが］正気を失わずにいられる一つの方法だった」[*57]と自分は信じていると打ち明けた。キャシーはまた、ムーシュに衣類やロンドンで手に入らない必要な品々のリストと共に手紙をしたためる時、彼女はかつての家庭教師に、荷の中に、チャーチル家の娘たちのため、余分にネイルポリッシュ〔爪に色を塗るための液体。ネイルエナメル・ネイルカラーともいう〕、ストッキング、メイクアップ用品、アクセサリー類も入れてくれるよう、よく依頼した。[*58] キャシーの義母・マリーは「戦利品の詰まったスーツケース」をキャシーや新たな友人たちのために送ってくれた。[*59] だが、チャーチル家全員の中で、キャシーの最も親しい友人は、ウィンストンとクレメンタインの快活な義理の娘、ランドルフの妻のパメラだった。

　パメラはキャシーよりも二歳年下で、エイヴレルは、二人の若い女性が友人となることを期待して、早速彼女らを互いに紹介した。キャシーはすぐに姉への手紙の中でパメラについて、非常に好意的な意見を書き、彼女を「最高に素敵で、最高に分別のある女性」[*60]と讃えた。パメラは、重要な人物はすべて知っているようだった。しかし、キャシーは自分の新たな友人に同情してもいた。遊び好きで気ままな振る舞いの背後で、パメラは深刻な問題に直面していたのだ。ランドルフが浮気をしていることは公然の秘密で、賭け事によるかなりの額の借金が積みあがっていた。今、彼は軍務に就いて留守で、彼女に債権者たちへの支払いで苦労させていた。その間、パメラは二人の間に生まれて間もない赤ん坊、ちっちゃなウィンストンを育ててもいたのだ。

　英国の権力と社会の中心で過ごせば過ごすほど、ハリマン父娘《おやこ》は大西洋の両岸を漂っているように感じた。やがて二人は母国の友人たちに共感することが難しくなってきたことに気が付いた。一九四一年八月、キャシーはメアリからの手紙を受け取ったのだが、彼女は、合衆国はイギリス人たちを救うためだけに参戦する、というニューヨークの友人たちの意見を転送してきた。「おそらく今頃は、姉さんはこの件に関するエイヴレルの見解を知っているでしょう――この見解は彼のお気に入りの一つなのです」[*61]とキャシーは返事を出した。「あの人たちは、いつになったら、救出されるのはイギリス人ではなくて、自分たち自身なのだということを理解するのかしら」。「あの人たち」とか「自分たちの」とはアメリカ人に言及したもので、まるでキャシーは、自分や父親がそのグループのメンバーではないと考えているかのようだった。

ハリマン父娘とチャーチル家の親交は一九四一年の夏と秋に深まった。チャーチル家はキャシーの二四歳の誕生日に敬意を表して晩餐会を主催さえした。誕生日は一九四一年一二月七日、日曜日だったのだが、クレメンタインは誤って誕生日は一二月六日と思っていたため、公式のパーティはチェカーズで一日早く催された。[*62]しかし、キャシーとエイヴレルは日曜日にもまだそこにいて、チャーチル一家や週末を過ごしに来ていたワイナント大使と、日本軍がパールハーバーを攻撃したというニュースによって突然中断されるまで、くつろいだ食事をしていた。キャシーは、首相が龍を捺染《なっせん》した絹のローブ姿で「ジグを踊る」[*63]〔ジグはイギリス、アイルランド発祥の民族的な踊りの形式。一五世紀くらいまでさかのぼれるが、一九世紀にはあまり踊らなくなっていた〕のを見つめていたが、父親は、その間、暖炉の近くに立ち、険しい、しかし満足し安堵した表情を浮かべていた。[*64]イギリスはナチス・ドイツに対して永遠に持ち堪えることはできないし、赤軍は、ヒトラーの軍隊が東へ、モスクワに向かって突撃する中、持ち堪える限界に近いように思えた。エイヴレルは、長い間、アメリカ軍の参戦は必然だと考えていた。[*65]参戦すれば、直近の未来は陰惨であろうが、最終的に、独・伊・日枢軸国は敗北するだろうと希望が持てた。確かに、ハワイ攻撃はひどく恐ろしいものだったろう。だが、もし合衆国が参戦しなかったら、世界中の死と破壊はずっとひどいものになるだろうと、ハリマン父娘は認識していた。キャシーはムーシュに、この現実を厳しく理解していたことを露わにして、「これ以上私をうれしくさせてくれた出来事が今まであったかしら」[*66]と、思いを言葉にした。

チャーチル父娘とハリマン父娘はあのような驚くべき経験を共有することで親しい友情を築いたことは理解できる。しかし、そのことはダウニング街とホワイトハウスの仲介者としてのエイヴレルの役割を複雑にした。ロンドンで公的には、アメリカの権益を代表していたのだが、彼の職業上の優先事項は、時折少々不透明になった。例えば、一九四一年の夏、チャーチルはハリマンに、補給品として必要なものを査定するための中東への調査旅行で、彼の代理人を務めてくれないかと依頼した。キャシーは、どのようなことに対しても、彼女の父があれほど興奮した姿を見せたことはない[*67]と思った。補給品への要求を査定することは、厳密に解釈した場合、広義での武器貸与法の、ハリマンに委任された権限下にあった。しかし、この場合、彼は、ローズヴェルトのではなくチャーチルの代理としての調査旅行だった。イギリス陸軍カイロ司令部に勤めるランドルフ・チャーチルが、ハリマンのガイドだった。「私はハリマンに大いに感服しました。それにあなたが彼に対して抱く好感をよく理解できます[*68]」とランドルフは父親にしたためた。「彼は間違いなく、僕のお気に入りのアメリカ人になりました」。ランドルフはまた、幾分大胆な意見を述べた。「彼は明らかに自分自身をR〔ローズヴェルト〕のではなく、あなたのしもべと考えていますよ」とランドルフは陰謀めかして記したのだ。「僕は彼を傍に置いておかれるといいと思います。彼は、あなたの周りにいる皆さん方の中で一番客観的で、洞察力があると思うのです」。ハリマンは、決して公然とはローズヴェルトに対してより、チャーチルに、より忠誠を感じるとは主張しなかったが、両家の間の関係は、職業的にも社会的にも、そしてロマンスでも、考え得るありとあらゆる形で絡み合うようになったのだ。

キャスリーンがロンドンに到着して間もなく、エイヴレルは仕事で町を離れた。ロンドンの住民は当たり前に思っていたが、キャシーは、夜間の連続的な爆撃に不慣れであったため、エイヴレルは彼女を一人にさせることが心配だった。[*69] 彼はしばしば留守にしたので、キャシーは、彼らのスイートで一緒に過ごす友人が欲しいのではないかと考えた。パメラは、ドーチェスター・ホテルの最上階、最も危険な階に逗留していた。そこが彼女に支払う余裕のある唯一の客室だったからだ。もしパメラがハリマンのスイートに引っ越せば安全な場所にいることになり、パメラは、空襲の間、キャシーに気を配ることができたのだ。エイヴレルはまた、サリー〔イングランド南東の、ロンドンに近い州。自然に恵まれ、豊かな中産階級が住む〕にあるカントリーハウスを借りることを申し出た。二人の若い女性は、そこで週末を過ごせた。パメラは、平日の間は安全のため、そこに乳母を付けて赤ん坊のウィンストンを置いておくことさえできたのだ。キャシーは、それはとても心優しい振る舞いだと思った。パメラのような人が自分の面倒を見てくれるなんて、彼女は自分が「品評会で入選した乳牛」[*70] のように感じた。

やがて、キャシーは父親の意図が純粋に私心のないものではないことを知った。彼女の新たな最高の友人も見た目のままというわけではなかった。エイヴレルはイギリス到着二週間後のチェカーズでの昼食会でパメラに初めて出会った。[*71] 古典的な観点から美しかったのではないが、丸顔で、赤毛のパメラは生命と官能性にあふれていた。ランドルフ・チャーチルは最初のデートで、彼女にプロポーズをし、彼らは三週間後、一九三九年一〇月に結婚した。彼らの息子は一年後に誕生した。大勢のイギリスの娘たちが、パメラの立場になるためだったらどんなことでもしただろうが、彼女は単に妻であり、チャーチル朝《ダイナスティ》の次の世代の母であること以上を切望したのだ。英国貴族からババリア〔ドイツ、バイエルン地方の英語名〕やギリシアの王、そしてシリアのシャイフ〔首長〕に至るまで、一連の愛人たちでつとに知られていた一九世紀の先祖のジェイン・ディグビーのように、パメラは自身を、人を魅了してやまない高級遊女と自認していた。彼女は出会った人を皆――とりわけ男性を――その部屋で、最も魅力的な人物と思わせる驚くべき才能を持っていた。[72] エイヴレル・ハリマンも例外ではなかった。

　エイヴレルは四九歳でパメラは二一歳だったが、互いに一目で引きつけられた。黒髪で、日に焼けた肌、そしてしなやかな運動選手の体躯を持つエイヴレルは際立った男だった。彼はまた、ロンドンで最も裕福なアメリカ人だった。決してわざとこれ見よがしなところはなく、控えめに、慎重に話した。彼の言葉は抑制されることで孤高の雰囲気を添え、彼の魅力をいや増すばかりだった。彼は疑いもなく真面目で、きらりと輝く笑みは、彼があえてその笑みを浮かべた時、それは魅惑的で稀有な天賦の才だった。[73] 彼はまた不思議なことに、数百万ドルのビジネスの取引であろうとクロッケー[74]〔芝生のコートで行われる球技〕の試合であろうと、あらゆる試みで成功したようだった。彼は、端的に言えば、パメラが出会った男性たちの中で、最も「凛凛《りり》しい」[75] 男性だった。

　初めての出会いからすぐのころ、エイヴレルとパメラはドーチェスター・ホテルでの、アデルのための祝宴の晩餐会で同席した。[76] アデル、つまりキャヴェンディッシュ公爵夫人を、キャシーは後に、『ニューズウィーク』誌の彼女のコラムで侮辱している。豪華な食事が終わると、雰囲気が突然変わった。これまでのロンドン大空襲の中でも最悪の急襲の爆弾が突然、彼らの周りで炸裂したのだ。間もなく、ロンドン中が燃えていた。それはまるでニューヨークの四二番街やブロードウェイの、劇場の入り口の上に取り付けられた大きな看板の地獄版だった。サーチライトが夜空をよぎり、外でも読書できるほど明るい人工的な昼間を作り出していた。夜九時から夜明けまで、爆弾は、セントポール大聖堂から議会、ナショナル・ギャラリーに至るまで、セントラル・ロンドン〔シティ・オブ・ロンドンや隣接のロンドンの都心を指す〕に降り注いだ。オックスフォード・ストリート〔ロンドン市の中心部のウェストミンスター区を貫いている大ショッピング街〕では、炎が、セルフリッジズ百貨店のシックなパームコート・レストランを破壊した。ホテルの最上階の彼女の客室では攻撃にさらされやすいために、パメラはハリマンの三階のスイートに避難した。ロンドン大空襲の狂乱状況の中で、数多くのカップルたちが偶然の出会いに場を得たように、彼らはその夜、互いの腕の中で夜を過ごした。翌日、エイヴレルは、ニューヨークにいた妻のマリーに手紙をしたため、ロンドンに投下された爆弾について説明した。「言うまでもないが」[*77]と、彼は、どうとでも取れる無頓着さを装って、「私の眠りは断続的になってしまった」と記した。

一ヶ月後、キャシーがロンドンに到着した頃には、エイヴレルとパメラの間の情事は確実に深まっていて、公然の秘密だった。当時、イギリスの軍需大臣であり、カナダ人でイギリスの新聞王だったチャーチルの友人のビーヴァーブルック卿は、パメラがエイヴレルを征服したことを知っていて、自分のために利用した。[*78]彼は、ランドルフの借金を完済した。その見返りに、彼女はハリマンとの会話からえた情報を伝えたのだ。それは、戦争に対するアメリカの態度を考察する上で重要な情報源だった。セアラとダイアナ・チャーチルは二人の情事について知っていたし、[*79]ダイアナの夫、ダンカン・サンズも知っていたが、ランドルフは気付かないままだった。中東でハリマンに付き添った後、彼は妻に次のように便りを書いた。「彼は本当に魅力的だ。[*80]……彼は、楽し気に君のことを話していた。だから、僕に強敵が現われたのじゃないかと心配だ！」

しかし、ウィンストンあるいはクレメンタインが、パメラとハリマンの親密さがどこまで進展したのかを知っていたか否かは明らかではない。首相が何か察していたことをわずかでも示したのは、一度きりである。「実は、いろんな輩が、君との関係でエイヴレルのことをあれこれ言っているのだよ」[*81]と、彼はパメラに告げた。たいていの人は、ゴシップを話す以外にやることがないのですわ、とパメラは反論した。それに対してチャーチルは「全く同感だよ」と言って、その件を当然ながら打ち切ったのである。

エイヴレルとパメラについて実に多くの人々が噂話をしていたので、キャシーが情事について知るのは、時間の問題だった。彼女は、どれほど正確にその件について知っているかパメラに決して話したことはなかったが、ある日、女性二人だけの時、彼女はパメラに向かい合った。「あのね、」彼女は友人にこう言った。「私は全くの頓馬《とんま》というわけではないのよ」[*82]。パメラは知らないふりをしようとしたが、キャシーはぐらかさせなかった。キャシーは、状況を把握していたが、誰にも話さないことにした。彼女は、実利的で業務処理をするような公正な態度で、状況を見た。明らかに彼女がエイヴレルから受け継いだ能力だ。そう、彼は妻に対して浮気をしていた。だが、マリーはキャシーの継母だった。キャシーはマリーと親しくはあったが、親密ではなかった。マリーは、著作権エイジェントのマーク・ハナや[*83]、バンドリーダーのエディー・デューチン[*84]〔人気ビッグバンドのピアニストとして魅力的なスタイルを確立した〕を含め、生涯で他にも多くの男性がいたと噂されていた。もしキャシーが信条の問題として情事を明らかにしたら、彼女は父の評判に傷をつけることになっただろう。また利己心もあった。キャシーが最初にロンドンに引っ越した時、アメリカ政府が彼女にそのままずっと在留する許可を出すかは不明だった。その時点で、合衆国はまだ中立であったので、不慮の死傷者を最小限にするため、ロンドン在留者を最も不可欠な人員に絞ることが賢明だったのだ。彼女はジャーナリストとして法律の認める職業についていたが、もしロンドンの状況がより危険になれば、本国に返されるかもしれない。彼女の友人たちは、キャシーが彼女自身の娯楽として「冒険」[*85]に来ているのであり、目新しさがなくなれば、ロンドンを去るだろうと信じていた。だが、キャシーがムーシュに語ったように、絶対に去る「つもりはなかった[*86]」のだ。エイヴレルがロンドンに仕事を持っている限り、彼の傍に居続ける決意をしていた。ニューヨークやサン・ヴァリーへ追い返されないようにするためには、彼女は父親にとってかけがえのない存在にならねばならなかった。父の情事を隠すことは、そうなるための都合の良い方便だった。彼女は、パメラに言った。「帰国するか、このままいて父を守るか、決断しなければならなかったの。それで私はこのままいて、父を守ることが大事だと判断したのよ」[*87]。キャシーは、父親とパメラとの関係という事実を受け入れ、状況に対するいかなる不快感も倫理上の気のとがめも締め出し、前に進んだのだ。

一九四二年の春に、ハリマン父娘《おやこ》は、ドーチェスター・ホテルから、グローヴナー・スクエア〔ロンドン、メイフェア地区の広大な庭園広場〕のアメリカ大使館に隣接するフラット〔主に英国の集合住宅を指す。同一階の数室を一戸としたアパート〕に引っ越した。パメラも彼らと引っ越した。しばらくは、手筈通りで皆にとってうまく回っていたのだが、その夏、ランドルフが休暇でロンドンに帰還した。三人は急いで、パメラの跡を消しにかかった。波風を立てないために、セアラ・チャーチルは一時的にハリマン父娘のフラットに移り、彼の休暇中、彼女自身のロンドンのフラットをパメラとランドルフに提供した[*88]。

しかしパメラのエイヴレルとの特別な関係は、ついに北アフリカにいたランドルフに届いた[*89]。ランドルフは、彼女と、友人として信用していたエイヴレルに対して激怒した。しばらくの間、首相に公に恥をかかせないように、ランドルフとパメラは公式行事では幸せそうな姿を見せ続けようとしたが、結婚生活は終わっていた。ほどなくランドルフは常時勤務に戻り、離婚の件は都合よく先送りされた。数ヶ月後、エイヴレルはワシントンに召還されたのだが、ＦＤＲは、彼が次のモスクワ駐在大使になる予定であることを伝えた。いつものように感情に向き合うのが気詰まりなために、エイヴレルはキャシーにワシントンから手紙を書いて、彼の代わりにパメラとの情事を断ち切るよう彼女に頼んだ。「パムがしゃんとするのを手伝ってあげてほしい。――かわいそうな娘《こ》だ」[*90]と彼はキャシーに言った。「彼女はピンチに陥っている。あの娘《こ》が自分自身の本能に従えば正しいことを行えるものと確信している、そう伝えてほしい」。彼は、キャシーにメモは燃やすかしまい込んでおきなさいと指示した。一九四三年一〇月にハリマン父娘はモスクワに移ったが、エイヴレルがパメラに彼のフォードと新たなグローヴナー・スクエアのフラットの権利証書を与えてからのことだった。[*91]彼はまた慎重に、彼女に年間三〇〇〇ポンドの非常に気前の良い手当を無期限に提供する手配をした。[*92]キャシーはこの取り決めに、詳細にではなかったが、少なくとも大まかには、気付いていた。[*93]

　その間、親密な熱いまなざしを求める一見飽くことを知らない欲望によって、パメラは相次いで裕福で力を持つ愛人たちと関係を続けた。彼女は、エイヴレルが二人の関係を断つ前に、愛人たち幾人かと関係を始めた。彼女はとりわけアメリカ人好きだった――彼らは大挙してロンドンにやってきていた――その上、彼女はイギリス人を何人かとりこにしたのだ。彼女の全愛人名簿には、ジェイムズ・ローズヴェルト〔FDRの長男〕の元妻ベッツィ・クッシングと結婚していたジョック・ホイットニー〔ジョックは、通称で、正式には、ジョン・ヘイ・ホイットニー〕の名があった。彼は、ハリマンに代わり、ロンドンで最も裕福なアメリカ人となった。さらに、ホイットニーの義理の兄弟で、CBS創立者のビル・ペイリー、CBSブロードキャスターのエドワード・R・マーロウ、アメリカ陸軍航空軍の最古参の一人だったフレデリック・アンダソン少将、そして王立空軍参謀総長である空軍元帥で、彼女のすっかりとりこになってしまったサー・チャールズ・「ピーター」・ポータルなどの名も含まれた。

　いろいろあったのだが、驚くべきことに、パメラとキャシーはなんとか友情を保ち、ロンドンとモスクワとの間で定期的に文通を続けた。数百ページもの手紙が、彼女らの間を行き来したのだ。[*94]時おり、エイヴレルは、キャシーの手紙に追伸を書いた。だが、エイヴレルとパメラも時おり互いに直接便りを出したのだ。彼女の手招きや呼びかけに応じるあれほど多くの愛人が他にいるのに、パメラの一部はエイヴレルに傾いたままだった。冷静沈着な大使も彼女を忘れられなかった。

スターリンの東欧に対する下心、さらにソヴィエトの独裁者との関係に対するローズヴェルトの無邪気さを懸念して、エイヴレルはますます心が重くなっていたにもかかわらず、別離から一年半近い今、パメラの記憶はいまだに彼の心の中で生きていた。セアラとウィンストンに再会したことが、エイヴレルにパメラとの思い出を呼び起こしただけではなく、パメラの他の愛人フレッド〔フレデリックの愛称〕・アンダソンとピーター・ポータルの二人も、ヤルタに軍の代表団の一員として到着していたのだ。

キャシーは、彼女の親友に対する父親の恋心がまだ続いていることに、十分気が付いていた。彼女は、パメラへの手紙の中で、その情事について何もあからさまな言及をしなかったし、めったにそれを匂わせたりもしなかった。だがヤルタからの彼女の一回目の手紙の最後に、彼女は、クリミアへ出発する直前に父親と持った、また別の夜更けの会話について記した。いつものように、エイヴレルが、ふつうは、抑えている彼の個人的な感情のもつれを、何もいとわずに吐露するのはこうした深夜のことだった。「ある晩、エイヴィ〔エイヴレルの愛称〕と私は夜更けまで起きていて、何時間も何時間も、あなたと彼とマリーについて話しました」[*95]とパメラにしたためた。「彼は、いずれにしても、考えていることを口に出して言ったのですけれど、言うまでもないけれど、どこにもたどり着かなかったの。戦争が続いて、生活が定まらない間は、彼は決断を下せなかったのです」。彼女の父親の情事は、一見他の何千もの情事と同様に、有事の一時的な浮気のようだったが、終わったとは到底言えなかったのだ。

第七章　一九四五年二月三日

エイヴレル・ハリマンが内々の会議を夜遅くまで行っていた間、リヴァディア宮殿ではアナ・ローズヴェルトが、長く広い廊下を歩いていた。磨かれた寄木細工の床を打つ彼女の足音が響いた。[*1]父親が眠っている間に、父親の長年の友人で顧問のハリー・ホプキンズを訪問するところだった。

アナはホプキンズがとりわけ好きだったことはなく、特に今は、彼に対して苛立っていた。ディナーの後で、エドワード・ステティニアスはアナを探し出した。ステティニアスは、翌日の準備について相談するため、病んでいる大統領特別顧問の部屋に行くのは自分の責務と考えていた。[*2]ホプキンズより大統領の政策の詳細を知っている人間は誰もいなかった――国務長官や大統領自身よりもよく知っていたのだ。二人で話し合っている間に、ステティニアスは、ホプキンズの部屋にある、アナのスコッチのボトルに気が付き、奪回した。今、彼はそれをアナに返却した――中身は幾分減っていたが。

スコッチのことは別にして、ステティニアスは、ホプキンズのことを心配している、[*3]とアナに打ち明けた。ハリーは本当に具合がよくなかった。彼は過去二四時間具合が悪く、回復の兆しが全く見えないのだ。スコッチは役に立たなかったのだ。ホプキンズが一晩で目覚ましく回復しなければ、彼は一連の会議に出席できる状態ではないだろう。これは問題だった。ローズヴェルトは、国際平和機関に関連する案件を手助けするスタッフとして、ほんの少数の国務省の専門家しかヤルタに連れてこなかったのだ――欧州情勢局からはＨ・フリーマン・マシューズのみ、ステティニアスの特別補佐のワイルダー・フット、そしてあまり名は知られていないが、期待の星のアルジャー・ヒスだった。FDRが、欧州・極東問題局の次官補のジミー・ダンの採用を拒否したので、ヒスは後から一行に選ばれた追加人員だった。ローズヴェルトはワシントンで最も保守的な性向のある国務省に特に好感を持ったことがなかったのだ。ホプキンズは国務省の役人たちを「オールドミスたち《オールド・メイズ》」、「女々しい奴ら《クッキープッシャーズ》」、「柔弱な奴ら《パンジーズ》」と呼んだが、[*4] 特にダンは、それらのありきたりの役人たち以上に、ローズヴェルトの怒りを買ったのだ。ダンは、ヨーロッパや日本の外交政策の最も優れた専門家の一人で、クレムリンの下心について深く疑問を持っていたのだ。「私は、ジミー・ダンを連れて行かないよ」[*5] とローズヴェルトはステティニアスに言い張った。「あいつはすべて台なしにしてしまうぞ」。

ステティニアスは、国務長官になってまだわずか二ヶ月で、是が非でも助けを必要としていた。ヒスはあらゆるアメリカ人の魅力を備えた若い男で、フランク・シナトラと蝶ネクタイを見せびらかすハンサムな若い教授を異種交配したようだった。彼は、ハーヴァード・ロースクールの卒業生で最高裁判所判事〔陪席裁判官〕のオリヴァー・ウェンデル・ホームズ・ジュニアの元法律書記官だった。彼はまた、ウッドロウ・ウィルソン大統領の義理の息子のために仕事をした。ステティニアスは、彼が一行の強力な助っ人となると思い込んでしまった。しかし、これらの男たちの誰もホプキンズのように大統領に影響を与えられなかった。また、ローズヴェルトは、外交政策における重要な手段として、自身のカリスマ的な力を無際限に信じていたが、それが大統領の判断を誤らせる恐れがあった時、それとなく大統領を動かして、ソ連政府との議論を生産的な進路に戻らせることは誰もできなかった。

そこで今、二日間きちんと睡眠がとれていないという事実にもかかわらず、[*6] アナは、ホプキンズを「プリマドンナ」[*7]〔気位が高く独善的な人のこと〕のような人物と考えていたので、自分で彼の身体の状態を見るために廊下を勢いよく歩いて行ったのだ。

リヴァディア宮殿の薄暗い夕方の暗影の中ですら、ハリー・ホプキンズを見た人は誰も、ステティニアスは大げさではなかったと理解したろう。一晩の飛行と長い車でのドライブは誰にとっても心地よいものではなかったが、ホプキンズほど惨めな旅をした人間はいなかった。大統領の長年にわたる特別顧問は、一九三九年に胃癌の診断が下されて、胃の四分の三を切除して以来、深刻な消化の問題を抱えていた。食物を消化できず、栄養分をきちんと吸収できずに、特に消化に悪い食べ物を食べたりアルコールを飲んだ後は、彼は頻繁に立て続けに下痢をしたのだ。一月二一日以来、ローズヴェルトのために、ホプキンズは出張旅行をしてきていた。彼はまず首相訪問のためにロンドンへ飛び、そして自由フランス〔ナチス・ドイツによるフランス占領に反対し、レイノー内閣の陸軍次官だったド・ゴールが亡命して、ロンドンで結成した亡命政権〕のリーダーのシャルル・ド・ゴール、そして教皇とさらに会合をするためにパリ、ローマへと出張の旅を続けたのだった。最終的に彼は同僚たちとマルタで落ち合った。クリミアへ行く途中、繰り返し発症するひどい苦痛の発作に耐えていた。アメリカ代表団がサーキに到着する頃までには、彼はとてもひどい状態であったため、ステティニアスは、みじめな状態で大統領を待ち受けさせるよりも、彼を先にリヴァディア宮殿に送ったのだ。*8

あるジャーナリストはかつて、ホプキンズの容姿を、「辛い一日を終えた栄養不良の馬」になぞらえたことがあったが、彼は、今、寝具に包《くる》まって、とりわけ弱々しく、青白い顔をしていた。*9 グリネル・カレッジ〔アイオワ州グリネルにある名門のリベラルアーツ・カレッジ。一八四六年の創立時には、アイオワ・カレッジと称したが、一九〇九年のグリネル移転と共に改称〕のクラスメートたちに「やせっぽち《スキニー》」とニックネーム*10を付けられるほど、彼は常に痩せていた。最近では、ほとんど骸骨のようだった。彼の頬はたるみ、薄い茶色の髪は後退していた。[11] 体重がひどく減っていたので、眼球《まなこ》は頭に対して異様に大きく、下に長い下着を重ね着していても、彼はストライプ柄のぶかぶかのパジャマの中で、体が泳いでいた。[12] 彼が生きているという事実は医師の予測に対する挑戦だった。癌という診断の後、医師たちは彼にあと数週間の命と伝えたのだが、血漿注入〔血漿とは、血液から血球を除去した成分で、栄養素、酸素などの運搬に効果がある〕、メイヨー・クリニックへの定期的通院、そして全くの意志力のおかげで、さらに五年も生き延びたのだ。もし彼が今にも倒れそうな馬車馬のように見えたのなら、おそらく彼の精神力がいまだ彼を驚くようなペースで前へ前へと駆り立てていたからだ。彼は戦争中ずっと、ローズヴェルトの脚として、ロンドン、モスクワ、パリ、そしてローマへと出張していた。戦争が続く限り、単に忙しすぎて死ねなかったのだ。だが、一月、ワシントンを出発する二日前に、ついに彼は素直に、この旅行中、自分は死ぬのかもしれないという現実に向き合った。彼は、一二歳の娘のダイアナに手紙を書いた。父親にもしものことがあったならば、エリノア・ローズヴェルトがダイアナの後見人になって、ダイアナが確実に「立派な教育と……多少の金を受け取るように」[13] 見届けてくれる、と記したのだ。彼はまた、遺言で残すべき資産などほとんどなかったのだが、娘に彼の遺言書のコピーを渡した。

　アナがホプキンズの部屋に着いた時、彼女は彼が「やきもき」[14] しているのに気付いた。具合が悪くベッドに横になっていたので、彼は、過去四八時間について思いめぐらす時間が十分にあったのだ。そして、自分はこれまでの経過に全く満足していない、と確信したのだ。ロンドンでは、彼は、チャーチルと数日間過ごし、会談のための案をめぐって、ロンドンとワシントンの間で交わされた、[15] 結論の曖昧な、そっけないやり取りの後で、英米の結びつきの強さについて首相が抱いた疑念はなんでもなだめたのである。しかし、ホプキンズの努力は無駄に終わったようだった。大統領と社会的立場上会う以外は、チャーチルと会うのを拒否することで、大統領はホプキンズが関係修復のために特派された親善の価値を減じたばかりでなく、同時に、たった一日で、長年仕えてきた彼の顧問としての信頼性を傷つけたのだ。ホプキンズの訪問は、かつては、FDRの正真正銘の強い関心の印だった。FDRは、パールハーバー攻撃の結果を受けて、ホプキンズをロンドンへ送り、チャーチルと面会させた。当時、ホプキンズは大統領自身の延長だったのだ。今、彼の言葉に何の価値があるだろうか。

ほぼ一五年の間、ローズヴェルトとホプキンズは切っても切れない関係にあった。ローズヴェルトは、ニューヨーク州の特権階級の出身だが、ホプキンズは、アイオワ州出身の無名の人だった。ワシントンのエリートの多くは、ホプキンズをいぶかしがった。[*16] ラスプーチンがアレクサンドラ皇后を魅了したようにホプキンズは大統領にどうにか魔法をかけたのだと。そして彼らの相違にもかかわらず、二人の男たちは大恐慌〔一九二九年一〇月二四日のウォール街の株価大暴落に始まり、一九三〇年代後半まで続いた世界規模の深刻な恐慌〕の後のより進歩的なアメリカに対して共有するビジョンによって結ばれていた。[*17] 彼らの関係は、ローズヴェルトがニューヨーク知事で、ホプキンズがFDRの緊急救済局〔TERA〕委員会に名を連ねた一九三一年までさかのぼる〔TERAでの働きが知事のローズヴェルトに評価され、側近として活躍するきっかけとなった〕。ホプキンズは、ローズヴェルトに付き従ってワシントンへ行った。彼は、ニューディールの主要行政官として、やがてFDR政権の商務長官〔一九三八年一二月から一九四〇年九月〕として、様々な役割を果たした。ホプキンズの二度目の妻、バーバラが一九三七年に乳癌で亡くなると、二人の男たちはさらに親しくなった。バーバラの死によってホプキンズは当時五歳のダイアナを自分で育てることになり、また離婚に至った最初の結婚での三人の息子たち——二三歳、一六歳と一二歳——を養うことになった。一九四〇年、ホプキンズがFDRの特別顧問になるために商務長官の職を辞した時、ローズヴェルトは、彼に、幼いダイアナと一緒にホワイトハウスに越して来ないかと誘った。娘の世話をする乳母たちがいる上、伴侶となる妻もいなかったので、特別顧問はずっとFDRに付き添い、ほとんど全身全霊でといえるほど彼に身を捧げていた。ローズヴェルトの書斎で、二人の男たちが会話にどっぷりと浸っている姿が、ほぼ毎晩見られた。

一九四二年に、軋轢《あつれき》は表れ始めた。*18 ホプキンズはマリーとエイヴレル・ハリマンの家での集まりで、ルイーズ・メイシーに出会ったが、彼女は『ハーパーズバザー』〔一八六七年にニューヨークで創刊された最も歴史のある女性ファッション誌〕の魅惑的な編集者だった。彼らは、すぐに恋に落ち、その七月にホワイトハウスでささやかな式を挙げて結婚した。FDRはホプキンズに、新妻と娘とともにホワイトハウス暮らしを続けないかと促した。ホプキンズは結婚に幸福を見出したが、それはボスとの友情に割ける時間を減らすこととなったのだ。ローズヴェルトは、長年の友の一途な献身を当然のこととしていたので、自分がないがしろにされたように感じた。ホプキンズのエリノア・ローズヴェルトとの交友もまた、緊張を帯びた。エリノアは、自分がルイーズを格下に見ている事実を隠しはしなかった。ルイーズは、エリノアが過度な物欲と考えた関心を身に付けていた。ホワイトハウスはホプキンズ新夫人にとって、歓迎される環境とは到底言えなくなった。

一九四三年一二月には、狭い居住スペースはとても気詰まりになったため、ホプキンズ一家は、ジョージタウン〔ポトマック川沿いのワシントンDC北西部。当時、高級住宅地化しつつあった〕のNストリートにある、自分たちの新居へ移った。*19 翌年の間はずっと、ホプキンズは、FDRの特別顧問を続けていたが、二人の男の間には距離が生じた。ある意味、これは驚くほどの不運の結果だったのだ。ルイーズと結婚した〔前の年には〕、ホプキンズは慶事に恵まれたのだが、それと対照をなして、一九四四年の前半は破滅的だったのだ。彼の一番下の息子のスティーヴンが、太平洋で戦死した。時を同じくして、ホプキンズの健康は急激に悪化した。

彼はあまりに具合が悪く、その年の最初の六ヶ月間は療養していた。[20] 最初に、海軍病院に行き、それから、マイアミで日光浴に行き、その後、メイヨー・クリニックに行った――ここで、さらに別の手術をした――そして、最終的に、ウエスト・ヴァージニア州のホワイト・サルファー・スプリングズ〔グリーンブライヤー郡にある一九世紀前半より発展した湯治場・社交場。湿度の高い低地に住む住民が夏に流行する風土病を避けるため宿泊していた〕に行ったのだ。

ホワイトハウスから離れた六ヶ月間がもたらした意図しなかったが必然的な結果は、友情を結ぶ共有体験の喪失だった。過去一〇年間、ホプキンズは大統領の横で重要な事件を目撃してきた。しかし、その六月、ホプキンズはワシントンにあって、ローマにおける連合国の勝利〔四四年六月四日に連合国軍によりローマは解放された〕を祝うことも、あるいはノルマンディ侵攻の前夜にローズヴェルトとともに祈ることもなかったのだ。ローズヴェルトには、意識的に友情を傷つける意図はなかったが、ホプキンズが戻るまでには、他の人物――〔ウィリアム・〕レイヒ海軍大将、戦時動員局長官のジミー・バーンズ、財務長官のヘンリー・モーゲンソー――たちがホプキンズにとって代わり始めていた。また、ローズヴェルトの関心も東に向き始めていた。イギリス帝国の影響力が徐々に弱まるなか、彼は、上昇中のソ連との友好的な関係が戦後の世界秩序の中で開花する、と信じていたからだ。しかし、ホプキンズは懐疑的だった。ソヴィエトとの関係は、ローズヴェルトが期待したほど暖かいものではないかもしれない。彼はまた、チャーチルに対して個人的に大きな尊敬の念を抱き続けていた。イギリスはもはやかつてのように超大国ではないが、英米《アングロアメリカン》の同盟《アライアンス》〔歴史的、民族的、言語的にも繋がりが深い二国同士が相互利益のために結ぶ特別な関係〕の繋がりには、まだ大きな価値があったのだ。

マルタへの船上で、FDRはアナに、ホプキンズを非難するようなコメントをした。[21] 三人の連合国の指導者たちの間で近々開かれると噂されている会談について、ジャーナリストたちとの会話の中で、ホプキンズが自説を論じていた、とＦＤＲは批判したのだ。ホプキンズは、もし尋ねられたとしても、公表しないようにするとしっかり約束していたにもかかわらず、論じたのだ。ローマからの報告では、彼が、次のようなことを述べたと記されていた。彼は、「かつては『まず戦争に勝利しよう』政策の絶対の信奉者だったが、……彼は今、平和をめぐる諸問題は戦争の終結を待たない、と確信している」[22]。さらにまた、連合国が「調査に時間を一〇年費やしたとしても、我々は、地球上に、ヤルタよりひどい場所を見つけることはできなかっただろう」[23]という、感情を傷つけられたチャーチルの痛烈な論駁《ろんばく》を、ホプキンズが意を決してそのまま伝えたこともボスの受けをよくしたとは思えない。

ホプキンズはとても具合が悪く、ヤルタでの最初の晩、ＦＤＲが催した晩餐会に加わらなかったことは、皆にとってとても都合が良かったろう。というのも、ホプキンズは、愛想よく振る舞える気分ではなかったからだ。今、ベッド脇にアナが立っていたので、ホプキンズは、不平不満を長々と述べ始めた。「ＦＤＲは朝、チャーチルに会わなきゃならない」と言い張った。[24]ローズヴェルトは、マルタで、首相との意味のある意見交換をことごとく避けたのかもしれない。だが今、翌日誰かがスターリンに会う前に、ローズヴェルトとチャーチルが何らかの「事前の打ち合わせ」をすることが絶対的に「必要」だ。そうしなければ、イギリスもアメリカも、自らを面倒なことに陥らせることになるのだ。

ホプキンズは、いまだにワシントンで最も発言力のある人々の一人だった。だが、アナはそれほど簡単には納得しなかった。彼女は生まれつき主張の強い人ではなかった。それは彼女が学んで身につけなければならない振る舞いだった。アナが幼かった頃、彼女はしばしば、母親と祖母のセラ・デラノ・ローズヴェルトの間の権力闘争の真ん中にいた。エリノアにとって、母親であることは困難なことだった。そしてセラはエリノアの子育て法を批判し、「あなたのおかあさんは、あなたを生んだだけですよ。おかあさんより、私の方がずっと母親ですからね」[25]と弟のジェイムズに告げさえしたのだ。後に、エリノアが政治の世界で活躍するようになった時、セラは、アナの母親が、アナとではなく政治関係の人々とともに時間を過ごしていることを、常にアナに思い起こさせ、嫉妬心を掻き立てようとした。[26] アナは一六歳になって初めて、自立しなければならないと認識した。そうしなければ、彼女はずっと祖母の「手荒に扱われる人《フットボール》」になってしまっていただろう。[27] 今、アナはその自己主張を発揮した。ホプキンズの長広舌《ちょうこうぜつ》に感情を損なうというよりイライラして、彼女は、父親が、この一ヶ月間、チャーチルをはぐらかすために使っていた方針を用いた。彼女はホプキンズに、そのような会合をもつと、「わがロシアの同朋の間に不信感を生じさせる」[28]と思いませんか、と問うた。

　ホプキンズは全く受け入れなかった。彼はアナの主張を即座に一蹴した。

　そうであるなら、あなたは、エド・ステティニアス、そしてイギリスで彼と同じ立場にあるアンソニー・イーデンを招集できるでしょうと彼女は提案した。[29] 三人で策を練って、ローズヴェルトとチャーチルに報告することができます。きっと、それで十分です。

　ホプキンズは断固として反対した。外相たち同士の会議では十分ではない。文字通り政府の二人のトップが会わねばならないのだ。

　アナは、父親が首相と会わずに済むよう、なぜ自分が懸命に手助けするのか、その理由を認めようとはしなかった。彼女がホプキンズを信頼して理由を打ち明けることを選んだとしても、ひどく具合が悪いうえ、いまだに頑固に仕事に没頭している男は、チャーチルがひどく父を疲労困憊させる、などという考えに少しも同調しないだろう。

　アナがホプキンズの主張をＦＤＲに取り次ぐことを拒否したのは、彼女の父親の健康を守りたいという願い、あるいはスコッチのボトルをめぐるつまらない不平以上の動機に突き動かされてのことだった。レイヒ、バーンズ、そしてモーゲンソーのような男たちが、ホプキンズの後釜として、ＦＤＲの最も親しい腹心という地位を競い合う唯一の人々ではなかった。アナはその地位の穴馬的な候補者だったのだ。一九四三年一二月二一日、ホプキンズがジョージタウンの新居へ引っ越した頃、アナと子供たちは、ローズヴェルト家のハイドパークの屋敷へ、四週間の休暇のためにシアトルからちょうど到着したところだった。[*30]クリスマス休暇を通じてずっと、アナは父親に気配りと世話のシャワーを浴びせ、ホプキンズのいない空虚を満たし始めた。ローズヴェルトは、彼と一緒に座り、共に語り、彼があらゆる面で心地よいように気を配る人間が傍にいて喜んだ。一ヶ月が過ぎたが、彼女はとどまった。そして、大統領がホワイトハウスに戻ると、アナも行き、長年ホプキンズの私的居住領域であった、リンカン・ベッドルームのスイートに引っ越したのだ。それは皮肉なめぐり合わせだった。アナが一五歳の時、ＦＤＲがポリオに罹患した後、当時の彼の首席政治戦略家であったルイス・ハウは、マンハッタンのフランクリンとエリノアの家へ越してきた。[*31]彼らは、アナの部屋をハウに与える決心をしたのだ。その結果、彼女の部屋は、以前は重要ではない客か使用人用に確保してあった、四階の小さな奥の寝室に格下げされた。ハウが亡くなってからほぼ一〇年経つが、アナはようやく復讐を果たしたのだ。彼女の父の政治仲間たちが彼女を立ち退かせる事態があまりにも頻繁に起こりすぎたのだ。三月までに、アナが帰らないことは、明らかとなった。アナはシアトルには戻らなかった。

　その年の間ずっと、ホワイトハウスにおける、そして父親へのアナの影響力は着実に増した。その一方で、ホプキンズは軽んじられるようになった。彼が静養期間から戻ってきた時、アナとホプキンズの関係は、早々と張り詰めたものになった。ホプキンズにすれば、アナは父親を過剰に保護していた。[*32] アナはアナで、ホプキンズの逸脱行為がＦＤＲをイラつかせると、即座に察知した。[*33] そして彼があまりにも健康に気を配らないので、彼の下痢は、自業自得のもたらした惨状なのだと主張した。彼女はまた、ホプキンズのＦＤＲに対する忠誠に疑いを持っていた。ホプキンズは、ロンドンを戦時中訪問していた際に、チャーチルと親密で純粋な友情を育んだ。そしてその関係の深さを彼女は懸念したのだ。彼女はまた、ハリー・ホプキンズは、ＦＤＲを「見捨てる」[*34] 考えで、一九四〇年の大統領選には、彼自身が出馬する考えだったと推測した。

アメリカ代表団が、ヤルタに出発する準備を整えているころ、ローズヴェルトの仲間ばかりでなく、一般市民にも、ホプキンズを犠牲にして、いかにアナが急上昇でその地位を上げたか、そのことが非常に明白になってきた。ＦＤＲの第四期大統領就任式の直前、議論好きのジャーナリストでラジオのコメンテイターのドルー・ピアソン、彼はしばしば国中の新聞の配信コラム「ワシントン・メリーゴーラウンド」にワシントンのエリートについて当惑するような話を派手に書き立てたのだが、次のように記した。「大統領が四期目の戸口に立っている今現在、大統領に一番近い人物は、もはやハリー・ホプキンズではなく……大統領の、魅惑的で、快活な娘のアナ・ベティガーである……彼女は女主人のみならず、父親の女性の腹心であり、友人であり、顧問となったのだ。ますます多くの私的な予約や、ますますの重要な政策にかかわる公式ではないリポートが今、アナの手を通過する。時折、大統領行政府〔大統領に直接報告を行う直属のスタッフからなる組織〕との会話の最中、大統領は受話器を取り上げ、居住区域にいるアナに電話をして……某問題の状況はどうなっているかと彼女に尋ねるのだろう」[*35]。以前は、ホプキンズがローズヴェルトの最初の電話の呼び出し相手だった。一〇年もFDRに制限なしで接近できた男は、今、親友に会うためには、アナを介さねばならなかった。

　肉体的にも政治的にも衰弱していて、ホプキンズはうんざりしてしまった。彼の欲求不満のはけ口は、その一部がアナに集中した。アナは、連合国側のもう一方の雄〔であるソ連〕と対応する際の父親の欠陥のある判断に異議を申し立てなかったからだ。彼女は、FDRに対するホプキンズの苛立ちの、まさに身代わりだったのだ。FDRは、彼が回避したかった困難だが重大な話し合いから彼自身を守る盾として、娘の政治経験のなさを利用した。ホプキンズは、これらの話し合いを持つことは、合衆国の大統領としてのローズヴェルトの義務だと信じていた。

　これほど具合が悪くなければ（そしておそらく少しばかり酔っていなければ）ホプキンズは、控えたのだろうが、代わりに彼はアナに非難をあびせた。「FDRは」と彼は彼女に冷たく皮肉を込めて、「この仕事を求めたのだよ……そうであるなら、彼が好もうと好むまいと、彼はその仕事をやらねばならない」と言い放ったのだ。[*36]

　もし彼が、アナを説得して彼の主張を推し進めることを望むのだったら、ローズヴェルトの大統領としての職に対する責務を問うのは、おそらく数ある中で最悪の方法だった。アナにとって、彼の発言は全く「侮辱的」[*37]だった。精一杯協力するとしても、「朝そのことをFDRと話し合う」ことくらいですと、彼女は彼に言った。彼女はおやすみなさい、と言って、眠りが彼の苦痛を取り除いてくれるに任せた。

　彼女自身の小さな部屋へ戻り、一人きりになったところで、アナはそっけなく交わされたやり取りについて熟考していた。ステティニアスとローズヴェルトの心臓専門医のハワード・ブルーンの二人は、ホプキンズは本当に病気なのだと彼女に話した。そこまでは明らかだった。そして、おそらく、彼の疾病《しっぺい》は肉体のみに留まらないのだろう。「確かに、彼の頭脳にはパッとひらめくことがあるようには見えなかったし、彼の判断力もすこぶる良好とは思えなかった」[*38]と彼女は日記に記した。「あるいはおそらく」と彼女は破壊的な結論を下した。「ハリーがどれほど親英派か、私が全く知らなかっただけかもしれない」。

＊＊＊

リヴァディア宮殿の最後の明りが消されて、アメリカ代表団は待ち望んでいた眠りに就いたため、電報は返電されずにそのまま置かれていた。電報はロンドンの駐英大使のギル・ワイナントからだった。二〇〇〇マイル〔約三二〇〇キロメートル〕離れた所で、会談から締め出されていた男は、同様に脇に追いやられていた人々を擁護するために、最善を尽くしていた。独立国家としてのポーランドの将来は、ヤルタで連合国が直面していた主要な案件の一つだったが、ポーランドからのたった一人の代表者すら会談に招待されていなかった。ワイナントは、その代表者たちと過去四年間ずっと仕事をしてきたので、ロンドンに亡命中の正当なポーランド政府に共感していた。その朝九時三〇分に、彼はヤルタへポーランド首相〔亡命政府第三代首相〕トマシュ・アルチシェフスキの至急電報を打電した。「大統領閣下」とアルチシェフスキはしたためていた。[*39]「現時点では、多くの国家の命運はあなたのお手とチャーチル首相のお手の中にあります。世界中が、これらの重要な議論……の結果、未来の平和のための土台が創造されるだろうと期待しております。そのような平和は、国々に思想と言論の自由をもたらし、それらの国々のために恐怖と欠乏からの自由を保障すべきものです。私は、これらのもろもろの必須の自由は、偉大なアメリカとイギリスの民主主義の側に立ちそれらの実現のために、ひるまずに戦ってきた私たちの国にも与えられるものと信じております」。

一九三九年九月に敵が侵攻して以来、ポーランド人はナチスに対して勇敢に戦ってきていたが、ポーランドが独立国家として存在する権利を否定したかったのは、ナチスだけではなかった。赤軍がベルリンに向かって西に突き進むにつれて、アルチシェフスキは、解放者と思われていた者たちが、ソ連がポーランド人たちを支配下に置こうとしていることに抵抗しているポーランド地下組織の人々を逮捕したり、国外に追放したりしている、という確かな情報を得ていた。ナチスとソ連の間で結ばれたモロトフ＝リッベントロップ不可侵条約は、破られて久しいが、ポーランドには別な現実があるようであり、そこでは、敵同士の間で結ばれた条約がまだ有効で十分機能していたのだ。もし、今、アメリカとイギリスがポーランドの主権を保障しそこなったら、ナチスに対するイギリスの大元の宣戦布告〔一九三九年九月三日。対独宣戦布告〕は、ナチスに対して屈せず戦ったポーランド兵の犠牲同様に、無駄になってしまうだろう。

ポーランド人は幾多の誇るべきものを持っていた。彼らのパイロットは、バトル・オブ・ブリテン〔ドーヴァー海峡とイギリス上空において、ドイツとイギリスの間で、狭義には一九四〇年七月一〇日から一〇月三一日まで戦われた航空戦〕において、王立空軍と共に戦った。そして、彼らなしでは、イギリスはナチスの軍門に下ったかもしれない。モンテ・カッシーノの戦いで勝利した時〔一九四四年一月一七日より五月一九日にかけての戦い。ドイツに防御陣地を築かせない目的でイタリアの岩山モンテ・カッシーノの頂上の修道院を爆破した〕、ポーランド兵たちは英雄的にドイツの防御を攻撃した。解読不可能と思われていたナチスの暗号を解読するうえで、ポーランド人の数学者たちは計り知れないほど寄与した。彼らの地下に潜伏したレジスタンス戦士たちはポーランドに残り、ほぼ確実であった死を前にしても、彼らの意気は衰えなかった。ポーランドの独立国家としての将来は、今、どちらとも決まらず、宙吊り状態だった。彼らのリーダーたちは、自分たちの事を忘れないでほしいと乞う以外、何もできなかった。

第二部

「まるで、ほかのことと比べて
会談が一番重要でないみたいね」

第八章　一九四五年二月四日

チャーチル父娘《おやこ》がヴォロンツォフ宮殿に到着した時、セアラは、それは明らかに奇矯な貴族の趣味には合っていると言い表したかもしれないが、翌朝になって初めて、建築様式の寄せ集めが混在した建物の全体像を知ることができた。宮殿は、まるで二つの全く異なった建物――スコットランド人貴族の館とデリーのジャーマー・マスジド・モスク〔インドのオールドデリーにあるイスラム教寺院。寺院は東西の世界の融合を表しているといわれる〕――を、それぞれ大型トラックに載せ、高速で両者を衝突させたかのようだった。[*1] しかし、イスラム様式の宮殿の裏側からの眺めは印象的で、誇るに足るものだった。広々としたベランダは幅の広い石造りの階段となり、階段は灌木で覆われた坂を下って、下のテラスへと続いていた。さらに下方には、黒海の波が打ち寄せていた。

宮殿の奇妙な設計と山に囲まれた立地は、明らかに訪問者に強い印象を与えるために選ばれたのだが、セアラは、周囲に何か尋常ではないものを感じ取った。「確かに眺望や谷はあります」と彼女は故郷の母親にしたためた。「でも、景色全体は、どちらかというと、ありとあらゆる美質を備えながら、魅力のない、人を感動させる力のない女性に似ているのです」[*2]。彼女は、暖かな冬の日差しの中でも、ぬっと大きな姿を現している山々やごつごつした危険そうな岩々が「威圧的で不吉だ」と感じたのだ。「あらゆるものが大きすぎて、飲み込まれそうな感じなのです」と彼女はクレメンタインに言い表した。「私は好きになれません」。

黒海沿岸の美しさに何か好ましくないものを感じ取ったのは、セアラが初めてではなかった。一時期ヤルタに滞在したことのあるアントン・チェーホフが、半世紀近く前に、その短編『犬を連れた奥さん』（一八九九年）で書いたように、ヤルタは、昔からずっと、「つかの間のはかない情事、見知らぬ婦人とのロマンスの……成就」[*3]の伝説を連想させた。だが、伝説のひそかな逢瀬や秘めた情熱は、海岸沿いの庭を包む不安感、ぼんやりとした不安感を覆い隠す、蜃気楼に過ぎなかったのだ。「町はその糸杉の木立ともども、まさに死にはてたようなたたずまいをしていた」と劇作家は不思議と私心を交えずに書いた。「そしてはるか下の方から聞こえてくる、海の単調で、空疎なざわめき」は「我々を待つ永遠の眠り」を思い出させたのだ。チェーホフによって、また、現在、セアラによって感知された不安、まさに触知できそうな不安は、おそらく、黒海そのものから生じたものだった。それは、機雷でいっぱいであることに加え、海底を覆う、硫黄を含む黒い泥のせいで、ほとんど生き物のいない海だった。

セアラが、ヴォロンツォフでは人を不安にする力がはたらいていることに思いを巡らしていた時、キャスリーンとアナはもっと差し迫った問題に直面していた。それは、リヴァディア宮殿の庭で二人を尋問する、武装したソヴィエトの警備兵たちだった。会談に至る数日前、アメリカ海軍先遣隊は、ヤルタへ向かうすべてのアメリカ人派遣員に、「全般的状況報告」を支給した。先遣隊は、何はさておき、「ソヴィエト連邦に滞在中はずっと、ソヴィエト政府の客人である」[*4]ことを全員に銘記させた。その但し書きを述べた後、「報告」は続いて、多くの有益な事実を列挙した。例えば、ルーブル（一三世紀以降のロシア帝国やソヴィエト連邦の貨幣単位の一つ）との為替レート、どこに行けば機密にかかわる文書を処分する焼却炉を見つけられるか、どこでビールを買えるか因みに――酒保が開いているのは、正午から午後二時まで、そして午後五時から七時までのみで、その間に入手可。最も重要なことは、文書がソヴィエトの警備部門がどのような応対をするか、派遣員たちに助言していた点だった。リヴァディア宮殿構内のいたるところに、多数の武装した歩哨が配置されているだろう。階級が何であろうと、用事がどんなに急を要するものであろうと、関係ない。「ダクメーント（documente）」〔書類〕とか「プロープスク（proposk）」〔通行証・入構証〕とか「ブマーギ（bumagy）」〔身分証明書〕などと言われ、旅券などの書類の提示を求められたら、どんなことがあっても、アメリカ人は「警備兵を押しのけて、通ろう」としてはならない。警備兵は「厳しく命令」されているので、直ちに書類を差し出すべきである（ただし、これらの「厳しい命令」がどのようなものであるか、特定してはいなかった）。さらに、アメリカ人は、たとえ親切心からであろうと、歩哨たちにタバコ、キャンディ、あるいは他の贈り物をしてはならないし、歩哨たちの写真を撮ろうとしてはならない。これらの忠告に従わないと、「きわめて危険なこと」になりうる。とりわけ、気の毒な歩哨たちにとって、危険である。彼らは、間違いなく、きわめて重い刑罰を科せられるだろう。

キャシーがアナとブルーン医師（会談の出席者たちのなかで、数少ない四〇歳以下の同僚のうちの一人）を敷地内の散策に誘った時、彼女にそのような忠告の真偽のほどを試してみるつもりはなかった。一方、三人のいる庭園の上手にある宮殿では、最初の本会議を数時間後に控え、ついにFDRは、会談前の討議をするため、サンルームにその助言者たちを集めた。*5 大統領が、以後の数日間にわたって最も議論になりそうな五つの話題〔(1)対独戦の最終段階における英米ソの協力関係の確認、(2)戦後のドイツ対策、(3)ポーランドを含む東欧問題、(4)国際連合の具体化案、(5)ソ連の対日参戦〕について、ハリマン、軍首脳、〔新米の国務長官〕ステティニアス、そして国務省からの二人の副官、フリーマン・

マシューズとアルジャー・ヒスと相談している間、キャシーとアナとブルーンは自分たちが必要とされていないことを承知していた。この空いた時間を利用して、三人は少しばかり運動をするため庭に出たのだった。だが、三人の目論見に邪魔が入った。武装した歩哨たちが、おそらく二五フィート〔約七・六メートル〕ごとに三人を止め、身分証明書を見せるよう求めた。[6] そのたびごとに、三人は緑色のアメリカの身分証明書と白いソヴィエトの通行証を差し出した。[7] その間、キャシーは、私たちは単に朝の散歩をしているだけだと、穏やかにロシア語で説明していた。彼女は、黒い小石の海岸を二人に見せたいので、水際まで案内しようと思っていたが、警備兵にそこは立ち入り禁止区域だと告げられた。それは、時々ではあるが、いまだに海岸へ打ち寄せられる機雷のためだという側面もあったろう。[8] だが、言い訳としては薄弱なものに思えた。そもそも、何ら明確な理由もなく、三人はヤルタの村へ入ることもできなかった。三人のアメリカ人は本質的に閉じ込められていた――大きな、風通しのよい、快適な場所にではあるが、閉じ込められていたことに変わりはなかった。それでも、少なくとも宮殿の敷地周辺には見るべきものがたくさんあった。皇后の私室へ通じるラスプーチンの階段もそのひとつで、キャシーは二人にそのことを是が非でも話してあげるつもりだった。アメリカの代表団員たちは、現在、皇后の寝室を兵員用宿舎として使用しているキング海軍大将を、そのことでからかって、ことのほか愉快がっていた。[9] 海軍大将は「カミツキガメ」[10] としての性格を多分に有していたので、彼がこの冗談をことのほか面白いと思っていなかったことは確かだったが。

　昨晩、二人のアメリカ人女性は食事を共にしたのだが、敷地内の散歩がお互いを知り合う最初の機会となった。キャシーは、アナがヤルタに来てくれたのがうれしかった。どんなにエイヴレルが彼女を引き入れたがっていたとしても、首相の娘〔セアラ〕を差し置いて、単なる大使の娘が女主人役を務めるのは適切ではなかっただろう。しかし、アナが代表団の一員だったので、キャシーもまた、「〔世紀の〕ショウに参加し滞在[*11]」できたのだ。これまでのところ、ショウも役者も、とりわけ主役は、彼女を失望させるものではなかった。ローズヴェルトは疲れ切っていたが、夕食の間、テーブルについた賞賛者たちを前にすると、息を吹き返した。キャシーは姉に、FDRは「とても魅力的で、素晴らしいユーモアのセンスがあり、話しかけやすい」と書き送った。アナは、明らかに父親譲りの社交的な物腰を備えていた。キャシーは、三人の子供を持つ三八歳の母親は「とてもいい人[*12]」だ、と考えた。傍に女性の友人がいたことは何かしらほっとすることだったに違いなかった。とりわけ、その女性が、彼女と同じ言語を話し、他国の大使の、一〇代の成熟しきらない娘でもなければ、アメリカ人記者に金で雇われた連れでもなかった場合は。アナはキャシーに、ランドルフ・チャーチルが思いがけなくマルタにやってきた話[*13]の顛末を語ったので、ほとんどすぐさまと言っていいくらい、たちどころにキャシーはアナが好きになった。キャシーはためらうことなく、そのニュースを手紙で中継し、パムに送った。

キャシーには気づかれなかったが、アナは新しい友人の厚情に報いたわけではなかった。彼女らが知り合って一八時間も経っていなかったが、宮殿の敷地を案内してくれていた、落ち着き払った大使の娘に対し、アナは確固とした評価をすでに下していた。「私はキャスリーンが好きですが、セアラほどではありません[*14]」とアナは夫に書き送った。「前者はとても自己過信で、私からすると、人格の温かみに欠けます」。

それは、知り合ってほんの間もないのに下したにしては、きつい評価だった。恐らく、それは、キャシーの性格というより、アナの不安感を示すものだった。客観的に見れば、武装したソヴィエトの警備兵たちと向かい合っている、美しく、有能で、利発な女性には羨むべきものが多くあった。ローズヴェルト家はアメリカ史上名だたる上流階級だったが、ハリマン家は二〇世紀における、アメリカの物おじしない豪胆さを体現していた。それは、三世代にわたって、ローズヴェルト家にとって癪《しゃく》に障る資質だった。彼女の父と祖父同様、キャシーは独立心が旺盛で、ずばりとものを言う性格であることに疑いの余地はなく、挑むことすべてに成功しているように見えた。モスクワに到着して間もないころ、キャシーは「モスクワスラローム《回転競技》選手権」[*15]で競う決心をした。かつて、彼女は一九四〇年冬季オリンピックの合衆国スキーチームの候補と考えられたこともあったが、大会は戦争のため最終的に中止となった。そうではあったが、レーニン・ヒルズで、易しい滑降を数度したことは別として、一九四一年にロンドンに向かって出発して以来、彼女は一度もスキーを履いたことがなかった。彼女は自分自身の装備を持っていなかったし、適切な服もなかった。成人男性用のサイズの、だぶだぶの合衆国海軍用スエットシャツを借りて身に着け、履き古したスキーパンツをピンでとめて履き、ソヴィエト連邦の最高の女子スキー選手の参加者全員を相手に、三位に入った。ソ連スキー選手の多くは赤軍に所属していたのだ。

　比べてみると、アナは一〇代のころ以来、自信がなくて、もがいてきた。自信のなさは、彼女が母と共有する特質だった。アナは、昨年の春、ホワイトハウスへ引っ越した時、母がのけ者にされたと感じないよう、事前に母の了解を取っておく必要があると感じた。[*16]だが、より重要であったのは、キャシーと比べ、アナが部外者だったことだ。彼女は一一歳年上で、おまけに大統領の娘だったのだが、アナは新参者だった。ロンドンとモスクワで顔を合わせたことがあったため、連合国三国の代表団の上級職にある者のほとんどがすでにキャシーを知っていて、彼女の賞賛者だった。当然ながら彼らはキャシーを会談における最高位の女性として、彼女に一目置いていた。会談における最高位の女性という栄誉は、外交儀礼に従えば、アナのものであるべきだった。だれにも悪意があったわけではないが、アナにとり、これは最初にして、おそらく最後の主役の座を占める好機だったのだ。彼女は、いつも兄弟たち、母、祖母、そして政治上の顧問たちの長い列の後ろに立って、とても辛抱強く待っていた。そして、それにもかかわらず、家族、父の内輪の仲間たち、そしてなによりFDR自身に認められたという証を渇望し、その証をもらいたいと長い間待っていたのに、彼女の星よりずっと明るく輝く星をもつ第三者が現れたのだ。

ハリー・ホプキンズという思ってもみない情報源から、キャシーに関する有用な特ダネを得られたのはちょっとした慰めだった。その朝、FDRの状態を見に入室する前、彼女はホプキンズの部屋に取って返した。アナは、昨晩の彼とのやり取りで、後味の悪かったことが気がかりで、問題点を調整しておく必要があると悟ったのだ。明らかにホプキンズは、彼女が「FDRの労を省いてあげよう」[*17]として、やり過ぎていると考えていた。彼女が彼女の経験の枠外の仕事にしゃしゃり出ようとしていると彼に思わせるより、今、彼女は「[そちらの]方面にも」、彼女の「お世辞を使って相手を調子に乗せるやり口を広げよう」と決心した。

幸いにも、ホプキンズは落ち着きを取り戻し、二人の間の緊張緩和を目論んで、彼女の歩み寄りに愛想よく応じているように思えた。[*18]彼女を敵に回すより、味方にする方が有利だとの認識に達して、美しく才能にあふれたハリマン嬢のちょっとしたゴシップを提供するという形で、彼もまた仲直りのプレゼントを差し出したのだ。「ハリーが私に言うには、一年半か二年前、彼女とF・ジュニアという人［アナの弟のフランクリン・デラノ・ローズヴェルト・ジュニア］は深刻な恋愛事件を起こしました」[19]と、アナはジョンに書き送った。豊かな暗いブロンドの髪と、とてつもない笑顔の持ち主の、フランクリン・ジュニアは、ローズヴェルト家の四人の兄弟のなかで、飛びぬけてハンサムであり、（そして、顎が〔FDRに〕似ているただ一人の兄弟だった）。彼はまた女相続人のエセル・デュポン〔デュポン社初代社長の孫〕と結婚していた。ハリーがアナに語ったことによれば、キャシーとフランクのつかの間の、パンチ酒で燃えあがった浮気は、ハリマン父娘がロンドンに本拠をおいていたころ、おそらく一九四二年六月、フランク〔フランクリン・ジュニアの愛称〕が海軍の用事でロンドンを経由した際、生じた。[20]情事は、単なるバカげたゴシップではなかった。ハリーは「二人の間の手紙を届ける運び屋の役目をしていた」[21]ので、それが本当のことだと知っていたのだった。おそらくキャシーは、人にそう思ってもらいたいと望んでいたほど品行方正でもないし、率直でもなかったのだ。

キャシーは二人を連れて庭を案内している間、アナが自分をどう思っているのか、気づかなかった。たとえ、アナが自分にひどく好印象を抱いているわけではないと、彼女が感じ取ったとしても、おそらく彼女は気にかけなかったろう。ロンドン時代に戻ってのことだが、次のようなことがあったのだ。国際通信社〔INS〕にアイネズ・ラブ〔一九三〇年代後期には、最も高額の報酬を支払われた女性リポーターの一人で、シンジケートのコラムを持ち、戦争特派員としても活躍〕という記者仲間がいた。彼女は、キャシーと二度しか会ったことがなかったのだが、キャシーが大嫌いだと断じた。アイネズは、キャシーが彼女の記事を盗もうとしていると確信して、何度も彼女を解雇させようとしたのだ。アイネズの芝居がかった振る舞いにもかかわらず、キャシーは動じなかった。キャシーは、「女性はねたみ深いものだと思っていますが、私にはまったく馬鹿げたことにみえます」[22]と、姉に書き送った。

第九章　一九四五年二月四日

サーキ飛行場で、モロトフはチャーチルとローズヴェルトにスターリンはまだクリミアに来ていないと告げたが、彼は二人に嘘をついていた。ソヴィエトの書記長は装甲列車ですでにモスクワから到着していて、コレイズ館に無事おさまっていた。館は、最近、何ヶ所か修繕を受けていた。ラヴレンチー・ベリヤの油断ない監視のもと、労務者たちは防空壕を建設した。[*1] それは二メートルの厚さを持つコンクリート製の天井を備え、五〇〇キロの爆薬の直撃弾にも耐ええた。[*2] モロトフからの電話による最新情報によって、スターリンは、コレイズ館から、彼の同盟者たちの到着を注意深く見守っていた。彼はまた、幾人もの医師を秘密裏にサーキに派遣していた。[*3] 医師たちの任務は、傍観者的な立場からFDRを観察し、大統領の健康の衰えに関する噂を信じてよいものか、報告することだった。彼らは肯定的な報告をした。

その午後、彼への訪問者たちが夜の眠りに就き、それぞれの居館に落ち着いた後、人目を避けていたスターリンはついに姿を現し、首相を歓迎するため、ヴォロンツォフ宮殿を訪問することで行動を開始しようと決心した。イギリスの代表団は、スターリンが三時に到着するものと考えていた。まだ数分、時間があるだろうと考え、セアラはさっぱりするため自室に駆け込んだ。[*4] だが、西洋人たちを動転させようと決めてかかったかのように、スターリンは早めに到着した。イギリスの代表団員たちは彼を迎えるため、ロビーにまだ集まりきっていなかった。セアラは彼の入館にまったく間に合わなかった。ウィンストンはかろうじて間に合った。

スターリンのチャーチル訪問は主として社交的なものであり、書記長は単にホスト役の務めを果たしたに過ぎなかった。彼は正式にイギリス政府のクリミア半島への訪問を歓迎した。訪問の最中、チャーチルはスターリンに彼が大切にしているマップルーム〔作戦室。各戦線の状況を表示する地図が掲示された戦況報告室で、戦争の指揮がとられ、重要な決定がなされた〕を見せた。それは動く司令室で、そこからチャーチルは戦況を見守ることができた。元のマップルームは内閣の作戦本部室の一部で、ホワイトホール〔ロンドン中心部にある大通りで、中央官庁が立ち並ぶ〕の大蔵省の建物の地下深く、秘密の掩蔽壕《えんぺいごう》〔銃撃、爆撃から人や航空機を守るため地下などに建設される施設〕のなかにあり、ナチスの爆弾の爆発から守られていた。チャーチルのスタッフは、首相が旅に出た時、移動式の小型のマップルームを作り上げた。このようにして、旅行中でも、首相は連合国軍の進行の状況をたどり続けることができた。チャーチルが地図を見せびらかしている間、二人の男は、ドイツにおける全般的な戦況について、「心地よい議論」[*5]を交わした。そのドイツでは、国防軍の力が急速に衰えていた。だが、二人は、政治色のより濃い話題については、事実上触れるのを避けた。半時間後、スターリンは暇を告げ、二つ目の、より重要な会合に向かって、車を走らせた。

社交上の訪問という体裁になってはいたが、ハリマンがモロトフとともに手配した、リヴァディア宮殿におけるローズヴェルトとスターリンとの午後四時の会合は全く異なる様相を呈していた。スターリンは会合に、外務大臣のヴャチェスラフ・モロトフと通訳のウラジーミル・パヴロフを連れてきていたが、ローズヴェルトは、ハリマンあるいは国務長官を含めないことに決め、通訳としてチャップ・ボーレンだけを伴ってきた。[*6]ローズヴェルトがチャーチルに語ったように、彼は自分がスターリンと強い個人的な絆を持っていると信じており、国務省の人間に邪魔されたくなかったのだ。

チャーチル同様、ローズヴェルトにもスターリンと話すべき、いくつかの全般的な軍事関係の問題があったが、彼はそのような細かな事柄は午後五時の会合に残しておくことにした。午後五時の会合には三国の統合参謀本部も出席することになっていた。その代わり、ローズヴェルトは、ソヴィエトの指導者との二人だけの会見を、別な議題《アジェンダ》について検討するために用いたいと考えていた。チャーチルはすでに戦後の世界を見据え、ソヴィエト連邦から幽霊〔『共産党宣言』の冒頭の一節「ヨーロッパに幽霊が出る――」と書かれた共産主義という幽霊〕が出現するのを想定していたが、一方、ローズヴェルトは、西側連合国とソヴィエト連邦は共通の敵と対峙することによって結びついている、そのことを忘れていなかったのだ。彼は今も、スターリンにアメリカとソヴィエトとを結びつけ続けている力を思い起こさせるため、あの敵に注意を向けた。ヤルタへ向かう車中でのローズヴェルトのアナへの告白――クリミア半島における破壊を見て、ドイツに対する殺気が今まで以上に高まった――は、彼がスターリンに述べようとしていたことのリハーサルだったのだ。実際、彼はスターリンにほぼ同じ言葉を繰り返した。さらに、スターリンが再度「ドイツ陸軍の五万人の士官の処刑のために乾杯の音頭をとってくれる」[7]よう望んでいる、とつけ加えたのだ。これは、スターリンがテヘランで述べた、ドイツの上級指揮権を持つ、上位五万人の士官を処刑する、という発言に言及したものだった。チャーチルは、加害者がどのように悪逆であろうとも、そのような大量殺人には反対であると、大声で述べた。その当時、スターリンは単なる冗談だと言い張ったが、チャーチルは、「すべて他愛もない冗談であって、その裏に何ら真面目な意図を隠していないと言うが、それで納得した」[8]わけでは決してなかった。

それとなくスターリンにチャーチルの反対を思い起こさせつつ、言葉を強めて共通の敵がだれであるかを改めてはっきりさせた後、ローズヴェルトは続けて、自分はこれから「不注意ともとられかねないこと」[*9]を言おうと思っている、と明かした。それは首相〔チャーチル〕が同席していたら、言いたくないことだと。ローズヴェルトはスターリンに、イギリス人は「おかしな人たちで、食べたケーキを手元に残そうとしている」〔You can't have your cake and eat it too. ということわざが下敷きになっている。ケーキは食べたらなくなるのが常識〕と語った。この二年間、彼らはアメリカ人を説得して、将来予想されるドイツの攻撃に対する垣根＝防御手段として「フランスを人工的に強国に［仕立て］上げる（artificially［build］up）」仕事をさせようとし続けてきた。戦争が終わって、アメリカ人が国へ帰ってしまえば、イギリスはフランスに対する「政治的支配」を再開するだろう。イギリスがこれを実現しようとする方法の一つは、戦後ドイツに、占領管理地区《ゾーン》をフランスのために確保することで、イギリスはその地区《ゾーン》をすぐさま支配下に置くだろう、とローズヴェルトは示唆した。一九四〇年、その陸軍が早々と崩壊した後、フランスは戦場でナチスを負かすことにほとんど貢献しなかったので、ローズヴェルトは、彼らが地区《ゾーン》を持つに値するか、確信をもてなかったのだ。彼らに地区《ゾーン》を与える唯一の理由は「親切心から」だ、と彼は冗談を口にした。

スターリンは、戦後ドイツにフランスに管理された地区《ゾーン》を設けるかどうかは慎重に検討すべき課題だとして同意したが、それ以上は踏み込まなかった。五時近くになったので、二人の指導者はそのような感じで会話を締めくくった。彼らは何一つ具体的な協定を結ばなかったが、ローズヴェルトは自分が望んでいたことを成し遂げた。彼はスターリンに重要な合図を送ったのだ。すなわち、今回、アメリカは単純にイギリスときっちり歩調を合わせて進むつもりはない。アメリカとソヴィエトは彼ら抜きで話し合いができる、という合図だった。

＊＊＊

午後五時少し前、三国の代表団が最初の本会議出席のため、リヴァディア宮殿に到着し始めた。それは、続く八日間にわたって予定されている、連合国指導者たちとその顧問たちとの間で行われる、八つの三者会談の最初のものとなるはずだった。小型機関銃で武装したソヴィエトの兵士たちはリヴァディア宮殿の屋根に立っていた。[*10] そして、付近の道路は、ヴォロンツォフ宮殿とコレイズ館からやってくる代表団を除き、他のすべての人々に対し封鎖された。いつも通り、真鍮製のボタンのついた外套を着用した警備の幹部班に囲まれて、スターリンはモロトフとともに到着した。[*11] 三国の代表団の陸海軍の将軍たちがほどなく正面ドアに姿を現し、二本の悲しげな鉢植えの棕櫚の木を闊歩して通り過ぎ、ヨーロッパにおける戦況について最初の議論をするため、文官たちに加わろうと、大広間に入室した。それは、テヘラン会談以来、連合国三国すべての統合参謀が会することになった最初の会談だった。今や、フランス北西部とベルギーにおいて、アルデンヌの森〔のドイツ軍による反攻〕は掃討されたので、ドワイト・D・アイゼンハウアー〔連合軍最高〕司令官指揮のもと、アメリカとイギリスの連合国軍による攻撃が再開され、両連合国軍は西からベルギーへ急速に進攻した。一方、ソヴィエト軍は、ほんの数日前、ドイツの首都から東へ四〇マイル〔約六五キロメートル〕の地点でオーデル川を渡った。ヨーロッパにおける戦争の終結と太平洋における進展について、議論すべき、多くの、厄介な政治的案件があったが、だれもが以下のことに同意していた。すなわち、それぞれの軍がベルリンに向かうにつれて互いに近づいた時、混乱を避けるため、なによりも、連合国の軍指揮官たちは一つにまとまった戦略を実施すること、それが絶対に必要だった。

セアラがウィンストンとともにリヴァディアに到着した時、アナは短い毛皮のコートを着て、最初に彼らを迎えるため、玄関扉のところに陣取っていた。[*12] 父は車椅子に座って中で待っていたので、父の代理としての役目を引き受け、アナは、最初に車から飛び出してきたセアラに、ようこそと挨拶した。それからアナは、まさしく父だったらそうしたに違いないように、首相と固い握手を交わした。彼女はまた、チャーチル父娘《おやこ》のすぐ後に到着したアンソニー・イーデンとも握手した。イギリスの一行は、ソヴィエトやアメリカの一行と比べると少人数だった。ソヴィエトやアメリカの元首たちは、どこに行ってもついて回る、人目を引く警護担当の選抜隊で脇を固められていた。対照的に、チャーチルは警護の一団をともなわず、背広を着て周囲に溶け込んだ二人が付き添っただけだった。[*13] 全員が中に入ると、アナは手招きして、歴史的な会合のスナップ写真を撮っている合同代表取材のカメラマンたちの中に、自分とロバート・ホプキンズと一緒に入らないかと、セアラを誘った。イギリス人二人、アメリカ人一六人、そして三〇人以上のソヴィエトのカメラマンたちが陣取りでもみ合い、彼らのたくフラッシュバルブは指導者たちを撮ろうとするお互いの邪魔になった。[*14] アナはジョンと共有しようと、自分のために数枚スナップを撮った。[*15] 近くでは、キャシーと国務長官のステティニアスとが挨拶を交わしていた。[*16]

一同がコートを脱ぎ、帽子をとり、必要な写真を撮り終わると、代表団は舞踏の間へ入る準備が整った。入室する前に、ウィンストンはセアラのもとへ歩み寄った。なぜなら、彼女は、眉を吊り上げ、希望と心配とが相半ばする様子で、彼を見つめていたからだった。彼は大丈夫だと安心させるため、彼女の腕をぎゅっと握った。[*17] その後、要人たちと代表団員たちは、真っ白に塗り上げられた舞踏の間へ、一列になって進んでいった。そこには、この重要な行事のために運び込まれた巨大な円卓と椅子が用意されていた。カメラマンたちは最後に数枚写真を撮り、その後、巨大な観音開きの扉は閉じられた。会談は正式に始まったのだ。

＊　＊　＊

閉じられた扉の中では、二八人の男たちがテーブルの周りの席についていた。ローズヴェルトの通訳官であるチップ・ボーレンは、グレイの背広と糊のきいた白のワイシャツを身に着け、マラソンにもたとえられる今回の仕事にかかる態勢が整っていた。ボーレンおよびそのイギリスとロシアの同業者にあたるアーサー・バースとウラジーミル・パヴロフは、ある理由から、翻訳者《トランスレイター》ではなく通訳官《インタープリター》と呼ばれていた。[*18] 翻訳が科学であるとすれば、通訳＝解釈は芸術だった。通訳官であるためには、数ヶ国語に通じた人間であると同時に役者であることを要した。その仕事は、単に言葉をひとつの言語から他の言語に置き換えることより、はるかに多くを含んでいた。通訳官たちは意図を翻訳し、声の調子や抑揚を表明されたとおりに合わせ、ある言葉を強調し、他の言葉を最小限度に抑えなければならなかった。彼らは、彼らのボスたちが考えをまとめるため言いよどんでいるのか、あるいは言わんとすることをきわめて明瞭にするため、正確な言葉を探しているのか、あるいはまたわざと不明瞭にしようとしているのか、それとも時間を稼ごうとしているのか、本能的に把握しなければならなかった。しかし、今日の仕事は、ボーレンにとって、マラソンというよりバイアスロンだった。ハリー・ホプキンズが彼に二つ目の仕事を課すことによって、通訳官の仕事ははるかに複雑なものとなったのだ。ホプキンズは意志の力で、会合に間に合うよう、再びベッドから抜け出したのだったが、ＦＤＲが、しばしばきわめて重要な会合の記録をとらないということを、はっと思い出した。[*19] ボーレンは通訳《インタープリット》しなければならないばかりでなく、英語をロシア語に翻訳しながら、公式の会談記録作成の下地となる、おびただしい数のメモも取らなければならない、とホプキンズは主張したのだった。

ボーレンは、双方ともスピードと正確さを必要とする二つの仕事に取りかかる準備をしつつ、用紙と鉛筆を携えて、FDRのすぐ左に着席した。それほど正式でないか、あるいは親睦のための会合であれば、彼は大統領のすぐ後ろに座ったのだろうが、翻訳のためと記録のためのメモをとるには、机が必要であった。おそらくボーレンは気が付かなかったのだろうが、彼がテーブルにつくと、エイヴレル・ハリマンがテーブルにつく席がなくなってしまった。ボーレンが用紙を整理している間、ハリマンは、あたかもまったく気にしないという様子で、無造作に片手をダブルの背広のポケットに突っ込んで、部屋の隅から椅子を引きずってきた。[*20] 彼は、テーブルを囲んで外側の輪を形成する、後ろの列に椅子を置いた。その間、彼と同格のイギリスとソヴィエトの大使であるアーチー〔アーチーボルドの愛称〕・クラーク゠カーとフョードル・グーサフはテーブルに席を取った（ピーター・ポータルは後に、ロンドンを発って以来、彼がパメラに書き綴っていた、ほぼ三〇ページに及ぶ一連の手紙の中で、彼のライバルに関して意地悪く「Aにはおあいにく様[*21]」としたためた）。

スターリンは、テヘランでそうしたように、ローズヴェルトに会談の口火を切ってくれるよう求めた。FDRは快諾した。彼は開口一番、「話し合いが、おのおの考えていることを率直に、自由に話せるよう、形式張らないやり方で行われることが望ましい[*22]」という彼の強い希望を表明した。ローズヴェルトが話し終えると、ボーレンは彼の言葉をロシア語に翻訳した。二倍の時間がかかることになるが、明確さを第一に考え、会談における翻訳は遂次訳《ちくじやく》となっていた。FDRが語った誠実と楽観を示すお告げともいうべき言葉に力を得て、公式の議事は、アントーノフ将軍が東部戦線における、赤軍による最近の目覚ましい成功を分析したことから始まった。お返しに、合衆国陸軍参謀総長であるジョージ・マーシャル将軍が西部戦線における活動状況を総括し、イギリスとアメリカの連合軍は三月一日以降、日を経ずしてライン川を渡るだろうと推算した。スターリンは報告を聞き、喜んだ。そして、マーシャルがイギリスの戦況報告も担当してしまったことに、むっとしているイギリス第一海軍卿〔一七七一年以降、イギリスの海軍武官の最高位〕カニンガム海軍大将を尻目に、チャーチルは会談の雰囲気が「非常に和気あいあいとしている」[*23]と感じた。[*24]続く三時間にわたって、三国の参謀長と政府の元首たちが、ベルリンへの進出に関する技術的、戦略的な諸相を議論していた間、三人の通訳官たちは死に物狂いで任務にあたった。[*25]そのようにして軍参謀たちは、翌日、彼らだけの会議において、連繫計画の個別な細目を整理する用意が整ったと思われる。

　議論が展開している時、スターリンはほとんど口をきかず、ただ短い質問によって、あるいは、例えば、砲兵隊の優越を証明する統計など、ソヴィエトの軍事力の目玉となるものについて、口を挟んだだけだった。会議が休会になる直前、彼は発言したいことがあると身振りで示し、パヴロフが書記長の考えを英語に翻訳する準備を始めるよう促した。スターリンは通訳するのが難しい人間だった。彼は強いグルジアなまりのロシア語を話した。[*26]チャーチルの通訳官であるアーサー・バースによれば、辺鄙なハイランド〔スコットランド北部の県〕出身のスコットランド人が英語を話すようなものだった。スターリンはせっかちで、早くやれと彼の通訳官をしばしばしかりつけた。幸いにして、辱められても、パヴロフは冷静で、自分を抑えたが、今回に限っては、重要な発言をするにあたり、スターリンは行儀がよかった。東部戦線における赤軍の冬期攻勢は、断じて連合国側の強国がテヘランで調印した合意の結果ではない、と彼は言った。そうではなく、それはこの同盟に対するソヴィエトの誠意と献身の意思表示である。スターリンは、そのような発言を行ったのは、「ソヴィエト指導者たちの気構えが形式上の約束を果たすだけにとどまらず、それ以上のこと、自分たちが連合国に対する道徳上の義務と考えていることに則って行動するのだ、という点を強調[27]」したかったからなのだと、断言した。

スターリンの方を向き、一見友好的だが、とげのある言い方で、そのニュアンスを通訳官のバースがとらえてくれることを願いながら、チャーチルは返答した。東部において、冬期攻勢を仕掛けてくれるよう、「イギリスもアメリカもスターリン元帥といかなる協定をも結ぼうとしなかった理由は、スターリンとロシアの人々を信じていたからであり[28]」さらに、「スターリンとロシアの人々は正しいことをしてくれるとあてにできたからです」と述べた。

ボーレンは議事録を取りながら、公式の記録から彼の個人的見解を外しておいた。ヤルタでは、ローズヴェルトの通訳官を務めていたが、ボーレンは実際、国務省において、数は少なかったが、ソヴィエト担当の第一級の専門家の一人であり、一九三〇年代、モスクワのアメリカ大使館で働いていた。ボーレンは、ワシントンにいるほとんど誰よりも、ロシアの人々と政府の中に幅広い接触を持ち、ロシアの言語と文化に対する理解があった。彼は、ローズヴェルトが望んでいたような、「よい感触の時代[29]」がそこまで来ている、との考えに決して納得していなかった。イギリスとアメリカがフランスにおいて第二戦線を張る以前のほぼ三年間、赤軍が東部戦線に向けられたナチスの敵意の矛先を受け止めていたことはその通りだった。しかし、ソヴィエト人民の犠牲はとても利他的といえるものではなかった。スターリンが同盟国への「道徳上の義務」と論じたものに則って行動することが彼の目的と合致するなら、彼はその通り行動しただろう。しかし、それが彼の利益に合致しないとなるや否や、彼は我が道を行くことに躊躇しなかっただろう。

昨晩、ボーレンは、一〇年以上にわたる同僚であり、友人でもあるジョージ・ケナンから厳しい言葉がちりばめられた電報を受け取った。ケナンはモスクワにおけるハリマンの大使代理だった。「私は戦争の現実を知っています、そして……ロシアの戦争遂行のための努力が堂に入って、効果的であり、それゆえ、ある程度、東および中央ヨーロッパにおいて他の国の人々を犠牲にしても、その見返りを見出そうとするにちがいないことを承知しています」[*30] とケナンは書き始めていた。それから、彼は警戒の言葉を述べて、「戦争が進行中の間に、戦後世界の現実が形成されつつあることが明白であるのに、私たちはロシアの膨張に何らかの制限をもうけることを……一貫して拒んできました」と書いていた。彼の見解によれば、赤軍がすでに占領した領土をめぐってソヴィエト指導者たちと交渉しようと努力するのは全く不毛だった、そして、日に日に赤軍は、さらに北へ、西に猛進していた。アメリカ人は、今、ヨーロッパを分断して、自分たちが影響力を及ぼせる領域を定め、そうすることによって、みなの時間とエネルギーを節約した方がよい。ケナンが主張したように、この時点での、領土をめぐる交渉は、「まさに、馬が盗まれてから、厩《うまや》の戸に鍵をかけようとする」[*31] ものだった。

理論的には、ボーレンは不同意ではなかった。大統領が、スターリンとの個人的な関係に関して、楽観的に、かつ無邪気に信じているものが何であろうと、ソヴィエト指導者たちは、西側の同盟国に対し、大きな譲歩をしそうになかった。[*32] しかし、ローズヴェルトは世界で最強の民主主義国の指導者であるので、彼には試みる責務がある、とボーレンは主張した。[*33]

＊　＊　＊

主要な代表団員たちが観音開きの扉の内側に引きこもってしまうと、ほどなくホール《広間》は居心地の悪さを感じさせるほど静かになった。時々、ガラス器を片付けるため、あるいは新しくお茶を給仕するため、ロシア人の使用人、あるいはイギリス外務省から派遣された下役が足音を忍ばせて入室したものだ。[*34] 彼らはとても静かに、注意深く入退室したので、舞踏の間の扉の内側で、病で今にも死にかかっている人を徹夜で看病している者たちを煩わさないよう、気を使っているようだった。

彼女らの父親が協議している間、セアラとキャスリーンは、その夜遅く、本会議に続く晩餐会がお開きになるまでは、自分たちが必要とされないと知っていたので、くつろぐ時間があった。二人の友人は、一九四三年秋以来、会う機会がなかったので、その晩予定されている自分たちだけのディナーを楽しみにしていた。キャシーは「お子様パーティ」[*35]と呼んだが、アナと、例えば、パメラの昔の愛人のひとりであり、その夜の公式の晩餐会に名を連ねていなかった、フレッド・アンダソン将軍など、ロンドン以来の昔からの仲間数人を誘うつもりだった。先遣隊のある者はやりくりして、彼女らのために、二階に映画室を用意してくれさえした。[*36]

その間、アナは、父が信頼する副官であることに由来する、頭痛の種に悩まされ続けていた。二人の若い女性たちが短い休息を楽しんでいる間、アナは「針の筵《むしろ》にすわっていた」[*37]。その晩、FDRは、彼と同格のイギリスとソヴィエトの元首たちのための公式の晩餐会の主人役を務めることになっていた。またしても彼は自分が招待したいと考えている人たちの名が書かれた名簿をアナに渡しそこなったのだ。そして今回は、ソヴィエト人たちが含まれているので、だれか一人でも招待客から漏らすことによって、その人を軽視することになる、そのような事態とならないよう、とりわけ注意しなければならなかった。彼女はキャシーに応援を頼むこともできた。自分より若い、あの女性には、ソヴィエトにおける外交上の晩餐会の込み入ったあれやこれやを切り盛りした、豊富な経験があった。しかし、力は及ばないだろうが、アナは独力で切り抜けるつもりだった。

本会議が始まる前、エイヴレル・ハリマンはアナが晩餐会の招待状のことで頭を悩ませているのに気が付いた。[38] 彼は、このような会合では、晩餐会への招待状をその場で出すのはごく普通のことです、と言って、彼女を安心させた。彼女がFDRを煩わす必要をなくすため、またも、彼は彼女に助力を申し出た。彼は、会談の休憩中に、詳細を詰めて、その後、名前の書いてある名簿を手渡すため、会議室を出て、彼女のところへやってくる、と彼女に告げた。最終的に、およそ三時間半におよぶ議論の末、ほぼ晩餐会が始まると予定されていた時刻であったが、大使は、名簿を手に、観音開きの扉の内側から姿を現した。彼は、席順に関していくつか助言をした後、彼女のもとを後にした。残されたアナと大統領の補佐を務める〔ウィリアム・〕リグドン大尉〔海軍〕は、座席カードに書くため、各招待客の名前の正しい綴りをなんとか見つけ出した。

アナがこれらのカードを作り終えた直後、観音開きの扉が開き、その日の討論を終えて、会談出席者たちがホールにあふれた。彼らは会話をしながらあたりを動き回った。何人かは晩餐会に出席するため、身なりを整えに行った。ちょうどその瞬間、突然、ブルーン医師が緊急の知らせをもって、アナの脇に現れた。アナはただちにジミー・バーンズの部屋に行かなくてはならないということだった。ブルーンはたった今そこから逃れてきたところだが、気の毒なパー・ワトソン、スティーヴ・アーリー、マッキンタイア医師、それにウィルソン・ブラウン海軍少将はまだ足止めされたままだった。バーンズは「癇癪《かんしゃく》を起こし」[39]、FDRの晩餐会に出席するのを拒んでいた。航海中、バーンズが『クインシー』船上でFDRの健康状態について根掘り葉掘り質問したことといい、今回のこのことといい、この男はヤルタにおけるアナの時間を悲惨なものにしようと決めてかかっているようだった。

アナがバーンズの部屋に着いたとき、「癇癪と言うのはまだ穏やかな表現だ」[40]と思った。「彼の目から火が噴き出していた」バーンズは権力をふるうことに慣れていた。サウスキャロライナ州選出の元上院議員であり、短い期間だったが、最高裁判所の陪席判事でもあったバーンズは、戦時動員局長官に就任した。それは、戦争関連の問題に関係する、ほかのすべての政府機関の活動を調整するため、ＦＤＲが一九四三年に創設した、独立した政府機関だった。この役職は、ワシントンにおいて、バーンズに広範囲に及ぶ権力をもたらした。多くの人々は彼のことを「准大統領」〔(Assistant President) 正式な役職ではなく大統領に次ぐような重要な人物を指す呼称〕と呼んだ。最高レベルの戦争関連の会議すべてに顔をだすのが常であったのに、その晩、自分が最初の本会議の会議室の扉の内側にいるべきであるのに、そうでないことに、彼は気が付いた。民間人の参加者数を最小限に抑えれば、スターリンは軍事上の問題点を率直に話しやすくなるだろう、[41]とＦＤＲは思い、それゆえ、バーンズを招かないことにしたのだった。結局のところ、ＦＤＲは気の毒に思い、午後六時に、舞踏の間へ来るよう、彼に伝えた。しかし、アナが推測するに、「件の扉の外で、四五分間、無為に待たされた」[42]後、「誰にも相手にされなかったので」、落胆し、困惑し、かつ、自分と同じ民間人の顧問であるハリー・ホプキンズが会議に同席していることに腹を立て、彼はすねて立ち去った。彼の自尊心に対する、この仕打ちへの報復として、今や彼はＦＤＲの晩餐会に列席することを絶対に拒否した。彼は会談をきっぱり去ると言って、脅しをかけさえした。[43]

　バーンズは、名目上、戦時動員局を代表して、ヤルタに来ていたのだが、ＦＤＲが昔からの友人に同行してほしいと頼んだのは、会談にさらなる威厳をつけるためだった。たれ目で、おどおどした顔つきで、一房の白髪をもつバーンズはローズヴェルトのずっと昔からの盟友であり、端役やエキストラを配給する、撮影所の配役部門からそのまま送られてきたかのような、いかにも熟練した老政治家のように見えた。彼を招待したのは、バーンズに対する慰めであり、一種のご褒美でもあった。というのは、FDRは、一九四四年の大統領選公認候補者名簿で、副大統領候補をヘンリー・ウォレスからハリー・トゥルーマンに替えた際、副大統領候補として、バーンズもはずしたからだった。バーンズが会談に直接寄与することはほとんどないと思っていたので、アナには、彼のがさつな発作的癇癪が全くこっけいなものに思えた。彼女は、父の気を引こうと競っているおべっか使いたちの、この種の些末な挙動を毛嫌いしていた。しかも、バーンズの爆発的立腹は、その日二回目のその種の出来事であった。昼食時、アナは、父と父をうるさく煩わすことのない五人の客を囲む小さな食卓を準備した。[*44]ところが、レイヒ海軍大将が招かれもしないのに突然押し入って、うちわの穏やかな昼食に無骨に割り込み、アナの計画を台無しにしてしまった。アナはすぐさま席を設けた、しかし、レイヒは、最初から招待されなかったので、自分が軽視されたと感じていることを露骨に示した。怒りを覚えつつ、その午後、アナは日記に、自分が「ある種の人々の心の動きをとても注意深く観察しなければならない」[*45]だろう、としたためた。会談に派遣された主要な代表団員たちは、野心と才能と強烈な個性によって、高位に上り詰めた。そして、多くの人間が、自分たちは重要人物なのだ、という強迫観念を持っていた。バーンズは典型だった。ハリー・ホプキンズにとても似て、バーンズは「自分が大将じゃないと気がすまない人」[*46]となりうる、とアナは思った。

二〇分以上の間、アナとバーンズは言い争い、アナは彼がFDRの晩餐会に出るべきだと言い張り、バーンズは断り続けた。騒動を聞きつけ、エイヴレル・ハリマンが加勢をしにやってきたが、バーンズは抵抗を止めようとしなかった。事態は完全に「乱戦状態」[*47]となってしまった。アナは、「あなたが晩餐会へ行こうと行くまい［ℊℴが脱字］と、誰が気にするものですか」と叫びたい衝動に何度もかられたが、気を取り戻して、冷静さを保った。彼女は、ＦＤＲがバーンズに出席してほしがっているのを知っていたからだった。

結局、アナは最後の、完全に不合理な訴えかけを行った。ＦＤＲは一三という数を嫌っていた。もしバーンズが出席を断れば、晩餐会で出席者は悪魔の数字でテーブルを囲むことになるだろう。ローズヴェルトはかっとなるだろうし、それはすべてバーンズの落ち度となるだろう。

なぜだったのかはわからないが、それで彼は降参した。ついにバーンズは折れ、食堂へと歩いて行った。責務から一時解放され、アナはセアラ、キャシー、そして何人かの将軍たちの仲間に加わりに行った。将軍たちは四〇歳以下で、〔フレッド・〕アンダソン*48や彼の合衆国陸軍航空隊の同僚であるローレンス・クーターを含めて、キャシーが「捕まえてきた*49」のだった。キャシーはまたクーターのことを「素敵な二つ星〔二つ星は少将であることを示す〕」と呼んだ。*50アナは「お子様パーティ」と称した晩餐会の大半を逃してしまったが、少なくとも映画には間に合った。

＊　＊　＊

その夜遅くに、アナは、父が寝入る前、様子を見に入室した。彼の晩餐会は大成功だった。彼のシェフは、キャビアとチョウザメを相殺*51するのに、チキンと野菜とマカロニの品ぞろえを用意した。*52だれもがその晩に至極満足したように見えた。とりわけバーンズはとても「素晴らしい乾杯の音頭*53」をとった」。

アナは喜んだが、少しばかり驚いた。しかし、父にお休みなさいを言った時、彼女はバーンズの晩餐会前の狂態《きょうたい》はなにも明かさなかった。彼女がこれまで何度となくしてきたように、彼女は、父の心を動揺させるような不快なことすべてをきれいに拭い去った。ローズヴェルトは、寝返りをうって、眠る体勢に入った時、彼に最も近い、腹心の友二人の間で起こったことを幸いにも知らないままだった。しかし、上手にひねりを加えれば、そしてある程度時間が経過すれば、バーンズの逸話はおもしろい物語になるだろう、とアナは書き留めた。

第一〇章　一九四五年二月五日

「お母さまが朝の七時半ころ、当地の各寝室の出入り口をつなぐ廊下を見渡して、観察されれば」[1]と、セアラは母に書き送った、「二つのバケツのために三人の陸軍元帥が列を作って並んでいるのをご覧になるでしょう。そして実のところ、何人かの陸軍元帥はバケツのところへ行こうとしないのです」。ヴォロンツォフ宮殿の浴室は、リヴァディアにおけるのとさして変わりがなかった。たった四つの浴室だけでイギリスの代表団全員の用をなさねばならなかった。[2]水洗トイレがあるのは一浴室だけで、それはもっぱら首相用であった。

　毎朝、参謀長らは威厳を保つため、副官を送って、列の順番を確保させた。そして、列ができるのは日ごとに早まっていった。しかし、空軍中将のピーター・ポータル卿は、浴室を確保する独自の方法を編み出した。ポータルの洗礼名はチャールズ・フレデリック・アルジャノンだったが、生涯のある時点で、「ピーター」というあだ名をもらい、それが定着した。オートバイマニアが第一次世界大戦中にパイロットに転身したのだが、彼には非礼ともいうべきユーモアのセンスがあった。彼はだれかが風呂を長時間使いすぎていると感じるたびに、規則違反を犯している者がだれであるか突き止めようと、浴室のドアの上のトランザム〔ドアとその上部の壁を仕切る横材あるいは隙間。無目ともいう〕から中を覗こうとジャンプを繰り返し、その男の名前を呼ばわったのだ。[3]するとほどなく、当惑した陸軍元帥が、バスローブのまま水を滴らせて現れ、ばつが悪そうに自分の部屋に退却したものだ。それで効き目がない場合、ポータルは鍵をこじ開けて、乱入することも辞さなかった。[*4]

イギリス代表団を迎える準備中のヴォロンツォフ宮殿を訪れた後で、キャシーはパメラに、浴室をめぐる状況がどうしようもなくなったら、バスタブほどの大きさがある、[*5]巨大なシャンペンクーラーを使う羽目になるかもしれない、と、思慮深く便りの中で語った。「パパはとても優しくて、彼の浴室を共有すればよいと言ってくれます」[*6]と、セアラはクレメンタインに知らせているが、全般的に、「身体を洗う問題はとてもひどい状況」だった。虫の状況も同様だった。ウィンストンは、足中トコジラミにかまれて目を覚ました。[*7]

リヴァディア宮殿では、混乱に何らかの秩序をもたらすため、だれもが九つある浴室のひとつに割り振られ、さらに、臨時の野営用のトイレが戸外に建てられた。[*8]しかし、それでも、宮殿あるいは宮殿に付属する建物の一つに割り当てられた、優に一〇〇人を超す代表団には十分ではなかった。洗面台と便器とバスタブは別な部屋にあった。その結果、原則としておまるを使うのを拒否した高貴な外交官や上級将校たちは、気が付くと、いつ果てるとも知れない列を作って待ちながら、早朝、廊下で即席の会議を開いていた。[*9]ひとたび浴室に入ったとしても、試練は終わらないということを、代表団員はすぐさま発見した。ロシア人スタッフにとって、プライバシーは異質な概念であるようだった。まだ風呂につかっている間に、部屋係のメイドが出入りして、そのようなことを思いもしなかった多くの将軍たちを狼狽させた。[*10]

ヤルタにおいては、人間生活の基本的事項を行うにも危険を冒さねばならなかった。飲み水さえ危険をともなった。会談参加者たちには水道の生水、あるいはミネラルウォーターが給されていた。生水を飲んでも安全であると言われていたのだが、参加者たちの疑念は晴れなかった。[*11]ミネラルウォーターがより賢い選択のように思えたが、それもミネラルウォーターに天然の下剤である硫酸マグネシウムが含まれていることが発見されるまでのことだった。[*12] 浴室が不足していることを考えると、これには二の足を踏んだ。最終的に、会談参加者たちは、水道の生水に潜むかもしれないバクテリアや寄生虫という危険より、ミネラルウォーターという正体の知れた危険を冒す決断を下した。

　代表者たちは、どちらを向いても、豪奢と簡素・稚拙が際立った対比をなしていることを見出した。朝の浴室という厳しい試練を生き延びた面々には、魅力的と思うかどうかには問題があったが、二コースの朝食というご褒美が待っていた。朝食はモスクワの豪華ホテルであるホテル・メトロポルとホテル・ナショナルから派遣されたウェイターによって給仕された。最初に、ロシアコースが給された。[*13] コールドカット〔サラミ、ハム、ソーセージや冷肉の薄切りとチーズなどの取り合わせ料理〕、ヤギのチーズ、そしてサワークリームをまとわせた凝乳〔カード。牛乳などの乳を酸などで固めたもの〕のケーキだった。凝乳のケーキにはカテージチーズのような硬さがあった。その後、ロシア人がアメリカの朝食コースと考えたものが続き、ウィーティナ製シリアル〔アメリカのシリアル会社の商標。繊維質を多く含んでいるのが特徴で、一八七九年頃、ニューヨークのマルベリーストリートにあるパン店が作り始めた〕とクリームオブウィート〔アメリカのファリーナ（穀粉）会社の商標。小麦をクリーム状にした食べ物〕を呼び物にしていた。それらはホットバターとにんにくで調理するという創意がこらされていた。代表団の中には、人より冒険好きな食べ手も何人かはいたのだ。レイヒ海軍大将はその中には含まれなかった。「知っている言葉を話さない」[*14] ウェイターがやって来た時、レイヒは、乱暴に身振りを交えながら、そして、そうすれば言葉の障壁を乗り越えられるかのように、大声で叫び始め、欲しいのは卵とトーストとコーヒーだと言った。一五分後、ウェイターは、盆にキャビア、ハム、燻製した魚、そしてウオッカを載せて、戻ってきた。「くそ」と激したレイヒは吠え、「英語を話す奴をよこしてくれ」と続けた。昼食は少しましだった。三から四コースのうち、二コースは、ロシア製黒パンと共に給されたキャビア、そしてキャベツのスープを様々にアレンジしたものと決まっていた。

アナとキャスリーンとセアラは、普通、昼食会の時、それぞれの父親の席に加わった。昼食会は、他と比べると、一般的にもっと静かで、より内輪なものだった。チャーチルの昼食は、実質、アメリカ人の言う「ブランチ」に近かった。[*15] ヤルタにおいては、ダウニング街の緊急の用件を運ぶ外交嚢（郵袋）がロンドンから届くのは午前〇時過ぎだったので、チャーチルとセアラは午前二時過ぎまで起きていた。その結果、ウィンストンは起きるのが遅く、その日最初の食事をとるのは午前一一時半になった。本会議を前に、午後中ずっと仕事をしていたので、夕方のディナーまで、それは彼が食べた唯一の食事だった。

ＦＤＲとの昼食はよりパーティ的だった。「それらの食事をチェカーズでのものと比べると、これ以上違うものはないと思えるほどの大違いです」[*16] と、キャシーはパメラに語った。チェカーズにおける夕食会の間、キャシーはとても鮮明に思い出すのだが、戦争の陰惨なニュースが切り札のように他のすべての話題を凌駕して会話を独占し、首相はその話題を際限もなく語ったものだった。それに引き換え、「大統領は何とも言えないくらい魅力的で、どんな話題についても話しかけやすかったのです――戦争のことは、それほど深刻でない面を除き、めったに話題になりませんでした――会談における議論は手短に語られました――しかし主に話題になったのは、政治と友人のことで、だれもがおもしろい話を互いに語り合っていました」。ＦＤＲの昼食会に出席していたのは、キャシーのいう、大統領の常連の「取り巻き連」で、ニューヨークの民主党のボスで、ＦＤＲの政治顧問でもあったエド・フリン（会談には明らかに「酒宴」目的で参加）、パー・ワトソン（本当に親切な人だが、ヤルタにはやはり大統領の仲間内として参加）、レイヒ海軍大将、そして報道官のスティーヴ・アーリーだった。

キャシーはアーリーが「尊大ぶって堅苦しい」と見破った。「彼らがご機嫌取りをする様子を眺めるのは愉快です」と、キャシーはパムに語った。

チャーチルとローズヴェルトとその「廷臣たち」の到着に伴い、王族が再びヤルタを訪れたかのようだった。ロシア人の従僕たちは彼らのありとあらゆる気まぐれにも応えるべく控えていた。一八六七年、作家のマーク・トウェインは、同行のアメリカ人旅行者の一団とともに行った世界一周旅行の途上、ヤルタに皇帝アレクサンドル二世を訪ねた。ロシア訪問の後、トウェインは、「あるロシア人は、言葉使いと表情ともども、行儀作法に心がこもっているので、そのことからして、ロシア人全体の誠実さを信ぜざるをえない」[*17]と結論づけた。七八年を経ても、その間、二つの世界大戦と一つの革命があったわけだが、何も変わっていないように見えた。ロシア人のもてなしぶりは目に見えて圧倒的だったので、時として、いささか狼狽させられる経験も生じた。数えきれないくらい何度も給されたキャビアの一皿を食べている時、セアラ・チャーチルは何気なく、そして誰にともなく、レモンがキャビアにとてもよく合うのに、と言った。翌日、レモンの樹がオレンジ温室〔寒冷地でオレンジの樹などを栽培する豪壮な温室〕に出現したのだ。[*18]別な例を挙げると、ピーター・ポータルはヴォロンツォフ宮殿に付属した温室にある、大きな観賞魚用水槽をほめちぎっていた。[*19]そこには多くの植物が生育していたが、魚がいない、とおもしろがって、彼はその場にいた何人かに話しかけた。ほどなく、水槽の中を金魚の群れが楽しげに泳いでいるのが見られた。だれかがセアラとポータルの発言を盗み聞きしたのだ。だれが、どうやってなのかは、二人にはわからなかった。

西側の来客を最も動揺させたのは、ソヴィエト側が「ベッド保温器」[*20]の申し出をした時だった。この申し出は思いやりを示す行為のように聞こえたが、それはホスト側の言うのが湯たんぽ、電気毛布、あるいは熱した石の詰まった古風な穴の開いた金属の箱を意味しているのではないとわかる前の話だった。とんでもない、ベッド保温器は若いロシア女性だったのだ。どう使うかは代表団員の心のままにということだった。アナがこのことを知った時、彼女には、ソヴィエト社会における総じて低い女性の地位についてある程度の知識があったので、それほど驚かなかった。しかし、それでも、そのことで彼女は心を痛めた。幸いなことに、だれも申し出を受け入れなかったようだった。

二月五日の会議は、このような際に必ず生じる混乱が少しばかりあったが、意気高らかに始まった。午後の本会議がすべてリヴァディア宮殿で開催される一方、毎日開催の軍事関係の会議と外務大臣たちの会議とは三つの連合国宿舎の持ち回りだった。午後、イギリスの参謀長たちが、前日の本会議における議論の続きをアメリカとソヴィエトの参謀長たちと行うため、コレイズ館に到着した。しかし、一行が門で車を止めた時、NKVDの歩哨たちは彼らが馬小屋に隣接する中庭を通過するのを拒んだ。ピーター・ポータル、陸軍元帥アラン・ブルック卿、海軍元帥アンドルー・カニンガム、陸軍元帥ハロルド・アリグザンダー、そして陸軍大将へイスティングズ・「パグ」・イズメイは、チャーチルに次いで、最も名の知れたイギリス人であり、戦争の顔だった。しかしNKVDは彼らが何者だか全く見当がつかないようだった。「何度も電話でやり取りした」[*21]後、問題は解決し、警備兵たちは手で合図して一行を通過させた。その間、アメリカ人たち自身も朝一番の大失敗をしでかした。彼らは、最初、間違えてヴォロンツォフ宮殿へ行ってしまったので、半時間遅れで会議に到着した。[*22]やっと幕僚たちは仕事に取りかかり、陸、海、空の軍事的連携にかかわる、三時間にわたる実り多い会議を持った。[*23]

和気あいあいとした雰囲気は、三人の外務大臣たちと大使たちの午後一時三〇分の会議まで続いた。[*24]

それは、外交政策に関する第一位の専門家たちとそのスタッフたちが日々開くことになった会議の最初のものだった。ほどなくエイヴレル・ハリマンは声明を出すため会議を中断した。たった今彼は、ダグラス・マッカーサー元帥の軍がマニラで日本軍を打ち負かしたという知らせを受け取ったのだ。それは敵にとって決定的な打撃であり、日本による三年間におよぶフィリピン占領に終止符を打つものとなるのは確かだった。ロシアの習慣として、仕事が再開される前に、勝利の乾杯が一回りなされねばならなかった。

友好的な雰囲気に思えたが、ハリマンには、勝利に後押しされた、高揚した協同精神がそのまま続くか、確信はなかった。ソヴィエトの交渉戦略は決まったパタンを踏んでおり、それについて彼は熟知していた。*25 最初、ソヴィエト側は、とりわけ優先順位の低い問題について、極端に親しみやすく、礼儀正しく、協力的に出たものだ。第二段階になると、雰囲気はがらっと変わったものになった。これは、彼らが深い関心をもつ問題について頑として譲らない時、生じた。彼らはそっけなく、ぶっきらぼうで、敵対的になることさえあった。今まで自分たちがいかに協調的であったかを強調する一方、ある特定の立場を変えるのを拒んだ。しかし会議の進行の最後になると、彼らは陽気な愛想のよさを取り戻した。協同の精神と連合の力に乾杯を何度も行い、祝賀晩餐会を開催し、客人たちを送り出したのだ。ソヴィエト首脳はこの交渉戦術を身につけ、必要に応じてそれを適合させた。彼らはテヘランでこれをやってのけた。彼らが再度そうすることは確かだった。

＊＊＊

その日の午後、リヴァディア宮殿で開催される本会議に向かってヴォロンツォフ宮殿を出る前、ウインストンとセアラは、冬の日差しのなか、海をもっとよく見るために、散歩してテラスまで下った。その日は穏やかで、日差しがテラスを心地よく温めたので、セアラはコートを置いてくることができた。[*26] 彼女は、制服の下に身に着ける保温性の高い重ね着用に貴重な服の配給券を使ってしまったことを後悔し始めていた。ここの気温は、王立空軍基地メドナムを押し包んでいた湿気を帯びた寒気と霧のなかで絶えず震えていたことからすると、[*27] 歓迎すべき変化だった。寒気と霧のおかげで、セアラは足の痛みを伴う凍瘡にかかってしまったのだ。[*28] 散歩の途中、二人は、最高位のイギリス軍代表たちのうちで、陸軍とRAFから派遣された三人に出くわした。[*29] アラン・ブルックとハロルド・アリグザンダーとピーター・ポータルで、彼らはちょうどコレイズ館《ヴィラ》で開催された三国参謀長の連合会議から戻ったところだった。三人の武官たちは二人に加わることにした。

五人の一行がテラスの縁に並んで立ち、眼下の水面を眺めていた時、特筆すべき光景に気が付いた。眼下のなめらかでつややつやした油のような灰色の水面で、殺戮が行われていた。[*30] 一行の直下にいた魚の群れが二正面から攻撃されていた。[*31] ネズミイルカの大きな群れが海から攻撃する一方、何百羽もの海カモメの群れが空から攻撃していた。捕食者にとって、それは饗宴だった。

セアラは大量殺戮を見守り、魚たちが逃げ去って、身を守るのでは、と期待していた。しかし、饗宴が続くにつれて、魚たちはより密着した群れを作った。何回となく、ネズミイルカはUボートが護送された輸送船団を目標とするかのように攻撃する一方、旋回するカモメの編隊は上空から急降下爆撃した。それでも、魚たちは密集隊形で群れ集まっていた。数による安全、それが魚たちの唯一の防御だった。魚たちは群れ全体を守るため、多くを犠牲にしようとしていた。

殺戮はずっと続いた。ネズミイルカとカモメの食欲は飽きることを知らないようだった。セアラは、恐怖におののくとともに魅せられて、見つめた。彼女を動揺させたことは、軍の首脳陣は、彼女が信じられないという思いでこの光景を見ているのに、その思いを共有していないことだった。[*32] ポータルは、ヨット遊びにはもってこいの日ではないか、と白昼夢を見ていた。他方、王立鳥類保護協会の副会長であったブルックは、カモメばかりでなく、攻撃に加わったカモやアビや鵜《う》を賞賛の目で見ながら立っていた。[*33]

セアラはブルックの方へ向き直り、彼を夢想から呼び覚ました。「本当」、魚たちが「散らばらないなんて、愚かだわ」と、彼女は叫んだ。[*34]

ブルックは即座にその考えを退けた。「全く違いますね」[*35]と彼は言った。「密集して群れた方がずっとよいのです」。

ブルックの発言を耳にして、ウィンストンはすぐさま声を張り上げた。彼は全面的にセアラの意見に賛成だった。個々の魚に代わって群れ全体が、個々の魚は単なる代用可能な一個の魚に過ぎず、一個の魚の命は隣の魚の命以上の価値でも以下の価値でもない、と決めるのを容認するより、個々の魚が自分自身の命を守るため、攻撃態勢をとる方がずっとましだろう。ブルックは、羽のある種に対する親近感のせいで、「普段の冷静で公正な判断力」[*36]が「偏見に満ち満ちたもの」となることを許してしまった、と彼は茶化した。

ほどなく、セアラとウィンストンは、ブルックをその場に残し鳥を賞賛させるに任せ、二人をリヴァディア宮殿まで乗せてゆく車を目指して、戻っていった。しかし、セアラの思いは心をかき乱す場面から離れなかった。

以前、セアラは手のひらのしわが将来を占ってくれることに期待をよせた。おそらく、今、彼女は本物の徴を与えられたのだ。〔ヨーロッパ〕大陸はソヴィエトが描く集産的活動に向かう未来像によって形作られるのか、それとも西側の民族自決権への誓約によってなのか、ヨーロッパの運命にかかわる、ますます大きくなるイデオロギー上の分断は、あの身の毛のよだつ生態学的情景によってありありと映し出された。

＊＊＊

午後四時、二三人の男たちが会談のテーブルについた。テーブルはリヴァディア宮殿の舞踏の間で環状サンゴ島のように浮き上がっていた。カバノキの薪が洞窟を思わせる石作りの暖炉で燃え盛っており、壮大な霊廟にとって暖か味は歓迎すべきものであるように、暖炉の火がなければ冷え冷えとして、硬い感じの、何もない空間になにがしかの暖か味をもたらしていた。[*37] 再度、ハリー・ホプキンズは、会議に出席するため、ベッドから身体を引きずり出した。そして、今回、ハリマンはテーブルで自分の座るべき席を確保した。

この数日間、フランクリン・ローズヴェルトは不安にさせるほど憔悴して見えたが、今日は、著しく具合がよさそうに見えた。[*38] 彼の頭脳は鋭敏で用心深く、元の血色が戻っていて、顔の表情はいつもの力強さで生き生きとしていた。この日は、ローズヴェルトにとって、会談の帰趨を決める、きわめて重大な一日となるだろう。前日は軍事的問題に費やされた。今こそ、彼らの前に横たわる大きな地政学的問題に注意深くあたりをつけて、探る時だった。第一回本会議においてとまったく同様に、ローズヴェルトは会談の口火をきった。

世界のいたる所を網羅して広範囲な議論を行うことにも触手が動くが、と彼は語り始め、しかし、今日はもっぱら「ドイツの今後の取り扱い」に議論を「絞ろう」[39]と思う、と述べた。それは、前日、二人の私的な会話において、彼がスターリンに切り出した主題だった。その時、ローズヴェルトは欧州諮問委員会〔EAC　一九四三年一〇月のモスクワ会議で設立され、一九四五年八月のポツダム会議で解散〕によって作成されたドイツの地図をスターリンに手渡した。地図は、南のアメリカ地区、西のイギリス地区、東のソヴィエト地区と、三つの地区に切り分けられたドイツを描いていた。ソヴィエト地区の真ん中にあるベルリンには太いペンで円が描かれていた。連合国三国がベルリンを共同で管理するという構想だった。

スターリンはほとんどすぐさまといってよいほど素早く彼をさえぎった。[40]ローズヴェルトは、前日の二人による私的議論の後、二人は同じ考えだと思い込んでいたが、スターリンは自分自身の予定表《アジェンダ》以外、他のだれの予定表にも従うつもりはなかったのだ。彼は会話を別な方向へもっていった。ドイツを占領地区へ分割するだけでは十分でない、と彼は主張した。前の大戦後、勝者たちは自分たちがドイツを更生させたと考えたが、彼らは明らかに間違っていた。今回は、ドイツが二度と暴力蜂起できないよう、ドイツを完膚なきまでにばらばらに分割する必要がある。

分割の問題はテヘランで初めて提起された。当時、ローズヴェルトもそれは精査するに値すると考えたが、今回の会談においては、それは彼が進めたいと望んでいた方向ではなかった。ドイツを多数の小国に分けるという強硬な姿勢を取る代わりに、彼は陽動戦術でその問題を迂回し、会話をもっと穏やかな流れにもっていった。彼は自分がまだ年若い学生だった頃行ったヨーロッパ旅行から思い起こされるドイツの思い出を回想し始めた。[41]四〇年以上も前のことで、その時、彼と彼の家庭教師はドイツの田舎をサイクリングして回る、多くの幸せな日々を過ごしたのだった。あの頃のドイツは全く別な所だった。ヒトラー治下のナチス・ドイツはなく、どちらかというとそれぞれが自身の行政府をもつ州のゆるやかな連合だった〔当時、ドイツ帝国は、プロイセンが主導権を保ちつつも、二五の邦国（州）からなる連邦制国家だった〕。ローズヴェルトが詩情に浸るにつれて、ソヴィエト首脳は、いささか年をめした親戚が本題を離れた夢想から覚めるのを待っているかのように、彼を冷淡に見つめた。[*42] チャーチルは葉巻をもてあそび、イーデンはどこか遠くを見やっていた。はたしてローズヴェルトは巧妙な外交的駆け引きを行っているのか、それとも頭がおかしくなったのか、だれにも確信を持てなかった。

ローズヴェルトも知っていたように、チャーチルは分割について強い所感を持っていた。アメリカ人は戦争の余波の中でヨーロッパ大陸がかかえる問題の直接の影響を感じないが、イギリス人はそうはいかなかった。テヘランにおいて、チャーチルはドイツをいくつかの小国に分割する考えに乗り気だったが、それ以降、力のバランスは東に移った。ヨーロッパは力を増すソ連の影響力に対抗する「釣り合いおもり」を必要とした。更生し、一つに統合されたドイツこそが、やがて、その役割を担うことができた。チャーチルはその考えを口にしなかった。その代わり、「八〇〇〇万人の運命を決めるには、……考える時間が八〇分以上必要だ」[*43]と述べた。ドイツ全体にまたがって、地方の歴史、文化、そして経済を総括的に研究することもなく、ドイツを二つ、三つ、四つ、五つ、あるいはもっと多くの個別の国々に分割することには積極的に賛成できない。自分たちは、この問題を詳細に検討する特別委員会を任命しなければならない。そのうえ、連合国が、やがて訪れるドイツの無条件降伏に際し、敵国の分割を意図していると公表したら、戦いは負けることが不可避となった後もずっと、ドイツ人はさらに激しく闘い続けるだろう。

最初、スターリンはドイツ分割について有利な条件で話を進めようと懸命に見えたが、今、彼は一歩退いた。それはすべて、交渉という微妙な駆け引きのダンスにおいて、真の狙いを隠すため、重要なことを大したことでないように言い、些細なことを大したことのように言う、ソヴィエトが取るポーズの一部だった。ドイツを弱体化することは、実際、ソ連の将来の安全にとってきわめて重要だった。しかし、スターリンがさらに強い関心を寄せる、もっとソヴィエトの国境に近い、他のいくつかの隣国があったのだ。ソヴィエトにとって優先順位が高いとみられているいいいい問題について、彼が今誠実に交渉しようとしているように見せれば、チャーチルとローズヴェルトは、後で、その誠実さに報いなければならないだろう。そしてその時こそ彼が最も重要な譲歩を勝ち取る絶好の機会となるだろう。スターリンは、自分は「首相が指摘された、詳細な計画を決めることにともなうもろもろの困難を重々承知している」とはいえ、「原則としてドイツは分割されるべきだ」という三者の合意が必要で、それが得られれば、首相が指摘された点を受け入れる用意がある、[*44]とチャーチルに語った。外相たちが、チャーチルが言われたように、その問題を検討する委員会を任命する。それまでの間、将来作成されるドイツ降伏の条件に分割の一節が追加されさえすれば、それで自分は満足だと。ローズヴェルトとチャーチルは同意した。

その日の議論が理想的とは言えない形で始まった後、今、ローズヴェルトは会談の主導権を取り戻すチャンスが来たと感じ取った。彼は話し合いを占領地区の問題へ戻した。フランスをどう扱えばよいのか。ローズヴェルトはフランス、とりわけ彼らの指導者を好いていなかった。彼はド・ゴール将軍が尊大で人をイラつかせると思い、将軍が会談に招かれないことを明確にしていた。彼はド・ゴールは除外されたことに激怒した。[*45]マルタに向かう途中、大統領の特別顧問が彼を訪問した際、彼はハリー・ホプキンズに激怒ぶりを隠そうともしなかった。ローズヴェルトはフランスに占領地区を是非とも与えたいとは思わなかったが、それに全く反対というわけでもなかった。彼には気にかかる、もっと大きな問題があったのだ。フランスに占領地区提供の申し出がなされると、ド・ゴールは必ずドイツ再建の運営を監督する〔連合国〕管理理事会に参加することを強く要求するだろう。FDRはド・ゴールがそこにかかわることを少しも望まなかったのだ。しかし、フランスの問題はもっと広範囲にわたる含みを持っていた。先日、二人だけの内々の話し合いで、ローズヴェルトがスターリンをその問題にかかわらせようとした理由の一端はそこにあった。ソ連の指導者の反応は、彼がローズヴェルトの優先事項であり続けた問題に、すすんで協力することを示すものだった。優先事項とは、世界平和のための機関とソヴィエトの太平洋戦争への参戦だった。

しかし、自分はフランスに占領地区を与えることに断固反対だ、とスターリンは同席の首脳仲間たちに告げていた。[*46] 彼はフランスに対し反感以外のなにも感じなかった。彼は心の中でフランスは弱体だと思っていた。あの国は戦争を戦う上でほとんど何も寄与していない。一九四〇年、彼らがほぼ一晩で壊滅したため、ドイツは勢力を温存でき、その結果、ドイツは反転して、一九四一年、ソ連を攻撃する事態となったのだ。スターリンは忘れてはいなかった。彼はまた、フランスに占領地区を与えてしまうと、ベルギーやオランダといった、他の小国が自分たちもまた占領地区を持ちたいと言い出すのではないかと懸念した。

しかし、フランスはチャーチルにとって優先事項であったが、スターリンにとってはそうでなかった。ローズヴェルト同様、チャーチルもド・ゴールが好きでなかった。チャーチルは彼を傲慢で「冷淡」[*47]だと思っていた。イギリス政府が亡命中の彼に保護を与えたという事実にもかかわらず、自分が「イギリスの操り人形ではない」[*48]ということをフランス国民に示そうとして、ド・ゴールはチャーチルに対して無礼を尽くした。しかし、チャーチルは、ドイツの長年来の敵である強健なフランスが、新生ドイツの運営・管理および西側に不利となった勢力の均衡を保つうえで、重要な役割を果たす必要があると確信していた。彼の確信は、会議の席で、ＦＤＲが突然、合衆国の世論は、戦争終結後二年以上、ヨーロッパにアメリカ軍を駐留させることを支持しないだろう、と宣言した[*49]ことにより、さらに強められた。

チャーチルとスターリンは、フランスに占領地区および連合国ドイツ管理理事会の分担を与えるかどうかをめぐり言い争い始めたが、チャーチルは相変わらず手ごわい相手であったし、スターリンは彼の攻勢に対する準備が決定的に整っていなかった。議論がこれからというところで、ハリー・ホプキンズが身を乗り出して、ローズヴェルトにメモを手渡した。フランス人に「占領地区を約束して下さい[*50]」と彼は走り書きした。「管理理事会に関する決定は延期して下さい」。ローズヴェルトはホプキンズが提案したとおりにした。チャーチルとスターリンは、外相たちに別な会議の場でその問題について検討を続けさせることで、合意した。[*51]

連合国の三人の指導者たちがフランスに関して意見を交換し合っている間、ソヴィエトの外務人民委員代理であったイヴァン・マイスキーは席に静かに座って、出番を待っていた。マイスキーの参加は異例なことではなかった。モロトフとは異なり、彼は会議の席でスターリンに代わって発言することは滅多になかったし、スターリンのために通訳するのはほんのまれなことだったが、前日の本会議に参加していたし、テーブルを囲んだ人々の多くにとって顔見知りだった。一九三二年から一九四三年まで、彼は駐英ソヴィエト大使としてロンドンに在住した。彼の英語はほぼ完璧で、ロンドンで英露協力に対する楽観論が花咲いていた数年間、チャーチルやイーデンと職業上と社交上の緊密な関係を築いていた。[*52] 一見大人しそうに見えるマイスキーが使者としてその場にいれば、議論を呼びそうな要求も受け入れやすくなるかもしれないのだ。

ソ連はほかのどの国よりもドイツ人の手で破壊を被ったことをマイスキーは皆に思い起こさせた。[*53] そして、このことを埋め合わせるためには何かがなされなければならない。それゆえ、公平性および将来のヨーロッパの安全の点からも、ドイツから重工業を取り上げ、その多くをソ連に移すことはきわめて正当なことだ、と彼は主張した。産業資源と他の資産、その内容は具対的に後で確定することになるが、それらの現物支給を通して、ソ連はこの戦争に対する責任を持つ国から少なくとも一〇〇億ドルの賠償を受けるに値する。

テーブルの向かい側で、エイヴレル・ハリマンは不意をつかれた。ハリマンは、西側の連合国が具体的な賠償金額に言質を与えるそぶりを一切みせないことがきわめて重要だ、という独自の意見をずっと持っていた。[*54] ソ連は、そのような金額を考えることに対し前向きな姿勢を示すと、その金額を将来の交渉の基準と解釈するだろう。そもそも、マイスキーはとんでもない金額を要求していた。この途方もない金額は、モロトフがすでに一ヶ月前要求していた金額に、すぐ続いて出てきたのだ。ソ連の外相は、合衆国からの戦後の貸付金として六〇億ドルを、ハリマンに求めた。[*55] 年利二パーセントで三〇年にわたって返却するというもので、その金額であれば、二〇パーセントの割引で、合衆国から購入される産業設備および建築資材の注文の支払いに充てられるだろう。モロトフが通常の商慣行をまったく理解していないためと解して、ハリマンはその提案をなかったことと考えた。だが、外相が行ったその提案の位置づけは気にかかっていたのだ。モロトフが説明したように、ソ連は、気前の良い戦後借款が両国の将来関係の成否に、決定的に重要だと考えていた。

第一次世界大戦後、ドイツに課された屈辱的な賠償金はドイツに手の付けられないインフレを起こしたただけではなかった。それはまた国際経済全体をほぼ壊滅させ、怒りの波に火をつけ、その結果、世界をもう一つの戦争へと駆り立てた。この問題に関しては、ハリマンに促されるまでもなく、ローズヴェルトとチャーチルは当然合意に至った。もう一度世界が崩壊するのを防ぎたいと切に願っていたので、二人の男たちはドイツに賠償金を求めることに慎重だった。懲罰的な経済措置は答ではなかった。長い目で見れば、再生したドイツ経済はすべての人々の利益になるであろうことを歴史は教えていた。彼らは、ソ連人民がナチスの手で、実際ほかの誰よりも物理的被害に遭ったことを即座に認めたが、連合国側の彼らの味方〔であるソ連〕の要求を呑むと、それは必ずドイツ経済を、そして潜在的にはより広範囲なヨーロッパの経済を荒廃させることになる。その時は、いったいどこに飢えた八〇〇〇万人のドイツ人を養う負担に耐えられるものが残っているのだろうか。[56]

「馬に荷車を引かせたいのなら」[57]と彼の所見をスターリンに述べて、「馬に飼い葉を与えるくらいのことは最低でもしなければならないだろう」とチャーチルは言葉を続けた。

「ドイツ人に食料はあるだろう」[58]とスターリンは答え、「だが、あなたが見ていない隙に、馬が向きを変え、あなたにいきなり蹴りをくらわせないよう注意しないといけない」と結んだ。

ローズヴェルトは政治的駆け引きの名人だったが、チャーチルも同様に策略に富む、経験豊富な交渉相手だった。ロンドンでチャーチルとともに過ごした時間をもつ経験から、マイスキーは首相が卓越した役者となりうることを知っていた。彼は数々の演説を、戦争終結後、連合国間の友好を保持する高雅な言葉で満たした。マイスキーには、イギリスは「ロシアがその傷をできうる限り速やかに癒せるよう、手助けするのに出し惜しみはしない」[59]だろう、と述べた。何世代にもわたって、スペンサー＝チャーチル家のスペンサーの家系はその創造的で芸術的な才能で知られてきた。首相は先祖からこの遺伝子を受け継いでいるようだった。コヴェントガーデン〔ロンドン中央部の地区にあるオペラ劇場〕における主役の悲劇役者のように、彼は本物の涙を呼び起こして流し、「霊感が詩人を圧倒するように、彼を圧倒する」「感情の突然の爆発に」我を忘れるのだろう（彼女の家庭生活内に、そのような劇的霊感が常に存在したので、セアラが職業として俳優業に向かったのは少しも不思議ではなかった）。しかしながら、激情の発作に駆られてなされた約束は、往々にして自分が決して履行しない約束であることを、チャーチルは分かっていた。ソ連の戦後の再興を支援するため、イギリスがそのもてる力のすべてを出すと語る一方で、チャーチルは、連合国がマイスキーの提示した金額になんの確約も与えないという点で、譲らなかった。代わりに、彼は、外相たちが賠償金の問題について検討する委員会を招集することを提案した。[*60] またしても、スターリンはしぶしぶ同意した。

＊＊＊

キャスリーンとセアラとアナは、本会議がディナーのため散会になるのを待ちつつ、舞踏の間の外側の玄関の間に立っていた。午後八時きっかりに、扉が開き、男たちが整然と列を作って繰り出してきた。それはあたかも交渉が実り多く、厄介な出来事もなく進んだことを示すようだったが、スターリンだけは違っていた。キャシーはソ連の総書記が「駆け足で出てくる」[*61]のを見つめていた。四時間におよぶ会議の間、何杯もの紅茶と水のはいったカラフェが回ってきた。彼の名前は「鉄の男」を意味したが、その彼であっても生理的要求を回避することはできなかった。誰かが彼に洗面所の方向を指さしたが、彼はすぐに戻ってきた。そこにはトイレはなく、洗面台しかなかったのだ。近くにもう一つ洗面所があったが、すでにチャーチルが使っていた。ハリマン父娘とともにモスクワからやってきていたアメリカ大使館の秘書官の一人が事態に気づき、長い通路を通って、次の洗面所まで、礼儀正しくスターリンを案内した。

突然、騒ぎが舞踏の間の前で起こった。お手洗いをめぐる混乱の中で、スターリンの護衛の内部人民委員部（ＮＫＶＤ）の二人が、なんと護衛の対象を見失ってしまったのだ。彼らの命は風前の灯に思えたにちがいない。ヨシフ・スターリンを見失った者たちに災いあれ。「大混乱が生じました――だれもがささやきながら駆けずり回っていました」とパメラへの手紙の中で、キャシーは面白そうに当時のことを思い浮かべた。パニック状態で、スターリンの護衛隊がマルクス兄弟〔米国で一九一〇年代から四〇年代にかけて兄弟たちで活動した喜劇俳優グループ〕の映画に出てくるまぬけのように駆け回っていた。「彼らはアメリカ人たちが誘拐とか、何らかの策略を用いたと考えたのではないか、そのように私は思います」と彼女は記した。

数分後、スターリンが再び姿を現した。秩序が素早く回復され、つかの間の不条理なエピソードに終止符が打たれた。ソヴィエト人たちとイギリス人たちはリヴァディア宮殿の前で待機していた車の方へのんびりと歩いて行った。そして、全員が、セアラがそう呼ぶのが好きであった、それぞれの「ねぐら」*62へ、ディナーを取りに戻っていった。

第一一章　一九四五年二月五日

　肉体的な外見という観点からすると、ヨシフ・スターリンは、一億七〇〇〇万人の国民の長としてはもちろんのこと、国の指導者としてはありそうもない選択のように思えた。身長は五フィート六インチ〔一六七・六センチメートル〕ちょうどで、写真でみるのとは違い、実物は堂々としているとはとても言えなかった。カメラマンたちは下側の有利な地点から彼の写真を撮り、彼が実物より大きく見えるようにした。それは巧妙な幻想だった。一九四一年に初めてスターリンに会った際、ハリー・ホプキンズが述べたように、本当のところ、ソヴィエトの独裁者は、「アメリカンフットボールのコーチが理想とするタックルのように、地面に低く構えた体軀」[*1]だった。彼は質素な身なりで、彼がソ連の英雄であることを示す、金の星形の大メダルを胸に付けている以外、灰色の元帥服には装飾がなかった。彼の左腕は右腕より短く、片手は子供のころ受けたケガのせいでしなびていた。モスクワで最初に彼に会った後、キャスリーン・ハリマンは、スターリンの「顔には天然痘によるあばたがあり、黄色っぽい目をしていて、パイプを吸うのでひどい歯をしている」[*2]と記した。彼の奇妙な「アシカひげ」は「見栄えのひどい歯を隠すため両側が切り落としてあった」。また彼の物腰も彼女を印象づけなかった。「彼はどちらかというと、ぐにゃりとした握手をした……彼は目を合わせることもあれば、合わせないこともあった」とキャシーは述べている。彼女はエイヴレルが彼女に語ったことを思い出した。エイヴレル自身の父親は、彼が子供のころ、彼にしばしば、「固い握手をしない人間、目を合わさない人間を信用するな」と言っていたのだ。

実物に接すると、スターリンを、大粛清の期間、一九三六年から一九三八年の間に、数百万人の同胞の殺害を組織化して行った冷酷な独裁者として思い描くのは難しかった。それより、連合国の彼と同じ立場の二人と同様に、やはり娘を持つ父親である、一介のグルジア人として思い描く方がしっくりした。スターリンには四人の子供がいた。ヤーコフは最初の結婚で産まれたただ一人の子で、ドイツ軍の捕虜となり、一九四三年、疑問の余地が残る死を遂げた。コンスタンティンは庶子で、スターリンは決して認知しなかった。ワシーリーは赤軍の空軍大佐だった。そして、最後に彼の一番下の子で唯一の女の子だったスヴェトラーナがいた。スヴェトラーナは一九歳で、夫のグリゴリー・モロゾフとともにモスクワに住み、最初の子を身ごもっていた。

チャーチルやローズヴェルトやハリマンと異なり、スターリンは娘を相手に自分の政治生活について語り合うことはなかったし、スヴェトラーナをヤルタへ連れてくることも考えなかった。国際会議において彼の役に立ちうるので、彼は彼女に英語を習うことを勧めた。彼自身は、例えば、彼が好きだったアメリカのカウボーイもの西部劇から聞き知った「全くその通り[*3]（'You said it'）」のような文句を少々知っているだけで、英語はほとんど知らなかったのだ。[*4]しかし、彼は彼女が外国人と交わるのを滅多に許さなかった。彼女は外の世界にとってちょっとした神秘だった。モスクワに住んでいた間、キャシーは一度もスヴェトラーナに会ったことがなかった。実際、ウィンストン・チャーチルが今まで彼女に会った数少ない西側諸国の人のうちの一人だった。一九四二年、チャーチルがモスクワを訪れた際、スターリンは、彼の別荘《ダーチャ》で、彼の娘を首相に紹介したのだ。その晩、スターリンが「目を輝かせて」[*5]スヴェトラーナを引き合わせた時、彼は、あたかも、おわかりですか、我々ボルシェビキにも家庭生活があるのですよ、と言っているかのような紹介の仕方をした、そのようにチャーチルには思えた。セアラ・チャーチル同様、スヴェトラーナは美しい赤毛だった。チャーチルは、スヴェトラーナが父親に「恥ずかしそうに」ではあったが、「礼儀正しく」キスしたのを覚えていた。彼が首相とよもやま話をしている間、彼女は父親の傍にいたが、スターリンは彼女がディナーまで残ることを許さなかった。チャーチルと彼女との短い、一方通行の会話の間――スヴェトラーナはチャーチルの言ったことをすべて理解したのだが、内気のせいで返事ができなかった――、チャーチルは王立空軍に勤務している自分自身の赤毛の娘のことを話した。このことはスヴェトラーナの心に残ったに違いなかった。なぜなら、会った後しばらくして、彼女は贈り物としてブローチをセアラに送ったのだ[*6]（セアラはブローチをヤルタに持参し、連合国側の協調の意思表示としてそれを身に着けようと思っていたが、荷造りの忙しさに紛れ、持ってくるのを忘れてしまった。姉のダイアナが彼女のためにブローチを見つけてくれ、首相官邸の翌日配達の急使を介して、首相の書類の郵袋に入れて送ってくれた）。

スヴェトラーナがほんの六歳の時、彼女の母親であり、スターリンの二番目の妻であったナジェージダ・アリルーイェヴァは亡くなった。スヴェトラーナは、自分の母親が虫垂炎のため、あるいは手術がうまくゆかなかったせいで亡くなったと信じて、成長した。真実ははるかに暗いものだった。ナジェージダはモーゼル銃で心臓を撃って自殺したのだった[*7]。スヴェトラーナは一六歳になるまで自分の母親の自殺を知らなかった。時がたつにつれて、彼女は、私生活と政治生活の両面における、彼女の父親の残忍性と暴力性が母親を鬱《うつ》状態へと追い込み、最終的に自ら命を絶たせたのだ、と信じるようになった。ほどなくスヴェトラーナは自分自身も父親と問題をかかえるようになった。彼女が一六歳の時、有名なロシア系ユダヤ人の映画脚本家で、二〇歳年上のアレクシイ・カプレルと恋に落ちた。

彼女の父親は二人の関係を認めず、カプレルにシベリアの強制労働収容所《グーラーグ》における一〇年の刑を言い渡した。スヴェトラーナは悲しみに打ちひしがれた。彼女が一七歳でモスクワ大学の学生だった時、スヴェトラーナは反抗して、同級生のグリゴリー・モロゾフと結婚した。カプレル同様、モロゾフもユダヤ人だった。またしても、彼女の父親は結婚に反対だった。彼は義理の息子に会うことを拒絶した。*8

スターリンはめったに自分の娘に注意を払わなかったし、払ったとしても、彼女そして彼女の愛する人々に悪意を持って接した。しかし、彼は、どうやったのかはわからないが、彼女の不運の数々は彼女自身の落ち度なのだ、とスヴェトラーナに信じ込ませおおせた。彼は彼女に、彼女が「悪い娘」*9なのだ、と信じ込ませた。彼女は「娘というより赤の他人」のように感じた。彼が織り上げた幻想と嘘と悪意の網にかかり、スヴェトラーナ〔スターリンの死後、文献学者、翻訳家として仕事をしていたが、後年、アメリカに亡命〕は、彼女の父親は「孤独な人」なのだとかばうようになり、自分が愛していることを彼に確信させられない自分自身を責めた。

スターリンがヤルタへその子供たちを一人も連れてこなかった一方、彼の主要な副官たちの一人は連れてきていた。ＮＫＶＤの長官にして、ヤルタを政治家たちが集まるのにふさわしい場所に改造するのを背後で指揮した男であり、また、ナチスと共謀したとして、ＮＫＶＤが非難したクリミア在住のタタール人二〇万人の強制退去を背後で指揮した男でもあったラヴレンチー・ベリヤは息子のセルゴを会談に連れてきていた。すでに彼はセルゴにお家芸を仕込んでいた。

スターリンはローズヴェルトとチャーチルに、彼の主治医たちがそれは彼の健康を危険にさらすことになると危惧しているので、自分はソ連を離れられない、と語っていた。しかし、その本当の理由は、彼以前の皇帝たち同様、スターリンが身の安全に妄想的にこだわったからだった。彼はめったにモスクワを離れなかったし、離れた時は、必ずおびただしい網羅《もうら》的な安全対策を施していた。とはいえ、スターリンが自分の身の安全のために頼ったのは表向きは全能にして遍在する赤軍ではなかった。至る所に存在し、権威筋のように見られているが、赤軍は、その将軍たちが所持していると思いたがっているほどの権力を持っていなかった。キャシーは、モスクワに着いて一年もしないうちに、軍は「NKVDに対し、嫉妬深く冷たい」*10傾向があると実感した。キャシーは姉に、NKVDが「こちらでは真の権力です」と説明した。

元来は通常の警察業務を行うため、またソヴィエトの刑務所と強制労働収容所《グーラーグ》の管理運営を監督するために組織されたのだが、スターリンの指導の下、NKVDは人々に恐怖を呼び覚ますエリート集団へと変貌した。機関は秘密警察兼暗殺班となった。それは、政治的に反体制の人々であろうと少数民族全体であろうと、人民の敵と思われる者たちを抹殺した。戦争中、いくつかの専門部隊が前線に展開されたが、多くの機関員たちは国内の治安に全精力を集中した。ヨシフ・スターリンを守ることがNKVDの第一の優先事項だったのだ。

機関は、ヤルタに四個連隊、さらに一二〇〇人の応援機関員、一二〇人のオートバイ独立班、そして連合国の多くの要人たちを守るための五〇〇人の護衛を駐屯させた。*11彼らはこれでは十分ではないと判断し、地域の治安を維持するため、特別任務の機関員と軍隊を合わせて六〇〇人が応援員として送られた。日中、二つの巡回防御線がコレイズ館とリヴァディア宮殿とヴォロンツォフ宮殿の周りに張られた。暗くなると、三番目の巡回防御線が加えられた。

モロトフやヴィシンスキーやマイスキーのような官吏たちは、ソヴィエト官僚の最も著名な公の顔のなかに含まれるが、彼らとは異なり、スターリンはベリヤを影の存在にとどめた。彼は会談の端、（まさに）見えないところにとどまっていた。四五歳のNKVDのボスがリヴァディア宮殿の周りをこそこそ歩いているのを見たとしても、西側の外交官たちは彼が誰なのかわからなかっただろう。一見したところでは、ベリヤはこれといって特徴がなかった。ちょうどスターリンが、外見では、独裁者らしく見えなかったように、ベリヤの肉体的外見は、彼の権力志向、そして暴力との親和性を隠した。彼は背が低く、太っていて、はげかかり、顔色が青白かった。彼は丸いレンズのついた鼻眼鏡を鼻梁にかけていた。それは、死と破壊の熱心な世話人というより、物静かな知識人という風采を彼に与えていた。彼の力は、体格からではなく、彼の流儀から発していた。スターリン同様、彼はグルジアの貧しい家庭の出だった。少年のころ、彼は建築家になりたかったが、権力の魅力に抗えず、ソヴィエト秘密警察の最初の具現化となったチェカ〔Cheka「反革命・怠業・投機取締全ロシア非常委員会」の略称。一九一七年、ロシア革命政府によって設置され、革命の成果の防衛強化に大きな役割を果たした。一九二二年廃止〕に入った。そこで彼は卓越した組織者兼管理者としてばかりでなく、サディスト的な無慈悲さでも名を成した。スヴェトラーナがベリヤについて述べているように、「彼は狡猾な廷臣の超弩級の現代版で、東洋的な背信と追従と偽善の体現だった。普通はだますのが難しい男とされていた、私の父さえも出し抜きおおせた」[*12]。ベリヤの部下の一人は、彼が親友でさえ殺害するのをためらわない、と信じていた。[*13] 一九三八年、ベリヤがNKVDのトップに就いた時、彼は、組織化と残虐行為に対する自分の相性のよさを、様々な仕事で発揮した。それは、工業施設を軍需産業施設へ転換するのを監督することから、「階級の敵」[*14]、ならびに少数民族グループを強制退去（そして殺害）させることにまで及んだ。少数民族グループには、タタール人〔クリミア系タタール人〕、チェチェン人〔北カフカスに位置するロシア連邦チェチェン共和国およびその周辺に居住する種族。スンニ派イスラム教徒〕、イングーシ人〔北カフカスに位置するロシア連邦イングーシ共和国に居住する種族。スンニ派イスラム教徒。チェチェン人と近縁〕、カルムイク人

〔ロシア連邦のヴォルガ川下流域のカルムイク共和国に居住する西蒙古族。チベット仏教黄帽派の信者〕、メスヘティア・トルコ人〔グルジアのメスヘティに居住していた種族。多くはスンニ派イスラム教徒〕らが含まれた。ベリヤの指導の下、NKVDの特務機関員は赤軍をも取り締まり、兵士たちの後から尾行し、軍が置き去りにした反体制の人々や脱走兵を逮捕ないし銃殺したのだ。

政治的権力に対する欲望と並んで、ベリヤはまた性的欲望が旺盛だった。自分の執務室に、性具から、ポルノ、絹のネグリジェ、そして拷問の道具に至るまで、彼はありとあらゆるものを備えていた。*15 ベリヤは依存症の激しさで女性を強姦した。同僚たちは彼が力ずくでベッドに連れ込んだ女性の数を計算しようとした。ある計算では三九だった。別な計算では、一〇〇近くだった。誰も正確には知らなかった。そのような女性たちのある者は、NKVDが投獄した、愛する人たちの釈放を求めて、彼のもとにやってきた。また、ほかの者たちについては、彼は単に路上で誘拐し、装甲を施した彼のパッカード車にさっと運び込んだ。彼が強姦した後、殺害したり、逮捕したり、野外労働囚人用キャンプに送らなかった女性たちについては、彼は花束を添えて家まで送り届けた。騎士道精神をグロテスクに嘲笑する行為だった。

彼の父親同様、二〇歳のセルゴ・ベリヤは、ヤルタの閉じられた扉の背後、人目につかない場所にいた。物音のしない部屋で、フランクリン・ローズヴェルトの一言一言に耳を傾けながら、彼は何時間も座っていた。最初はテヘランで、今またヤルタにおいて、ソヴィエト政府が設計にあたった、よく配置・調整された盗聴の作業の中心に、セルゴはいた。彼の父親とは異なり、セルゴに悪事に走る性癖があるとの噂はなかった。むしろ、彼は電子工学を好む、レニングラード士官学校のおとなしい学生だった。スターリンは、息子の方のベリヤを子供のころから、知っていた。*16 そして、スターリンは、セルゴにテヘランで治安部隊に加わるよう個人的に声をかけ、ローズヴェルトの会話を盗聴する重要な役目につけた。[*17] テヘランにおける彼の尋常でない仕事ぶりが彼にヤルタへの旅のキップをもたらした。ラヴレンチー・ベリヤがグルジア語とロシア語しか話さなかったのに対し、セルゴは英語とドイツ語も話した。そのうえ、彼は彼の父親よりはるかに魅力的だった。クレムリン内で最も力のある男たちの娘の何人かは、スヴェトラーナも含め、自分たちが彼に恋しているとなんとなく感じていた。[*18]

アメリカ政府とイギリス政府は、ソヴィエト政権が屋敷内に隠しマイクを取り付けていることを予想していたので、到着時、電子機器を使って盗聴装置を調べた。しかし、ソヴィエト製の隠しマイク〔盗聴用マイクロホン〕の多くは金属を含んでいなかったので、探知機器でそれらのマイクを発見することはできなかった。隠しマイクに加えて、ソヴィエトは指向性マイクロホン〔前方の特定の範囲から入る音に対して感度が優れているため、不要な音を除くことができるマイクロホン〕をもっており、[*19] それは、外の開けた場所で、一五〇から二〇〇メートルの範囲内の音を集められた。客人である代表団員たちは、私的な会話をするために、必然的に庭に集うことになるので、ソヴィエトはそこにも隠しマイクをしかけた。彼らは、庭園内のある特定の小道を整備して、ローズヴェルトが車椅子を操って通りやすいようにすることによって、リヴァディア宮殿の庭園内にある盗聴装置の方角へFDRを誘導したので、実質的に彼らは彼の動きをすべて追うことができたのだ。盗聴者は会話を文字化し、彼らの盗聴本部室からそれらをアントーノフ将軍へ回した。[*20] 次に将軍はスターリンのために要約し、毎回毎回の会談の前に、西側の彼と同じ立場にある二人が何を考えているのか、詳細にわたる洞察を彼にもたらしたのだ。

盗聴はとても魅力のある仕事とは言えなかった。ソヴィエトは、セルゴとその同僚たちに、その多くは女性だったが、[*21] アメリカとイギリスの治安担当部隊の日々のごちそうの食べ残しを食べさせた。[*22]

セルゴと彼の仲間の盗聴者たちが集めた情報の多くは、レモンとか金魚とかに関するつまらない所見の類で、ほとんど価値のない断片だったが、彼が盗み聞いた会話のいくつかはずっと実質があった。そのような会話が仕事を価値あるものにしたのだ。耳にヘッドフォンをかけ、セルゴは、サーキに着陸するやいなや、八〇マイル〔約一二九キロメートル〕離れたところから、FDRを盗聴し始めた。強力な指向性マイクロホンを介して、彼は飛行場における西側の二人の指導者たちの無駄口を盗聴した。[*23] セルゴは、ローズヴェルトがチャーチルと重要な会話を交わすことを拒否した、と満足げに書き留めた。常にFDRに付き添う取り巻きたちが彼に示す尊敬と服従ぶりを目にして、ベリヤの息子はアメリカ大統領および彼の鋭い洞察力に対して、ある種の尊敬の念を抱くようになった。それは、モロトフが抜け目のないハリマンに対して持つようになった尊敬の念と似ていなくもなかった。しかし、チャーチルに対して、セルゴは好意を示さなかった。彼は哀れをさそう「尻尾を振るプードル」[*24]に首相をなぞらえた。セルゴはFDRがチャーチルやイギリス人に対して愚弄するような発言をするのを聞いていた。熱烈な反帝国主義者として、ローズヴェルトはことさらに、自分は、戦後、必然の結果として、大英帝国が解体することに賛成する、[*25]と言いのけた。このような発言を聞いて、セルゴは、ローズヴェルトが盗聴されていることを知っている、と確信した。そして、ローズヴェルトが、戦後、長続きのする実用的な関係を築きたいという彼の心からの願いをソヴィエト側に示す合図として、そのような発言をしたのだ、ということも確信した。FDRの発言が熟練した政治戦略の一部だったのか、それとも単なる不注意であったのかはさておき、セルゴははっきりと彼の言葉を聞きとった。

＊　＊　＊

上辺だけ見ると、ＮＫＶＤの奮闘努力は、例えば盗聴など、やり過ぎで、ほとんど茶番劇であり、治安に対する国民的な脅迫観念を表しているように思えるが、ラヴレンチー・ベリヤの権力がその手中に落ちた人々に対して有した脅威は、ぞっとするほど恐ろしい現実だった。ヤルタまで父親に同行した三人の娘たちの中で、キャスリーンだけは、ベリヤの力がいかに危険なものであるか、理解していた。キャシーが姉に、ソ連ではＮＫＶＤが真の力を持っている、と書き送った際、彼女はその力の幾分かをすでに見知っていた。しかしながら、その力の及ぶ範囲はあまりに衝撃的だったので、彼女がそれを十分に把握するには、もうしばらく時間を要した。

一九四四年一月、キャシーとエイヴレルがモスクワに着任して三ヶ月を経た時、ある厄介な情報が大使の机に舞い込んだ。ソヴィエトは、モスクワから二五〇マイル〔約四〇二キロメートル〕西にあるスモレンスク地域から、ついにナチスを西に追いやったので、その地域においてドイツが犯した戦争にまつわる残虐行為を査定するため、調査委員会を派遣した。そこで、ソヴィエトは非人道的な残虐行為の奇怪な遺物を発見した。何千人ものポーランド兵の死体で満たされた合同墓所だった。一九四一年以来、その地域を占領していたナチスは、一九四一年晩夏、ポーランド人たちを明らかに組織的に処刑したのだった。そして、スモレンスクからちょうど一〇マイル〔約一六キロメートル〕のところにあるカティンの森の、羊の丘と呼ばれる、かつては森林地帯のピクニック場であったところに埋葬した。

しかし、ナチスは、まさしくそれらの遺体を一年前に発見した、と主張した。彼らの説明によれば、一九四三年春、ドイツがソヴィエトと東部戦線で激突した時、ナチスはカティンの森で怪しげなものを偶然発見した。それは一九四〇年以来行方不明となっていたポーランド士官たちの遺体を含む合同墓所の上に植えられた、松の若木の小区画だった。ナチスは、連合国の間に不満の種をまくため、この機会に乗じた。彼らは自分たちが発見したことを公表し、残虐行為に対する責任を全面的にもっぱらソヴィエトに置き、イギリスとアメリカが彼らの相棒〔であるソヴィエト〕を非難し、東へ押し戻してくれることを期待した。ソヴィエトはナチスの非難を否定したうえで、責任を反転させ、ナチスこそ、ソ連への猛攻撃の最中、ポーランド人たちを殺害したにちがいない、と主張した。自分たちが無罪であることを証明しようと決意し、ソヴィエト政府は、モスクワ在住の海外記者団を現場に案内し、証拠をみせる、と申し出た。記者たちは自分たち自身で結論を出せるだろう。とはいえ、間違いなく、彼らはソヴィエトの説明が真実であると知るだろうが。

ソヴィエトの招待は明らかに報道関係者向けだったが、ハリマン大使は自分の部下の一人をその場に立ち会わせ、報告させたいと望んだ。もし彼が、独自に情報の真偽を確かめるため、アメリカ人の医師あるいは軍医官を現場に行かせる許可を求めたとしても、彼の要望は拒絶されるにちがいない。*26 彼は自分が信頼でき、なおかつソヴィエト政府が拒否できない者を必要とした。彼は二六歳の自分の娘に白羽の矢を立てた。

連合国の大使の娘であり、またモスクワの外交界隈において好評を得ていたので、キャシーを一団のなかに加えることに反対するのは難しかっただろう。以前は戦時通信記者だったので、彼女は、ロンドンの病院で多くの負傷し、身体の機能の一部を失った軍人を目にしていた。そのため、大量殺戮に対し、いささか感度が鈍っていた。彼女はまた、アメリカとイギリスとスペイン、チェコスロヴァキア、そしてポーランドにまで及ぶ国々を代表する、彼女以外のほかの一七名の西側のジャーナリストたちとも親しかった。*27 とはいえ、彼女はただ一人の女性となるだろう。ハリマンはソヴィエト政府に書簡を送り、彼女と、彼女に随行する、大使館付きの書記官の一人であるジョン・メルビ〔一九五三年まで国

〔務省に勤務したが、共産主義との繋がりが騒がれたリリアン・ヘルマンとの親しい関係のために解雇された〕を旅の一行に加えてくれるよう要望した。彼の要望は受け入れられた。

キャシーはこの重要な任務を意気込んで引き受けた。モスクワに到着して以来、彼女は仕事には事欠かなかった。臨時の外交官、女主人、報道官、そして通訳官として、キャシーは、当初の三ヶ月間、疲れも知らず身を粉にして働き、職員不足の大使館が戦争情報局および国務省から派遣される新しい人員の到着を待っている間、彼女を必要としている部署ならどこでも、その穴埋めをしてきた。[*28] しかし精神的に刺激となる仕事はめったになかった。そして、彼女は、モスクワを囲む環状線の向こうにあるものを見たくて、うずうずしていたのだ。今が重要なことをするチャンスであり、クレムリンの影の及ばない本当のロシアを見るチャンスだった。

キャシーとジョン・メルビと通信記者たちを乗せた列車はゆっくりとモスクワを離れた。スモレンスクはほんの二五〇マイル〔約四〇二キロメートル〕先に過ぎなかったが、鉄道が被害を受け、残された数少ない線路は非常に混雑していたため、そこに着くまでに一八時間以上を要した。[*29] 前線に物資を送る護送車両が優先されたため、キャシーの乗った列車は、側線〔本線以外の線路で、貨物の積み下ろしや編成替えに利用する〕あるいは爆撃で完全に破壊された駅で、護送車両が通過するのを待って、何時間も足止めをくった。この地域では、一月の日照時間が短いため、キャシーらの一行は大部分闇の中を旅し、田舎の景色を見ることはほとんどなかった。

やっとのことで、報道陣はスモレンスクに着いたが、そこで衝撃的な光景が彼らを迎えた。ここで行われた破壊に比べれば、ロンドン大空襲で破壊されたロンドンはよちよち歩きの子供がむかっ腹を立てた育児室程度だった。このロシアの小都市に以前建っていた八〇〇〇[*30]の建物のうち、残ったのは三〇〇だけだったのだ。[*31]「爆撃されたイギリスの町と比べると」とキャシーはメアリとパメラに手紙で書いた。スモレンスクは「完全に死んで、人気がないような感じを与えます」。戦前の人口のほんの六分の一だけが破壊された都市に残っていた。人々は、廃墟となった家々の下の地下室に避難し、最低限必要な食糧で食いつなぎ、今焦らず一歩ずつ目の前にあることに取り組んでいた。日々の生活の唯一の兆候は、「一階の窓から突き出ているストーブ用の管から通りに吐き出される煙」だけだった。

スモレンスクで、キャシーと報道陣の一行は案内係に会った。[*32] 案内係はドイツ人でさえも長すぎると考えたと思われる肩書を有していた。侵略者たるドイツのファシストによるポーランド士官たちの銃殺の状況を確定・調査するための特別委員会事務局長。スモレンスクを一通り案内した後、彼は西側の立会人たちを車へ導き、西部戦線方面へ向かって車を半時間ほど走らせ、それから最近植えられた松の小森に入っていった。[*33] ソヴィエト政府の一番の「見世物」が始まろうとしていた。[*34]

報道陣の一団が車から出ると、圧倒的なにおいが彼らを大の字に気絶させんばかりだった。冬の松の木々のすがすがしい香りというより、腐敗した肉の悪臭があたりに充満していた。[*35] ソヴィエト人たちは七つの合同墓所を開け、すでに七〇〇体以上の死体を掘り出していた。[*36] ソヴィエトの役人がキャシーに伝えたように、凍った大地に一万五〇〇〇体ほどが埋められているようだった。

おそらくエイヴレルは、キャシーがそのような身の毛のよだつ場面に慣れているだろう、と思っていた。というのも、彼女は戦時報告をしていたし、例えば、「形成外科は火傷をおった王立空軍パイロットに奇跡を起こしている」[*37] のような題名の記事を書いていたからだ。この記事の中で、キャシーは、彼女がインタビューしたパイロットたちについて書いていた。彼らは、搭乗した飛行機が撃墜された時、拷問にかけられるような火傷により、身体の一部の機能を失った。「昨年の九月、私はロングアイランドの浜辺で日光浴をしていました」とキャシーはつづった。「携帯用ラジオがイギリスからの報道をそのまま伝えていました。はるか彼方からの声は、自分たちの国を守る戦いで、炎に包まれて撃墜されたパイロットたちについて語っていました……アメリカでは、それ以上のことは何も聞きませんでした」。イギリスで、彼女は撃墜されたが生還したパイロットたちと面会した。読者の繊細な感情を害さないよう、彼女は楽観的な筆致を用い、傷だらけの顔から覗く目の背後にある希望の光を強調した。しかし、彼女は姉に、顔が全部崩れてしまった兵士たち、あるいは、一本でも指が残っていればの話だが、火傷を負った指が反り返ってねじ曲がり、一つに結合してしまった兵士たちについて、本当のことをすべて吐露した。「耳もないし、まぶたもないし、そのうえ、鼻といえるものがほとんど残っていない、二一歳くらいの子に話しかけるのはなまやさしいことではないわ」[*38]と彼女はメアリに語った。「こちらがどう感じているのか、向こうにわからせられないの」。

エイヴレルもまた若いころ――実際問題として、当時、彼はキャシーよりずっと若かったのだが、心を動転させる経験を積んだ。日露戦争〔一九〇四年〜一九〇五年〕後、一三歳の時、彼自身の父親と日本を旅行していた最中、彼は危うく暴力的な抗議行動に巻き込まれそうになった。[*39]彼は、怒り狂った日本人の市民たちが彼の父親のアメリカ人の友人、二人の頭めがけて石を投げつけるのを目撃した。襲撃者たちは、日露間の講和条約の調停役を務めたテディ・ローズヴェルトが日本を不利にして、不当極まりない仕打ちをした、と感じたのだった。同じ日本訪問の最中、エイヴレルは、暴徒が、明らかに講和条約担当と思われる、日本政府大臣の家を焼き払うのを見た。本人は裏の塀を乗り越えてかろうじて逃れた。

しかし、エイヴレルは実業家気質の人だった。彼は信頼に足る、立派な社会的地位のある人物を必要としていた。そして、彼が最も信頼していたのは、同僚でもあり、娘でもあるキャシーだった。キャシーをこの任務に送る利点がもうひとつあった。大使の娘として、彼女は権威筋にあたるので、彼女が報告することは尊重されるだろう。一方、彼女はアメリカ政府の公式の代表ではなく、純原理上、政府を代弁できない。仮に彼女の報告がソヴィエトとの良好な関係を危険にさらすようなものを含んでいたなら、そして、良好な関係を築くことが大統領の最重要な目的なのだが、ハリマンとローズヴェルト政権はもっともらしい否認の権利〔違法であるか、倫理に反することに明らかにかかわっていたとしてもその物的証拠がなければ、かかわりを否定できるとする考え〕を主張し、受けるダメージを防止できるだろう。

エイヴレルの考えがどうであったにしろ、彼は、想像を絶する恐ろしい行為を目撃させるため、娘を送った。キャシーは、ソヴィエト人たちが砂っぽいオレンジ色の土壌に掘った、いくつもの穴のふちに立っていた。穴はおおよそ二五フィート〔約七・六メートル〕の四角形で、深さは三から一〇フィート〔約〇・九メートルから約三メートル〕だった。[*40] 見下ろすと、遺体のいくつかは、積み重ねた薪のように、六体から八体を縦に、きちんと列をなして置かれている一方、ほかの遺体は山をなして累々と横たえられているのが見て取れた。[*41] 遺体は「腐敗の進み具合が様々[*42]」だった。死後、かなりの時間が経過していることに疑いの余地はなかった。[*43]

その後、一行の案内係はキャシーとジョン・メルビと通信記者団を暖房の利いたテントへ導いた。[*44] そこでは、一一チームの医師団が一日あたり一六〇体の死体解剖を行っており、何百体もの遺体がテーブルの上に横たえられていた。それぞれの医師は自分が発見したことを大使の娘に示す特権を得ようと望んだので、キャシーはほかのどの記者よりも多くの検死に立ち会う羽目になった。[*45] とりわけひとつの検死証拠が彼女の心に残った。医師は、彼女がメアリとパメラに書き送ったように、「前びさしのある白い帽子と白いエプロンとゴム製の手袋を身に着けたシェフのように見えました。[46] 味を楽しむかのように、彼は、薄切りにしたポーランド将兵の脳を私たちに見せたのですが、視察に給するため注意深く晩餐用の皿に盛られてあったのです」。死体の保存状態はよい、と医師たちは説明した。真鍮製のボタンに打ち出された帝政ポーランドのワシ同様、彼らの軍服の青みをおびた灰色の色彩はまだ識別できる。[47] 氷点下の気温であっても、カティンの森にみられる土壌の状態における腐敗の速度を考慮すると、筋肉の色および死体に残された髪の毛の量は、遺体が二年以上地中になかったことを示唆する。[48] それゆえ、ナチスが主張しているように、四年近く前に、ソヴィエト人がこれらのポーランド人を殺害したとするのは不可能だ、と医師たちは結論づけた。それから、医師たちはポーランド人たちの処刑のされ方を指摘した。すべての骸骨の後頭部に弾丸の穴がひとつあいていた。硝煙反応は銃が至近距離からまっすぐ発射されたことを示している。いくつかの骸骨には、額の真上に二発目の弾丸の穴があった。

　次に、案内係は遺体のポケットから回収された証拠を一行に提示した。死体を葬る前に、ドイツ人はポーランド人から貴重品や所持品をはぎ取ったが、何通かの手紙やレシートをとりそこなった、[49] とソヴィエト人たちは説明した。それらは古いもので一九四〇年六月の日付があるが、新しいものは一九四一年七月までしかない。

　最後に、西側の記者団は、目撃者の証言を聞くため、近くの別荘《ダーチャ》に連れて行かれた。[50] 部屋は暑かった。そして、一連の出来事を記録する映画カメラのために、まばゆいばかりのライトが証人たちに向けられていた。キャシーと通信記者団は五件の証言を聞いた。その中には、ドイツ人たちがこの別荘を占領した時、そこでメイドとして働くことを強要された女の子の証言が含まれていた。彼女は、近くの森から、単発の銃声が続けて響き渡るのを、何度となく聞いた、と主張した。別な証人はゲシュタポ士官と交わした会話を思い出した。「ポーランド人は有害な国民で、劣っている」[*51]と、ドイツ士官はその男に語ったようだった。「それゆえ、ポーランド住民は肥料として以外に有用な使い道はありえなく、そうなれば、ドイツ人の生活空間を広げる余裕が生み出せるのだ」。

キャシーには、証人たちの陳述は「空で覚えたかのように、ぺらぺらと口先だけ」[*52]のように思えた。記者たちが証人に質問しようとした時、ソヴィエト人たちは不承不承質問を許したが、証人たちは一転「ためらうようになり、口ごもったので、特別委員会によって退散させられてしまった」。真夜中ちょうどに、「特別委員会と報道陣との間の少なくとも半分なごやかな」雰囲気は「霧散し」、ソヴィエト人たちは、モスクワ行きの列車がきっかり一時間後に出発する、と「突然告げた」。訪問客たちはそそくさと駅へ追い立てられ、送り出された。

モスクワへの帰りの旅の間、キャシーは、ナチスが罪を犯したのだというソヴィエトの主張の証拠そして反証となる証拠を双方吟味してみた。検死からえた情報に関しては、キャシーには医学の専門知識がなかった。[*53]彼女には医師たちの主張を真実であると証明する手立てがなかったが、客観的な科学者として、彼らの話を受け入れざるを得ないと感じた。

もしポーランド人たちが夏に処刑されたとしたら、彼らが厚地の外套と長ズボン下を身に着けて埋葬されていたのは奇妙だった。[*54]しかし、ソヴィエト人たちは一九四一年夏までさかのぼる日付の手紙が死体にあるのを発見した。それらの手紙はあざむく目的で置いておかれた可能性はあるが、長い間死体とともに埋もれていたような臭いがしたのは確かだった。[*55]さらに、ポーランド人たちの処刑のされ方の問題がある。一貫して頭部の後ろ側に一発。その当時、キャシーが「典型的にドイツ的」[56]だと信じた効率性を示すものだった。ドイツ人たちが大量処刑のもっと恐ろしい方法を実行したことをキャシーが知ったのは、翌年の夏、一九四四年八月のことで、一群の通信記者たちが、マイダネク〔ポーランド東部のルブリン市の南東郊外にあったナチスの強制収容所〕における戦争中の残虐行為に関して報告する特別任務から、モスクワに戻った時のことだったのだ。[57]そこは言語を絶する恐怖の収容所で、ソヴィエト人たちがルブリン郊外で発見し、解放したのだった。

　キャシーがスパソハウスに戻った時、エイヴレルは彼女に、彼女が目撃したこと、および彼女がそのような目撃をもとに下した結論を報告書にして書くよう求めた。[58]「いくつかの点でロシア側の証拠が不十分であること、証拠の組み立て方がひどいものであること、そして、この見世物が、独自に調査する、ないしは検証する機会もなく、通信記者団の便宜のために上演されたものであったことは明らかである」[59]と彼女は書いた。「特別委員会および証人たちによって提示された証拠となる根拠は詳細にわたり、綿密だった。そしてアメリカの基準からすると、あまり価値がなかった。私たちは、彼らがそれは真実だというがゆえに、ソヴィエト高官たちの主張が真実であることを受け入れるよう期待されていた。それにもかかわらず」と彼女は論じた。「ポーランド人たちはドイツ人たちによって殺害されたというのが私の見解である。このことを支持する最も説得力ある証拠は、殺害が行われた、組織だったやり口だ」。エイヴレルは彼女の発見にも、あるいはその発見に対する彼女の解釈にも議論をさしはさまなかった。情報は彼が信じたいと思っていたことと合致していた。彼はモスクワに着任して三ヶ月も経っていなかったうえ、ソヴィエト政府と実効ある関係を築こうと決心していた。それはローズヴェルトが望んでいたことでもあったのだ。彼はキャシーの報告をワシントンへ、直接国務省へ伝達した。[*60] キャシーの報告と結論は国務省の公式記録の一部となった。

たった一つ問題があった。キャシーは間違ったのだ。彼女の父親や彼の同僚たちがソヴィエトの体制に対する疑念を持ち始めるよりずっと前、戦争の初期に、キャシーはそれを警戒するようになっていた。しかし、彼女の前に多くの人々がそうであったように、キャシーはスターリンの嘘にだまされたのだ。自分がだまされたと確信した時、キャシーは一言も口にしなかった。八年後になって初めて、アメリカ議会の公聴会において、あの日、森の中で、自分が誤った結論に達した、と公に認めることを彼女は強いられた。

「不治の病人」の安楽死から何百万人ものユダヤ人の殺害に至るまで、ナチスは人道に反する数えきれない罪を犯したが、カティンの森の大量殺戮は彼らが犯していない罪だったのだ。一九三九年九月、当時、モロトフ＝リッベントロップ不可侵条約の下、同盟関係にあったソ連とドイツはポーランドに侵攻し、ポーランドを両者で分割した。赤軍は、兵士、知識人、貴族階級を含む、何千人ものポーランド人を捕虜にした。ソヴィエト支配に盛んに反抗する手段と執念のありそうな者はだれでもだった。それほど多くの「国家の敵」を手中に収めたので、ソヴィエトの指導者たちは絶好の機会を得たと悟った。彼らはポーランドの支配階級を一掃することから手を付け、そうすれば、戦争が終わった暁には、国を支配するのがずっと楽になるだろう。スターリンはＮＫＶＤに目を向けた。彼はベリヤに、二万一八五七名におよぶポーランド士官たちと政治的指導者たちと教養あるエリート階級の人々を処刑するため、機関員を派遣するよう命じた。[*61] 三人のＮＫＶＤ機関員が仕事にかかり、おのおのが一晩につき二五〇人を殺害した。[*62] その際、殺害の罪を負う者を創り出すため、ドイツのヴァルター社製

〔ドイツの銃器メーカー〕の拳銃を使い、一人一人を頭部の後ろから撃つことを徹底させた。殺害によって、ポーランド士官団は根絶させられた。その半数が墓に朽ちて横たわっていたのだ。それほどの規模の秘密は大きすぎて、長時間、秘密であり続けることはできなかった。ほどなくポーランド士官団の半数が消えたという噂が広まり始めた。ソヴィエト政府は曖昧な説明を行った。すなわち、それらの士官たちはスモレンスク近郊の「建設作業に従事している」[63]とか、あるいは「東部シベリアへ送られたが、それ以後消息を絶った。おそらく国境を越え満州へ向かったのだろう」とかだった。

　一九四三年秋、赤軍がスモレンスク地域からナチスを掃討するやいなや、ソヴィエト政府は自分たちが行ったことを大急ぎで隠し始めた。彼らは墓を再び開け、殺害できたのはナチスだけであるという動かしがたい証拠として、一九三九年から一九四〇年までの日付の手紙を抜き取り、その代わりに一九四一年以降の日付の手紙やレシートで入れ替えることによって、証拠を歪曲したのだった。この証拠と思しきものにもかかわらず、ロンドンのポーランド亡命政府は懐疑的だった。ロンドンのポーランド人たちが赤十字による独自の調査を命じた時、ソヴィエト政府は、彼らの要求は「調査喜劇」[64]だと呼んだうえ、ポーランド人はドイツ人たちと結託していると非難して、国交を打ち切った。

　ソヴィエト政府の抗議はさておき、イギリスとアメリカは彼らの同盟国が嘘をついていることを示唆する豊富な証拠をすでに受け取っていた。それは、エイヴレルが彼の娘をカティンの森で行われた残虐行為の結果を目撃しに行かせる前のことだったのだ。キャシーの出した結論は、連合国側が信じることを選択した嘘を補強するのに手を貸してしまった。西側の連合国は、西部戦線でイギリス軍とアメリカ軍がナチスに対する攻撃を開始する準備が十分整うまで、東部戦線でソヴィエトがドイツの矛先を吸収してくれることをぜひとも必要としていた。[65]西側は途轍《とてつ》もなく巨大な道義上のジレンマに直面していた。ナチスに対する戦いにスターリンの軍事的貢献がどうしても必要である間、彼らはどのような犠牲を払っても彼と疎遠になるのを避けるべきか。それとも、彼らは、西欧民主主義の道徳原理に従い、この協力関係を危険にさらすべきか。

きわめて不満であった上、不承不承ではあったが、イギリスとアメリカ両政府はソヴィエト政府の主張に異を唱えないことを選択した。ロンドン在住のポーランド人たちと直接仕事をしていた人々がその決断の明々白々な偽善を最も痛切に感じた。亡命ポーランド政府付きのイギリス大使であったオーエン・オマリーはアンソニー・イーデンに、「連合国の連携という体裁を整えること、およびロシアのドイツに対する英雄的な抵抗が途轍もなく重要」であるため、「人殺したちが大量殺戮を覆い隠すため針葉樹の若木を利用したのと同じように、実際、我々はイギリスという名誉ある名称をやむを得ず用いたのです」[*66]と書き送った。決断は身を引き裂くものであったが、チャーチルとローズヴェルトは、ソヴィエトとの協調の先行きを保証すること以外、他に選択肢はなかった。なぜなら、戦争に勝つため、それは不可欠だったからだ。イギリスとアメリカがソヴィエトの犯した残虐行為をどんなに忌み嫌ったとしても、ナチスを倒すことが最重要だった。チャーチルがローズヴェルトへ書き送ったように、「苦痛にあえぐ世界にとって、これ以外にどのような希望がありえたでしょうか」[*67]。

第一二章　一九四五年二月六日

アナは、午前八時に目覚め、長い廊下《ホール》を警備するソヴィエトの兵士たちやアメリカの水兵たちの前を通って、キャシー・ハリマンと共同使用の浴室に向かった。公式会談の三日目にあたるこの日までには、彼女の日課《ルーティーン》が出来上がっていた。まず、彼女は「一日おき入浴」[*1]をすばやく済ませた。その後に、コーヒー、オレンジジュースと固ゆでたまご（彼女は、一人のフィリピン人の食堂下士官を説得して、朝食を彼女の部屋に届けさせていた。そうすれば、キャビアを避けることができたのだ）。それから、彼女は、夜の間に集まったニュース、その日の協議事項に関する案、そして、本会議に付随して、外相間で行われる会合に関し、どのような情報であろうと拾えるもの、それらを収集するために、ホプキンズ、ハリマン、そして報道官のスティーヴ・アーリーの部屋を回った。「小麦の実をもみ殻から脱穀[*2]」［すること］によって、彼女は、父親の知る必要があると感じたことを、手短に報告できた。それによって、毎朝、父親が私室で我慢して会わなければならなかった訪問者の数を減らすことができた。しかし、そのすべてが仕事のために行われた、というわけではなかった。父と娘はまた、ユーモアの豊かなセンスを、共有していた。内輪では、アナは、人をまねるのがとびきり上手で[*3]──特に、尊大な人間──彼らの表情や口調や特徴のあるしぐさをまねた。それは、彼女がFDRから受け継いだ才能だった。FDRは、形態模写を一つ二つすることが知られていたが、それは分別をわきまえて行われる時だけに限られていた。アナはまた、父が気の利いたおしゃべりほど好きなものはないことも知っていた。そこで彼女は、父親の一日の始まりを明るくするために、「彼にとって面白い、あるいは興味深いと思われる……ゴシップなら何でも[4]」聞き漏らすまいと、耳をそばだてていることにした。

ヤルタの朝は決してゆったりとしたものではなかったが、アナにとって、今日はとりわけ朝食に時間をかけてはいられなかっただろう。今日は連合国にとって重大な日となる可能性があったのだ。三巨頭はついに、国々を結束させて、世界規模で平和にかかわり合う機関を結成することについて議論するだろう。それはＦＤＲが情熱をこめてかかわってきた計画だった。しかし、彼らはまた、一九三九年九月、まさにイギリスをドイツに宣戦布告させるに至らしめた問題、ポーランドの統治権の問題を議論することになっていた。四年半が経過した今、一九三九年の懸案事項はこれまで以上に差し迫ったものとなっていた。ポーランドは相変わらず、てこの支点であり続けた。連合国がその問題をどう扱うかによって、世界は、平和な未来へ向かうのか、それともさらなる紛争の数年へ向かうのか、どちらにも傾く可能性があったのだ。

そのように重要な日であったので、アナは父親の傍にいたいと切に願ったかもしれないが、彼女は大統領の世話をマッキンタイア医師とブルーン医師に任せた。「三小巨頭《リトルスリー》」は[5]、人々が三人の娘たちを「三巨頭《ビッグスリー》」に対してそのように呼ぶことになっていたのだが、黒海沿いの歴史的な町を訪ねる旅の計画を立てており、アナは置き去りにされるつもりはなかった。

アナは、情報を収集したり、雑用を委嘱《いしょく》したり、父親が語るその日の先の見通しに耳を傾けたり、父親のために彼の枕元に置く備忘録[6]を書いたり、その日の午後に予定されている、父親がチャーチルとともにとる昼食を準備したり、あちこち駆けずり回って、「午前中いっぱいがむしゃらに働いた」[*7]。それは、ヤルタに着いて以来、二人の指導者の最初の内々の会合となるだろう。ホプキンズとバーンズが二人に加わり、そしてイギリス側ではアリグザンダー・カドガン卿〔イギリス外交の長老〕が、加わるだろう。ハリマンもやはり参加する予定で、必要とあれば、最後の詳細をつめることができるだろうし、[*8]（エゴ・マネジメントの助言も提供できる）だろう〔エゴ・マネジメントは二〇世紀初期から心理学や経営学分野で進化してきた概念。自我を状況にあわせてコントロールし、自分がリーダーシップをとるべき時か、引き下がって、みなの意見に耳を傾けるべき時かを見分ける能力を意味する〕。一〇時三〇分、ついにアナは仕事から解放され、キャシーとセアラに合流した。三人の娘たちとシークレットサービス所属の彼女らの警護、ガイ・スパーマン〔ハリー・トゥルーマン大統領一家《在任一九四五年から一九五三年》にも、信任が厚かった〕は、ソヴィエトの運転手とともに、車へすぐに移動した。三人ともオーバーコート——セアラはまたしてもＷＡＡＦ（空軍婦人補助部隊）支給のダブルの標準仕様の士官用外套[*9]に、アナは実用本位のツイード、そしてキャシーはしゃれた毛皮の襟のついたウールのコート——にくるまり、凍てつく中、クリミア半島の南岸を経由してセヴァストポリの町へ向かう三時間の旅へ出発した。

最短距離で五〇マイル〔約八〇・五キロメートル〕も離れていなかったが、セヴァストポリへ向かうには、ヤルタへ来る途中、彼女たちが我慢して乗り切った、壊れた道路や急カーブの一部を通らなければならなかった。「本当に曲がりくねっていました」[*10]とセアラは母に書き送った。道は、起伏の多い、森林でおおわれた山々の、自然そのままの峰々とそれらの間の狭い谷間を押し進み、行く手に広がる景色は震え上がるほど印象的だったので、キャシーはそこで写真を一枚、スクラップブックのために撮っておいた。そのたった一枚の写真に、キャシーが数えて一五はくだらない、つづら折りの多い山岳道路が前方の山々を縫うように蛇行していた[*11]。行程の途中、彼女らはバイダル峡谷〔セヴァストポリの南西一六キロメートルに位置する〕の近くを通り過ぎた。そこでは、何百両ものドイツ軍戦車がさびて横たわっていた。[*12] 前年の春、ナチスによるクリミア攻勢の際、ソヴィエト軍がそれらの戦車を破壊したのだった。ソヴィエト軍は死体を片付ける時間も使える働き手も無駄にできなかったので、戦車の多くにはドイツ兵の遺体が残っていた。

　旅の行程の三分の二を進んだところで、運転手は曲がる方向を間違えた。人気のない山岳道路で、方角を教えてくれる通行人がいなかったため、一行は早々と迷子になった。そうこうするうち、一行は幹線道路からはずれたところにある小さな町へ向かう道に出た。外国人の訪問客から見ても、この今にも崩れそうな町には何か親しみを感じるものがあった。最初それと実感できなかったが、彼女らはイギリスの学童ならだれでも知っている場所に偶然出くわしたのだ。バラクラヴァ、まさしくその名前は伝説のものを呼び起こす。「イギリス史について、あなたを試す必要はないと思うのですが」[*13]とキャシーはパメラに書き送った。急な勾配の丘に挟まれた長くて狭い谷間に守られたバラクラヴァはイギリス陸軍の最も名高い戦闘のうちのひとつの戦場だった。一八一五年、ウェリントン〔初代ウェリントン侯爵アーサー・ウェルズリー。トーリ党を率いて一八二八年から一八三〇年首相〕がナポレオンに勝利したウォータールー〔ワーテルローの英名〕に次ぐ、おそらく、二番目に有名な戦場だった。しかし、ウォータールーが勝利によって不滅のものとなったのに対し、バラクラヴァは敗北の記憶、そして勇敢なつわものたちの死の記憶に包まれていた。

　真っ赤な流血が続く限り、血はクリミア半島中で流される運命にあるようだった。ヨーロッパの大帝国は互いに、最初に一九世紀、そして再び二〇世紀に、勢力の均衡を自分たちに有利な方に傾けようと心血をそそぎ、クリミア半島で激突した。ロシアは、大強国になるのに必要な領土と資源と人口を持ちながら、比較的小国であったイギリスを世界最大の帝国にした、海への容易なアクセスを持たなかった。それは、北方へは氷によって、南方へは砂漠と山々によって、東方へは日本海軍の勢力によって、阻まれたのだ。そのため、ロシアの地中海および大西洋への唯一の通路は黒海だった。そこが国境を越えて勢力を伸ばす鍵だった。クリミア半島とそこの不凍港を確保することは、優に一世紀以上にわたって、ロシアにとって戦略上必須の重要性を持っていた。そして、ロシアに敵対する側の目的は、ロシアが渇望する海へのアクセスをロシアから奪うことだったのだ。

クリミア戦争は、フローレンス・ナイティンゲールが前線における医療を画期的に進歩させたこと、そして戦場報道記者と戦場報道写真家が出現したことで知られるが、一八五三年から一八五六年にかけて、イギリスとフランスとオスマン帝国の連合軍対ロシアの間で戦われた。ロシアが領土を広げ強力になるにつれて、イギリスとフランスは日の出の勢いのロシア帝国を封じ込め、勢力の国際的均衡を保とうとした。二年半の間、四ヶ国はロシア帝国の西の端で争い、クリミア半島においていくつかの最も熾烈《しれつ》な戦闘を繰り広げた。

クリミア戦争は、一八五四年一〇月二五日朝に生じた大惨事〔バラクラヴァの戦い〕により、イギリス人の文化遺産として記憶に残った。その日、六七〇名のイギリス軽騎兵が谷間のロシア砲兵隊を攻撃したのだった。雷鳴のようにとどろく騒音と混乱の中、退却するオスマン帝国軍の火砲を守れ、というイギリス指揮官の命令は、ロシア砲兵隊を正面攻撃せよ、という指示と取り違えられた。それは自殺行為だった。軽騎兵旅団は、遮蔽物《しゃへいぶつ》のない開けた谷を横切って攻撃したので、ロシア砲兵隊は、刈り取り機の前の穀物のように、兵士たちをなぎ倒した。退却を余儀なくされる前に、旅団の四割以上が、無謀な突撃で、殺されるか負傷した。戦闘はほんの二〇分も経たないうちに終わった。指揮官たちがよい評判を回復することは決してなかったのだが、六週間後、騎兵たちはイギリスで国民的英雄となった。桂冠詩人であったアルフレッド・テニスン卿が、ほぼ確実な死を目前にした軽騎兵の勇敢さを、忘れようのない詩で謳いあげたのだ。テニスンの詩は世界中で鳴り響き、軽騎兵旅団の兵士たちはほとんど伝説的と言ってよいほど有名人になった。

軽騎兵旅団、前へ！
勇気のくじけた者が一人でもいただろうか？
誰かが大失敗をしたなんて
兵士は知りもしなかったのだ。
問いに答えるのは彼らの本分ではない、
なぜと問うのも彼らの本分ではない、
行動、そして死ぬことが彼らの本分なのだ。
死の谷に向かって
六〇〇名は馬を駆った。

ロンドンのハロウ校〔大ロンドン《首都ロンドン全域を指す名称》の北西部にある名門パブリック・スクールで、歴史・伝統のある名門九校《ザ・ナイン》の一校〕やサンドハースト王立陸軍士官学校〔イングランドのバークシャー州東部のレディング近くの村、サンドハースト所在〕で学んだ多くの子供たちのように、ウィンストン・チャーチルは、子供の時、テニスンの「軽騎兵旅団の突撃」を読んだ。[*14] 彼が、キューバやインドやスーダンにおける、そして最も有名なのは南アフリカにおける戦場で、彼自身が行った勇敢で、時に無鉄砲な目を見張る働きの背後には、帝国のこれらの英雄たちから受けたインスピレーションがあったことに疑問の余地はない。南アフリカにおいて、彼はブール戦争〔南アフリカの植民地化を巡るイギリスとトランスバール共和国およびオレンジ自由国との戦争《一八九九年から一九〇二年》〕の敵側捕虜収容所から逃亡し、国中で行われた集中的捜査をかいくぐって、自由に向かって脱出した。

彼の娘と二人のアメリカ人の連れがバラクラヴァを見晴るかした時、テニスンの詩が頭をよぎったことだろう。今や死の谷は、クリミア半島中に見られる、戦闘の爪痕の残るほかの戦場と何ら変わりはなかったが、そこは、何世紀にもわたって命を顧みず、無駄にしてきたことを思い起こさせる警鐘となった。いたるところに、つい最近行われた大量殺戮の痕跡があったのだ。爆弾でできた穴が地面をおおっていた。[*15] 大砲の現代版であるドイツ軍の対戦車砲は、進撃してくるソヴィエト軍の前線に向かって弾幕射撃を雨あられとあびせるため、以前は台車上に据えられていたのだが、[*16] くず物集散所に捨てられた金属のように折れ曲がり、潰れて横たわっていた。墜落した飛行機の横に、墓が掘られていた。[*17] 最新の戦闘で地面から掘り返された、クリミアにおけるそれ以前の紛争の犠牲者の骸骨さえ、時折見られたのだ。

女性たちが戦闘の痕跡を見つめている間に、運転手は進路を定めなおした。ほどなく、彼は幹線道路へ戻る道を見つけた。バラクラヴァの亡霊たちを後に残し、一行はセヴァストポリへの旅の最後の行程に向け出発した。

クリミア半島の南西の端の湾で、川が海に出会うところに入り江が形成され、天然の港となった。そこがセヴァストポリの位置したところだった。キャサリン大帝の治世以来、そこは、ロシア海軍にとって、戦略上重要な港として機能していた。その精髄ともいえる宝は、軍事指導者であり政治家でもあったグリゴーリ・ポチョムキン〔ロシアの政治家でキャサリン大帝の寵臣〕が設計した、往時は壮大な要塞だった。しかし、セヴァストポリの街の中心で、セアラとキャシーとアナが車を降りて通りに立った時、港町で通常見られる活気あふれる生活ぶりをほとんど目にすることができなかった。どこを見ても、彼女らの目に入ってくるのは、瓦礫の山だったのだ。

バラクラヴァ同様、クリミア戦争の間、セヴァストポリは侵略にさらされた。一八五四年冬、レフ・トルストイという名の二六歳の砲兵隊士官はセヴァストポリの包囲攻撃に巻き込まれた。後に彼はその時の記憶を、この町を土台とする一連の短編に、仕立て上げた。町は「ありとあらゆる種類の変化と喪失を被《こうむ》った」*18ように見えた、と彼は記している。この九〇年間で、何も変わっていないように思えた。今回、一九四一年から一九四二年にかけて、セヴァストポリ包囲攻撃の間に、ドイツとその同盟諸国〔ハンガリー、スロバキア、ルーマニアはドイツに協力〕がこの港湾都市に最初の一撃を加えた。それは、バルバロッサ作戦と呼ばれる、枢軸国によるソヴィエト連邦への大侵攻作戦の一部で、侵攻はモスクワ郊外にまで迫った。第二撃は、一九四四年四月から五月にかけて、ソヴィエト軍が敵をセヴァストポリから駆逐した時、赤軍自身の手によって加えられた。

セヴァストポリ出身のソヴィエトの海軍中佐が、市街をめぐるツアーに三人の娘たちを案内しようと、待ち構えていた。著名な訪問客にそれなりの地位の案内係を付けるのは、帝政時代にまでさかのぼるロシアの習わしだった。一八三九年、ロシアをめぐる旅の際、フランス貴族のキュスティーヌ侯爵〔アストルフ・ド・キュスティーヌ。フランスの外交官、旅行記作家〕は、「あなたが宮殿の骨董品をご覧になりたければ、彼らはあなたに侍従を付けます。あなたは彼が称賛するものをすべて称賛するはめになるでしょう。あなたが野営地を視察されたいとしたら、士官が、時には将官があなたに付き従います……要塞でしたら、司令官が自ら案内します、あるいはむしろ丁重にあなたから要塞を隠そうとします……彼らはあなたが望めば何も拒みませんが、どこへ行くにもついてきます。丁重さは、あなたを見張る口実になるのです[*19]」と記している。

海軍中佐が、訪問客たちに自分の町を、その最高の姿で紹介したいと望んだとしても、かつての壮大な港がもはやロシア文化の正真正銘の見本ではない、という事実を隠すことは難しかった。実際、すべての建物が戦闘で破壊されていたのだ。キャシーはパメラに、セヴァストポリにある何千もの建物のうちで、いまだに屋根のあるのはたったの六棟だけでした[*20]、と書き送った。なんであったのか判別できないくらい粉砕されているのは建物だけではなかったのだ。「銅像には首がありませんでした[*21]」とキャシーは容赦なく書いた。「試射でした」。

ヤルタへ列車で来る途中目撃した何十もの、徹底的に破壊された村々を含め、セヴァストポリのようなゴーストタウンを、すでに数多く見てきたので、キャシーはいくぶん超然とした態度でセヴァストポリを見つめたが、アナは少しばかりショックを受けた。アナが夫に「ドイツ軍は、町中に建っている建物のうちで、文字通り六棟だけ残しました[*22]」と書き送った時、彼女は、キャシーが口にした言葉を、そのまま繰り返したのだろう。すでに再建がかなり進んでいたマルタですごした一日を除くと、クリミアに来る以前、アナが戦争の場面に接した唯一の機会はニュース映画〔一九〇八年、フランスで週刊のニューズ映画が上映されたのがニューズ映画の始まりとされるが、第一次世界大戦で従軍カメラマンが現場で撮影したニュース映画が盛んに上映されるようになった。第二次世界大戦後に家庭にテレビが普及するまで、活発に制作された〕と写真を通してだった。「あなた、」と彼女は夫のジョンに告げた。「クリミア半島の半分以上を見て回りました——そしてそこを見なかったら、人がこれほど非道な破壊ができるなど、とても信じることができなかったでしょう。踏みならされた道からはずれたところにある、孤立した農家や納屋さえも、何の容赦もありません」。アナにとって、それは悪意に満ち満ちた破壊のように思えた。

セアラはロンドン大空襲の中で暮らし、また、メドナム王立空軍基地で航空偵察写真を分析していたので、ぺしゃんこに破壊された都市の画像を日常的に見ていたが、セヴァストポリの破壊とその人的被害は彼女の心を深くとらえた。ジャーナリストであったキャシーと編集者であったアナは、職業的な経験を通し、悲劇を報告する際、冷めた距離感を維持する能力を身につけたのかもしれない（かつてピーター・ポータルが、戦争の悲惨な現実に対する彼女のきわめて冷静な態度についてキャシーに書き送ったように、「私は、ジャーナリズムはそのように身の毛のよだつものに対処する、すばらしい訓練だと思うのです」）[*23]。あるいは、単にセアラが二人の連れよりも生まれつき感情表現が豊かだった、そのせいかもしれない。キャシーとアナの手紙が、破壊の大きさについて、論説の水準に達する詳細を伝えているのに対し、セアラの抒情的報告は喚起された感情の深刻さを反映している。彼女の父親の雄弁なことで世に知られた散文、そして人の感情に対する鋭敏な感受性の痕跡がこだまのように、セアラが彼女の母親に綴った、セヴァストポリの描写に鳴り響いているのだ。

セアラは、物理的な破壊によってばかりでなく、その地の人々の妙に楽天的な態度に驚かされた。案内係は、「破壊の跡など全くないかのように、市街中を案内したのです。『これは』と彼は自慢げに言いました、『たいへん美しい教会です』。私たちは傷だらけの建物の枠組みを見つめ、うなずいたのです。『ご覧の通り』と彼は言いました、『セヴァストポリは美しい街なのです』……私たちは唖然として、徹底的に破壊された地域、折れた木々と砲弾の開けた穴だらけの四角形の荒地を見つめました」[*24]とセアラはクレメンタインにあてて記した。破壊された家、記念碑、教会、そして公園と次から次へと彼女らを案内した後で、海軍中佐は立ち止まり、セアラに「セヴァストポリをお好きでしょ」

と尋ねたのだ。セアラは一瞬言いよどんだ。彼女は何と言えばよかったのだろう。彼は、彼女のためらいを、不満のしるしと解した。彼の表情は悄然《しょうぜん》となった。彼に自信を取り戻させようとして、すぐさま彼女は、セヴァストポリが本当に好きですわ、でも、戦争が町に残した傷跡を見ると、悲しい気持ちになります、と告げた。「しかし、なにかしら」と彼女は言葉を継いで、「それは言ってはならないことだったのです。ある方を本当に愛している人が、何か恐ろしい物理的悲劇にもかかわらず、いまだにその方の変わらない、壊れていない姿を見るように、彼はセヴァストポリを見ていたのです」とクレメンタインに語ったのだ。

　彼女は、彼らの町が残骸と化しても、そこにこの地の人々をつなぎとめる、変わらぬ愛情に感銘を受けたが、セアラが最も心を痛めたのは、家や暮らしを失った人たちに対してではなく、別な一団の人たちに対してだった。しかも、彼らに同情する人々はほとんどいなかった。ツアーが終わりかけたころ、セアラはルーマニア人の捕虜たちが「泥まみれの姿で並んでいる」[25]のを見かけたのだ。クリミア方面作戦を通して、ルーマニア第三軍と第四軍は、ドイツのほかの同盟国と共に、セヴァストポリの支配をめぐって、ソヴィエトと戦った。[26]一九四四年、ソヴィエトが港湾都市を奪還した時、ルーマニアはドイツとほぼ同数の損害をこうむった。二万六〇〇〇人の兵士が殺されるか、負傷するか、行方不明と報告されたのだ。戦時捕虜〔ＰＯＷ〕は命が助かって幸運だったかも知れないが、ある兵士たちはおそらく、死ねばよかった、とすぐに思い返したことだろう。ソヴィエトは彼らを強制労働集団へ編成替えした。アメリカ代表団がヤルタへ到着する前の数日間、キャシーが目撃したように、捕虜の何人かは、ナチスが残した廃棄物を庭園から片付けるため[27]、リヴァディア宮殿に送られてきていた。

しかし、セヴァストポリのこの一団は、徹底的に破壊するのに彼らも手を貸した街を再建するという、たいへん骨の折れる仕事に就かせられていた。彼らが瓦礫を「一つ一つ」[*28]片付けながら、通りから通りへ、建物から建物へ移動するのを、キャシーは眺めていた。セアラは初めて、それらの憔悴した囚人たちが、やせ細った一頭の馬に引かれた荷車に置かれたバケツから給される、乏しい一日分の糧食を求めて、列を作っているのに気が付いた。彼女は、バケツに入ったまずそうな食べ物がとても食べられる代物ではない、と見極めた。それらの男たちは明らかに飢えていたのだ。セアラは包囲下にあるということがどのようなものか知っていたし、彼女の父親との会話から、そして彼女が就いた任務を通して、戦争による死傷者数の大きさを十分わきまえていた。しかし、上空一万フィート〔約三〇五〇メートル〕から撮影された、爆撃された工場や輸送線の画像は、五年間におよぶ地上戦の結果を実際に目の当たりにすると、比べものにならなかった。[*29]「ニューズ映画で、同じような希望をなくした人の列を見ましたが」と彼女は母親に書き送り、「現実は恐ろしすぎます」と続けた。敵によせる同情の点で、セアラはとても彼女の父親に似ていた。長く続いた、身の毛のよだつブール戦争が終結に近づいたころ、ちょうど二五歳になったウィンストンは、『モーニング・ポスト』紙に次のように書いた。「賢い、正しい方針は、抵抗する者はすべて、最後の一人に至るまで、倒すことだ。しかし、降伏を望む者であればだれであれ、彼らに許しを与えること、そして友情さえも拒むべきではない。……そこにこそ『名誉ある平和』へ至る最短距離の道があるからである」[*30]。明らかに、ソヴィエトはこのようなものの見方を共有していなかった。

セアラの戦時捕虜たちの悲惨さに対する苦悩はとても激しいものだったので、キャシーはそのことをパメラに伝えた。「彼らの泥まみれの状態を見て、セアラは少しばかり恐慌をきたしたのではないかと思うのです」[31]と綴った。キャシーに同情心がないわけではなかった。それは、単に彼女が、以前、このような場面を数多く見てきたからにすぎなかったからなのだ。彼女がちょっとばかりひょうきんに報告したように、彼女からみれば、ルーマニア人たちはへとへとに疲れる仕事を「のんびりと」こなしているようにさえ見えた。それは、できるかぎりゆっくりと仕事をすることによって、敵に消極的抵抗を示しているかのようだった。加えて、「彼らは私が見たうちで、決して最悪の状態ではありませんでした」。一年前の、カティンの森における経験が彼女の脳裏を離れなかったのだ。しかし、キャシーが冷静であることを学んだ一方、そのような冷静さはセアラの気質ではなかった。

セヴァストポリにおけるセアラについて、キャシーがパメラに伝えた見解は、友人でありパメラにとっては義理の妹であるセアラについて二人が全般的に共有していた意見を反映したものだった。何年にもわたる交流から、彼女らは、セアラが途轍もなく深い感情――ウィンストンから受け継いだ気質――と熱烈な忠誠心の持ち主であることを知るようになっていた。キャシーとパメラは二人とも、彼女の無私無欲の、心の真の寛大さをその目で目撃していた。パメラとエイヴレル・ハリマンとの関係に関して、セアラがどう思っていたかは棚上げして、ランドルフが北アフリカから帰宅したとき、義理の姉パメラの結婚生活とその件にかかわるすべての人々の評判を守るため、セアラは、自分のフラットをパメラに譲って、一時的に引っ越して、ハリマン父娘《おやこ》と一緒に暮らしたのだった。[32]ランドルフは愛しやすい性質の人とはとても言えなかったが、セアラは兄にすべての愛を注いだ。一度などは、ロンドンにおいて、父と軍参謀長らとの晩餐会の席で、ランドルフが酔って感情を爆発させた時、彼を落ち着かせようとして、彼に顔を殴られたことがあったが、[33]その後でも、セアラは彼を愛した。しかし、キャシーとパメラは、セアラの愛情と楽観は必ずしも報いられなかったこと、彼女を最も愛していると主張した人たちによっても報いられなかったことを知っていたのだ。

＊　＊　＊

セアラが彼女自身の生活と名前を父親の生活と名前から必死に切り離そうとしたのは、彼女が非常に父親に似ていたためではないか、と思われる。若いころ、ウィンストンは名を成そうという飽くなき願望を抱いていた。彼は、その目的を戦場で追求し、世界中で帝国が小競り合いを起こした場合、兵士として、また従軍記者として、チャンスを求め、危険に飛び込んだ。危険を犯した甲斐はあった。南アフリカで捕虜となり捕虜収容所から劇的に脱出に成功し、二五歳で国民的名声を得た。セアラが父親に対して抱く愛情にもかかわらず、彼女の一部は、彼女が生まれ育った快適な生活から解き放たれ、自分自身のやり方で自分を開花させたい、と促されているような気がしていた。

彼女の父親同様に、セアラは利発で、有能で、雄弁だった。彼女の兄のランドルフより、むしろセアラの方が、政治家としてウィンストンの後を継ぐのにふさわしく、当然の選択肢であったと思われる。しかし、一九三〇年代には、名家の女性が職業に就くことなど、ほとんど想像できなかった。数は少ないが、例外はあった。一九一九年、アメリカ生まれのナンシー・アスターは、夫の議席を継いだ時、議員として議会に出席した最初の女性となった。そして、その後、二〇人の女性が彼女にならい議員となったが、女性が議員になることは依然として革命的な考えだったのだ。また、セアラのような女性たちに、外交や医学や法律などの分野で職に就くことを可能にする学位を取得するよう勧める環境も整っていなかった。実際、彼女が自分を取り巻く世間を見渡した時、開かれている小道はただ一つのようで、それは演劇界だった。

過度に内気に育った人にとって、演劇界は最も自然で適性にかなった世界とは言えないように思える。しかし、一七歳でパリのフィニシング・スクール〔貴族・上流階級の子女が社交界でデビューするための準備や必要とされる教養を身に付けるための学校〕を卒業するに至り、セアラは「『デビュタントの世界』は……私には物足りない」[*34]と、内心、気がついていた。彼女はある女性と知り合いで、その女性の家族は娘が高名なダンス学校でダンスのレッスンを受けることを許可した。その娘の祖父は、セアラが孫娘とともにダンスのレッスンを受けることを認めるよう、ウィンストンとクレメンタインを説得したのだった。[*35]

　セアラが一一歳の時、彼女の家族が住んでいた邸宅、チャートウェルの下手にある谷で、彼女はいとこたちと目隠しごっこをしていた。[*36]家は丘の天辺に位置し、平坦で刈りこまれた芝地は石の壁で傾斜のある牧草地と仕切られていた。石の壁は、下の草地まで、場所によりけりで、一二から二〇フィート〔約三・七メートルから約六メートル〕の高さだった。セアラが鬼の役をする番になった時、彼女は石の壁までやってくると、ちょうど壁の反対側の牧草地で、いとこたちの話す声が聞こえたのだった。彼女は壁伝いに走って、傾斜がゆるやかな壁の端まで行き、そこから安全にいとこたちを追うこともできた。しかし、そのころまでには、いとこたちはとっくにいなくなってしまうだろう。その代わりに、彼女は衝動的な行動に出た。「ニジンスキー〔ロシアの舞踏家・振付師。一九一一年、『薔薇の精』で、空を飛ぶような高い跳躍を見せ観衆を驚かせた〕のような大跳躍」[*37]を行い、彼女は目隠ししたままで壁から飛び降り、下の牧草地に衝突した。地面までの距離は平屋の高さと同じだった。彼女は怪我したが、それほどひどくはなかった。落下の勢いをそごうとして、彼女は両肩の筋肉に裂傷を負ったのだ。しかし、足を骨折することも大いにありえた――もっと重傷を負ったかもしれない。この体験にもかかわらず、セアラは、未知のものに向かってまっしぐらに飛び込む、勇敢な、無謀ともいえる衝動を決して失わなかった。それはウィンストンと共有する特質だった。彼女は何とかして、世の中に、自分自身の場を作りたいと願っていた。演劇とダンスへの扉がわずかに開くや否や、ためらいもなく、セアラは向こう側にあるかもしれないものを求め、わずかな隙間を走り抜けた。

　またしても彼女は硬着陸したが、才能がなかったからではなかった。彼女のまさに初演について、新聞各紙は非常に好意的な批評を掲載した。ウィンストンは彼女の大志をくじくようなことはしなかった。その代わり、セアラは、無条件に支持を期待してよいはずの二人から、手厳しい批判を受けた。彼女の母親と夫だった。

　クレメンタイン・チャーチルは母親としての役割を果たすうえで苦闘した。彼女は波乱に満ちた子供時代を過ごし、子供たちを出産した後で、産後鬱〔ホルモン変化や疲労、ストレスが原因で、ネガティブな思考や不安が、出産後数ヶ月以内に発生する鬱病の亜種〕をわずらったのかもしれない。彼女は、夫を支えることに全身全霊を傾けていたが、妻と母親の両方の役割をこなすことはひどく心身を疲れさせると感じていた。そして、休息をとり、「過度の精神的疲れ」*[38]から回復するために、しばしば一度に数週間、家族を置き去りにした。彼女は、最初の子、ダイアナの出産後、ベッドから起き上がれるようになるや否や、新生児の面倒をみる看護婦をつけ、夫を置き去りにした。*[39]ウィンストンは、公務を行うため、家族から離れて過ごす時間が多かったが、彼と同じ社会的地位にある大多数の父親たちよりはるかに子供たちの面倒をみており、赤ん坊たちをお風呂に入れさえもした。*[40]一方、クレメンタインがしばしば家を留守にするのは子供たちには、とりわけセアラには、つらいことだった。セアラがケント州の寄宿学校に在籍していたころ、彼女は母親が彼女に会いに来るのを心待ちにしていたし、家に帰れる日を指折り数えて待っていた。「あぁ、愛しいお母ちゃま、とてもお会いしたいのです」*[41]と彼女は書き送っている。「お母ちゃまが来て下されば、本当に素晴らしいのですが……どうか来て下さい、スクールパーティなんかよりずっと素敵です」[*42]。しかし、ほとんど毎回といってよいほど、彼女はがっかりさせられた。

セアラは母をあがめていたが、クレメンタインは強情な娘を理解しようと苦闘していた。セアラの職業の話になると、彼女は、セアラには演劇の「才能も、適性さえも」[*43]ないという、自分の信念を述べるのをはばからなかった。

セアラが彼女の一座のスター俳優であるヴィック・オリヴァーと恋に落ちたのは、彼女が演劇界に入って間もないころだった。このカリスマ的なユダヤ系オーストリア人のミュージシャン兼喜劇役者は、セアラより一八歳年上で、離婚していた——おそらく二度の離婚歴があった。セアラにとって、これまで恋愛はたやすいものではなかった。彼女と同じ社会的階級の男性たちを父と比べた時、彼女は彼らをひどく退屈に感じた。しばらくの間、彼女はディック・シープシャンクスと付き合った。彼はイートン校〔各界に著名人を輩出している英国一の名門パブリック・スクール〕を出てケンブリッジ大学で教育を受けたロイター通信〔ロンドンに本社を置く世界最大の通信社の一つ。一八五一年に設立され、英仏海峡の海底ケーブルを使用して、パリやロンドンの金融情報を各地に配信することを開始した〕の記者で、いくらかラディカルで、左寄りの考え方の持ち主だった。この恋愛関係は長続きせず、ほどなくシープシャンクスは、スペイン内戦の報道をするため、スペインへ赴いた。そこで、彼が乗っていた車に砲弾が命中し、彼は命を失った。[*44] 彼の車には、もう一人のイギリス人記者、キム・フィルビ（後に、ソヴィエトのスパイであることが判明）が同乗していたが、彼は何とか生き延びた〔イギリスの秘密情報部MI6の職員になったが、ソ連の情報機関のスパイにもなった二重スパイであることが発覚して一九六三年にソ連に亡命。ケンブリッジ・ファイヴの一人〕。しかし、シープシャンクスが眉をひそめさせるほど過激な考えの持ち主だったとしても、オリヴァーはまったく別者だった。一九三五年のクリスマス前、セアラが家族に向かって、彼と結婚するつもりだ、と宣言した時、一家は恐慌をきたした。とはいえ、クレメンタインは、アルプスへのスキー旅行をキャンセルするほど、恐慌をきたしたわけではなかった。彼女はウィンストンを後に残し、彼だけで危機の始末をさせた。「当地で、この災難を回避するため、私は何もしていませんが[*45]」とクレメンタインはオーストリアからウィンストンへ手紙をしたためた。「セアラは、わたしのよりあなたの意見に耳を傾け、そして彼女と彼女のスキャンダルのためにあなたが割いて下さる時間と労力に、ちゃんと配慮してくれるものと思います」。

ドイツと対立する事態になれば、オリヴァーがオーストリア国籍を放棄しない限り、彼女は敵側と結婚することになる[*46]、と言って、ウィンストンは、セアラが考え直すよう、全力を尽くした。しかし、家族内でのあだ名が「ラバ」〔オスのロバとメスの馬の交配種。優れた特性を持つものを比喩的に表して使うことがある〕であったセアラは、彼女の父同様、徹頭徹尾頑固だった。生まれて初めて、彼女は自分が父親と本当に不和になっていることに気が付いた。彼女は、ヴィック・オリヴァーとニューヨークへ駆け落ちした。

二人はロンドンに戻り、一緒に芝居を続けたが、セアラの幸せは長続きしなかった。自分の妻の大志を支援するのではなく、むしろヴィックは、彼女を助けようとしているのだと称して、セアラの演技を酷評したのだ[*47]。ほどなく彼は新しい企画を見つけ出した。フィリス・ラケット[*48]という名の一〇代の役者で、彼女の経歴の助けとなるよう、彼女を養女にして、オリヴァーという名前を使えるようにしよう、と提案したのだ。ヴィックとフィリスが実際に関係を持ったかどうか、明らかではないが、それは精神的には十分な裏切り行為だった。

一九四〇年四月、ある日の午後、巡業でバースに行っていた折、セアラは気晴らしのため映画館を訪れた。本編が始まる前、ニューズ映画が上映され、彼女は、スクリーン上から、父親の顔が彼女を見つめているのに気が付いた。過去数年の間、ドイツによる攻撃の脅威が高まっていることを、彼はイギリス国民に警告し続けてきた。当初、彼を人騒がせな人物と考え、だれも耳を傾けなかった。今や、彼が、イギリス海峡の対岸に迫る危険について、歯に衣着せぬ正直さで語る先見性と勇気を兼ね備えた、数少ない人間の一人だった、ということをイギリス国民は知った。感動が彼女の胸の内にこみ上げてきた。「映画館中を駆け巡った熱狂と興奮を目にして……あなたの娘であることをどんなに誇りに思っているか、私は実感したのです」[*49]とセアラは彼に書き送った。「内気ではっきりものが言えない質《たち》でしたので、どれほどお父様《あなた》を愛しているか、そして私が選んだこの職業を――その折、私が愛する人たちになにがしかの苦痛をもたらし、私自身にも少なからぬ苦痛をもたらしましたが――いつの日か、あなたの名に恥じぬものとするよう、どれほど努力するか、今まで決してあなたに伝えたことが本当になかったと、そのことに突然気が付いたのです」と彼女は心の内を述べた。ちょうど一ヶ月ばかり経った時、一九四〇年五月一〇日、彼女が敬愛する父親は首相に就任した。

セアラは、長い間、自分自身の進むべき道を模索してきたが、彼女が家族から離れて築き上げ始めた個人＝役者としての自分は、ほとんど一夜にして、突然、消え失せた。イギリスを侵略から守ろうとしている男の娘に会えて大喜びし、通りにいた人々が、彼女と握手するため、駆け寄ってきた。[*50]しばらくの間、彼女は芝居を頑張って続けたが、彼女が何をしようと、誰も彼女を、そこそこ成功した俳優、セアラ・オリヴァーとはみなさなかった。今や彼女は、そしてこれから先ずっとウィンストン・チャーチルの娘、セアラ・チャーチルでありつづけるだろう。彼女は父親の世界を拒絶したくはなかった。むしろ、父親の世界が彼女に閉ざされていたのだ。しかし、突然、彼女はその真っただ中に投げこまれたのだ。当分、演劇は待ってくれるだろう。またしても、彼女は向こう見ずな決断を行った。そして、今回、それはよい決断だった。彼女は入隊を決断したのだ。

　メドナム王立空軍基地における空軍婦人補助部隊の隊員としての生活は、セアラに目的意識と帰属意識をもたらし、抜きんでた能力を発揮する機会をもたらした。分隊士官として勤務した最初の六ヶ月が過ぎた時、ウィンストンは、より誉れ高く、皆が渇望する任務である王立空軍爆撃指令本部〔一九三六年から一九六八年まで空軍の爆撃機部隊を統括していた〕に、彼女を転属させてあげようか、と手を差し伸べたが、セアラは謙虚に断った。生まれて初めて、セアラは自分が評価されている、と本当に感じていたのだ。「メドナムでは、私が人々の役に立ち始めているということを私が理解するまで、待ってくれているのです[*51]」と彼女は説明した。「私が遂行していることに、お父様が関心をもって下さっていると知って、どれほど私が幸せな気持ちになったか、ご存じですか」と、あたかも、彼女が彼の娘だという理由だけでは、彼が娘の仕事に関心も示さないし、自慢にも思わない性格の人物であるかのように、彼女は彼に語った。

　しかし、もちろん、彼は彼女が自慢だったのだ。彼は自慢のあまり、はちきれんばかりだった。トーチ作戦の間、セアラの方が自分より北アフリカへの侵攻の詳細を知っていると、彼は彼女をエリノア・ローズヴェルトに自慢したし、また、国防義勇軍補助部隊に入隊して、ハイドパークで対空砲火の任務に就いていた、彼女の妹のメアリを自慢した。「お前の妹たちは最もきつい道を選んだぞ[*52]」とウィンストンは北アフリカにいたランドルフに書き送った。「私たちは、娘たちがたいへん勇敢だと思っている」。

　しかし、セアラは、恋愛と演劇における失望から立ち直って、本当に動き出す前に、自分自身に対する自尊心を取り戻さねばならなかった。「人は自分の制服を、そして制服が意味するすべてを、奇妙なくらい自慢に感じる、と言わざるをえません……」[53]と彼女は家への手紙に書いた。セアラは、自分が「どちらかというと、ゆっくりと、痛々しく、再び息を吹き返しつつある」ことを自覚し出したのだった。

それでも、時折、昔の陰りが彼女を訪れた。ラジオから流れる音楽は彼女が内に秘めた心情を映し出していた。表面的には、グレン・ミラーやベニー・グッドマンのビッグバンドジャズ〔大人数編成によるアンサンブル形態で演奏されるジャズのジャンル〕は明るく陽気だったが、そのハーモニーには、マイナーコードにもう一つテンションコード〔緊張や暗い情感を生み出す〕を加えることで、またこのコードが何小節も続くことで、独特の雰囲気が曲に出ていたのだ。父親の社会的地位のため、セアラとヴィックは、世間でスキャンダルを引き起こさずに離婚することができなかったため、二人は、時折、人々の前にそろって姿を現していた。セアラと会ってからしばらくして、キャシーは姉に、セアラは「絶望的に不幸に」見えるが、「彼女の父親のことを考えて、ヴィックと一緒にいるだけの不屈の精神力があります」[54]と書き送った。ときどき、ヴィックはメドナムに電話をしてセアラを呼び出し、彼女が自分自身のために築き上げた小さな自足的世界に侵入した。[55]そのような折、セアラは悲しみを用心深く隠そうとしたが、時折、涙は彼女の頬を伝って流れ、机の上の吸い取り紙の上に落ちた。それは彼女の心の内を明かすものだった。

パメラは義理の妹について、「多くの人が考えているように、私も彼女が時としてあまり幸せだとは思いません。彼女は簡単に降参するような人ではありませんし、最後には、事態が好転する、との強い確信を彼女は持っています」[56]とハリマン父娘《おやこ》に綴った。多くの若者たちとは異なり――その中には、戦争中、あたかも毎日がその先はない最後の日であるかのように、生きて、謳歌したパメラも含まれるが――セアラは、「彼女が信じているものが訪れるのを、忍耐強く待つことを何とも思わないようだった」。滅多にないことだが、珍しく自分自身のことを反省して、パメラは、「私も彼女を見習うべきだと思います」と結論付けた。

戦争は、セアラに仕事上の充足感をもたらし、父親との関係をより深いものにしたが、まだ何か足らないものがあった。折しも、彼女はギル〔ギルバートの愛称〕・ワイナントに出会った。ハリマン父娘《おやこ》同様、駐英アメリカ大使は、週末、チェカーズへ客としてしばしば招かれ、戦時中、チャーチルの周りに集まった人々に加わり、気心の知れた仲間の一人だった。ニューハンプシャー州の共和党知事を二期務めたワイナントは、一九四一年、ジョセフ・ケネディ〔三五代大統領ジョン・F・ケネディの父。金融業界で成功〕の後を大使として引き継いだ。ケネディは熱心なナチ宥和政策〔ネヴィル・チェインバリン英首相《一九三七年から一九四〇年まで在任》が、一九三八年のミュンヘン会談でとった、ナチス・ドイツの勢力拡大を一定程度認めて平和を維持しようとした外交基本姿勢〕の支持者で、有名人と金持ちにしか関心がないようだった。しかし、ワイナントは、かつて教師だったこともあり、ケネディと正反対の人物だった。

魅惑的なハリマン父娘と異なり、五二歳のワイナントは特にハンサムというわけではなかった。彼は温かみがあり、魅力はあったが、憂鬱な風が付きまとっていた。そこをとらえて、キャシー・ハリマンは、「何か殉教に値する大義を見つけ出せさえすれば」*57彼はもっと幸せになれるでしょうに、と皮肉を言った。キャシーには知られていないことだったが、ワイナントは私事で心労をかかえていたのだ。彼の妻、コンスタンスはロンドンを去り、ニューハンプシャーへ帰っていた。二人の結婚は破綻しつつあった。その後のことだが、彼の息子、ジョン・ギルバート・ワイナント・ジュニアの搭乗したB17〔アメリカのボーイング社が開発した大型戦闘爆撃機。愛称は、「フライング・フォートレス＝空飛ぶ要塞」〕爆撃機が撃ち落とされ、ナチスの捕虜となったこ*58とを、彼は知らされた。ナチスは、ドイツで最も警戒の厳しい、著名な囚人を対象とする収容所、悪名高いコールディッツ城〔ライプツィヒとドレスデン近くの、コールディッツの町にあるルネサンス期の城〕に、彼を収監した。

セアラ・チャーチルとギル・ワイナントを相互に引きつけたのは、二人が共に持っていた、この憂鬱と傷つきやすさという感性だったかもしれない。ワイナントは、ヴィック・オリヴァーと比べても年長だったが、彼はセアラが居心地よさを感じられる政治の世界に属し、その一部だった。たちまち秘めたる恋愛が芽生えた。以前、恋愛の問題について、彼女に助言する親の役割を務めたのはウィンストンだったが、彼女はワイナントのことを父親に言うことはできなかった。大使は、原理上、父親とローズヴェルトとをつなぐ公式の取り次ぎ口であり、父親に打ち明けることはワイナントを妙な立場に置くことになるだろうから。パメラ・チャーチルとエイヴレル・ハリマンとの関係について、ウィンストンはほのめかしたことはあったが、公然とは気が付いていると認めなかった。ちょうどそれと同じように、セアラのワイナントへの愛情は、「私の父は疑いましたが、私たち二人とも話題にしない」[*59]情事となった。

その代わり、セアラは母親に相談相手を求めた。クレメンタインは、これまでのセアラの恋愛に対して、ほとんど関心を示さず、劇作家であり社交界の寵児であったノエル・カワード〔チャーチルとは絵描き仲間。多彩なアーティストで、ジャズエイジの中流世界を洗練された作風で表現した〕のような友人たちと、ヴィック・オリヴァーとの関係について、役に立たないどころか、逆にゴシップの種にしたくらいだった。[*60]しかし、セアラが成長するにつれ、以前に見られなかったやり方で、彼女は娘と心を通わせることができるようになった。常に過去のことは許し、忘れる心の持ち主だったので、セアラは母親と温かく、愛情に満ちた友情関係を結ぶようになっていたのだ。クレメンタインがワイナントを非常に称賛していることも役立った。

「わたしの大使さんといちゃついているのではないでしょうね」[*61]とからかうように、そしてクレメンタインが彼女の手紙をワイナントに見せることを知っていたかのように、ヤルタからセアラはクレメンタインへ書き送った。「もしそうでしたら——ちょっとおやめになって、よろしくお伝え下さいませんか」。

セアラとウィンストンがヤルタへ出かけている間、ワイナントは二度クレメンタインに会いに行っていた。二度目の訪問の折、彼は彼女を近くの農場までドライブに誘い、そこで二人は時間をかけて田舎を散歩した。クレメンタインは二人きりになれた瞬間を利用して、彼が娘をどのように思っているのか、話題を切り出した。戦時中に花開いた恋ということもあるが、彼女は、セアラの心はもちろん、評判も守る必要があった。彼女は巧みに、彼の「家庭事情」[62]について探りを入れた。「その件は大丈夫でしょう」[63]と彼は彼女に請け合った。戦争が終わり次第、彼と彼の妻は離婚に向かうことになっていたのだ。

その後、クレメンタインは一番下の娘、メアリにワイナントと彼女との会話について綴った。「セアラは彼が私に伝えたことを知らないの」[64]と彼女はメアリに伝えた。「私はそうなると感じています。年が大きく違う点を除けば、二人はとてもお似合いなのです」。戦時中に確実なものは何もないが、クレメンタインは娘の将来の幸せについて、注意深くではあるものの、楽観的に考えることにした。戦争が終わるまで、セアラもワイナントも自由の身になれないだろう。しかし、今回、相手は、セアラが身を置く政治の世界に属し、そこにおける彼女の立ち位置を理解し、評価しているゆえ、セアラの愛は彼女にふさわしい形で十分に報われるかもしれないのだ。それまでの間は、パメラが鋭い観察眼を発揮して述べたように、セアラは待ち、事態がよい方向へ進むことを期待するだろう。以前、彼女は、味方も敵も含めて、戦争によって生活を台無しにされた人々のために、もっと良くなるよう願ったが、今度は自分自身のために願うだろう。彼女の感情の深さ故、セアラは希望を失いかねない危機へ自らを何度も追いやったが、それは彼女の性格であって、彼女にはどうしようもないことだった。

かつてあったもの、そして再びありえるかもしれないものを、期待をこめて見つめる能力――セアラと海軍中佐、彼女と彼女の連れの娘たちをセヴァストポリめぐりに案内してくれた、あのソヴィエト人の海軍中佐は、この能力を共有していたように思える。セヴァストポリの現状を見れば、未来に対する希望はなく、過去を悼《いた》む十分な理由となったが、海軍中佐はそこをそのようには見なかったのだ。三人の女性がセヴァストポリを去る前、彼は街を見晴るかして、ゆっくりとセアラに話しかけた。「私たちはここを建て直します――五年かけて――おわかりですか。セヴァストポリ、私のセヴァストポリに戻ってきて下さい、その折は、またご案内しましょう」[*65]。セアラはそうすると約束した。

＊＊＊

山道を通って、闇の中、時にはぞっとする崖の縁からほんの数インチのところを通過し、三時間、車に揺られた後、三人の娘たちは、凍え、疲れ果てて、夕方の七時近く、ヤルタに戻った。アナとキャシーはリヴァディアへ戻り、その日、彼女たちが目にした悲惨な光景は後に置き去りにされた。しかし、その夜、セアラは遅くまで起きていて、心に焼き付いて重荷になっていたセヴァストポリとルーマニア人捕虜たちの姿を振り払うかのように、母親宛に長い手紙をしたためたのだ。

セヴァストポリにおいて悲惨な状況を目撃した経験は、先日の夜、父親と交わした会話を思い起こさせた。彼がダウニング街の首相官邸から送られてきた郵袋にかかわる仕事を終えた後、ウィンストンにおやすみなさいを言うために彼女が入室すると、彼は物思いに沈んでいた。多分、戦後のドイツの処理に関するその日の議論が、その前の大戦の余波の痛ましい記憶を呼び覚ましたのだろう。あるいは、彼の心に重くのしかかっていたのは、この五年間に及ぶ惨事の総体だったのかもしれない。眠りに落ちる直前に、ウィンストンは彼女に打ち明けたのだ。「これまでの歴史のどんな瞬間においても、世界の苦悩がこれほど大きかった、もしくは広範囲にわたったことがあった、とは思わない。今夜、太陽は、これまで以上に苦しみながら、世界中で沈み続けるのだ」*66。

セアラは、自分の感情のすべてを網羅する言葉で表すことができず、いつになく言葉少なく、母親に書き送った。彼女が表現する必要のあったことは、言葉に出さずに沈黙することによってのみ暗示されえたのだった。「ロシアに滞在したここ数日間で、そのような苦悩を、ほんの少し目にしました」。

第一三章　一九四五年二月六－七日

翌日、野外で、キャスリーン・ハリマンは、ペンと紙をバランスよく膝の上にのせて、冷たい石板に腰かけていた。パメラ宛の手紙をもう一通急いで書いている間、糸杉の林が衝立となり、彼女は少しばかり一人きりになる時間を持てた。キャシーの友人でパメラの恋人の一人でもあった、アメリカ陸軍航空軍〔陸軍航空隊の航空兵力の増強のため、一九四一年六月に、陸軍の航空部門として陸軍航空軍が設置された。一九四二年三月には航空軍と航空隊が正式に統合。一九四七年九月には、航空軍は陸軍より独立し、アメリカ空軍が設置された〕フレッド・アンダソン将軍[*1]が、明日、ヤルタを発つかもしれないので、急使の役を務めさせてもらえればうれしいです、と申し出てくれた。そうなれば、キャシーは検閲を回避できるだろう。「私は、陽だまりの中、噴水の縁石に腰かけて、庭にいます。そこがここいらでは唯一風のない場所なのです。居心地がよいわけではありませんが、太陽は逃すことのできない、すばらしいおもてなしなのです」[*2]と彼女は友人にしたためた。モスクワで長い冬を過ごした後なので、キャシーは闇をいやというほど体験していた。「エイヴとエド〔ステティニアス〕はソヴィエト側との仕事を終えました。そして、今日の午後、彼らは再びお偉方〔チャーチルとローズヴェルトとスターリン〕に会うと思います」と書き送った。

パメラと共有したいと思う情報が、ほとんどキャシーの手元にないということは滅多にあることではなかった。セヴァストポリから戻って以来、彼女は、会談の進捗状況について父親と話す機会がほとんどなかったのだ。ローズヴェルトはいまだ、ソヴィエト首脳に対して取る政策の問題について、エイヴレルと相談していなかったが、大使はほかの分野における能力を発揮して、その有能性を示す仕事に事欠かなかった。エド・ステティニアスや他国の外務大臣と行う毎朝の会合や、チャーチルやローズヴェルトと共にする昼食や、午後の本会議や、アメリカ陣営の間で行われる本会議後の不可欠な討議や、大統領の娘のために彼が行う個人的な援助やらで、おそらくエイヴレルは、連合国の代表団のなかで最もよく仕事をする団員の一人だった。昨晩、三人の女性たちがセヴァストポリから戻った後、ローズヴェルトは、また別の晩餐会後の任務のため、近接して逗留する二つの代表団へ、エイヴレルを派遣したのだが、キャシーはまだその任務について彼と話していなかった。彼女が語れる範囲内で、「彼らは政治的な問題に乗り出しました」*3と彼女はパメラに書いた。「わたしが推測する限りでは、これまでめいめいがその立場を述べました。でも、意見の相違を調整するという大きな仕事はこれからです」。

おそらくキャシーは、機密保護のため、自分が知っていたとしても、すべてを漏らしたわけではなかっただろう。とはいえ、彼女は出来事をぼかして記述したわけだが、それはおおむね正しかった。リヴァディア宮殿の舞踏の間の閉じられた扉の内側で交わされた、二日間の討論は、実際、ある程度の議論を引き起こしたが、それは特に論争と言えるほどのものではなかった。ベルリンへ向かう侵攻にともなう軍事的な連携は、もちろん、非常に重要だった。そして、ドイツの再建と賠償は複雑な解決策を要する難題だった。しかし、これらの争点は、その性質上、具体的で、解決可能なものだった。これらの問題点については、議論があり、交渉があり、そして、最終的に歩み寄りがあるだろう。

しかし、キャシーとセアラとアナがセヴァストポリに行っていた時刻、二月六日になって初めて、三人の連合国の指導者たちと彼らの顧問たちは、人類の存在にかかわる問題の領域に足を踏み入れ始めたのだ――効率的に戦争を終わらせるにはどうしたらよいかではなく、永続する平和を保証するにはどうしたらよいか、についてだった。

フランクリン・ローズヴェルトは、世界平和の時代が束の間のものでないと考えるほど、単純ではなかった。二回の世界大戦が、半世紀を経ずに戦われた。しかし、今や、とりわけヨーロッパにおいて、連合国は、近代史におけるどの時代よりも、平和が長続きすることの確実性を保証する、またとない機会を得たと彼は信じた。二月六日、討論が始まった時、彼は熱意を込めて、こう述べた。「世界中のすべての国々は、少なくとも五〇年間、戦争をこの世界からなくしたい、という共通の願いを共有しました……五〇年間の平和は」*4、「実現できますし、可能です」と。

FDRにとって、彼が求めた平和の種は、第一次世界大戦後組織された、ウッドロウ・ウィルソン大統領の国際連盟〔一九二〇年に、二八代ウィルソン大統領の提唱によって国際平和と国際協力の促進を目的として設立されたが、米国は参加できず、戦争の防止や紛争の解決を目指したが、第二次世界大戦を防げなかった。一九四六年、解散〕の遺産に根差していた。しかし、官僚的な愚かしさ、そしてアメリカが孤立主義に退行したため、この組織は失敗する運命にあったのだ。種は眠っているのであり、適切な状態で保護されていれば、種は再び成長し、繁茂するだろう。国々が互いに関わり合い、かつ世界平和へ向けて関わり合う、そのような国々で構成される永続的な機構こそFDRの外交政策の冠たる業績になるだろう。彼にとって、それはほかの戦後の問題点のすべてに優先したのだ。そのような国際的組織の庇護のもと、すべての紛争は調停されうるし、平和裏に解決されうるだろう。

一九四四年初秋、予備計画を準備するため、アメリカ合衆国、イギリス、ソ連、そして中国の指導者たちは、ワシントンDCにあるダンバートン・オークス邸に集まった。この世界的機構は、当初、国際連合宣言の調印国で構成されることになっていた。すなわち、一九四二年一月、ドイツに公式に宣戦を布告した連合国の国々の予定だった。この機構内では、大国も小国も総会において発言権を有したが、平和は、ダンバートン・オークスに代表を送った世界の四つの強大国の指導力に依存するだろう。それらの国々が安全保障理事会の常任理事国となるだろう。ダンバートン・オークスにおいて、四ヶ国は、そのような機構を設立することに、原則、同意したが、暴力沙汰あるいは戦争になりかねない論争、特に列強間で生じた論争を解決するため、安全保障理事会の国々が投票する方法に関して、まだ合意に至っていなかった。ローズヴェルトは、平和を保証するためには、安全保障理事会の決定は全会一致でなければならないので、常任理事国はほかの常任理事国すべてに対し、拒否権をもたなければならない、と信じていた。彼はまた、投票の仕組みがヤルタで決定されなければならない、と信じていた。戦争が終結する前に、連合国の国々の全幅の委託を確保することが絶対に必要だった。そうでなければ、彼は国際連盟の失敗の轍を踏む危険があった。戦後の無関心と孤立主義が、たちまちのうちに、国際連携の精神にとって代わるだろう。

チャーチルはこの平和機構に反対ではなかったが、ローズヴェルトほどそれに信頼を置いていなかった。おそらくそれは小さな国同士の争いを仲裁できるだろう。しかし、彼は、それが最終的に「列強間の論争をなくす」[*5]ことができるとは、信じていなかった。「それは」と彼はローズヴェルトに答えて、「外交の役割であり続けるでしょう」と述べた。さらに、小さな国々からすれば、「三つの強大国は、この戦争の恐怖が繰り返されないよう」、未来の世代を守るというより、むしろ「世界を支配しようとしている」ように見えるかもしれないのだ。

二月六日午後現在、スターリンは、この問題に関して、強い意見を述べるつもりはなかった。彼は、前年の一二月、アメリカ側の提案の写しを受け取っていたが、それを精査する時間がなかった、と主張した。しかし、彼の頭の中には、投票手続きの詳細よりもっと差し迫った問題があったのだ。スターリンとローズヴェルトとチャーチルがそれぞれの国のトップであり続ける限り、三つの強大国の間に戦争は起こらない、と彼は固く信じていた。しかし、一〇年後には、三人の指導者たちは、皆亡くなっているかもしれない。そうだとすれば、五〇年間、三ヶ国それぞれの間の平和を、どう保証するのだろうか。

三ヶ国の国民が協調していることは、もちろん「我々の第一目的のひとつ」*6です、とローズヴェルトは答えた。「不幸にして強大国同士の間に不和があった場合、そしてそれは大いにありうることですが、どのような投票手順が採用されようとも、その事実は世界中に知れ渡るでしょう……理事会における十分な、友情あふれる議論は断じて不和を助長することにはならないばかりか、その反対で、列強がお互いに対して抱く信頼の証《あか》しを示すのに役立ちますよ」。

彼が言わんとすることの例示であるかのように、ローズヴェルトは新しい議題、二月六日の議事予定にあった二番目の案件を持ち出した。それは大胆な戦略だった。なぜなら、この主題は、三人の指導者たちが議論し合わなければならない中で、おそらく最も軋轢を生じさせるものだったからだ。それは、今まで本会議室〔舞踏の間〕において、三人が避けてきた話題だった。それは、一九三九年、ヨーロッパにおいて、最初の宣戦布告をひき起こした案件、ポーランドの命運だった。

地理だけをとってみても、ポーランドは危うい存在であることを運命づけられていた。ポーランドの国家としての意識は、オーデル川〔チェコ共和国北東部のズデーテン山脈に発し、ポーランド南西部を貫流し、バルト海に注ぐ〕とヴィスワ川〔ヴィスワはポーランド語表記、英語表記はビストゥラ。ポーランド南部のベスキディ山脈に発し、ワルシャワを経て、グダニスクの近くでバルト海に注ぐ〕に広がる肥沃な平野において育まれてきたが、ポーランド国民は、二つの公然の敵に挟まれて、五世紀の間、二方向から打撃を受けてきた。ポーランドという国は、王国という政体と民主国という政体を繰り返し、何度となくとったが、ロシアとドイツの間にあって、東へ、そして西へ、常に押しのけられてきた――最初は、隣接する公国、それから王国、そして最終的に帝国という政体をとった両者は、おのおの、ポーランドの国境を強欲にじわじわと侵略した。何度も、これらの敵対する隣国はポーランド全体を鵜呑みにした。ナポレオン戦争後、ウィーン会議〔一八一四年九月一日から一八一五年六月九日〕において、ヨーロッパの政治家たちはポーランドを再生し、それに新しい国家としての命を与えたが、その隣国に当たる国々は即座に、それを再び呑み込んだ。一九一八年から一九三九年にかけて、ポーランド人は誇らしげにポーランド第二共和国〔正式名はポーランド共和国〕の旗をなびかせた。しかし、一九三九年八月二三日、外務大臣ヨアヒム・フォン・リッベントロップ〔一九三六年八月駐英大使、親衛隊大将《親衛隊歴一九三三年－一九四五年》〕と、今現在スターリンの右隣に座っている、*7 チェーンスモーカーで無表情の紳士、*8 ヴャチェスラフ・モロトフとの間で交わされた中立条約の条文の下、ドイツとソ連は再びポーランドを分割したのだ。

ポーランドの将来に関する議論には二つの要素があった。一つ目は、その歴史を通して、国境が何回となく大変動したため、ポーランドはどの領土に対する主権を主張できるのか、そしてどこにその国境を定めるのか、だった。一九四三年のテヘラン会談において、連合国の三人の指導者たちは、第一次世界大戦中、イギリス前外務大臣〔一九一九年一〇月から一九二四年一月在任〕の〔ジョージ・〕カーゾン卿〔インド総督兼副王〕が提案したカーゾン線を、大雑把に言って、ソ連に接するポーランドの東側の国境とすることで、暫定的に同意していた。ローズヴェルトとチャーチルは、スターリンが、「度量の大きさを示すしぐさ」*9 として、この線から少し逸脱することに同意してくれる、そのことを望んでいた。そうなれば、ソヴィエト政府がウクライナのものだと主張している領土内に位置するが、ポーランド人が多数派を占める都市、リヴィウ〔リヴィウは公用語のウクライナ語。ポーランド語ではルヴフ、ロシア語ではリヴォフ〕はポーランドの一部であり続けることができた。しかし、これは夢物語だった。カーゾン線が新しい国境だとすると、ソ連は、ポーランド第二共和国が二つの大戦の戦間期に占めていた状態から、大きな領土上の譲歩を受けることになるだろう。その代わり、連合国側は、ポーランドが、以前はドイツ東部であったところから新しい領土を得て、見返りを得るべきだ、と提案した。想定としては、西はオーデル＝ナイセ川〔ナイセ川はオーデル川の支流で、チェコ北部に源流を発す〕までであったが、これはドイツ系住民のかなり大きな移動を意味し、また、国境沿いのポーランド人とドイツ人の間に敵意が存続し続けることを意味した。

これらの境界線の問題はきわめて重要だったが、もう一つの論点はそれ以上に重要だった。国民が繁栄するためには、国は主権を持たなければならない。一九四〇年以来、イギリスと合衆国に承認された、ポーランドの正統な政府はロンドンに亡命を続けていた。多くのヨーロッパ人にとって、戦争の終結は敵対の終結を意味しただろうが、ポーランド人にとって、問題は続くだろう。ドイツの占領に抵抗した一九四四年のワルシャワ蜂起によって一度は高まった希望はついえた。今や、ポーランドの東の隣人がもたらす脅威は恐ろしい現実となった。赤軍がナチスにとって代わり、ナチスの後釜として、ソ連によって支持され、支配された共産主義者シンパたちで構成された新しい政府が姿を現した。今やスターリンは、ルブリンという都市に拠点を置く、この政府を、連合国が正統と認めることを望んでいた。ポーランド首相のメッセージを伝えたワイナントの電報は、声を大にしてこのことを警告していた。電報はいまだ返信されないまま捨ておかれていた。[*10] この時点に至るまで、ヤルタにおいて、国務省の代表団員のフリーマン・マシューズとアルジャー・ヒスの二人だけが電報を読み、ポーランドに関する議論がいまだ継続している間は、返信するには及ばないと決めていた。返信は行われなかったが、ルブリン政府が設立されて以来、ローズヴェルトとチャーチルは、断固として、それを認めるのを拒んできた。イギリスはポーランドの主権を守るために宣戦布告したのだった。二つの西側連合国は、共に、すべての人民が民族自決の権利を有する、と誓った。それゆえ、ルブリン政府を承認することは偽善となるだろう。それはソ連にその宿敵の運命に対する自由裁量権を与えることとなり、民族自決という理念を茶番にしてしまうだろう。

またしても、ローズヴェルトはイギリスとソ連との仲介役を買って出た。ポーランドの問題について、アメリカ人は距離を置けるという利点があり、[*11] そのことはヨーロッパ人たちが意見の相違を解決するのに役立つのではないか、と切り出した。われわれ全員がだいたいは同意する点から話を始めよう。カーゾン線はポーランドの東の国境を画するのに適切だと思われる。

しかし、チャーチルはそこから話を始めたくなかった。国境に関して長々と議論していると、本質的な問題点が追いやられてしまう上、ローズヴェルトがこの問題をこれまでずっと故意に不明瞭にしてきたことは支持できなかった。首相は核心を衝こうと心に決めた。実際、イギリスは東側の国境としてカーゾン線を支持していた。というのも、最初にカーゾン線を引いたのはイギリス人だったからだ。「しかし」[*12] とチャーチルは声を強めて述べた、「私は、個別の国境線より、ポーランドの主権の独立と自由の問題に、ずっと強い関心があるのです……これが、我々がドイツと交戦するようになった理由なのです。すなわち、ポーランドは自由で統治権を有するべきだ、ということです……ポーランドを自由で独立した国家としないような解決策に、私は決して満足するものではありません」。これは彼がソ連に対して敵意を持っているということではない、と彼は強調した。それは単に原則の問題だ。ポーランド国民は、自由で拘束されない選挙を通して、彼ら自身の政府を選択することができなければならない。暫定政府、それも、ポーランド国民の意思を正当に代表する人々によって構成された、暫定政府が設立されなければならない。ポーランドは、「自分の家の女主人であり、自分の魂の船長でなければ[*13]〔自分の運命を意のままにできなければ〕」ならない、と彼は論じた。

　ポーランドの主権を名誉の問題として守ろうとした、チャーチルの感情は本物だったが、彼の立ち位置は戦略の問題でもあった。ソ連に東ヨーロッパ全体の支配権を握らせてはならなかった。

　スターリンは、三回目の本会議を通してずっと、彼と同等の立場の二人の議論を聞きながら、黙って座っていたが、その間、自分の前にある紙に静かにいたずら書きをしていた。[*14]スターリンは名うてのいたずら書きの書き手だった。会議で彼と同席したことのない、キャシー・ハリマンのような人でさえ、彼の癖を知っていた。エイヴレルが彼女に語ったように、議論が彼の望む方向へ進んでいれば、スターリンは微笑み、赤い鉛筆で、優しい形のものを描くが、怒りだすと、彼のいたずら書きは敵対的な様相を帯び、鉛筆の先から、オオカミあるいは狐が姿を現すのだった。[*15]二月六日の午後、彼はいつになく力をこめていたずら書きをしていた。[*16]

　通常、スターリンはモロトフに任せて、モロトフがタバコを立て続けに吸うのを止めさせ、どのような議題であっても、必ずソヴィエトが示すお決まりの頑固さを表明させるのだが、今、ソヴィエトの指導者はいたずら書きを中断し、立ち上がり、話し始めた。「首相は、大英帝国にとって、ポーランド問題は名誉の問題だ、と言われました」[*17]とパヴロフの通訳つきで、彼は切り出した。「ロシアにとって、それは名誉の問題であるばかりでなく、安全の問題なのです……歴史を通じて、ポーランドは常にロシア攻撃のための回廊でありました……この三〇年の間に、我々の敵ドイツはこの回廊を二度通過したのです。それはポーランドが弱体だったからです。ポーランドが強力になり、力を持つことは、ロシアの利益であるとともに、ポーランドの利益でもあるのです……それは名誉の問題であるばかりでなく、ソ連にとっては、死活問題なのです」。スターリンは話しながら、彼の言わんとするところを強調するかのように、自分の椅子の後ろを行ったり来たりしていた。[18]

彼は続けた。「人々は声をそろえて私を独裁者と言いますが、ポーランド人抜きでポーランド政府を設置しないくらいの民主的感覚は、私も持ち合わせています」[19]。しかし、ロンドンのポーランド人たちは良識に従いませんでした、とスターリンは主張した。彼らは公の席で、ルブリン政府は「山賊」であり「裏切り者」と呼ばわったのです。一体どうやってこれら二つの集団を和解させるのでしょうか。

寡黙な老ジョージア人から、この会談において今まで見られなかった勢いで、言葉が流れ出し、彼は口を閉じるつもりがないように見えた。パヴロフがスターリンの熱弁を翻訳している間、時間が一分一分と過ぎていった。ハリー・ホプキンズは時間を確かめた。彼は前に乗り出し、ＦＤＲにメモを渡した。「大統領、スターリンが話し終えたら、今日はこれでおしまいにしてはいかがですか――そして明日またこれについて話し合いましょうと言って下さい。七時一五分です」[20]。議論は決定的に非建設的な方向へ向かったので、明日、頭を冷やして、この問題へ戻るのがみんなのためによいだろうというのだった。

しかし、スターリンはやめなかった。彼は、ロンドンのポーランド人たちに対し、もう一つ不満があったのだ。「赤軍によって解放された国に、背後で内戦を起こさぬよう、一人の軍人として、私は要求します」[21]と彼は話し続けた。「その政府が秩序を維持し、兵士たちが背中を撃たれない限り、赤軍の兵士たちはどのような政府であろうと気にかけません」。ルブリン政府は秩序を比較的うまく維持してきた。しかし、同じことはロンドンのポーランド人たちには言えない。「彼らは地下抵抗組織軍の代弁者だと主張しています……多くの害悪がそれらの軍から生じています……彼らは我々の二一二人の軍人を殺害しました。彼らは、武器を手に入れるため、我々の補給基地を攻撃するのです。我々は彼らの幾人かを逮捕しましたが、彼らが我々の背後を脅かし続けるのなら、軍法の求める通り、彼らを射殺します……我々は背後に何事もないことを望むのです。我々は、我々の背後を安全にしてくれる政府を支持します……私にはほかにどうしようもないのです」。

スターリンがさらに言葉を続ける前に、ローズヴェルトはすばやく割って入り、今日のところはこれまでにしましょう、と提案した。

しかし、最後に是が非でも一言言いたくて、休会する前に、チャーチルはいま一度主張の正しさを力説しようと決心した。「私は、イギリス政府とソヴィエト政府の両方が異なった情報源を持ち、異なった事実を入手している、と言わねばなりません」[*22]と彼は述べた。しばらくの間、イギリスはポーランド内に情報員を複数抱えていた。赤軍がポーランド国内を横切って西進する間、酒を飲む、略奪する、そして疑いなく強姦もしていたなど[*23]、赤軍の恐るべき所業について、彼らは本国へ連絡していたのだ。同盟関係を維持するために棚上げしていたのだが、チャーチルもローズヴェルトも、二人が受け取った、カティンの森における殺戮の情報を心底忘れることができなかった。「多分、私たちは間違っているのでしょうが、私の感覚では、ルブリン政府はポーランド国民の三分の一も代表していませんせん」[*24]とチャーチルは述べた。「私はポーランド国民全体の問題に与える影響を危惧しているのです。赤軍を攻撃した者たちは罰せられるべきですが、ルブリン政府はポーランド国民を代表する権利をもっていない、私はそのような気がするのです」。彼が話を終えると、ラジオ受信機から出る静電気のように、敵意で満ちた電波の媒体としての空気が部屋でパチパチ音をたてた。

紳士諸氏が会議の席を離れる準備をする中、椅子がこすられる音がし、いつものようにザワめく音がしたが、おそらく、一日の議論をもっと広い文脈のなかに置こうとし、またもっと明るい雰囲気で休会にしようとして、アメリカ大統領はもう一言述べようと決意した。「ポーランドは五〇〇年以上もトラブルの源であり続けているのです」[*25]とローズヴェルトは意見を述べた。

「だからこそ、我々は、それらのトラブルに終止符を打つために、我々にできることをしなければならないのです」[*26]とチャーチルは返答した。

二月六日の夜が迫るにつれて、ローズヴェルトはその日の議論に不満であることに気が付いた。夕食後、アナが、受け取った夫と子供たちからの手紙を読んでいる間、[*27]ローズヴェルトは、彼に代わって、ソヴィエトの総司令官〔スターリン〕宛に手紙を書くよう、チップ・ボーレンに指示した。[*28]過去三年半にわたって築いてきた、スターリンとの互いによくわかり合える関係を頼みにして、ソヴィエトの独裁者に妥協の余地があるということをわからせられるのではないか、とローズヴェルトは期待していた。それからFDRはハリマンを使いに出し、[*29]ハリマンは、二月三日の夜、彼がたどった使者としての手順を繰り返すこととなった。彼はFDRの手紙を、まずヴォロンツォフ宮殿にとどけ、チャーチルとイーデンに見せた。イギリス側は手紙の論調と内容におおむね同意したが、イーデンは「パンチ力が十分でない」[*30]と感じて、いくつか修正を提案した。[*31]その後、ハリマンは修正された手紙を持ってリヴァディアに戻った。ローズヴェルトは、イーデンの提案のすべてを受け入れ、手紙を大急ぎでスターリンのもとへ送り届けさせた。「わが親愛なるスターリン元帥」*32と最終版は書き起こしていた。

私は、今日の午後の会談について、あれこれ念入りに検討してみました。そして私が考えていることを率直にお話ししたいと思います。ポーランド政権に関しまして、三強大国の合意が得られないことに非常に心を痛めています……あなたが片方の政府を承認している一方で、私たちとイギリスはロンドンのもう片方の別な政府を承認している事態は、世界中で、私たち全員の立場を悪くするように、私には思えるのです。私は確信しているのですが、このような状態は続くべきではないし、もし続くとしたら、私たちの国民は私たちが仲たがいをしている、実際はそうではありませんが、そう考えるようになるに違いありません。将来、私たち自身とソ連との間に仲たがいなど起こさない、と私は心に決めています。必ずや私たちの考えの相違を調停する道があるはずです。

それから彼はつぎのような解決策を提案した。ルブリン政府の何名かの代表にヤルタへ来るよう求める、また、ルブリン政府とロンドンのポーランド政府との仲介役をはたしてもらうため、ルブリン政府関係者以外の、教会と大学関係の者たちを含む、国内で高く評価されている、二、三人のポーランド人指導者にも来てもらう。彼らが、拡大代表暫定政府の構成について合意に達すれば、そしてそれがソヴィエトの利益に決して「反しない」ものなら、合衆国とイギリスは「承認を新しい臨時政府へ移行する」ことを検討するだろう。その新臨時政府がポーランドの総選挙を監督する責任を負うことになるだろう。「この戦争の混乱から、自由で民主的な新ポーランドが立ち現れるのを見たいというあなたの願望に、これは完全に合致する、と私は理解しています」と彼は結んだ。

ヤルタにおける最初の夜、初日の協議事項およびFDRとスターリンとの内々の会見を調整するため、ローズヴェルトはハリマンをコレイズ館へ派遣した。その最初の夜とまさに同じように、そのアメリカ人大使は、その効果をほとんど信じていないとはいえ、それを変える力もない方策のために、深夜の一連の訪問の途に就いていた。ローズヴェルトは、合衆国はソ連との間に親しい関係を築いてきた、また、彼自身が個人的にスターリンとの間に親しい関係を育んできた、と信じていた。ローズヴェルトの手紙は、それら二つの親しい関係に訴えるものだった。ハリマンは、長らく、個人的な人間関係の力の信奉者だった[33]――個人的な人間関係は地政学的問題の結末を決定するというのではない、そうではなく、地政学的な事柄の問題に影響する力を有している、と考えていた。チャーチルとローズヴェルトとの個人的な関係は、確かに、イギリスと合衆国との「特別な関係」に影響力を発揮した。しかし、その週の初め、ソヴィエト代表団員たちの個人的な特徴を報告するように求められたとき、モスクワにおけるハリマンの代理大使を務めるジョージ・ケナンは次のように断言した。「[ソヴィエトの官吏が][34]、公務を文字通り遂行するのであるならば、行わないであろうし言わないであろうことを、個人的な人間関係に敬意を表して、行ったり言ったりする場合、それは外国の利益のために行動していると考えて差し支えありません」。確かにスターリンはローズヴェルトとの関係を維持したいと思っているだろうが、スターリンにとって、友好的な隣人たちは、間違いなく、個人的な交友関係を常に出し抜くものなのだ、そのことをハリマンは知っていた。また、ポーランドに関して言えば、スターリンが「そこを支配し、そこがドイツによるロシア攻撃の通り道として二度と使われないようにしたいと望んでいる[35]」ことをハリマンは知っていた。ローズヴェルトの訴えかけは、スターリンが彼の隣国を従わせるために、取る必要があると感じている行動を控えさせるには、ガラスのハンマー同様に、効果がないだろう。「武力に訴えることを除いて」どのような訴えかけもそれを変えられそうになかった。

＊　＊　＊

この深夜の外交が盛りだくさんだった日が明けた午後、パメラに手紙を書きながら、キャシーがリヴァディア宮殿の庭園にある噴水の所に腰かけていた頃、セアラ・チャーチルはヴォロンツォフ宮殿で散歩をしていた。カメラマンたちが大挙してテラスに押しかけていた。[36] アメリカ東部戦時時間で四時三〇分〔第一次世界大戦中、電気等の資源を節約するため、日照時間が長い期間は、時計を進める制度が導入され、第二次世界大戦中にも導入された〕、各々の国が同時に合同記者会見を開催し、会談が行われていることを認め、その目的を説明することで、三ヶ国の代表団は合意した。[37] 代表団に同行した撮影隊は、記者会見に続いて、会談参加者たちがそれぞれの宿泊先とその周辺にいる様子を伝える場面を撮ろうと、活動を開始した。今や会談の情報は公にされたので、セアラには、自分が病気だという、見え透いた嘘をメドナム王立空軍基地で続ける意味はたいしてないように思えた。彼女は母親に手紙を書き、彼女の仕事を代行してくれている、基地の友人に電話して、もう「代わって仕事を続けてくれる」[38] 必要はない、そのことを伝えてくれる人を見つけてほしいと頼んだのだ。

テラスで、セアラは王立空軍のトップ、ピーター・ポータル〔空軍元帥〕に出会った。[39] イギリスの他の参謀長らが、熱烈なアマチュア歴史家である[40]アラン・ブルック〔陸軍元帥〕の案内で、地図とコンパスと戦史の書籍を装備して、バラクラヴァへ向かったのに対し、彼は会議に出席するため、チャーチル付きの首席軍事補佐のパグ・イズメイ陸軍大将、そしてアメリカ陸軍航空軍の代表のローレンス・クーター将軍〔戦略爆撃の計画と実行に優れ、連合軍の勝利に大きく寄与。戦後、アメリカ空軍の設立と発展に貢献〕と共に残ったのだった。セアラにとって、ポータルに会うことはいつでも歓迎だった。かつてある同時代人に「みかげ石のように頑固で無慈悲な男」[41]と形容されたが、ポータルはまた「非常に個性の強い人」であり、ユーモアのセンスがあった。浴室を長時間占拠している者をいじめて大喜びしていたことからもわかるように、彼のユーモアのセンスは、「おかしいと同時に悪意に満ちていた」。彼は、イギリスの古い著名な一族の出で、噂によれば、フランスのユグノー〔一六－一七世紀フランスのカルヴァン派の信徒〕が先祖だった――少なくとも、それは人々が彼の鼻の形の由来を説明する際、用いた説だった。彼の鼻は、他の点では整った顔立ちとは、大違いだった。オックスフォード大学のクライスト・チャーチ・コリッジの卒業生だったが、一九四〇年以来、彼は王立空軍参謀総長を務め、一九四二年、国王ジョージ〔六世〕によって、イギリスにおける最高の騎士勲位の一つである、バース最上級勲爵士に叙せられた。ポータルはチャーチルの戦時会談派遣団員の常連で、セアラ同様、テヘランにも同行した。彼とセアラは、ロンドンにおける社交の場でも、互いに知り合いだった。彼は、彼女の父親の周りに集まった専門家集団の主要人物であったし、パメラの熱烈な取り巻き連の恋人たちの一人だった。王立空軍のために献身していたほかに、彼はまた芸術愛好家だった。セアラはそのことを高く評価し、ロンドンで催されたコンサートに一緒に行こうと、一度彼を誘ったことがあった。[42]

　彼女が母親に書き送ったように、セアラはキャシーとアナと連れ立って過ごす時間を楽しみ、彼女たちを「とても親切で、付き合いやすい」[43]と思っていたが、同国人、とりわけポータルのような同国人と一緒にいると、彼女たちと一緒にいるより、なにかしら親しみやすく、気やすく感じるところがあった。彼は五二歳だった上、空軍婦人補助部隊〔ＷＡＡＦ〕は王立空軍の管轄下にあったので、原理上、彼女の指揮官だったが、とても気持ちのいい友人で、愉快なゴシップをしこたま持ち合わせており、会談中、彼女の周囲にいた人々の中では、「相棒」[*44]と呼ぶのに最も近い存在だった。二人が立ち止まっておしゃべりをしていると、ニューズ映画の撮影隊が二人を真剣にフィルムに収めていた[*45]ので、ポータルは、二人はほどなくロンドンの映画館でスターになって輝くだろう、とおどけた。その後、会話はその地の見どころの話題へ移った。二人ともまだ一〇〇〇フィート〔約三〇四・八メートル。実際の落差の三倍なのは、滝を訪れたキャサリン大帝の日記の記述を踏襲したため〕のウチャンス滝〔ヤルタの町から七キロメートルのところにある観光名所〕を見ていなかった。注目に値する、有名な滝で、キャシーが作成したクリミア半島に関するパンフレットの中でも触れられていた。その日の午後、チャーチルがリヴァディアへ向かう際、セアラに同行を求めない場合は、ジープと運転手を見つけ、二人を滝まで連れて行ってもらおう、と二人で予定を決めていた。二人は互いにさよならをして、セアラは散歩を続け、「海へと続く、ヴォロンツォフ宮殿のモスク風の建築様式側」にある、ライオンの彫刻像が両脇に置かれた、幅の広い階段を下って進んで行った。

セアラは海岸をすぐ近くで見たいと思っていたので、一人きりの静かな時を利用して、代表団や撮影隊から逃れ、岸辺を探索した。太陽は輝いていたが、海は「白のまだら入りの鮮やかな青で、荒れ狂って」[*46]いた。岸辺に沿ってずっと、海の水は「岸辺と海の境にある、とても巨大な丸石の間で、渦巻き、シューシューと風を切る音を立てて」いた。この短い、一人きりの散歩の間、彼女には気にかかることがあった。彼女の父親の副官として、彼女の任務の一部は、一族の年代記に残すため、ヤルタにおける出来事を記録すること[*47]――とりわけ、輝きと荘厳〔一九〇一年に作曲されたエドワード・エルガーの行進曲の題名としても用いられ、日本では『威風堂々』と訳されている。元はシェイクスピアの『オセロ』第三幕三場のセリフ〕の背後にある個人的な詳細に関して記録することだった。チャーチル家は歴史において自分たちが占める立ち位置をよく自覚していた。疑いもなくセアラの父親は、この前の大戦後そうしたように、この戦争の歴史を執筆するだろう。早くも一九三九年九月二八日から、戦争が始まってちょうど四週間後のことだったが、出版各社から執筆の依頼が舞い込み始めた。[*48] クレメンタインですら、戦争が終わったら、始めようと考えていた執筆活動のネタがあった。家族や友人たちと誇らしげに分かち合うため、彼女はしばしば子供たちの手紙をタイプして書き写していた。クレメンタインは、セアラの手紙がとくに「素敵で魅惑的」[*49] と感じていた。セアラの手紙の質の高さは、「非常に高いレベルの文芸作品として、どんな手紙にも引けを取らない」と彼女はウィンストンに語った。クレメンタインは、一族の記録保管所用に、それらの手紙の目録を作成した。その作業をしながら、戦時中、セアラそして彼女の妹、メアリとの文通をとても楽しんだので、いつの日か、自分が『娘たちからの手紙』[*50] という題名の本を編纂することになるかもしれない、と思い描いたのだった。

しかし、今現在、セアラはそれらの手紙の一通に関して良心の呵責を感じていた。[*51] それは、ヤルタへ到着した日、彼女の母親にしたため、送ったものだった。彼女は本当に愚かで、不注意だった。マルタに到着したアメリカ人一行について述べたくだりで、彼女は次のように言ってしまったのだ。ローズヴェルトは病気なのか、そうでないとすれば、私の父に背を向け無視しています。新しい国務長官はとても頭の切れる人のようには見えません。大統領は、長年来の腹心の友、ハリー・ホプキンズと今までにない距離を取っているように見えます。さらに、ギル・ワイナントは信頼できる、ただ一人のアメリカ人です、と。イギリスは、戦時中の会談において、特使が行方不明になったことはなかったが、[*52] 郵袋を運んでロンドンへ戻る飛行機に何事かが起きて、彼女の手紙が敵方の手に落ちるような事態は、絶対起こってほしくなかった。それは彼女の父親を非常に困惑させるだろう、なぜなら、イギリスの最も親しい同盟国に関するセアラの無礼な見解は首相の見解と解される可能性があるからだった。会談のこの段階において、そのような過失は彼女の父親がこれまでずっと続けてきた努力のすべてを水泡に帰す危険があった。

　セアラは、彼女の母親がセアラの手紙をだれか他の人に見せる前に届くことを念じながら、母親宛に大あわてで短信を一気に書き上げた。「最愛のお母さま」[*53]とセアラは書き起こした、「私は考えなしで、良心の呵責を感じています。そして、私の良心の呵責がどのようなものか、お母さまはご存じでしょう？　お願いですから、私がこの前出した手紙の中の、ここヤルタにおける人々に関するページをすべて破棄して下さい。私の受けた印象がお母さま以外の人の眼に触れないことは、とても重要なのです」。もちろん、クレメンタインには、トラブルの元になりそうなものを回さないだけの分別があったが、それでもセアラはやきもきした。「お母さまがこのことをわかって下さっていることを理解していますが、この段階でそのようなことを書いてしまうなんて、私の大間違いで、賢くなかったと感じているのです」。

　セアラが散歩から戻った時、その午後、彼女の父親がリヴァディアへ行く折、彼女に同行してほしいと望んでいることを、彼女は知った。昨日、彼女がセヴァストポリへ出かけている間、彼は彼女なしで過ごした。そのうえ、時間が刻一刻と過ぎてゆく間、スターリンは自分が生み出した緊張を大いに楽しんでいるようだったので――ローズヴェルトの手紙に返事をしなかったのだ――この日はとりわけ、ウィンストンには、セアラが傍にいて安心感を与えてくれることが、必要だった。二人の間では、彼が感じている責務の重さを語り合う必要はなかった。ＷＡＡＦとしての任務と彼女の父親の心を本能的に読む力が彼女の知る必要のあるすべてのことを教えてくれた。そのような美質を持っていたので、彼女の父親は彼女を会談へ連れてきたのだった。

彼女はポータルを見つけ、滝へ出かけるのはまた別な機会を待たなければならないわ、[*54]と伝えた。

午後三時半、セアラとウィンストンはパッカードに乗り込み、ローズヴェルトの平和機構とポーランド人たちの運命について二日目の議論をするため、アメリカ代表団の宿所の邸宅へと三〇分のドライブに出発した。冷たい微風が東から吹いていたが、午後の太陽は今や力いっぱい輝き、[*55]あたかも前向きな心構えを促すかのように、「その場を盛り上げるため全力を出そう」[*56]としていた。おそらく太陽は少しばかり頑張りすぎたのだろう、というのも、太陽は海面のさざ波にギラギラと照り映えたので、セアラはまばたきしなければならないほどだったのだ。

ウィンストンは静かに座って窓の外に目をやり、あたりを「ぼんやりと」眺めていた。しばらくして、彼はセアラの方を向いて、「冥府のリヴィエラ」[*57]〔リヴィエラとは、フランスのトゥーロンからイタリアのラ・スペーツィアにかけての海岸景勝地〕と、ぶっきらぼうに口を開いた。それは状況を完璧に言い当てている、とセアラは考えた。

＊　＊　＊

キャシーは二月七日の長い手紙をほぼ書き終え、後は、フレッド・アンダソンに渡して、ロンドンのパメラのもとへ届けてもらうばかりになっていた。しかし、その夜のディナー後、パメラと共有したい、本会議の具体的なニュース——会議の本当の意味での新展開——が手元に届いた。「大喜びでした」[*58]とキャシーは友人に語った。その午後、進展があったのだ。ワシントンにおける、昨年の夏の会談、そして何ヶ月にもわたる書簡のやり取り、さらにヤルタにおける二日間にわたる議論の末、「彼らはＵＪにダンバートン・オークスを受け入れさせました」とキャシーは報告した〔ＵＪはUncle Joeの略でスターリンを指す〕。

ローズヴェルトの平和機構が決着をみるうえで障害となっていた主たる要因は、総会において、ソヴィエト連邦を構成する一六の共和国のそれぞれが一票を持つべきだ、というスターリンとモロトフの主張だった。その日の午後の交渉後、モロトフは太っ腹にも数を二ないし三に減らした。戦争において、ウクライナとベロルシア〔ベラルーシ共和国の旧称〕はとても大きな犠牲を出したと彼は言った。それら二つの共和国は、それぞれ投票権を持った、創設メンバーとして参加することを認めるのが「きわめて公平というものです」[59]。つまるところ、カナダのような英連邦の国々は独立した投票権を持つだろうし、チャーチルは、まだイギリスの植民地のままだったが、インドも同様に投票権を持つよう、働きかけていた。イギリスとアメリカが同意する用意があることを示すと、スターリンは、アメリカが提案した、平和機構の安全保障理事会における投票の仕組みを受け入れた。

スターリンとの交渉の成功に気をよくして、ローズヴェルトは、晩餐会で、この上なく上機嫌だった。レイヒ海軍大将は、彼のボスであるローズヴェルトにとって、合意は勝利である、と公言した。ジミー・バーンズでさえ、キャシーは彼が「退屈そうに、延々と」[60]物憂げに話す癖があることに気が付いたのだが、その場の雰囲気を湿《しめ》らすことはできなかった。キャシーは、バーンズのことを念頭に置いて、「神様、アメリカ政治から私をお救い下さい」と皮肉を込めて、パメラに冗談を言った。

この勝利を手に、エドワード・ステティニアスと彼の補佐、アルジャー・ヒスには、後日、その年の春、新しい機構の初会合のための日取りと場所を選ぶという、楽しい仕事が待っていた。大統領は寝に就くためすぐに引っ込んだが、アメリカ人たちの多くはお祝い気分を続けたいと望んでいた。リヴァディアにはバーはなかったし、酒保はもう閉まっていた。[61]幸いにして、多くの代表団員たちは自分自身で食料を持参していた。キャシーは、お酒を飲みながら、話に花咲かせるため、フレッド・アンダソンら、数人の親しい友人たちを彼女の部屋に招待した。しかし、キャシーの部屋がお目当てのところだという噂がたちどころに広まった。彼女が気の付く間もなく、「群集が集まった」[*62]結果、彼女の寝室は深夜のバーに変身したのだ。

アメリカのこれまでの交渉の席における数々の成功は、少なからずエイヴレルの努力の賜物だと、キャシーは思わずにはいられなかった。彼女は、ヤルタに来ているイギリスとアメリカの代表団の中の彼女の友人たちの間に、機密情報の取り扱い規定が許す範囲以内で、閉じられた扉の内側で何が進行しているのか、彼女に報告してくれる「諜報組織」[*63]を作り上げていた。彼女の諜報員たちは大喜びで、大使の素敵で魅力的な娘に、大使の業績を褒めたたえたのだった。「あなたにも十分想像できることと思いますけれど、エイヴはそこで自分を売り込んでいます、そして今のところたいへん受けはいいです」と彼女はパメラに自慢した。

とはいえ、キャシーにとって、父親を自慢することは比較的新しい感情だった。成長するにつれ、彼女は、父親が、裕福で、男前で、才能に恵まれていることを知るようになったが、ロンドンで彼に合流するようになって初めて、彼は彼女が思っていたよりずっと重要な天賦の才能を持っていることに気が付いたのだ。四年前、大空襲で破壊されたイギリスの首都における最初の夜を過ごした後、「昨晩到着したばかりです——でも、すでにエイヴがどのような役割をはたしているのか、わかり始めました」[*64]とキャシーは姉へ書き送った。「彼は、人々が頼りにし、信じている、何か確固たるものを体現しているように思えます、そして人々はみな彼に大きな信頼を置いています……彼らはみな彼が好きです」。ローズヴェルトは自分の政策の「促進者」として彼をロンドンへ派遣した。それは、厳密な定義はされていないものの、重要な役割で、彼の公式の役職名が大使に変更された後でも、彼を定義している役割のように見えた。しかし、ロシアにおいて、事態は違っていた。ソヴィエト人は時に頑固になりえ、彼の合意に達しようとした努力が無に帰したため、エイヴレルはがっかりして、夜遅くスパソハウスへ帰ってきたのを、キャシーはしばしば目にしていた。エイヴレルがロンドンでふるっていたような影響力を発揮できなくなって以来、かなり時間がたっていた。長いロシアの冬の後、キャシーは、彼が再びそのような力を発揮できる立場に戻ることを願わずにはいられなかった。

おそらく、キャシーの諜報員たちは特に練達者ぞろいというわけではなかったのか、あるいは、大使の娘の機嫌を取ろうとして、交渉の席におけるエイヴレルの力量を割り増しして報告したのだろう。あるいは、アナが自分の父親に対してそうであったように、キャシーも自分の父親に自分が見たいものだけを見たのかもしれない。理由はどうであれ、ロンドンでは、パメラ・チャーチルはほどなくピーター・ポータルから、真逆の報告を受け取ることとなった。昨夜、彼はパメラに次のように書き送っていた。「申し訳ないが、言わせてもらうと、当地の我々側の全般的な見解として、A〔エイヴレルを指す〕はロシア人たちに対し大きな成功を収めていないですし、このことで彼は悩んでいます。この前彼を見たときより、彼はたしかに老けて見えます。欲求不満が九〇パーセント、失望が一〇パーセントの、どえらい仕事にちがいないです。彼をたいへん気の毒に思っています」*65。イギリスの空軍中将は、パメラの心をつかもうと競り合っている恋敵に対し、本当に同情していたのかどうかの判断はその女性に任せるとして、ポータルにとって、明らかなことが一つあった。西側世界で、ハリマンは最も抜け目のない実業家の一人かもしれないが、アメリカ代表のモスクワ特派員としては、独裁者が我が道を行くと決めた時には、スターリンの敵ではなかったのだ。

それは決してエイヴレル・ハリマンの落ち度ではなかった。彼は、実質的に、負けると決まったゲームをしていたのだった。どんなに抜け目のない実業家であろうと、カードのテーブルにおける彼の技量がどんなに巧みであるとしても、彼は常に、明らかに不利な条件下でゲームをしていたのだ。これはつまるところ、スターリンは、イギリス人とアメリカ人が持っていない、識見の元となる最重要な本物の情報源《スパイ》を握っていたからだ。

一〇年近くにわたって、ソヴィエトは、イギリスのセキュリティ・サーヴィス――MI5とMI6〔MI5＝保安局。国内の安全保障のためにテロリズムやスパイ活動による脅威に対処する。MI6＝秘密情報部。海外での情報収集やスパイ活動をする〕――と外務省に潜入してきていた。その最も名の知れた諜報員たちの中に、ケンブリッジ・ファイヴが含まれた。キム・フィルビ、ドナルド・マクレイン、ガイ・バージェス、アンソニ・ブラント、そしてジョン・ケアンクロスであり、ケンブリッジ大学で徴集された一群の裕福で、才能があり、理念上共産主義に傾倒した紳士の身分のスパイたちだった。ケンブリッジ・ファイヴは、イギリスの知識階級の中で地位をあげるにつれて、ポーランドに対するイギリスの立場を詳細に記した書類を含む、何千もの書類をモスクワへ送った。*66 マクレインは、ワシントンのイギリス大使館に派遣されたが、*67 ソヴィエトが情報獲得を目指した企てのなかで最大の大ヒットの一つを提供した――原子爆弾を建造するための英米共同の任務であり、副大統領のトゥルーマンさえも知らなかった極秘の作戦、マンハッタン計画〔ナチス・ドイツが原子爆弾の開発に着手したことに対抗して、アメリカ、イギリス、カナダが中心となって、原子爆弾を開発し、製造した計画。当初、計画本部がニューヨーク州マンハッタンに置かれていたために、名付けられた〕に関する決定的な識見だった。一方、その間、海外情報部であるMI6はソ連にスパイを全くおいていなかった。*68 イギリス外務省はそのような活動を縮小してしまったのだ。自分の同盟国をスパイするのは文明国のすることではなかったのだ。

ワシントンにおいても、ソヴィエトは同様の作戦を行っており、政府職員の中で、共産主義シンパと思われる将来性のある職員を見つけ、スカウトした。ソヴィエト政府の努力は自分たちが予想していた以上の、大きな成功を収めることとなった。国務省に勤務していた彼らのスパイ要員の一人が、ヤルタへ向かうローズヴェルトの代表団に加わる招待を、思いがけなくも手にしたのだ。アルジャー・ヒスだった。

ケンブリッジ・ファイヴによく似て、非の打ちどころのない履歴を持ち、垢抜けして上品で、蝶ネクタイを身につけた、スポーツ好きの四〇歳は裏切り者には見えなかった。そうであったが、ヒス――暗号名は「エイリーズ」――は、彼が国務省に入省した年、少なくとも一九三六年以降、ソヴィエトの軍事情報部（ＧＲＵ〔国防省参謀本部諜報部〕）のために、密かに働いていたのだ。国務省は、前もって警告を受けていなかった、と言い訳することができなかった。ほぼ六年前、一九三九年に、以前はアメリカにおけるソヴィエトのスパイ要員だったが、その後、決然として共産主義に背を向け、今現在、ソヴィエトに対抗して活発に活動している、ウィッテカー・チェインバーズという名の『タイム』誌の執筆者が、国務省のトップクラスの職員であったアドルフ・バーリ〔ＦＤＲが一九三三年、大統領に就任した際、ブレイントラストの一人となり、ニューディール政策とかかわるが、一九三八年から一九四四年まで国務次官補を務めた〕と接触し、ヒスは見かけ通りの男とは全く違う、と彼に警告したのだ。*69 チェインバーズはバーリに、ヒスが共産主義者地下組織の一員であり、ソヴィエトのスパイ要員として働いている、と通報した。チェインバーズはこのことに絶対的確信を持っていた――結局のところ、彼はヒスを訓練した連絡要員だったのだ。

しかし、怠慢のせいか、あるいはこの情報に対する不信のせいか、バーリは通報を受け流してしまった。ヒスは国務省内で出世し続け、最終的に国務長官の信頼のおける補佐となった。自分の持っている秘密情報の取り扱い許可を利用し、彼は数えきれないほどの公文書をコピーし、モスクワへ送った。彼の極秘情報へ近づく権利が広がるにつれて、ソヴィエトにとり、彼の価値は高まった。ローズヴェルトが耳を傾けてくれる、例えば、ステティニアスのような人々の傍にいることにより、ヒスはまた、直接にではないが、隠れて影響を与えることのできる諜報要員として活動するうえで、理想的な立場にあった。彼のそれとなくではあるが、効果的な意見や提案は、ソヴィエト政府にとって好ましい方向へ、議論や決定を誘導しえた（FDRが亡くなった場合、ハリー・ホプキンズに大統領選に出馬する計画があることを知ったら、疑いもなく、ソヴィエト政府の興奮は倍加しただろう。その場合、ホプキンズは一九四四年の大統領選に立候補することになり、彼が勝てば、アルジャー・ヒスを国務長官に任命しようとしていたと思われる）。[*70] ヤルタにおいて、ヒスは定期的にステティニアスと会い、彼に世界平和機構に関して議論する準備をさせ、さらに、ほとんどすべての本会議に出席し、外相のランチミーティングにも出席した。本会議において、ローズヴェルトの後ろに静かに座り、ヒスは交わされた会話のすべてを、自分独自にメモした。[*71] それらのメモは、チップ・ボーレンがとったメモと並んで、ヤルタ会談に関するアメリカの公式記録の一部となった。

ヒスがヤルタに到着した時点で、彼はもっぱらGRUのために働いていたが、会談が進むにつれて、彼は、人民国家保安委員会（Narodny Kommisariat Gosudarstvennoy Bezopasnosti）の関心を引くようになった。[*72] 人民国家保安委員会は、ソ連において、GRU以上の力を有する情報機関の一つで、NKGBという略称でよく知られていた。名称は似ているが、NKGBはベリヤのNKVDとは別な組織だった。NKGBは、国内と国外の両方で、情報を収集し、対敵情報活動を行った一方、NKVDは国内の治安に特化していた。ヤルタにおけるローズヴェルトの随行員に加わることにより、ヒスへの注目度は増し、ヒスが育成する価値のある人間であるかもしれないことに、NKGBは気づいたのだ。

ソヴィエト政府はローズヴェルトの世界平和機構に関する内部情報を欲しがった。ヒスがまさにそれを得るための人間だった。

＊＊＊

スパイ行為には様々な形態がありえ、ヤルタにおいて、だれもが始終厳しい監視下にあった。イギリスは、諜報活動を行っているスパイをソ連に派遣していなかったかもしれないが、全く監視の目を持っていなかったわけではなかった。マルタに到着して以来、チャーチルの主治医であるモラン卿は、機会あるごとにフランクリン・ローズヴェルトを子細に観察し、日記にメモを取っていた。新聞に掲載されている、慎重に選ばれ、注意深く合成された写真だけをもとに、診断を下すのは難しかったが、ローズヴェルトの健康が衰えているとの噂はイギリスに広まっていた。時として、彼が再選された一九四四年一一月の夜におけるように、ＦＤＲが疲労困憊しているべき瞬間に、写真は壮年期の男を映し出していたのだ＊73――元気旺盛な活力に満ち溢れ、四期目も通してずっと国民を導く用意のある男だった。彼は生気に満ちて見えたので、『シアトル・ポスト――インテリジェンサー』紙以来のアナの同僚だった、著名なスポーツ記者のロイヤル・ブルームは、「チャンプ〔ＦＤＲを指す〕は以前の迫力を失っていない」＊74ことが見て取れた、と伝えたいために彼女に電報をよこしたほどだった。彼の四期目の就任式の日におけるような、また別な時には、大統領は死の寸前のように見えた。＊75

チャーチルの主治医を務めるほかに、モランは王立内科医協会の会長だった。首相とともにヤルタに向けてイギリスを発つ前日、モランはアメリカ人の友人から一通の手紙を受け取った。＊76その友人とは、アメリカにおいて彼と同等の地位、すなわち、アメリカ医師会（the American Medical Association）

〔世界五大医学雑誌の一つであるJAMAを発行。一八四七年に設立〕の会長であり、アメリカ内科学会（the American College of Physicians）〔フィラデルフィア、一九一五年設立〕の前会長だったボストンのロジャー・リー博士だった。リーは、ローズヴェルトの健康について彼が聞き知ったことをモランに打ち明けた。昨年の春、大統領は心不全であると診断された、と。病状は日によって大きく絶えず変化しうるので、患者の外見をもとに、病気がどこまで進んだのか、言うのは難しかった。しかし、リーが書き連ねた症状は、ローズヴェルトの心臓病の状態が進行期にあることを示唆していた。

　医師としての〔情報を得た〕有利な視点からすると、FDRは明らかに「重い病人」*[77]であるように見えた。「彼は、脳動脈の硬化が進行期にある症状をすべて呈している、それゆえ、私は彼の余命がほんの数ヶ月と判断する」*[78]と、その夜、モランは書き留めた。医学的な教育を受けた者であれば、これは明らかで、ただちに気づいたと思われる。そして、医師の見解では、FDRの衰えは明白であるので、素人でも気が付くだろう、というものだった。しかし、ローズヴェルトの内輪の人々のだれも、モランが明々白々と感じたことを認めなかったのだ。

　その反応で彼を最も驚かせたのはアナのそれであった。「彼の娘は本当に彼が病気でないと考えているし、彼の医師も彼女を後押ししている」とモランは記した。「しかし、人は見たくないことには目を閉じる、そして、当地のアメリカ人たちは、彼はもうお終いだ、ということを信じたがらない」。

第一四章　一九四五年二月八日

アナは、最善を尽くそうと努力していた。彼女はジョンに次のようにしたためた。本会議での進展に関して情報を引き続き得るためと、父親の部屋から「不必要な人々を締め出しておく」ために、そして、「必要な人物を最も都合の良い時刻に導き入れるために」、思い浮かぶ限りの「あらゆる創意工夫や機転」を凝らしてきたのだと。[*1]しかし、どれほど多くのメモをFDRのために残して、休息をとるよう、決められた食べ物だけを食べるよう、また、誰か他の人物でも対処できる件で身をすり減らさないよう、FDRに念押ししても、それでは決して十分ではなかったのだ。舞踏の間での、疲労困憊する本会議の時間を彼女が短縮することはできないし、三つの連合国の代表団がその日の午後の会談に集まる前に、スターリンと会わないように父親を説得することもできなかった。アナは、その会議の詳細についてはほとんど知らなかった。FDRは、前夜の世界平和の機構に関する議論における勝利から得たエネルギーを使い果たしてしまったようだった。二月八日の晩の五時間連続の会合の後、私室に戻った頃には、FDRの肌は灰色がかり、頬はくぼんでいた。彼の体調は、アナの想像を超えて、急速に悪化していたが、まだ彼の任務の時間は終了していなかった。今宵、スターリンはコレイズ館にて、盛宴を主催することになっていた。三人の娘たちも招待されていた。

大統領の私室では、ブルーン医師が患者を診察していた。ブルーン医師は、ローズヴェルトの顔色が悪いことを懸念していた。アナと同じくブルーン医師も、その日の午後、何が話されたのか何も具体的な詳細については知らなかったが、その日は、「特別に困難*2」で、「感情的に不穏な状態だった」と言うことはできた。ローズヴェルトは、「明らかにひどく疲労していた」。ブルーンは、メモにこう記録した。患者は、「朝、起床してから昼食まで、訪問客の流れが絶えず……午後の休憩をとる時間もなかった」。ブルーンが診察を続けていると、ローズヴェルトはブルーンに、午後の会談では、「会議の趨勢にイライラして動揺したよ」、つまり、ポーランドに関してだが、と告白した。

ポーランドについての会合の最後の二日間はひどく面食らわせられるものだった。まず、二月六日夜のローズヴェルトの書簡へのスターリンの反応――あるいは反応がなかったことだ。三人の指導者たちが七日目の午後の本会議に到着した時、スターリンは、ＦＤＲからの書簡を受け取ったばかりだと主張した。「ルブリンのポーランド政府〔イギリスにいた亡命政府は帰国できず、ポーランド東部の都市・ルブリンにあるソ連主導のルブリン政府がポーランド国家となった。一九四四年一二月三一日、ポーランド共和国臨時政府宣言〕に電話で連絡をとろうと懸命に努力した*3」が、彼らが他の件でルブリンを離れていたことが分かっただけだった。それ以上、その件について彼が言うべきことはほとんどない。ＦＤＲがヤルタでの交渉に参加させようと提案した、ほかのポーランド人のリーダーたちについては、彼らの所在を知らなかったため、スターリンには、彼らをどこで見つけたらよいのかわからなかった、というのだった。エイヴレル・ハリマンは、それを、「空前絶後の見え透いた言い訳*4」と考えたが、それに反論する余裕を与えず、モロトフは、急いで話題を切り替え、世界平和機構をソヴィエトが支持すること、しかも、わずか二、三の投票権を加えることで満足することを宣言した。スターリンの言い訳は歴然たるごまかしだったが、ソヴィエト側は、「素晴らしいタイミング」をものにしたことを、ハリマンですら否定できなかった。

この日、二月八日の午後の会合でも、ポーランドにおける自由選挙をめぐる争いが続いていた。チャーチルは、いつも通り、自分たちは「この偉大な会談の山場[*5]」に差し掛かっていると口火を切り、ポーランドに関して同意に達することができなかったならば、「片やソヴィエト政府、片や合衆国政府とイギリス政府、両者間の分裂のしるしと、世界中で解されるだろう」という趣旨の包括的な見解を述べた。そのような決裂は、「会談が失敗だったという烙印を押すことになるのだ」とチャーチルは主張した。するとスターリンは、彼独自のわざとらしい演技で応じた。ローズヴェルトは、これにはほとんど耐えられなかった。

　ポーランド問題は、その日ローズヴェルトが扱った二番目に重い案件だった。彼はすでに本会議の前にスターリン、モロトフ、そしてハリマンと、太平洋戦争について議論するために、三〇分間を費やしていた。[*6] イギリスは会合には含まれていなかった。アメリカにとって、ソヴィエトが日本に対して宣戦布告することを保障する協定を手土産にヤルタを発つことは、きわめて重要だった。太平洋上の戦いは、消耗戦になりそうだった。連合国軍の全面的な勝利だけが日本を降伏させられるだろう、そして、仮に「マンハッタン計画」が失敗すれば、日本で勝利するには、圧倒的な人的戦力を必要としたのだ。エイヴレル・ハリマンが、その週の初めのころの外相会談で知らせた、〔ダグラス・〕マッカーサー元帥のフィリピンでの最近の勝利〔一九四五年一月九日、アメリカ軍はルソン島に上陸。二月三日、首都マニラ進軍〕にもかかわらず、ソヴィエトの介入がなければ、太平洋で勝利するためには、あと一八ヶ月戦いが続き、数十万のアメリカ人の命が犠牲になる、[*7] そうアメリカの首脳部は確信していた。その午後、ローズヴェルトは、ソヴィエトの対日戦参戦への約束と引き換えに、ソヴィエト政府の切実な要求をのむことに同意した。[*8] ドイツが敗北〔一九四五年四月末、ベルリンにソ連軍が突入、五月七日、無条件降伏文書に署名。九日停戦となった〕したら、不凍港と満洲《マンチュリア》での鉄道線路の利用権、並びに千島列島と樺太等の返還と交換に、そのことにローズヴェルトとスターリンは合意した。ソヴィエト政府は、一九〇五年、日露戦争の間に、日本が当該諸島をソヴィエトから奪取したと主張し続けていた。この協定はじかに中国に影響するにもかかわらず、中国の指導者、蔣介石に相談することなく、ローズヴェルトは同意した。情報の漏洩を恐れて、大統領は、中国に後日、通知することにしたのだ。

スターリンと、さらに、チャーチルとの論戦が、ローズヴェルトに残されていた、わずかばかりの活力を彼から奪うだけでは十分でないかのように、彼はまた、彼自身の陣営の中で、内紛に耐えなければならなかった。これらのもめごとの中には、きつい言葉使いで書かれた、ギル・ワイナントから送られてきた、戦後ドイツに関する電報が含まれていた。電報は次のような書き出しで始まっていた。「あなたとステティニアス長官、そしてホプキンズ氏は、私を会議から締め出す決心をされましたので――」[*9]。ローズヴェルトが実際の六三歳よりも数十歳も年老いて見えたことに、不思議はなかった。

ブルーンは、今、大統領の肺の音を聴診器で聴いていた。[*10] 両肺は、水が溜まっていないことを知らせる音を響かせていた。彼の心拍数は正常値で、分あたり八四拍だった。しかし、ブルーンがローズヴェルトの血圧を測った時、ブルーンはどこかに深刻な問題があることに気が付いた。

一九一三年に出版された小説『息子と恋人』の中で、D・H・ローレンス〔二〇世紀前半のイギリスを代表する作家。『息子と恋人』は自伝的小説。夫婦仲の悪い両親（作家の父は炭鉱夫、母は教師）、その反動として仲のよい母と息子の関係が反映されている〕は、息子がそのベッドのわきに座り、女性が終末に近づいているシーンを描いている。彼女が死期に近づくと、息子は脈拍をみるために、母親の手首の黄ばんだ肌に指を当てた。ローレンスは、「まるで、音とそのエコーのように、強い脈拍と弱い脈拍があった。それは、終わりを示すものと思われた」と書いている。音とそのエコーはまさしくブルーンが耳にしたものだった。「血圧は初めて交互脈〔強い拍動と弱い拍動が交互に現れる動脈脈拍波形のこと〕を示した」[*11]と、ブルーンは大統領のカルテに記した。彼は患者には伝えなかった。

　大統領の心臓は、規則正しく鼓動を打っていた。しかし、彼の心臓の左側に蓄積した体液と、心筋の機能が徐々に不活発化するせいで、一つおきの収縮は、一つ前のものより弱いのだ。ブルーンは、交互脈は一時的なもので、薬や手術では治療ができないが、心臓はその正常心拍数へ自力で戻る場合もあることを知っていた。しかし、数ヶ月前の左側の心臓の機能不全という診断と相まって、ブルーンは、これが大統領の体調の悪化の証拠となりうることも知っていた。D・H・ローレンスが不吉にも彼の小説の中で描いたように、死期が近いことを予告するしるしだったのだ。

　アナは以前、父親の健康にかかわる深刻な不安の一つを経験していた。彼女は、父に同行して、一九四四年八月、元住んでいたシアトル〔ワシントン州の最大都市〕から、ピュージェット湾〔氷河の浸食が形成した湾で、湾内に、キトサップ半島などがある〕を横切って、ワシントン州ブレマトン〔キトサップ郡の市。現在も海軍病院や海軍基地がある〕等を訪れる西海岸への小旅行をした。その折、彼は、ブレマトンにある海軍工廠で、何千人もの作業員を前にスピーチをした。合衆国艦艇『カミングズ』の甲板から聴衆に語りかけている間に、彼は胸と両肩に鋭い痛みを体験した。[*12] 最初、彼は心臓発作を起こしているのかもしれないと考えたのだが、ブルーンは、すぐに、ローズヴェルトが数ヶ月ぶりに重い金属性の下肢装具を装着して、演台の上に前腕を置き、体を支えてスピーチをしていたことに気が付いた。このすべてが、まさしく、揺れている船上で行われた。それは心臓発作ではなく、狭心症〔心臓の表面にある、心臓に血液を送るための冠動脈が狭くなり、胸痛が生じる症状〕だった。一時的な胸の痛みを伴う梗塞だったのだ。心電図の正常な結果は、彼の診断を裏付けた。そして、一九四四年九月、ケベック会議〔一九四三年に、第一回ケベック会議は開催されたので、これは第二回〕において、ある晩の晩餐の後、チャーチルとカナダの首相マケンジィ・キングとともに、ウッドロウ・ウィルソンについての映画を鑑賞している間に、ローズヴェルトはまた別の症状の現出を経験した。その時、アナは父親と一緒ではなかったが、ブルーンが付き添っていた。映画は、国際連盟に対する支援を呼び起こそうとして、各地をめぐる旅に乗り出したが、あえなく敗れて、ホワイトハウスへ戻ってきたウィルソンを描いていた。ほどなくして、ウィルソンは、脳梗塞を患ったのだ。「そんなこと、絶対、私には起こりはしないさ」[*13]とローズヴェルトは叫んだ。彼の血圧は二四〇／一三〇に跳ね上がった。[*14] 幸運なことに、翌朝までには、平常値に戻った。

しかし、今回は違っていたし、アナが、前日、ようやく理解するに至ったことを裏付けていた。何ヶ月も前に、ブルーンが、ローズヴェルトのホワイトハウス付きの医師、ロス・マッキンタイア海軍大〔中〕将によって定められた規則を破って、ＦＤＲの心臓の状態をアナに打ち明けた時、ブルーンは彼女に全ての情報を与えたわけではなかった。ヤルタでは、彼はついにすべての秘密を打ち明けた。「私はブルーンを通じて（ブルーンはロス〔・マッキンタイア〕に私が知っていることを話させたがりませんでした）、この『心臓の』状況は私がかつて理解していたよりはるかに深刻であることを知りました」[*15]と、今、アナはジョンに明かした。「この状況に対処する上で最も困難な点は、私たちは、もちろん、誰にも話せないことでした」。自分たちの父親に話してしまうだろうから、彼女はキャシーやセアラには何も打ち明けられなかった。夫に手紙を書くことには、情報上の安全性を損ねるリスクが十分あった。彼女は父親の身元を、ＯＭ——Old Man あるいは Oscar Mann の略称で、彼女とジョンがＦＤＲに使用したコードネーム——というイニシャルで、かろうじて隠したが、少しでも勘の働く人であれば、彼女が誰を指しているのか分かっただろう。それでも、アナにとって、一人で負うには、荷が大きすぎたのだ。「この一節は破って破棄した方がいいわ」と彼女は急いで括弧で書き加えた。

アナは、心の片隅でではあったが、ＦＤＲの体調の悪化は、ある意味、彼自身のせいだ、と感じずにはいられなかった。彼は、ホプキンズやチャーチルのような人たちと会いたくないときには、彼らから彼を遮断する役目をアナにさせて、ご機嫌だった。だが、休息をとる代わりに、彼は大勢の前で職務を遂行することを楽しんだのだった。「父は、すっかり興奮して、余すところなく楽しんでいるようだわ。でも、多すぎると思われるくらいの人々に囲まれたがって、そうなると早めにベッドまで寝に行かないのよ」[*16]とアナはジョンに向かって怒りをぶつけた。そのような時、父親が本当に深刻な病気であると信じることは、時折、アナには難しかったのだ。[*17]

ＦＤＲの交互脈が正常に戻るよう希望を抱いて、アナとブルーンができる唯一の事は、彼を休ませることだけだった。しかしながら、その晩のスターリンの晩餐を欠席する選択肢はなかった。そうすることは、スターリンを軽視することになるだろうし、スターリンの晩餐会を欠席する選択肢はなかった。

ＦＤＲの交互脈が正常に戻るよう希望を抱いて、アナとブルーンができる唯一の事は、彼を休ませることだけだった。しかしながら、その晩のスターリンの晩餐を欠席する選択肢はなかった。そうすることは、スターリンを軽視することになるだろうし、ＦＤＲの衰えつつある健康に対して、ソヴィエトが疑念を強めることになるかもしれない。最も重要なことは、ローズヴェルトが、いまだにスターリンと自分の相互に分かり合える関係の持つ力を確信していたことだった。それは、司法省の官僚機構の干渉から自由な、組織を挟まない交流による相互作用を通じて、最良の形で、育成されるものだった。ＦＤＲは、それが、ソヴィエトに戦後の国際共同体の構想を受け入れさせるための、彼が持つ最強にして、おそらく唯一の手段なのだ、という信念を持ち続けた。この晩餐会は逃すわけにはいかない機会だった。

おそらく、職務を遂行することがはらむスリルだけで、大統領がその晩餐会を切り抜けるのに、十分だったろう。だが、その晩のコレイズ館の塀の内側では、スターリンの部下の目の一つ一つが、彼の上に注がれるだろう。交互脈が目に見えるものでなかったのは幸運だった。ローズヴェルトの顔色は明らかに普段より青白く、そして彼は疲れ切って見えたが、会談のこの時点では、誰もが疲れ切った様子だった。代表団の何人かは、特に、イギリス代表団の中の何人かは、彼らが、スターリンの宴会に招待されなければよかったのに、[*18]と思っていた。彼らは、乾杯のし過ぎと山盛りのキャビアにうんざりし、ひたすら睡眠が取りたくてたまらなかったのだ。アンソニー・イーデンの副官のアリグザンダー・カドガン〔外交官。後年、イギリス放送協会会長。イギリス国連代表〕は、三人の娘たちが、その夜、招待されたことをとりわけありがたがっていた。晩餐のテーブルは、ちょうど三〇人分の余裕があるだけだったのだが、セアラ、キャシー、アナは、これらの席のうちの三つを占めたので、カドガンは選に漏れたのだ。[*19]しかし、FDRに、逃れようはなかった。

　八時半に、ローズヴェルトの大統領警護官はローズヴェルトが彼の車両に乗り込む手助けをした。[*20]アナは、毛皮のコートに身を包み、彼の隣に滑り込んだ。二人の出発の準備ができると、大統領の車両と彼の同行者たちの車両を除き、リヴァディア宮殿とコレイズ館の間の道路を封鎖するよう、信号が送られた。[*21]同行したのは、エド・ステティニアス、レイヒ海軍大将、ジミー・バーンズ、ハリマン父娘《おやこ》、チップ・ボーレンとエド・フリンだった。[*22]アメリカ代表団は、三〇分ほど海岸沿いの道路を車で移動して、ロシアの熊〔国の象徴だが、ここではスターリンを指す〕と二〇皿のコース料理が待ち受ける、[*23]ラスプーチンの暗殺者がかつて所有した館へと向かった。

　その晩、それから後、アナは微笑んで、乾杯の音頭がとられるたびに、グラスをあげて乾杯し、この一年間、ホワイトハウスの晩餐会で行ったように、何の問題もないような振りをしたのだ。アナはようやく理解したのだが、父親の秘密を守ることは、彼の傍にいることに対し支払うべき代価であり、それは、仕事仲間や顧問、協力者や潜在的な敵からばかりではなく、父親を最も大切に思ってくれている人々からも秘密を守ること、そのことを意味した。

彼女の父親は自分自身の健康に不安を感じていたのかどうか、晩餐会に神経質にならなかったかどうか、アナにはなんとも言えなかった。もし彼が、ブルーンの検査から何かを察知して、わかっていたとしても、それは口にしなかった。父親が彼の真の個人的な感情をほとんど彼女と、その件についていえば、他の誰とも、話し合わないことを、アナは重々承知していたからだ。[*24] 今晩も例外ではなかった。安全を図るために、彼は書類を秘書たちに分散させていたので、大統領執務室で生じている、ありとあらゆることを完全に理解している人は誰もいなかった。ちょうど同じように、彼は彼自身を区分化して、他人に見せていたので、誰も彼の全体像的な存在を見たことがなかったのだ。彼は、国民には、麻痺を隠し、めったに彼自身が車椅子に座っている姿を写真にとらせなかった。国の大部分の人々は、彼の体が麻痺していることすら知らなかった。彼は、チャーチルからは、スターリンとの内々の会話を隠した。ブルーンやマッキンタイアに自身の医学的な不調について問うことを拒み、自分自身からも自分を隠した。一九四四年の夏、「彼は誰のことも知らず、誰も彼のことを知らない」[*25] と、アナは、友人の司法次官補のノーマン・リテル〔ローズヴェルト大統領に第一二代司法次官補として指名される〕に告白した。「彼の家族さえ彼について何も知らないの」と。その年、ホワイトハウスで暮らすこととなり、そのことがアナに、十分すぎるほど明白になった。彼女がＦＤＲに近づこうとすればするほど、どれほど彼が、実に長い間、彼自身を隠してきたか、彼女は理解するようになったのだ。

＊＊＊

アナが七歳の時、二二歳のルーシー・マーサーという女性がエリノアのために仕事をしに来た。当時、まだ壮年のフランクリンは海軍次官〔海軍省の特定の文民高官に与えられる称号。一八六一年から一九五四年まで、海軍省で二番目に高い文民官職〕として在職中で、家族もワシントンに住んでいた。ルーシーは没落した上流階級の家庭出身だった。彼女のかつて裕福だった両親は、一八九三年の恐慌〔当時までに合衆国が経験した最悪の経済不況。失業率は一七から一九パーセントに達した〕で資産を失った。今、ルーシーは成人したので、良家の若い独身女性にふさわしいと思われる仕事を見つけなければならなかった。エリノアは彼女を社交担当秘書として雇った。

アナはルーシーの生い立ちについて、何も知らなかった。アナは、彼女を「机の前に座って、カードに文字を書き込んでいる」[26]若い女性としてしか知らなかった。幼い少女のころ、アナは、家に仕事をしに来る、例えば看護婦や家庭教師のような女性たちに対して、本能的な警戒心を抱いていた。クレメンタイン・チャーチルとよく似ていて、エリノアは、母親としての能力に不安を感じ、子供たちの世話を、大方、看護婦たちに任せたのだ。[27] その中の一人は、「酒瓶依存症」[28]で、体罰を与える傾向があった。その冷酷な女性は、ローズヴェルト家の息子たちの長男であるジェイムズをクローゼットに入れて、何時間とも思えるほど長い間、鍵を掛けたのだ。[29] アナとジェイムズは反抗した。二人は、ワシントンの自宅の三階の窓から、水をいっぱい入れた紙袋を通りすがりの人の頭に落としたり、招待客が両親主催のディナー・パーティに到着する前に、ダイニングルームで悪臭弾〔破裂すると悪臭を放つ〕に火をつけたりしたのだ。[30] しかし、ルーシーは、アナや彼女の弟たちを教えたり、世話したり、あるいは、しつけたりはしなかった。彼女は、誰もクローゼットの中に閉じ込めはしなかったし、祖母の友人たちがお茶に来る前に、アナの髪を意地悪くぐいと梳《と》いたわけでもなかった。そうする代わりに、ルーシーは、机の前に座ってカードに文字を書き込みながら、ローズヴェルトの家庭には欠けていたもの、温かみと親しみを放っていた。[31] そのうえ、彼女は微笑んでいたのだ。

アナには、ルーシーにまつわる特別な記憶があった。[32] ある日、ルーシーはアナにおはようと挨拶したのだが、いたずらで無作法な子供に声をかけたというより、一人の妙齢の女性が、やはりうら若き女性に挨拶をするようだったのだ。アナは、ルーシー・マーサーを賞賛する、と心に決めた。

それから、ある日、ルーシーはいなくなってしまった。誰も理由を言わなかった、そしてアナは数年間にわたたって、彼女のことは耳にしなかったのだ。

アナが、のちに知ったように、ルーシー・マーサーについて賞賛すべき点があるのを見出したのは、アナだけではなかった。アナが一八歳だった夏のこと、彼女は、ロードアイランド州〔全米五〇州の中で最小面積。州都プロヴィデンス〕のニューポート〔美しい景観と歴史的建造物のある、豪壮な別荘地として知られる〕へ、「テニス・ウィーク」[33]参加のために、母親の従妹のスージー・パリッシュと一緒に泊まりがけで出かけた。それは、彼女のデビュタントのシーズンに、アナが直面した多くの社交上の責務の一つだった。そして、アナは、その一瞬一瞬を恐れていたのだ。セアラ・チャーチルのように、アナはデビュタントであることを全く望まなかった。彼女は、ぎこちなく、恥ずかしがり屋だった。彼女は服やダンスや、ふさわしい若い男性が付き添う遠出には興味がなかった。彼女は、自分が社交界にデビューすることを「強制されて」[34]いると感じた。そして、祖母と両親がデビューを主張したことで、彼女は三人に対して激怒していた。フランクリンとエリノアは、社会的、政治的見解に関しては驚くほど進歩的だったが、その進歩性は何ら自分たちの娘に対して抱く期待に反映されていなかった。とりわけ、母親の矛盾はアナを驚かせた。エリノアは、常に、その愚かしい規則と社交界を構成している生気のない人々を批判していたが、それでも彼女は、軽蔑するといっていた制度に、娘を押しやったのだ。

アナの、デビュタントであることから生じる不安は、たちまちより苦しい感情と置きかわった。従妹スージーはひどいゴシップ好きだったのだ。ある日、スージーはアナに、数年前に起きた「この恐ろしい事柄[*35]」について話し始めた。フランクリンが海軍次官だった時期、彼は、「別の女性[*36]」と「恋愛関係」になったのだ。その恋愛は、「当時、ひどく噂を立てられて[*37]」、人々は、この女性がフランクリンと一緒に駆け落ちするのではないかと疑っていたが、「ありがたいことに、何も起きなかった」。「何も」とは「離婚にならなかった」を意味した。スージーは、アナだってその女性を知っているのよ、と言い張った。その女性とはルーシー・マーサーだった。

なぜフランクリンが海軍次官であった頃、キャンポベッロウの家族と過ごす時間がだんだん少なくなったのか[*38]。あるいは、彼女の両親は大恋愛ではなかったとしても、かつては本当の、暖かみのある情愛が二人の間にかよっていたのに、なぜ、突然、互いによそよそしくなったのか[*39]。あるいは、なぜ、彼女の母親は、突然、家族の家から一マイル〔約一・六キロメートル〕以上離れた森に、自分自身のコテージ〔一九二〇年代に構想され、建設された敷地内の彼女専用の隠れ家ヴァル＝キルは、エリノアの社会活動の拠点となった〕を建てようと決心したのか。しばらくの間、アナを混乱させた、これらいくつかの不快な事柄が、突然、腑に落ちるようになったのだ。アナはどうしたらよいのか、わからなかった。アナは、スージー・パリッシュが彼女に負わせたひどい重荷の秘密を、誰にも漏らすことができなかった。それが真実かどうか確認することすらできなかった。

ある日、アナとエリノアが二人きりで家にいた折、エリノアが娘の前で感情を抑えきれなくなった時まで、アナはこのみじめな秘密を何ヶ月も一人で抱えていた。スージー・パリッシュが言ったことは真実だった。エリノアが説明したように、ルーシーは、一九一七年に秘書の仕事を去ったあと、海軍の女性部門〔男性に代わる労働力として、ボランティアの形で、事務職、通信職などに当たった〕に加わり、ほどなくして、彼女はフランクリンのオフィスで仕事をし始めた[*40]。これが偶然なのか、あるいは意図的なものだったのか、エリノアは言わなかった。しかし、エリノアが知らないままに、フランクリンとルーシーは一年近くも関係を持っていたのだ。エリノアは、フランクリンが体調を崩してヨーロッパ出張旅行から帰国した後に、彼のスーツケースの中身を出していた時、ルーシーからのフランクリン宛のラブレターの束を見つけた一九一八年まで、そのことを知らなかったのだ。激怒し、屈辱を感じたエリノアは、フランクリンに離婚を申し出たのだが、離婚は彼の政治生命に終止符を打つだろう。代わりに、彼は、二度とルーシーに会わないと誓ったのだ。

　アナは、ティーンエイジャーの頃、常に母親に苛立っていた。第一に、マンハッタンの学校へ送り出したことと、そして次に、社交界へのデビューを強要したことだった。今や、あの頃の敵意はたちどころに消滅した。初めてアナは心から、父親が母親に引き起こした心の痛みのことで、「怒り――父親への怒り」[*41]を覚えた。彼女は、どちらかを選ばねばならない[*42]と確信した。彼女とエリノアは決して仲が良かったわけではなかったが、彼女は、女性として、母親との自然な連帯を感じた。それと同時に、取るに足らない心配の種がアナの心の奥に植え付けられた。もし、彼女の母親のような女性が裏切られたのなら、いつか、同じことが「自分にも容易に起こりうる」[*43]と恐れたのだ。

　フランクリンはエリノアに、彼の人生からルーシーを絶つと約束したのだが、約束を守れなかった。一九二〇年、ルーシーは六人の子供のいる裕福な寡夫、ウィンスロップ・ラザファッドと結婚した。だが、フランクリンとルーシーは、時折、手紙の交換をしていた。フランクリンは、一九三三年の第一回大統領就任演説に彼女が出席できるよう、人知れず慎重に手配さえしたのだ。後に、ウィンスロップ・ラザファッドが、一九四一年に卒中を患った時も、ローズヴェルトは、自分の影響力を用いて、ルーシーの夫が、ワシントンDCのウォルター・リード陸軍医療センターで治療を受けられるよう力添えとなった。三年後、一九四四年三月、ラザファッドは死去し、ルーシーは五三歳で未亡人となった。

　ラザファッドの死後三ヶ月ほど経ったある晩、フランクリンは、アナに質問を持ち掛けてきた。初夏で、アナがホワイトハウスに戻って数ヶ月後のことだった。エリノアは、ハイドパーク〔ニューヨーク州、ダッチェス郡にあるローズヴェルトの生まれ故郷の町で、彼の生涯の屋敷がある〕で四週間近く過ごしていて、自分が留守の時は、アナにファーストレディの任務を務めさせた。[*44]「とても親しい友人を晩餐に招いても」よいだろうか、とＦＤＲはアナに尋ねた。それは尋常でない質問だった。大統領として、彼は望んだ人物は誰でも、誰が女主人役を務めていようと、招待できたのだ。[*45]しかしアナは、素早く、この謎のディナーの客はあの人に違いない、と推測した。また、招いてもよいか、なぜ父親が彼女に尋ねたのか、その理由も推測した。彼が求めたのは、彼女の許可ではなく、彼女の賛成だったのだ。彼が招こうと意図した客とは、ルーシーだった。

　二〇年以上、ルーシーの記憶が家族の上に影のように付きまとっていた。今、アナは長年抑圧してきた辛い記憶に立ち向かった。父親に対して感じた怒りが戻ってきたように、あの情事がもたらした母親の打ちのめされた様の記憶が、急によみがえってきた。彼は今、アナを不公平極まりない立場に置いたのだ。つまるところ、アナにルーシーの訪問を彼女の母親には秘密にしてくれるよう、ＦＤＲが頼むということは、彼女に片方の親をもう片方の親からかばうよう頼んでいるのと同じことなのだ。父親は、アナがホワイトハウスから外出している晩に、ルーシーを招待することができたのだが、おそらく、無意識のうちに、妻の信頼を失墜することで背負う罪の重荷を分かち合ってくれる人物を探していたのだ。とは言っても、彼は絶望的といってよいほどに体調が悪い。それは「急いで行わなければならない、ひどい決断」[*46]だった。

アナは状況を冷静に考察しようとして、彼女が愛する人たちの間でトラブルが生じた時にいつも行っていたように、個人的なことや感情的なことを締め出した。アナは、結婚生活とは、完全とは程遠いものと知っていた。結婚生活は、醜く、複雑にもなりえた。そのことは、彼女のカーティス・ドールとの最初の結婚が証明していた。口論していた間に、カーティスはキッチンナイフを投げつけ、[*47]それはアナの頭のちょうど上の壁に突き刺さったことさえあったのだ。彼女の弟たちは、すでに合わせて三回の離婚をし、彼女は、カーティスと離婚する前に、ジョン・ベティガーと関係を持った。彼女がジョンを愛して、二人の結婚が成功であってほしいと必死に願っている[*48]一方で、彼女はジョンが内なる悪魔と戦っているのを知っていたが、どうやって悪魔を払い落とせばよいのか、彼女にはわからなかった。悪魔が外目にもわかるようになった場合、彼の不安や鬱《うつ》は、その一つの表れだったが、その兆候はずっと以前から目についていたのだ。それらに面と向かう代わりに、アナは、何も問題はないかのように振る舞い続けていた。

婚姻の神聖さを理由に、父親を批判するのは、偽善的だろう。さらに、彼女の両親は六〇代だった。確かに、両親の年齢を考えれば、「あなた方はこれをするべきではない」[*49]とか、「この人に会うべきではない」とか、誰にも、ましてや子供たちに、言われる筋合いはなかった。彼女は、「この人たち」が彼女とは何の関係もないかのように、「この人たちの私生活」は、彼女が「口をはさむ」べきものではない、と心に決めた。

だが、アナがいかに分析的に状況をみようと、その件は、感情的で、きわめて個人的だった。彼女の父親は死にかけていた。そして、その避けがたいものを撃退するためなら、彼女は、彼に平穏と癒しをもたらそうと、何でもする気だった。ＦＤＲを見ながら、「その行くところ、常に人々に取り囲まれていた男《ひと》がここにいる」[50]と、アナは心の中で思った。彼自身が持つ権力の下でほとんど身動きできなかった男《ひと》。彼は成人後の人生を国に捧げて、来る日も来る日も戦時下の国民の先頭に立って、最も恐ろしい決断に立ちむかっていた。誰の命が失われずに済むのだろうか。何人の兵士たちが犠牲になるのだろうか。連合国の兵士の価値と比べて、敵の文民の命の相対的価値はどのくらいだろうか。ＦＤＲは、これらの恐ろしい決断から、そして、彼を取り囲んで特定の議案を進めることを要望する人々の、互いに相反する利害関係から解き放たれた、静かな時間を持ったことがなかった。フランクリンは足が不自由で、ルーシーは未亡人だった。彼らの間の逢瀬とは、せいぜい、かつての幸せの追憶や数時間の楽しいくつろいだ会話に過ぎないだろう。もし、それがＦＤＲに、喜びのない世界において、なにがしかの喜びを与えられるのなら、アナは彼を拒否できるだろうか。

　そこで彼女は、手配をすることに同意した。ディナーは、七月八日の晩、ＦＤＲが、ホワイトハウスにおけるフランスの指導者のシャルル・ド・ゴールとの三日間にわたる会合を終えた後に設定された。[51]アナは、ルーシーが正面玄関からではなく、行政府ビル〔ホワイトハウスに隣接する旧行政府ビルを指す。現在の名称はアイゼンハウアー行政府ビル〕近くの南西ゲートから入ってくるのを見るだろう。大統領が信頼を寄せている執事のアロンゾ・フィールズがディナーを給仕するだろう。ゲストのリストは、しばしば公表されたが、〔今回は〕秘密にされたままだった。エリノアが知る必要は全くないだろう。アナは、自分が罪悪感を感じる理由はない、と言い聞かせた。[52]

　一九四四年七月八日夕方六時半、ジョージタウンからロック・クリークを横切った位置のＱストリートにある四階建てのタウンハウス《連棟住宅》に、黒っぽい乗用車が慎重に止まった。[53]一人の男性が中で腰かけていた。明るめの茶色の髪とブルーの瞳の優美な女性が家から現れ、乗用車に乗り込んだ。車は、すると、ワシントンの通りを抜けて、南東へ向かった。車は、NW《北西》ストリート一七番〔ワシントンDCの町は、国会議事堂を座標軸の中心として、四つの区域に分けられており、NWは北西地区を表している。また、南北を走る通りには数字が、東西を走る通りにはアルファベットがつけられている〕のゲートを通って、ホワイトハウス・サウス・ローン《芝》の周りの長くて広い車道を走り、サウス・ポーティコ〔南ポーチのこと〕の下にある戸口まできた。

車椅子に座った大統領のために戸が開いた時、アナと夫のジョンはFDRの書斎で待っていた。ルーシー・マーサー・ラザファッドは、彼の側にいた。一一歳の時以来、アナはルーシーに初めて会った。フランクリンは、かつてルーシーに、彼の娘について書いたことがあった。「アナは、愛しくて素晴らしい人間だ」[54]と彼は言ったのだ。「君が、彼女と知り合いであってくれればとてもよかったのに、と思う」。彼女の母親のあれほどの苦しみの原因となった女性に、今、フランクリンはアナを、再び紹介した。

アナにこの出会いについて不安や恐れがあったとしても、それはたちどころに消えてしまった。ルーシーは、記憶に残っている通りで、どの点からみても、魅力的で、温か味があり、賢かった。彼女は、「親しみやすかった」が、「威厳」があり、[55]「敬意を表せずにはいられない生来の品格と落ち着き」があった。彼女を好きにならずにはいられなかった。彼らはすぐにディナーをとりに入室して行ったが、執事が食事を給仕した時、会話は「気楽で明るかった」。この出来事に何ら不穏当と感じられるものはなかった。

何年も前に起こったあらゆる事柄にもかかわらず、アナは、自分がルーシーに「感謝している」[56]ことに、すぐに気が付いた。フランクリンにとって、ルーシーは、ずっと幸福だった頃の喜ばしい記憶を、象徴していたのだ。ポトマック川でセイリングをして過ごした夏の日々の記憶、さらに大恐慌と戦争以前、そしておそらくとても重要だったのは、ポリオに罹患する以前の一時期の記憶だ。彼女は、ローズヴェルトの話に注意深く耳を傾けるだけで、自分自身のことに関心を向けようとせず、「物静かで、控えめだった」。ＦＤＲの世界のほとんどすべての人々とは異なり、ルーシーは、フランクリンから何も欲しがらなかった。彼女は、ただただ、与えようとしただけだった。その点で、彼女はアナにとても似ていた。ルーシーが与えたものは、大統領職という仮借ない重圧から解き放たれた、貴重な数時間だったのだ。エリノアが称賛に値する資質を持っていたにもかかわらず、悲しいことに、「父親にこれを与えることができなかったのだ」*57とアナは気が付いた。

　エリノアは、安らぎを与える人ではなかった。彼女は、安らぐことを贅沢と捉えていたようだった。フランクリンは、毎晩、ディナー前の三〇分間、友人たちのためにバーテンダーを演じて、（ヴェルモット〔白ワインなどに薬草、香草、スパイス等を配合した果実酒〕が多めの）マティーニを調合するのが常だった。彼が主催した三〇分間は「子供たちの時間」と呼ばれていたが、エリノアはその三〇分間を贅沢と捉えていた。彼女は、終わる頃の数分前にやってきて、カクテルを一杯飲むだけだった。彼女はそれを「一気に飲み干した」*58。アナは、とりわけ、ある晩のことを覚えていた。仕事の話をしようと心に決めて、彼女の母親は部屋に入ってきた。その仕事が何であったか、アナは思い出すことができなかった——彼女は、その問題を心から「永遠に遮断してしまった」からだ。エリノアは、分厚い束の書類を手にして、夫と向かい合わせに座って、「さて、フランクリン、私は、この件であなたとお話ししたいのです」と言い始めた。アナは、本能的に「大変、お父様は爆発する」と思った。申し合わせたかのように、ＦＤＲは激怒した。彼は、書類の束を全部手にして、アナにむけて投げつけ、噛みつくように、「お嬢さん、明日の朝、君がこの書類を処理してくれ」と言った。大変な枚数の書類がばらまかれたため、アナは、拾い集めるのに、「ほとんど床一面をはいずり回った」気がした。これまでになく自制して、エリノアは立ち上がり、半呼吸おいて、「御免なさい」と言い、お客のだれかと話をしに向かった。フランクリンはというと、自分の飲み物を手にして、小話を語り始めた。その件について、それ以上だれも口にしなかったが、その晩は以後、張り詰めた雰囲気が付きまとった。

その夏と秋、フランクリンは、密かにルーシーと会い続けていた。彼女は時折、ホワイトハウスに食事のためにやってきた。アナあるいはフランクリンの従妹の、五〇代の二人の未婚女性、デイジーとポリーがしばしば同席したが、彼女たちは思慮深いと信頼されていたからだ。あるいは、フランクリンがQストリートのルーシーの姉妹の家にルーシーを慎重に迎えに行き、彼らはゆったりとドライブをしたものだった。彼は、キャンプ・デイヴィッドの大統領の保養施設〔メリーランド州フレデリック郡のキャトクティン山岳公園内にある。休息の他に会議やもてなしにも使われる〕へ彼女を日帰り旅行へ連れて行きさえもした。FDRは、そこに「シャングリ‐ラ」〔一九三三年、ジェイムズ・ヒルトン作の『失われた地平線』に登場する架空の国の名称で「理想郷」の意〕という愛称を付けた。大統領警護官はルーシーに秘匿名――ジョンソン夫人[*59]――を付けていたが、アナはこれらの逢瀬を「秘密」[*60]とはみなさなかった。実際、彼女は二人の逢瀬を歓迎し、尊重した。アナと父親は、彼のルーシーとの付き合いを、決して「恋愛関係」ではなく、「友情」として話し合った。二人の付き合いを守護することは、彼女が誰よりも愛する父親に、アナを今まで以上に近づけることとなった。彼の秘密を守る貴重品保管室として、アナは自分自身を、父親にとって、なくてはならない存在にしたのだ。

フランクリンとアナがヤルタへ出発した頃には、ルーシーは、彼らの生活の中にしっかりと居場所を確立した存在となっていた。航海の最初の日、アナは、重巡洋艦『クインシー』の甲板に父親と二人だけで座って、ヴァージニアの沿岸を南下していた。波に揺られながら、ローズヴェルトは、海岸沿いに見られるさまざまな鳥について、アナに話した。突然、この話のやりとりを切り上げ、彼は、何気なく、「あそこはルーシーが育ったところだよ」[61]と、まるでごく当たり前のことのように口にした。FDRの誕生日の一月三〇日、船のスチュワード《乗客係》が朝食の盆を持ってきたときに、彼は思いがけない特別の贈り物を受け取った。[52]それは、ルーシーとFDRの従妹デイジーからの贈り物だった。彼女たちは、彼のための誕生日プレゼントを求めて、ワシントンDCの何軒かの店を回り、あまり残っていない中から役に立つものを探し出し、小間物でいっぱいの包みを持って店から出たのだった。ウォームスプリングズ〔ジョージア州西部の小さな町。ポリオを患ったせいで両脚が麻痺したローズヴェルトはここで温泉療法を試みるために訪れ、この地域を気に入り、後に、リトルホワイトハウスと呼ばれた家を建てた。在職中、個人的な休息所として、休暇を楽しんだ〕で使うための布のナプキン、[63]ポケットサイズのくし、[64]温度計、風が吹いていても着火する粋なシガレットライターなどだった。奇妙な詰め合わせだが、フランクリンは喜んだ。フランクリンは、「この包みが届くまで」[65]自分の誕生日をすっかり忘れていたよ、とアナに告げた。

それとは対照的に、フランクリンはエリノアから、誕生日のメッセージではなく、FDRが商務長官に指名した、彼の前副大統領ヘンリー・ウォレスに関する書状を受け取った。[66]ウォレスが、上院で、その承認を得るのに苦労しているという内容だった。それが、ワシントンを出発して以後、彼がエリノアから受け取った唯一の音信だった。

ヤルタに着いて、一日が過ぎた。そしてまたもう一日が、さらにまた一日が過ぎたが、それ以上、エリノアから音沙汰はなかった。「私には、出発してから一行も彼女から連絡はありませんでした。そして、「FDRは」彼女から連絡があったとは言っていませんでした」[67]と、二月七日に、アナはジョンにしたためた。郵便に問題はなかった。アナは、ジョンから、そして最初の結婚による年長の子供たち、エリーとカーティスから手紙を受け取っていた。子供たちは、それぞれ、サンフランシスコとウィスコンシン州のレイク・ジェニーヴァ〔ウォルワース郡南東のジェニーヴァ湖に面した静養や観光のための町〕の寄宿学校にいた。彼女の五歳になる息子、ジョニーからのメッセージまであった。[*68]ジョニーは、綴り字ゲームをしたり、アイスキャンディをなめながら、巨人たちや魔女たちを描いた本を読んだりと、申し分のない時間を過ごしていた。ジョニーは、「おもしろい絵がいくつも[*69]」描いてある手紙をぼくに送ってくれませんか、と父親を通じて彼女に、伝えてきた。

二月八日、フランクリンとアナがスターリンの主催する晩餐会に出かけた時点で、FDRは交互脈でひどく苦しんでいたが、まだエリノアから一言も連絡がなかった。「とても悲しい状況でした[*70]」とアナはジョンに伝えた。「この旅の間、父が私に母について話したのは、彼が行った事績や彼が好きな人々に対する彼女の態度に、彼が愚痴を言った時だけだったのです」。フランクリンとエリノアは、五〇〇〇マイル〔約八〇五〇キロメートル〕も離れているのに、アナは、自分が二人の審判役をしていることに気が付いたのだ。彼女はジョンに言った。「本当に、ここで起こっている〔ヤルタ会談を指す〕すべてを見ることができて、私はなんてラッキーなのかしら――でも、あなたの首に両腕を回してあなたに息もできないくらい抱きしめてもらえたら、私はうれしくて震えがくると思うわ」。

おそらく、両親の複雑な関係について考えたことが、アナに感傷的な文章で手紙を終わらせたのだろう。彼女は、ジョンに対して抱いていた懸念にもかかわらず、彼女自身の結婚を永久《とわ》に続く成功にしてみせると決心していた。彼を――そして彼女自身を励まそうと懸命になって、あふれる愛で手紙を満たし、「こんな風に離れて暮らしているなんて、全く馬鹿げたことだわね、愛しい人」と彼女は記したのだ。だが、またしても、アナは、自分が愛するものたちを支えなければならない、という重荷を負った。「私は、私たちの昼も夜もすべて、私たちの経験や仕事や遊びもすべて含めて、本当にいい、私たちでいたい、そう願っているの。ここ何年も一緒に暮らした年月は差し置いて、私はこの世のすべてのものより何よりもあなたが欲しい――そして、もし私がそう手配できるのならば、来世においても」。

第一五章　一九四五年二月八日

キャスリーンとエイヴレルは、コレイズ館へスターリンの催す晩餐会のために車で向かったのだが、キャスリーンは「ひどく当惑していた」[*1]。彼女はアナやセアラとともに盛宴に招かれてはいたが、晩餐会直前まで、他の人を犠牲にして招待されていたことに気が付かなかった。キャシーが出席することで、参謀長の一人、マーシャル将軍か、あるいはキング海軍大将が除外されていたのだ。キャシーは社会・政治的序列にあまり敬意を払ってはいなかったが、陸軍と海軍の長を差し置いて、盛宴に出席することは、単純に正しくないことだったのだ。キャシーは、「公的な集まり」よりむしろ「社交的な集まりから除外された人々」が、どれほど「みじめな気持ちを味わい、自尊心を揺さぶられる」か、知っていたのだ。彼女は大急ぎで、アナを見つけ、彼女に「お願いだから」どうか「名簿を……変更して、そして私を除いて」と告げた。エイヴレルも同様に口添えしようとしたのだが、アナは、いかなる変更をすることも拒否した。FDRは晩餐を「家族のパーティ」のようにしたがっていた。彼に割り当てられた一〇人の中には、彼はまた、強力なニューヨークの民主党の政治家で、最も身近な顧問の一人であるエド・フリンを入れていた。フリンは、何ら公的な任務に就いていなかったのだが、会談後、モスクワにおいて開催される予定の、ソ連における宗教についての討論会に、カソリックの代表の一人として参加するということで、名目上、ローズヴェルトの随行団に含まれていた。しかしながら、同伴をFDRが喜ぶ相手というのが主たる理由で、彼はヤルタに来ていたように思える。

今までのところ、彼はブルーン医師と共用する部屋[2]の周りをぶらぶらとして、巨大なサモワールから注がれたお茶を飲んだり、[3]瞑想にふけるかのように海を眺めながら、リヴァディア宮殿のテラスに腰を掛けていた。[4]フリンとキャシーは招かれ、[5]マーシャルとキングは外れた。

　キャシーと同じく、エイヴレルはその人選に居心地の悪さを感じていた。その件に対して、マーシャルとキングは口にはしなかったが、個人的感情がどうであれ、もし、イギリスとソヴィエトが、当然そうするであろうように、軍の幹部たちを連れてきたら、事態はきわめて奇妙に見える。[6]父娘《おやこ》の乗る車が暗い海岸沿いの道路に沿ってカーブを描いて進む中、エイヴレルはキャシーの方を向いて、君は晩餐会に来たのだから、「断然ロシア語でスピーチをしなければならない」[7]と言った。アナもセアラも正しいロシア流乾杯ができないのだから、君の「食事券」の「代価」[8]は、三人の娘たちを代表して乾杯のスピーチをすることなんだよ、と言った。

　キャシーは、「胃が萎える」[9]のを感じた。乾杯の辞を「英語で行うのも十分難しいだろう」[10]と彼女は考えた。ロシア語で乾杯のスピーチをしなければならなくなったことにより——しかも、スターリンやモロトフ、ソヴィエトの大使たち、そして、赤軍参謀長たちや同等の人々の前で——「それはずっと怖ろしい［原資料の表記はscarey。正しくはscary］ものになった」。彼らの車がコレイズ館前に止まった時、とても神経をすり減らすことではあったが、キャシーは、私が乾杯のスピーチをするのは「良い考えだわ」と認めざるをえなかった。

　エイヴレルが、その週コレイズ館への訪問を数回敢行した一方、キャシーにとって、今回が、スターリンが宿泊していたコレイズ館への初めての訪問だった。リヴァディア宮殿のように、コレイズ館は、建築家ニコライ・クラスノフ［一九世紀後半から二〇世紀初期に活躍］によって、設計された。それは、イタリア風の様式で、長方形の翼棟〔建物の中心部から側面に伸びた部分で、建物の左右に翼状に伸ばした鳥の翼に似ていることからつけられた名称〕を備え、灰色の石で建造されていた。翼棟の輪郭の鋭角性は、青々と茂った緑地に開けたアーチ状のテラスや窓で和らいでいた。この建物は、リヴァディア宮殿より小規模で、親しみやすい雰囲気を持っていて、国際的なサミット《トップ会談》よりも、週末の自宅でのパーティに向いていた。

一歩足を踏み入れると、なぜ、宴《うたげ》が三〇名の人々に制限されたのか明らかになった。キャシーは、公式ダイニングルームの長方形のテーブルが部屋そのものとほぼ同じくらい大きく、*11 装飾のために置かれた、植木鉢に入った二つの熱帯植物と大理石の暖炉のスペース分しか残っていないのを目にした。テーブルは、それぞれの長い側に一四、そして両端に一つずつ座席が準備されていた。ソヴィエトにおける政治的な祝宴では、若い女性が客として招かれる慣習はないため、キャシーはどこに三小巨頭《リトルスリー》が着席するのか興味を持った。*12

招待客たちが歓談して回るにつれて、他の代表団が、当然ながら、軍幹部を同行していることが、キャシーに明らかとなった。イギリスは、幹部全員が出席していた。大英帝国陸軍参謀総長・陸軍元帥アラン・ブルック卿、空軍元帥〔チャールズ・〕ピーター・ポータル卿、〔地中海〕艦隊司令長官アンドルー・カニンガム卿、チャーチル付きの参謀長ヘイスティングズ・「パグ」・イズメイ陸軍大将、そして、ハロルド・アリグザンダー陸軍元帥だった。その一方、ソヴィエト側は、海・陸・空軍から、それぞれ、ニコライ・クズネツォフ海軍元帥〔第二次世界大戦以前より一九四六年二月、海軍人民委員部廃止になるまで、海軍人民部長＝海軍大臣〕、アレクセイ・アントーノフ将軍〔赤軍参謀総長・首席報道官、最終階級は、上級大将〕、そして、セルゲイ・フジャコフ航空元帥が出席していた。なぜ、レイヒ海軍大将が出席している唯一人のアメリカ軍人なのか、さらに、なぜ、彼の地位・役割がＦＤＲの個人的な参謀長に留まるのか、イギリス側とソヴィエト軍幹部たちは困惑していた。*13〔レイヒはすでに退役して、フランス・ビシー政権の駐仏大使を務めていたのだが、ローズヴェルトに乞われて大統領の軍事面での補佐役となったいきさつがある〕。もしキャシーが自分で選択できたなら、マーシャル陸軍元帥をレイヒ海軍大将と取り替えただろう。マーシャルは戦争に関する最良の物語を語ってくれたので、たちどころに彼は彼女の大好きな会談出席者の一人となったのだった。[*14] その一方で彼女は、目に見えてレイヒを嫌いになっていた。キャシーは、レイヒがフランス人について詳しく語っているのを、その二晩前にふと耳にしてしまった。「何てことなの、彼はフランス人が嫌いなのです」[*15]と彼女はパメラに書いていた。「彼は、『ヨーロッパでは、アメリカに干渉するな』主義の第一級の主唱者になる適性があります」と彼女は記していた。「私にしてみれば、あれは、孤立主義とさほど違いはありません……彼には、全く同感できません」。

エイヴレルは、キャシーから離れて、ピーター・ポータルを探した。[*16] 彼は二日以内にロンドンへ帰還することになっていて、エイヴレルからパメラへの手紙を送り届けてくれる約束だった。〔パメラとの〕恋愛問題の件で、ポータルは、エイヴレルのライバルだったが、エイヴレルはモスクワに当分在留するだろうから、ほとんど競争相手となる危険性はない、との自信があったのかもしれない——そして、手紙を届けることは、ポータルにとり、ロンドンのパメラに会う直接の理由となった。問題は、エイヴレルがまだ、それを書いていなかったことだ。彼はポータルに、晩餐会の後に何か綴って、朝までに用意すると告げた。真夜中前に晩餐会が閉会になる可能性はなかったので、ポータルは、これが実現するのはきわめて疑わしいと考えた。

キャシーは、部屋の中を眺めた。チャーチル、スターリンとローズヴェルト、軍首脳、三人の外相、三人の通訳官、そして、セアラ、アナとエド・フリン、そして残りの招待客たちの中には次の人物たちがいた。ジミー・バーンズ（今は、どうやら静かで落ち着いている）、駐ソ・イギリス大使のアーチボルド・クラーク゠カー、ソ連側の同じ役職のフョードル・グーサフ〔ソ連の外交政策と国際関係において重要な役割を果たした〕、そして、駐米ソ連大使アンドレイ・グロムイコ〔戦後、外務次官、外務大臣。半世紀近く国際舞台で活躍〕等である。モロトフの二人の副官である、イヴァン・マイスキー〔外務人民委員代理（外務次官）〕とアンドレイ・ヴィシンスキーもまた出席していた。ハリー・ホプキンズは、再び寝床へと退却したので、晩餐会には出席しないだろう。

キャシーは、部屋の端の方をぶらついていた一人の男性以外は、すべての招待客を知っていたか、あるいは認識できた。その男性はＮＫＶＤ〔内務人民委員部〕の長官のラヴレンチー・ベリヤ〔内務人民委員として、スターリンの粛清の執行役〕で、今までのところ、西側の人間には名のみで顔のない存在だったが、スターリンはついに、彼を陰の存在から解放した。

ベリヤが姿を見せると、どんなソヴィエト人も恐怖にかられ、過去の事柄はなんでも間違って解釈され、反逆であると解釈される恐れがあるため、ある男性の場合、口にした一言一句について、あるいはある女性の場合、それまで会ったあらゆる知人について、疑いをもたれることはないかと、あれこれ思いをめぐらせたのだった。ベリヤの同僚にあたる、ソヴィエト政治局〔政治局は、ソヴィエト連邦共産党の中央委員会の一機関だったが、内政や外交の政策方針の決定をする、国の事実上の最高指導機関として機能した〕の最も力のある者たちですら、この脅威を感じた。当時ウクライナ共産党第一書記を務めていたニキータ・フルシチョフ〔一九五三年九月から一九六四年一〇月までは、共産党中央委員会第一書記。スターリン路線から離脱して、アメリカとの平和共存を模索した〕は、モスクワにベリヤが現れると、「スターリンと彼の周りに形成されていたグループの生活ぶりもかなり異なる様相を帯びた」*17ことに注目した。スターリン自身がかつてフルシチョフに、ベリヤは「常にだれが一番飲むのかをめぐる、ある種の恐怖心、あるいは競争心をもたらす」と述べた。ヤルタでの祝宴のような集まりでは、アルコールが人を不安定にする効果はスターリンに優位に働いたのだ。

キャシーは、ベリヤの部下の何人かをよく知っていた。モスクワでの初めての冬、彼女はクレメンタイン・チャーチルにソ連での生活への適応について手紙を書き送った。彼女はチャーチル夫人にこう伝えている。「私たちは、日曜日には時おり、皆でスキーに出かけます……[18]『私たち』とはもちろん私たち父娘《おやこ》二人とエイヴレルに随行する四人のNKVDの若い男性たちのことです。一人は、スキーを履いて、エイヴレルに遅れまいとして失敗するし、他の人たちは、丘に沿った見晴らしのきく地点に立っています」。彼らは常に彼の周りを飛びまわっているので、キャシーは、彼らのことをエイヴの「天使たち《エンジェルズ》」[19]と呼びたがったが、彼女は首相の妻に「彼らがいるのは、エイヴレルを守るためなのか、それとも、人々をエイヴレルから守るためなのか、私にはわかりません。いずれにせよ、彼らは、手荷物を預かってもらうのにとても役に立ちます……彼らはマッチ〔タバコに火をつけるため〕を忘れないようですし！」[20]と告げたのだ。彼女の発言は、相変わらず軽かったが、彼女は、NKVDはいい加減にあしらうことができない、そのことを理解していた。

　キャシーは、ベリヤの突然の登場に興味を抱いた。今、初めて彼を目にして、彼が「小柄で太っていて、陰険な印象を与える厚いレンズの眼鏡をかけている」[21]のを見て取ったが、それでも、彼の容貌の何かしらのせいで、同時に、彼が「かなり愛想よく」見えた。キャシーにとって、ベリヤの存在は心乱されるものだったが、恐ろしくはなかった――結局のところ、彼女は守られた立場にいたのだ。ベリヤは直接彼女を危険にさらすことはできなかった。とはいえ、彼は確かに、彼女が今まで出会った中で「一番恐れられている男」だと分かっていた。ベリヤは、人々の中にほぼくまなく植え付けられた恐怖によって成功をおさめ、この恐怖心を即座に生み出すことによって、彼が、ひいてはスターリンとソヴィエト政権が、個人を統制し、国民を支配下に置くことができたのだった。西側の人々を操作するとなると、戦術はもっと巧妙でなければならない。NKVDは、あからさまにチャーチル、ローズヴェルト、あるいはハリマンを、証拠がほぼないか全くないままに、逮捕、糾弾もしくは裁判や有罪判決によって脅すことはできないだろう。それは、ソ連国内における政敵への標準的な処遇だった。だが、そのような地位のある男性にプレッシャーを与える他の方法があったのだ。

キャシーには知られていないことだったが、数週間前の一月に、エイヴレルはベリヤの代理〔一九三八年一一月から一九三九年三月〕の一人を務めていたパーヴェル・スドプラトフと奇妙な出会いをした[*22]〔諜報員。スターリンにレフ・トロツキーの暗殺実行責任者に指名されるなど暗殺任務や、対外諜報活動で、重要な役割〕。エイヴレルは、彼と外務省の会合で会った。スドプラトフは、閣僚評議会〔各国の内閣に相当する組織〕のパーヴェル・マトヴェーエフとして紹介されたが、ヤルタ会談の準備を監督しているということだった。この会合の後、スドプラトフはヤルタへの手配についての会話を続けるために、ハリマンをモスクワのジョージア風料理のレストランへ昼食に誘った。この会合の間、スドプラトフはハリマンを誘導して、会談のさらに微妙な案件、とりわけポーランドについてのアメリカの立ち位置について議論させたがった。NKVDは、スターリンのために、ハリマンの心理学的特徴を分析する目的で、会話をテープに録ったのだが、ハリマンの反応はほとんど何も明らかにしなかった。

スドプラトフはイライラして、標的、すなわちハリマンに協力するよう説得するために、昔からある戦術に訴えた。NKVDの男は慇懃に、「モスクワにいるご自分の娘の危険な行為をもっとよく注意した方がいいですよ、なぜなら、娘さんの、ある種のロシアの若者たちとの関係は厄介なことになりかねないからです」[*23]とハリマンに示唆した。しかしハリマンは、「マトヴェーエフ」がNKVDの諜報員であるとすでに推測していたため、キャシーが不適切な男友達と交際しているという示唆を無視した。キャシーには、スキーやバレエ鑑賞で出会った多数のロシアの知人がいたが、彼女の彼らとの関係は純粋に無害なものだった。彼女は、これらの人々について姉〔メアリ〕への手紙の中で、ソヴィエトの官僚たちのなかで好感の持てる人たちをロシア人のボーイフレンドなどと呼んで、からかっていた。しかし、それは全くの冗談だったのだ。当局に承認された、若いロシア人との社交的な外出は、彼女の言葉の能力を改善する機会だった。スドプラトフはハリマンに、彼のキャシーに関する警告は「とても友好的な」[*24]ものだと強調した。決して、「脅迫によるおどし」などではない。ハリマンはスターリンに「非常に尊敬されている」と彼は主張した。キャシーの件について話した彼の「目的」は、ハリマン父娘《おやこ》が、「我々の挑発の及ぶ範囲を超えている」こと、そして、「個人的なこと、外交的なことの両方を含め、どんなに繊細な事柄も」話し合って大丈夫だと、父娘に感じてほしいことを示すためだった、というのだ。だが、ハリマンは動じることなく、手で合図して止めさせ、ヤルタでの代表団たちのために十分なウオッカとキャビアがあるか質問し、そのような手配をするのがスドプラトフの責任であるという見え透いた嘘に則って、彼はジェスチャーゲームを続けた。会合の最後に、スドプラトフは、政府からの贈り物として、ハリマンにティーセット一式をプレゼントした。そして、自分の目的を達成できずに、こそこそと逃げて行った。

ベリヤとNKVDは、ハリマン父娘を怯えさせることはできなかったが、常に新たな追求すべき標的があり、標的を罠にかける様々な方法があった。今、ベリヤは、折よくも彼からたった数フィート離れたところで、代表団員たちとちょっとした雑談をしている、一人に向かった。

キャシーとアナのように、セアラも父親とコレイズ館に、夜の九時数分前に到着した。セアラは、いつものように、ネクタイはまっすぐで、ボタンは輝き、きちんと青色の制服姿になっていた。制服の規則をわずかに犯して、彼女は、スターリンの娘のスヴェトラーナが、彼女に贈り物として送ったブローチを襟にピンで留めていた。[*25] このささやかな違反が英・ソ同盟に向けての友好的な振る舞いとして許されるのは明らかだった。

キャシーは、この祝宴に出席することに自意識過剰だったかもしれないが、セアラにそのような不安はなかった。父親の主催する晩餐会で、彼女は高位の人々、富裕な人々、そして権力のある人々に囲まれて育った。その中には、名高いイギリスの外交官かつ将校にして中東の専門家T・E・ローレンス〔一九六二年公開の映画『アラビアのロレンス』のモデル〕や、無声映画のスター、チャーリー・チャップリンなどもいた。セアラはすでに、テヘラン会談で似たような宴会に出席していた。仮にスターリンの宴《うたげ》が、彼女の父親とFDRがかの地で主催した宴の印象深さに比べれば、半分ほどであったとしても、招待は断ってはならなかった。

晩餐の始まりの知らせを待っていた間、セアラは「とても親し気な」[*26] イヴァン・マイスキー〔一九四一年、シコルスキー・マイスキー協定により、ソ連の強制労働収容所から数十万人のポーランド人を釈放した〕とおしゃべりして立っていた。セアラは、戦争が始まった最初の数年間、マイスキーが駐英大使として任期中〔一九三二年から一九四三年〕に、彼と知り合っていた。突然、彼ら二人の集まりは、彼女の近くに一人の男が出現して三人になった。彼は、彼女くらいの身長で、鼻眼鏡をかけて、黄色い歯[*27]をしていた。肉体的には威圧的なところはなかったが、彼はすぐに会話に暗い影を落とした。セアラは、すばやくこれはベリヤ、OGPU〔政治保安部〕の長官だと悟った。それはNKVDと名前を新たにする前の秘密警察の名称で、彼女はその古い頭文字で知っていた。

まさにキャシー・ハリマンが、皆がヤルタに到着するのを待っている間に行ったように、その日の午後、会談が開催されている間、セアラは、父親〔首相〕付きの海軍副官のトミー・トンプソン海軍中佐、そして、ソヴィエト政府がガイド兼通訳として提供した男と共に、車でアントン・チェーホフの家を訪問した。セアラとトンプソンが「ホワイト・ダーチャ」という名で知られている、この「国有文化施設」[*28]に到着した時、そこはどちらかというと摩損《まそん》して劣化している様子であることに気が付いた。庭は草木が伸び放題に繁茂していた。中には、著名な作家の妹のマリア・チェーホヴァがいた。キャシーも訪問中に気が付いたように、年老いた女性は、ロシア人の通訳兼監視人のいる前で話すときは、不安げで、落ち着かないようだった。セアラは、フランス語が革命以前はロシアのエリート階級の言葉であることを知っていた。そして、パリのフィニシング・スクールに通ったので、彼女自身もフランス語が堪能だった。そこで、チェーホヴァとその言語で直接話し合おうとしたのだが、運よく通訳はその言葉を理解しなかった。それでも、恐怖心が奥深くに根付いている場合、自己保存のために身につけた習慣は、たやすくわきに置くことはできない。フランス語を話す間ですら、チェーホヴァは心配そうで、万が一に備え、通訳の耳に声が届く距離では、実のある話をすることを頑として拒んだのだ。

マリア・チェーホヴァの寡黙は、ベリヤと彼の指揮下にある警察隊がロシアの人々の心に植え付けた恐怖心の最も典型的な例だった——ロシアの最も名だたる息子たちの一人の、誉れ高い妹ですらそうだった——今、スターリンの伝説的スパイの首領は、セアラが何か言うのを待って、彼女の傍に立っていた。しかし、いったい彼女は何を言えたというのか。二人に全く共通するものはないばかりか、ベリヤは親し気に世間話をするタイプでもなかった。彼女は、ぎこちない間隙を埋める適切で当たり障りのない話題を求めて思いを巡らせた。その時、彼女はイギリス代表団が何冊かロシア語の慣用表現集[*29]を探し出していたことを思い出した。この数日間、ピーター・ポータルが、食事時に一心不乱にそれらを学習していたので、セアラはいくつか役に立つ言葉を習得した。会話のための他の考えが思い浮かばなかったため、言葉の実地訓練から始めた。彼女は役者魂を総動員して、不安は差し置き、マイスキーの助けを得て、彼女の頭の中に入っていた最初の一握りのロシア語を、ベリヤに向かって朗唱したのだ。

最初のいくつかの語句――「イエス」、「ノー」、「プリーズ」、「ありがとう」、「お入り下さい」、「ご心配なさらずに」、そして「紅茶とコーヒー」――は[*30]、ベリヤからは特に反応はなかった。だが、最後の語句に達すると、彼女は、ベリヤと話すには、平凡な言葉もすぐにトラブルになりうることを知ったのだ。セアラの最後のセリフは、「湯たんぽをいただけますか」[*31]だった（イギリスでもソ連でも二月には本当に役に立つ、依頼のセリフだ）。

彼女は面白がらせようとしてそう口にしたのだが、これらの無害な言葉は、彼を一瞬にして、丸顔の学者風の人物から、それらの言葉を政治的な目的を達成するために性的な冷やかしに使う攻撃者へと変貌させた。彼女の赤色の髪から、ほっそりとした体つき、長年のダンスで鍛えた両脚まで、丸眼鏡のレンズの奥から、彼女を横目でなめ回し、マイスキーの通訳を介して、言ったのだ、「あなたが湯たんぽを必要とするなんて、信じられないね。間違いなく、あなたの中に十分炎があるだろうに」[*32]と。

セアラがそのみだらな発言に対する返答を考えつく前に、晩餐の始まりが知らされた。ベリヤが目を付けた運のない女性の多くと異なり、セアラはさらなるやり取りをせずに済んだ。奇妙な遭遇に恐怖を覚えるよりも困惑して、テーブルの端で生き生きと輝く目をしたアンドレイ・ヴィシンスキー[*33]の隣に座った時に、湯たんぽのセリフを彼に試してみた。セアラは、明らかに「罪の意識を強く感じながら」、そのセリフを声に出して発した。なぜなら、ヴィシンスキーはそれを冗談とは思わなかったからだ。彼は、大真面目に少しも驚かずに「えっ。具合が悪いのですか」と言ったのだ。セアラは、冗談を言っているだけだと彼に理解してもらうために、ジェスチャーに頼らなければならなかった。セアラは知らなかったのだが、一九三〇年代の大粛清の折、スターリンが行った公開裁判の舞台裏で、国家検察官を務めたヴィシンスキー〔訴訟法の権威。また、激しい拷問を繰り返して自白させた。検事総長、司法人民委員代理を歴任。第二次世界大戦中は、副首相。戦後は外務大臣〕には、明らかに、イギリスのユーモアは通訳不能で、理解できなかったのだ。裁判は、スターリンの批判者と競争相手、五〇人に、死刑の判決を下した。

同じ頃、もう一つの無益な会話が部屋の向こう側でも静かに続いていた。ジミー〔ジェイムズの愛称〕・バーンズは、三同盟国の晩餐会が始まろうとする直前、持ち前のトラブルを生じさせる特技を発揮して、静かに大統領に近づいた。バーンズは、大胆にもローズヴェルトに、つぎのように告げたのだ。彼が思うに、今日の午後、西側の二連合国は、ソヴィエト共和国〔ソヴィエト連邦を構成する共和国のことだが、そのうちのウクライナ共和国、ベロルシア共和国のこと〕に、新たな平和機構におけるさらに二つの投票権を与えてほしいとのスターリンの要請を支持するという、「重大な間違い」[*34]を犯したと。

ローズヴェルトは、とりわけ社交の集まりでは、バーンズが言わずにはいられなかったことに耳を傾けたい気分ではなかった。彼は、ソヴィエトがついに提案を支持する決断をした後で、「世界の安全保障のための機構の提案全体を危うくしたくなかった」ため、スターリンの要請に対して「異議を唱えなかったのだ」[*35]と告げ、元最高裁判所〔陪席〕判事〔バーンズは、ローズヴェルトにアメリカ合衆国最高裁判所陪席判事《一九四一年から四二年》に任命され、経済安定局長官《一九四二年から四三年》、戦争動員局長官《四三年から四五年》を歴任〕を相手にしなかった。翌日、バーンズがチャーチルとの昼食へ同行してくれるのは歓迎だ。その折、二人でバーンズの懸念について議論することができるだろうが、自分は、「変更するには遅すぎる」のではないか、と懸念する。それが、ローズヴェルトがその件で言わねばならなかったすべてだった。バーンズは退けられ、長いテーブルの反対側に席を見つけた。

　招待客たちは、コース料理の品書きが待つ席へと落ち着いた。またしても、メニューは広範囲にわたっていて、訪問客に最高の郷土料理で感銘を与える意図だった。イクラ、ニシン、バリクと呼ばれる塩干し魚料理〔チョウザメやサケなどの身の柔らかい部分を塩干ししたもの。後に燻製されたものにも適用された〕、ポークの冷製、チーズの盛り合わせ、カモのブイヨンスープ、サーモンのシャンペンソース漬け、ボラ料理、アジのフライ、ラム肉のケバブ、子牛のテンダーロイン、ウズラのピラフ、ヌマライチョウ、鶏肉の二種の料理、カリフラワーソテーパン粉まぶし〔ニンニク、バターなどで十分ソテーしたカリフラワーにやはり味付け調理したパン粉を振りかけた料理〕、フルーツ、そしてコーヒーだった。[*36] チュルチヘラという形で、スターリンがジョージア出身であることへの敬意が示されていた。それは、ナッツとチョコレートとレーズンをつなぎ合わせ、煮詰めた果汁に浸し、つるして干したキャンドルのような棒状の飴だった。スターリンは、長いテーブルの真ん中の席に座り、ローズヴェルトは右側に、チャーチルは左側に並び、三人の外相は彼らの真向かいに座った。[*37] セアラは彼女の父親から、テーブルの端の方向へ、離れた席についた。アナは、FDRの脇側で、セアラと同じ位置についた。ソヴィエト政府は、キャシーをセアラと向かい側に、チップ・ボーレンと赤軍のアントーノフ将軍の間に座らせた。エイヴレル・ハリマンはアントーノフから席を二つ離れて、陸軍元帥アラン・ブルック卿の隣だった。

　全員が着席すると、グラスにウオッカやワインがなみなみと注がれた。モロトフが、乾杯の進行役を務め、挨拶開始の合図をした。[*38] スターリンが起立して、彼の左側に座る紳士に敬意を表して乾杯をして、宴を開始した。

「世界の首相の中で最も勇敢なイギリス帝国の指導者に乾杯を捧げようと提案しましょう……ヨーロ

ッパの他の国々がヒトラーの前にひれ伏さんばかりの時、たとえ同盟国が皆無であっても、イギリスはドイツに単独でも立ち向かい、戦うと言われたのです……一〇〇年に一度の男の健康を祈って乾杯」[39]。

彼は、ほんの一瞬しか目を合わせなかったが[40]、スターリンの言葉には、真実の響きがあった。セアラは、概して、ソヴィエトの指導者を、「熊の目……をした恐ろしい人物」[41]と思っていた。その目から、光は「暗い海の上の冷たい太陽の光線」に似た厳しさで反射した。しかし、彼はまた、彼女の父親のユーモアと同じくらい「人を驚かせ、頭の切れる、明敏なユーモアの素晴らしいセンス」[42]を持っていた。その晩、彼は「上々の出来」[43]に思われた。セアラは、彼の口調は、「親しく陽気だ」と思った。彼女は彼が持つ本物の雅量の大きさと思《おぼ》しきものに感動していたのだ。

チャーチルはすると、スターリンの温かな始めの挨拶に応えて起立した。「スターリン元帥のお命は私たち皆の希望と心情にとりまして大変尊いものであると思っています、と私が述べる時、それは誇張でも派手な誉め言葉でもありません」[44]（スターリンのすぐ後で、見え見えながら、着古されたウェイターの制服姿に変装していたボディガードが頷いたであろうことに疑いはない）[45]。「歴史をさかのぼれば、多くの数の征服者がいました。しかし、ほとんどが政治家ではありませんでした。そして、彼らのほとんどが、戦いの後に続いた困難にあって、勝利の果実を投げ捨てました。……この偉大な男《ひと》と友情を分かち合い、懇意の間柄であることがわかった暁には、私は、さらに大きな勇気と希望をもって、この世界を渡り歩くのです」[46]。

チャーチルが挨拶を終えると、外交官たちは、席から起立して、テーブルを回って、チャーチルとグラスをチリンと鳴らし、そして乾杯の辞に賛同した[47]。それは、尊敬の標《しるし》として意図されたのだが、気の毒なウェイターたちには、悪夢だった。彼らは、乾杯の間に、そして、料理が冷めてしまう前に、多くのコースの中の最初の料理を配ろうとしていた。その間、アルコール依存症から回復中[48]のエド・フリンは、アルコール類を抜かし、晩餐会の数多くの乾杯とコース料理の記録をとり始め[49]て、後々、役に立つこととなった。

スターリンはそれから右を向いて、ローズヴェルト大統領に乾杯をした。チャーチルの場合がそうであったように、自分〔スターリン〕が開戦の決断をするのは、たやすかった、と彼は主張した。イギリスとソ連は、「国家の存続のために戦って」[50]きていた。しかし、スターリンの意見では、ローズヴェルト大統領は特別の称賛に値する。彼の国は、直接危険にさらされていたわけではなかったが、ローズヴェルトは、「ヒトラーに対抗して、世界を動員へと導いた器械類の主たる鍛造者でいらっしゃる」。スターリンは、武器貸与法は、「ヒトラーに抗して、連合国を戦場に踏みとどまらせる上で果たした……大統領の最も非凡で重要な偉業の一つです」と宣言した。

大統領はそれから、椅子に座ったまま杯を高く上げて、スターリンに挨拶をお返ししたいと合図をした。二九対の眼が彼のいる方向へ向けられた。彼の娘の瞳もそれらの中にあった。数ヶ月前に、FDRより二〇歳若かったトマス・デューイ〔ニューヨーク州知事。共和党大統領候補〕と争った一九四四年の大統領選挙キャンペーン中、ワシントン州ブレマトンでの健康不安の後〔ブルーンは狭心症と診断〕、アナは、かつては奮い起こすことができた力強さと熱意をこめて、父親が演説することができるか、疑問を抱いていた。[51]ローズヴェルトのスピーチライター、サム・ローゼンマン〔大統領上級顧問《一九四三年一〇月から一九四六年二月》。ニューヨーク州の最高裁判所の判事を務めた後、ホワイトハウスに入った。ニューディールという言葉を造り出し、各種政策の法整備に尽力〕は、彼女に全てがうまくいくだろうと安心させた。そして、確かにその通りだった。今宵、FDRは、立派なスピーチはできないかもしれないが、それでもスピーチの出来栄えはどの点からみても重要だったのだ。

「この晩餐会の雰囲気は家族の晩餐のようです」[52]と彼は始めた。「私たち三ヶ国の間に存在する関係」について、まさしくそのように、彼は感じていたのだ。

テーブルをはさんで、注意深く聞いていたキャシーは、ソヴィエトと西側の代表団を「楽しい家族」と呼ぶのは、たぶん「少し行きすぎ」[53]だと考えたが、大統領の気分に嘘偽りはなかった。

ローズヴェルトは、世界は過去三年間に著しく変貌した、と強調しながら、「さらに大きな変化がすぐに到来するでしょう」[54]と続けた。三人の連合国の指導者たちは、それぞれがそれぞれのやり方で、「彼らの国民の利益のために……」尽力してきた。「五〇年前、世界の広い地域では、人々にほとんどチャンスはなく、希望もなかったのです。しかし、多くのことが達成されてきました」。とはいえ、「人々にほとんどチャンスがなく希望もほとんどない」ところが、まだ残っています。この地上のすべての男性、女性や子供に安全そして健康で幸福で繁栄した生活の可能性を提供することが、共に席についている三人の男たちの目的なのです。

ピーター・ポータルは、キャシー同様、納得したとはとても言えなかった。彼の個人的な見解では、ローズヴェルトの言葉は、すべて「本物の機知の閃《ひらめ》きのない感傷的なたわごと」[55]に過ぎなかった。しかし、大統領が話しているとき、誰も、なにかひどく的外れなところがあったとは思わなかった。テーブルで、彼女の父親の右側方向、はなれた席にいたアナは、ほっと安堵のため息をついた。それが、FDRのキャリアの中で最も雄弁なスピーチではなかったとしても、彼はうまくやり遂げた。彼の健康についてどう噂が広がっていようと、彼は未来の一部になる意志が十分にあることを再び断言すらしたのだ。彼は戦争を導いたように、平和も指導するだろう。

宴会は進行し、ウェイターたちは、コースの皿を一皿、続いて一皿と配り、グラスは幾度も満たされ、乾杯は続いた。乾杯の数やコース料理を数えていたフリンは、数を加えて行った。モロトフは、チャーチルが大いに満足するほど、イギリス軍を祝して乾杯した。[*56] スターリンは、機嫌のよいままで、ソヴィエトの駐英大使を「陰気な男」[*57]と呼んで、からかいさえした。キャシーは、グーサフが、「必死で立ち上が」り、彼自身のために気乗りのしない乾杯の挨拶をしなければならなかったのを見ていた。

グーサフよりも楽しめない男が二人いた。アントーノフ将軍の向かい側の陸軍元帥アラン・ブルック卿は「ますます退屈」[*58]になり、いよいよ料理に苛立ってきたのだ。コース料理は彼の前に届くころには、冷たくなっていた。ブルックは、そもそも晩餐会に出席したくはなかった。そして、彼の晩餐の仲間たちは、彼を盛り上げて機嫌よくさせることはできなかった。彼は後に、日記に、「右にはアントーノフ将軍がいたが、彼はフランス語を少々話すが、彼との滑らかな会話を続けられるほどの腕前ではなかった。左にはハリマンがいたが、私は彼を好かないし、私をひどく苛立たせる」と記した。レイヒ海軍大将も最高に調子がいいわけではなかった。彼は蚊に生き血を吸われ、いったいほかに何がテーブルの下にいるか、知れたものではなかった。[*59] マッキンタイア医師とブルーン医師は、発疹チフスの予防接種をヤルタ行きのアメリカ人たちに思いついたが、接種後、効果が生じるのには間に合わなかった。[*60] 小さな虫が彼のくるぶしをひどく噛んだので、虫が病菌保有の個体でないことを祈りつつ、レイヒが医者たちを呪ったのは確実と思われる。

テーブルの向かい側の隅で、アナは、比較的静かにしていた。ベリヤはテーブルをはさんで、彼女に注意を集中していた。アナは彼が厚い唇と膨らんだ目をした「最高に不吉な外見をした男性だ」[*61]と思った。彼は、彼女のグラスが常に一杯であるよう案配することに没頭しているようだった。間もなく、アナは、ＮＫＶＤの長官は彼女を「酔っぱらわせよう」としていることに気が付いた。

乾杯に乾杯が続いて、アナは、ベリヤが彼女を用心深い目つきで見ていたので、男性たちに遅れまいと、乾杯のたびに一気に飲んだ。レイヒ海軍大将は、アナが飲み続けたので、不安を覚えるようになった。[*62] 彼の懸念は全く不必要だと思っていたので、彼女は、海軍大将が目に見えて不安がるのを楽しんでいた。彼女は、ことをうまく処理していた。レイヒもベリヤもそれに気が付かなかったが、誰も見ていないときに、彼女はグラスを、ウオッカではなくソーダ水で補充していた。

ローズヴェルトは、アナの飲酒やレイヒの懸念に気が付いたかもしれない――アナの側のテーブルで、何かが彼の目を引いた。食事の途中で彼は、連合国の彼の楽しい家族の面々の中に、見慣れない顔があるのに気が付いた。スターリンの方を向いて、「グロムイコ大使の反対にいる鼻眼鏡は誰ですか」[*63]と尋ねた。

「あぁ、あの男。あれは、我々のヒムラーですよ」とスターリンは、彼の通訳を介して答えた。彼が、ヒトラーの親衛隊《ＳＳ》の親衛隊全国指導者に言及した時、そのほくそ笑みには、悪意がはっきりと見てとれた。[*64]「あれはベリヤです」。

その比較はおおかた真実だった。ベリヤの同時代人たちの一人は、二人の冷酷な男たちは、全く同じフチなしの鼻眼鏡[*65]をかけ、外見も似ていると述べた。ベリヤは、スターリンの言葉が聞こえていたが、何も言わなかった。彼はただ、黄色い歯を見せて笑っただけだった。

ソヴィエトの指導者がベリヤをヒムラーに思いがけなくもなぞらえたことは、ローズヴェルトを一瞬だが、明らかに不安にさせた。ソヴィエトのヒムラーが、彼の娘を熱心に見ていたのに気が付けば、彼がますます不安がっただろうことは確実だ。

スターリンのベリヤに関する言及は、駐ソ英国大使のアーチボルド・クラーク＝カー〔中国大使《一九三八年から四二年》、ソ連大使《四二年から四六年》、戦後は四八年まで、駐米大使、また、戦中、戦後の重要な外交活動に寄与〕の頭の中に、あるアイディアをひらめかせた。彼は卑猥なユーモアを好んだ。クラーク＝カーはベリヤの近くに座っていたため、料理が供されている間、二人の男たちは、魚の性生活*66をめぐって奇妙で下品な議論を続けていたのだ。何度も杯を重ねた後で酔っ払い、ふらふらとおぼつかない英国大使は、立ち上がり、自ら乾杯の挨拶を申し出た。

モスクワにおける外交上の一連の会合で、クラーク＝カーと多くの時間を過ごして、キャシー・ハリマンは、彼の口から何が出てくるか、おおよそのことを予測できた。なぜならその英国大使は、「常に自ら主導する乾杯に少しばかりみだらな調子を与えるよう［だった］」からだ。*67これも例外ではないだろう。クラーク＝カーは、ベリヤを「我々の『肉体』＝『死体』の世話をする男《ひと》」として敬意を表し、彼に乾杯を捧げた。

チャーチルは、直ちに立ち上がった。ベリヤの過去の犯罪をすっかり知っていたわけではないが、首相は、クラーク＝カーの発言が全く不適切な皮肉だと気づく程度には理解していたのだ。彼は、大股でテーブルの向かい側へまわって大使のところへ行き、クラーク＝カーのグラスに自分のグラスをチリンと触れて賛同を示す代わりに、皆の前でクラーク＝カーに向けて、「気をつけたまえ、気をつけたまえ」*68とつぶやきながら、人差し指を振った。その部屋にいたキャシーやその他の人たちにとって、チャーチルが本当は「黙りなさい」と言いたかったことは、歴然としていた。

集まった人々が、これ以上、酔いが回った状態に陥る前に、チャーチルは、自分にはもっと言うべきことがあると判断した。時折、彼のおしゃべりは、とりとめのない話と紙一重になることがあった。彼には、自分の通訳を危ういほど置き去りにする癖があった。しかし、ここぞという時、首相のように、威厳を取り戻すことができる人は誰一人いなかったのだ。集まりの最中のウオッカの影響を中和するため、チャーチルは、彼らが集結した会合の目的を忘れてしまわないように、今回は厳粛な口調で、再び話し始めた。

「こう申さねばなりません」[*69]と、彼は始めた。「この戦争中の最も暗い時期においてさえ、私は、会談中の今ほど、ひしひしと重い責任を感じたことはありません……私たちは、丘の頂上に立ち、私たちの前には、広々とした大地の光景が広がっています。私たちは困難を過小評価してはなりません。国々は、そして武器を持つ同胞たちは、過去五年、一〇年という戦争の間に、離れ離れに漂流してきました。それゆえ、悪戦苦闘する数百万の人々は悪循環をたどり、落とし穴にはまり、そして、犠牲を払って、再び立ち上がりました。私たちには今、前の世代の誤りを避け、確かな平和を築くチャンスがあるのです……祖国を守ることは、栄誉あることです。しかし私たちの前には、もっと偉大な勝利が存在します……私の希望は、合衆国の傑出した大統領とスターリンソ連邦元帥にあります。敵を打ち負かした後、私たちを導いて、貧困や混乱や無秩序や抑圧に対抗する務めを遂行させる平和の擁護者の姿を、二人に見出すのです。……そうでなければ、流血の海原は無益で、著しく正義に反するものとなるでありましょう。勝利の象徴となる平和をもたらすあふれんばかりの太陽の光に乾杯をいたしましょう」と彼は華やかな表現で言葉を結んだ。

演説の間中、キャシーは、スターリンを見つめていた。そのようなことをスターリンができるとは「彼女は決して思わなかった」が、一晩中、彼は、静謐な満足をたたえ、「心優しい老人のように微み［ながら］」、座っていたのだ。[*70] スターリンが、首相の言葉に応えた最初の人物だった。招待客たちは、チャーチルの饒舌《じょうぜつ》に慣れていて、それを期待するようになっていた。だが、その晩、スターリンの発言もまた雄弁で魅力的だった。チャーチルすら、スターリンが「あれほど朗らかになれる」[71]とは思いもしなかった。

スターリンは〔チャーチルのスピーチに対して〕、「応答」を始め、〔自分は、部屋の人々に〕「おしゃべりな老人」[72]として話をしているのだ、と語った。「だから、私は多弁なのです。しかし、今は、私は私たちの同盟を祝って飲みましょう。同盟は、その特徴である親密な関係と意見の自由な表現とを失ってはいけないからです。外交史上、同盟国同士が自分たちの見解をあれほど忌憚《きたん》なく表明できる機会を持つ一方、三つの強大国がこのように深く結束した同盟を、私は知りません。ある種の人々がこの発言をナイーヴだとみることは承知しています」[73]。

これまでのところ、彼の心情は、彼の微笑みと同じように優しかった。今、スターリンは、パヴロフが熟練した精度で通訳するよう、言葉を注意深く選んで続けた。「同盟においては、同盟国は互いを欺いてはいけません。ひょっとして、そう言うのはナイーヴでしょうか。経験を積んだ外交官はこう言うかもしれません。『どうして同盟国をだましてはいけないのか』と。しかし、私は、素朴な男として、相手が愚かであっても、同盟国をだまさないのが一番良いと考えるのです。私たちの同盟国同士が互いをだまさないのは、おそらくは、私たちの同盟が堅固だからなのでしょうか、あるいは、互いをだますのがそう容易ではないからなのでしょうか。私は、私たち三強国の同盟の堅固さを祝して乾杯を捧げます。私たちの同盟が強く安定したものでありますように、私たちが可能な限り忌憚なく話し合える関係でありますように」。

スターリンは温厚に見えたかもしれない。彼の微笑みは本物に見えたかもしれない。そして、彼の感情も偽りがなかったかもしれない。しかし彼は、一九三九年、チャーチルがBBCラジオ放送〔一

○月放送〕の中で、ソ連を描写するのに使った正にその言い回し「謎に包まれた謎の中の謎」を具現化していたのだ〔ソ連の行動は特別に深い謎に包まれているので予測ができないが、もし、その鍵があるとしたらそれはソ連の国益です、とラジオでチャーチルは述べている〕。その場にいたスターリンの聴き手たちが何を信じたいと望んだかによって、また、彼らが、ヨーロッパと世界の未来が平和であるかどうかについて、彼を信じる以外に何ら選択の余地のなかった、まさにその男の心の中に何を見たいと希望したかによって、彼の言葉は希望のメッセージにも警告の言葉にもなりえたのだ。協力への心からの献身であれ、あるいは、脅しであれ、それは非常に雄弁なうえ、とらえがたかったので、それと比べると、ベリヤやスドプラトフがハリマンを脅そうとしたぎこちない企ては、愚者の仕草に見えたほどだった。ローズヴェルトとチャーチルは必死に、スターリンは信用のできる男で、ソヴィエトの二枚舌や気まぐれと言うものは、西側には見えない、より上のソヴィエト権力、スターリンが恩義を感じている共産党政治局〔ソヴィエト連邦時代、最高に強力な指導者たちが構成メンバーであった国の重要な決定機関〕のせいだ、と信じたがっていた——だが、西側の人間には誰も確かなことはわからなかった。ちょうど、スターリンとの同盟がまさに初めからそうであったように、この会談で締結された合意は、究極的には、すべて盲信だった。間を置かず、ジミー・バーンズは、「世界中の平民」[*74]に敬意を表して乾杯することによって、謎の呪いを解いたのだ。しかしスターリンは、彼の同盟相手たちの前に彼の難問を差し出し、それをテーブルの上に置き、皆が見て、好きなように解釈し、その解釈に則って対応するのに任せた。

ウェイターたちは、引き続き、ロシアの珍味を載せた皿を持ってきていたが、料理は当然、冷たくなっていた。グラスは飲み干され、幾度も幾度も注がれた。一人またひとり、招待客は降参し始めた。ある人たちは、ウオッカを鉢植えのシダの中にざっと廃棄さえした。[*75]「乳のみ仔豚」〔生後二週から六週までの仔豚の丸焼き〕が回ってきたころ、セアラと隣のヴィシンスキーは、皿に載っている仔豚を礼儀正しくつつく以外には何もできなかった。[*76] 目で合図して、彼らはアナに倣って、ウオッカをミネラル・ウォーターに入れ替えた。セアラと他の二人の女性たちは一時的に忘れられていたようだったため、誰も入れ替えに気が付かないようだった。しかし、三皿目の肉のコースになると、スターリンは、騎士道に則った宣言をするために、再び立ち上がり、招待客の注目を促した。[*77] 彼が信義を重んじる文明人ではないという疑念を和らげるかのように（自分の娘を虐待し、彼女の存在が役に立つとわかるまで目の届かないところに追いやり、彼女の夫に会うことを拒否した男ではあるが）、今、スターリンは、その晩、出席して彼の招待客たちに栄誉を与えた「淑女たち」[*78] に敬意を表して、グラスを掲げた。

三人の娘たちはそれぞれ、これから目撃する歴史の重大さを意識して、ヤルタを訪れていた。近年の歴史において、主要国際会談で、三人の娘たちが、世界で最も権力のある指導者たちと並んで、同じテーブルの席を占めたことはほかにかつてなかった。今、スターリンはテーブルを歩いて回り、三人の娘たちのそれぞれのグラスに自分のグラスをチリンと合わせ、一人ひとりを確認し、彼女たちが勝ち得た地位を確認した。[*79]

適切な応答は、起立して乾杯を返すことだと気づかなかったためか、あるいは乾杯の返しを表明するには緊張しすぎていたためか、アナとセアラは椅子に根を張って座ったままだった。しかし、キャシーは、正餐へ招待されたことへの借りを返す時が来たのだと悟った。エイヴレルは、食事の間、比較的おとなしかったのだが、父娘《おやこ》二人のためにキャシーに挨拶を言わせるのが、彼には都合がよかったのだ。テーブルでは、彼は、重要人物たちに仕える二四人の男たちの中の単なる一人に過ぎなかった。彼のロシア語を話す娘は、彼が、過去六ヶ月の間に着実に失いつつあった権威と独立性の幾分かを再びそれとなく主張するのに役に立ちえた。盛宴において、彼女は女性を代表して乾杯をすることになるのだが、同時に、ハリマン家を代表して乾杯するのだ――彼らは、ローズヴェルト家やチャーチル家と名声において同等とは言えないかもしれないが、彼らの仲間の中で他の文民の誰よりも高い位置にいる。エイヴレルは、彼女の方へ体を傾け、彼女に「立ちなさい」[*80]とささやいて、促した。

　晩餐の間の、チップ・ボーレンが通訳やメモ取りをしていなかったわずかな時間を利用して、キャシーは、ロシア語の文法について彼と相談していた。彼女を挟んでボーレンの反対側にいたアントーノフ将軍が、彼女が言おうとしていたことに「大いに興味を」[*81]ひかれて、いくつか提案をした。彼女自身のロシア語の技量やら、傍にいた人々の助けやらで、彼女は、彼女のメッセージを正しい言葉使いで表現する方法を見つけた、と自信を深めた。「ああ、よかった」[*82]と彼女は思ったが、まだ怖かった。しかし、ボーレンとアントーノフが右と左に、そしてエイヴレルが席をちょうど二つ離れたところにいたので、彼女は彼女のために「両脇が援護してくれている」[*83]と感じ、スピーチをすべく立ち上がった。

「出席している三人の女性たちを代表して返礼としまして」[*84]と彼女はロシア語で語りだし、「私どもが快適に〔宿泊できるよう〕クリミアで懸命に仕事をされた……人々に敬意を表し乾杯」したいと思います、と続けた。キャシーはこの仕事を直接その目で見てきた。政治のことは別にして、ヤルタでの生活に必要な最も基本的な設備を確保するために、ソヴィエト政府が払った犠牲は驚異的だった。「当地でドイツ人たちによってもたらされた破壊を目撃して」キャシーは、「成し遂げられたことのたいへんさを十分に理解しました」と語った。

　キャシーの挨拶は簡潔だった。彼女の神経は長い挨拶ではもたなかっただろう。だが、会談での彼女の役割にふさわしく、彼女の言葉は優しく、本人の言葉で、過度に政治的でもなかった。ドイツ人に言及して、共通の敵の行為を引き合いに出すことで、連合国の絆を改めて主張した。それは、簡素だったが、効果的な柔軟外交だった。

アナは、自分に代わって挨拶している女性については、何も言わなかったが、セアラは、キャシーが、「実力を上回った成果を出した」[*85]と思った。彼女には、ソヴィエト代表団が、身振りで、明らかに「喜んでいる」のが見て取れたのだ。

キャシー・ハリマンは公式の外交官ではなかったが、しかし、二七歳で、ソヴィエトの権力の中枢に近い側近に、他のアメリカ人女性の誰よりも、近づけた。そして今、彼女はソヴィエトの独裁者とその最側近の者たちに——明らかに歴史上最も恐ろしい男たちに属する——彼らの言葉で、彼らの習慣に従って、戦争中の最も重要な集まりの一つにおいて、将来の平和がどうなるのかわからない不安定な状況下、挨拶したのだ。その晩、エド・フリンは四五回の乾杯[*86]を数えたが、チップ・ボーレンは、アメリカの公的な議事録の中で、八つの挨拶だけを記録[*87]していた。六つがチャーチルとスターリンとFDRによってなされた。七番目はジミー・バーンズの普通の人々に敬意を表しての乾杯だった。議事録に含まれるボーレンが最後に掲げた乾杯の辞は、キャシーのものだった。

最後のコース料理がテーブルの上から片付けられた頃は——フリンの勘定では、二〇皿目[*88]——午前一時近かった。スターリンは、もう一度グラスを掲げ、「我々が楽しんでいる間仕事をしてくれた」[*89]人々に感謝の言葉を捧げた。彼は、チップ・ボーレン、アーサー・バース〔サンクトペテルブルク生まれ。父親がスコットランドの商人で、その特殊な成育環境から、連合国側第一の通訳として高い評価。バース少佐は、平時は銀行家などビジネスに従事し、戦時中には主要会議や重要人物の通訳を務めた〕、そしてウラジーミル・パヴロフら通訳官に敬意を表し乾杯をした。三人は、急いで話し合いをして、彼ら全体を代表して返礼する通訳官として、アメリカ人を指名した。

何杯かのウオッカで気持ちが大きくなっていたボーレンは起立して、大胆な声明を行った。「万国の通訳官、団結せよ。君たちはボスのほか失うべきものを持たない」[*90]。ボーレンが『共産党宣言』〔一八四八年、カール・マルクスとフリードリヒ・エンゲルスによる共産主義の目的と見解を明らかにした文書。『宣言』の終わりにある「プロレタリアは、革命においてくさりのほか失うべきものをもたない。……万国のプロレタリア団結せよ！」という大変有名な文章《岩波文庫三三二頁より引用》をもじったもの〕を、あえて冗談の種にしたので、部屋は、一瞬シーンとして、皆、唖然としていた。するとスターリンは爆笑した。他の皆も笑ってもよいという合図だった。そして、テーブルをぐっと回って、気骨ある若者とグラスをチリンと重ねた。「機転が利く」とボーレンを心から称賛した。ジョークを締めくくるために、チャーチルが別バージョンを提供した。「万国の通訳官、団結せよ！君たちは聴衆のほか失うべきものを持たない！」[*91]

そのような祭りのような雰囲気の中で、宴会はお開きになった。皆、すぐにそれぞれの館に戻り、ワインとウオッカによる心地よい、どんよりしたもやが頭の中にかかる中、ベッドへと向かった。多くの問題が未解決のままだった――ドイツの管理におけるフランスの役割、賠償金、そしてもちろん、ポーランド――だが、宴は、参加者たちに、同盟によってできた家族は、その困難を最終的には解決できる、との希望を与え、過去数日間の身動きの取れない状態が和らぐきっかけを示した。人に落ち着きをなくさせるベリヤの存在さえ、陽気な雰囲気をそぎはしなかった。ローズヴェルト自身の独りきりになれる（盗聴された）宿になった施設に戻り、FDRは、アナにNKVDのボスは彼に「合衆国！」で知っているある種の「実業界の大物たち」[*92]を思い出させると冗談を言った（FDRを盗聴している中、セルゴ・ベリヤが彼の父親に対するその発言を称賛であると解したかどうか、それは謎のままだろう）。

道路を一〇マイル〔約一六キロメートル〕下ったヴォロンツォフ宮殿で、セアラが父親をベッドに寝かしつけた時、彼は幸せな男だった。その晩、おそらく会談で初めて、彼は、将来に希望をもてたのだ。[*93] 隣のマップルームから、首相が「ザ・グローリー・ソング」[*94]〔"O That Will Be Glory"としても知られる。チャールズ・ガブリエルが作詞、作曲して一九〇〇年に最初に発行され、一七ヶ国語以上に訳され、一七〇〇万部以上印刷された〕を歌っていらしたのが聞こえました、とダウニング街の秘書のひとりは断言した。

第一六章　一九四五年二月九—一〇日

「ロバート、どうしたいのかね」[*1]と大統領は尋ねた。ロバート・ホプキンズは、ハリー・ホプキンズの二三歳の息子で、ヤルタでのアメリカ代表団の指定写真家だった。彼の貴重なカラーフィルムの何枚かを入れたスピード・グラフィック・カメラ〔米国グラフレックス社の蛇腹式大型カメラの商標。第二次世界大戦中、米陸軍通信隊が採用〕のレンズ越しに、彼は眼前のシーンをファインダに収めていた。

「まず、大統領、ステティニアスさんにあなたの後ろに立っていただきたいのです、モロトフさんはスターリン元帥の後ろに。イーデンさんはチャーチル首相の後ろに。その後、会談の写真記録に残るように、討議に参加された他の方々がお入り下さい」[*2]。

ホプキンズは、会談の公式写真のために、三ヶ国の政治家と上級の軍指導者たちの適切な組み合わせと配置をいろいろと試しつつ、彼らをファインダ内に収めるのに悪戦苦闘していた。三枚の大きな東洋の絨毯がリヴァディア宮殿のイタリア風中庭の中央の華麗な噴水前に広げられていた[*3]。そこで、チャーチル、ローズヴェルトとスターリンは、横に並んだ椅子に座って、他の男たちが彼らの後ろでポーズをとるのを待っていた。大外套を着こんで毛皮のロシア帽を手にしたチャーチルは左側で、無邪気に見えた。ローズヴェルトは、チャーチルの隣で、真ん中に座り、両肩から海軍の肩ケープをかけ、紙巻タバコをふかしていた。どんよりとした午後の陽光の中で、しわのよった顔には、とりわけ疲労感が漂っていた。スターリンは、大統領の隣、チャーチルの反対側で、膝の上に両手を組んで、通訳が隣にいないために、やや孤立している感じで座っていた。

ステティニアス、モロトフそしてイーデンは、ホプキンズが要求したようにしたが、背後でうろついていた他の人々は、若い写真家の指示には気が付かないかのように、ファインダ内から出ようとしなかった。二階のバルコニーから、アメリカの映画カメラがその混乱ぶりをとらえていた。各代表団は、手に負えない学童たちの集団がクラス写真を撮ってもらっているようだった。誰も、最初に行くよう言われたところへ行くほど注意深く指示を聞いていなかった。非常に多くの人々が写真を撮ってもらうために待っていたので、中庭の中心から車輪のスポークのように放射状に伸びる八つの小道に人があふれた。

ひどい押し合いへし合いの後、ホプキンズとソヴィエトの写真家サマリー・グラリー〔一九一六年、ウクライナのクレメンチューク生まれ。ニューヨークに移住して活動。写真芸術家として高い評価〕とボリス・コサレフ〔ソヴィエト政府の公式写真家。政治的指導者の多くの歴史的写真を撮影〕は外相たちと一緒の三巨頭の写真を撮った。アメリカ人通訳のチップ・ボーレン、イギリスの閣僚レザーズ卿〔フレデリック・ジェイムズ・レザーズ。一九四一年から一九四五年まで、戦時輸送大臣〕、エイヴレル・ハリマン、イギリス外交官アリグザンダー・カドガンもまた、その写真の中に収まっていた。[*4] 上級軍人たちが、カメラの前に立つ番だと、政府の各指導者たちの背後に列をなして入ってきた。[*5] 椅子に座ったまま、ローズヴェルトは司令官たちに冗談を言おうとしたのだが、陸軍元帥ブルックはそのような気分ではなかった。この写真撮影部会は、「様々な軍や政治グループごとに、適切な場所への配置を指示する人がおらず、最も無秩序な手順」[*6]となった、と彼は愚痴を言った。

これまでのところ、この会談の六日目は、まとまりのない虫の居所の良くないものだった。重要な案件、とりわけ、ポーランドの将来を決定するのに残りわずか二日ばかりしかなく、誰もが伝達不十分や遅延を受け入れるゆとりがなかった。まず、ローズヴェルトは、その日最初のチャーチルや英米の連合参謀本部との会合に三〇分以上も遅刻した。[*7] 彼はひどい外見だった。ピーター・ポータルは、FDRの健康状態について何も知らず、前夜のスターリンの盛会の二日酔いの結果と考えた。それから、ローズヴェルト、チャーチル、ハリマン、レイヒ海軍大将、そして三人の娘たちは昼食のために席についた。[*8] ジミー・バーンズはさっそく、前夜、ローズヴェルトと始めていた平和機構についての無益な議論を続けるために登場した。彼が手に入れたのは、チャーチルからの一般的な合意だけだった。[*9] 例えばインドのような植民地が独立した構成メンバーとして認められるのであるなら、英国は、合衆国にイギリス帝国と同じくらいの数の投票権を喜んで与えるだろう。

スターリンの晩餐会の後、いつもの見事な有能な人物として、姿を現したのはエイヴレル・ハリマンだけのようだった。ピーター・ポータルは、大使がFDRと会うためにリヴァディア宮殿に到着して、パメラに届ける手紙を空軍元帥の自分に手渡した時、驚いた。[*10] 朝の一時に宴会から宿泊所に戻った後、書けたとしても、ハリマンが書けるのは、急ぎの数行程度だろう、と彼は想像していた。それどころか、ハリマンは、彼に何枚も便箋の入った厚い封筒を渡したのだ。それを書くために、一晩中、彼は起きていたことだろう。

ほとんどのカメラマンたちが、中庭にいる人々にレンズを向けていた間、陸軍通信隊〔アメリカ陸軍の通信と情報システムを作成・管理する部門。一八六〇年に設立。南北戦争で重要な役割を果たした〕の隊員たちはリヴァディア宮殿構内に派遣され、合衆国の劇場で上映されることになっていた会談に関するニュース番組のための、B・リール映像〔メインの映像にプラスアルファで入れる映像〕を集めていた。隊員の一人は、中庭を囲むベランダをのんびりと歩きながら、おしゃべりしている、アナ、キャシーそしてセアラを映像にとらえた。[*11] その日は寒い日で、太陽は雲に隠れていた。アナはツイードのコートから毛皮のコートに着替えていた。キャシーとセアラは、コートを肩にかけ、腕を組み、震えていた。また別のカメラマンは、アメリカの視聴者のために、キャシーとアナの大写しをとらえた。アナは自分の動きが記録にとられていることに気がつき、キャシーの方へ身を傾けて、機知に富んだ意見を分かち合っているかのようなふりをした。キャシーは満面の笑みで、自然に見え、くつろいで、魅力に満ちていた。

キャシーには微笑むあらゆる理由があった。彼女は今や会談に対する自分の責任を果たし、冷静に父親――そして自分自身――を代弁し終えていたのだ。だが、アナのその午後のカメラに向けての微笑みは、見かけのものだったのだ。心の内では、彼女は煮えくり返っていた。報道官のスティーヴ・アーリーとこの写真部会に始まって、彼女はありとあらゆる人および事に苛立っていたのだ。ヤルタ以前ですら、アナはアーリーを評価していなかった。そして、この一週間は彼女の気持ちを裏付けたに過ぎなかった。「スティーヴはひどいまとめ役です」[12]とアナはジョンへの手紙の中で愚痴をこぼした。「彼は、人を使って彼のためにスケジュールを調整させます。そして、チェックすることを忘れる。だから、失敗に終わってしまうのです」。アーリーは本来、公式撮影を会談の二日目に計画したのだが、軍指導者たちに伝えそびれてしまった。そこで、もちろん、彼らの誰一人も姿を現さなかった。かくして、皆の時間を無駄にしてしまったのだ。

たしかにアナにはスティーヴ・アーリーに苛立つ理由があった。しかし、彼女の報道官への執着の裏には、彼が無能であるということより、会談のこの六日目に至るまで、彼女が脇に追いやられていることに絶望感を抱いていたという事実があったのだ。「もちろん、私はちょっとした情報をたくさん耳にします。でも詳細ではないのです」[13]と、彼女はジョンに綴った。アナが入ることを禁じられたのは、本会議だけではなかった。「毎日『副次的』会議もあるのだけれど——何てこと、私には、情報としては『おこぼれ』しか手に入らない！」チャーチルとハリマンは、通常、できる限りヤルタでの政治的展開とその先の見通しについて、夜半の父娘の会話で娘たちに知らせていた。ローズヴェルトは、対照的に、ずっと非協力的だった。アナは、重要な出来事で遅れをとらないように、奮闘しなければならなかった。彼女は必死になって父親の健康を危険にさらす災難を先回りして回避しようとしていたが、父親とのコミュニケーションのなさが、彼女の努力をはるかに困難にしていた。彼女はＦＤＲの取り巻きの一団に怒りをぶちまけた。常に彼らは彼女の行く手を遮ろうとしているようで、全くの役立たずだ、と彼女は思った。「ＯＭ〔ＦＤＲの暗号名〕が今回参加させた彼の側近たちは、ただ腰を据えて、ジン・ラミー〔トランプゲームの一種で、二人で、カードを引いたり捨てたりして残ったカードの合計点が低い方が勝ち〕をしているだけ……ロス〔・マッキンタイア〕は、他に何もやることがないため……私がこの前あなたに書いたことのいくつかについて懸念する始末で……どうかしてます」と、アナは、ＦＤＲの心不全について曖昧に言及しつつ、ジョンに報告した。議論のテーブルに大統領と同席した人々は、少しマシだった。「私たちの側の、ここで唯一頭がさえて、実際的な男《ひと》はジミー〔・バーンズ〕です。でも、彼は、ボスに一〇〇パーセント忠実ではないの。ハリー〔・ホプキンズ〕は彼の健康に関して全くの度し難いまぬけです。それに彼自身の具合が悪いときは、直截的《ちょくせつてき》な考え方ができない。だから、あてにはできないのです」。

アナの苛立ちは、ジョンから五歳になる息子のジョニーがインフルエンザと熱とで何日も具合が悪かったと聞いたばかりという事実によっても静められなかった。[*14] ジョンは、最初、彼女に話さなかった。彼女を動揺させたくなかったのだ。せめてものこととして、ＦＤＲはついにエリノアから手紙を受け取った。[*15] それゆえ、しばらくの間、アナは両親の結婚の状況を心配しなくて済んだのだ。

その午後、すべての写真が撮られた後、おそらく、アナより苛立つ理由があった唯一の人物は、ソヴィエトの写真家サマリー・グラリーだった。彼は、フィルムのロールを巻く前に、誤ってカメラを開けてしまい、フィルムが光にさらされてしまった。彼は、暗室に飛び込み、その中で、フィルムが現像される一〇分間、自分の首が糸一本で［繋がっていると感じた］[16]。彼は、公式の写真部会で唯ひとりのソヴィエト報道機関からの写真家だった。そして、もし、彼がソヴィエトの公式記録のために撮っていた写真のすべてを台無しにしてしまったら、彼は終わりだった。人生で最も長かった一〇分が終わり、首を絞めている糸の輪が緩むのを感じた。現像された像には、スターリン、ローズヴェルトそしてチャーチルが彼を見返している姿が映っていた。台無しになったフィルムは、二マス後から始まっていたのだ。

写真部会は、四時少し前に終わった。セアラは、ピーター・ポータルと念願のウチャンス滝へジープに乗って出発し[17]、二人のアメリカ人女性たちは手紙やら散策のため後に残った。その間、指導者たちと代表団員たちは、再び、舞踏の間に閉じこもった。

チャーチルは時間の切迫を感じていた。前夜の意気揚々とした雰囲気は霧散していた。会談の最初から、ローズヴェルトは、彼らの前のさまざまな案件に関する合意に達するのに、五、六日以上はからないと信じていた。六日がすでに経っていたが、いまだにＦＤＲは、二日後の日曜日を超えて滞在するつもりはなかった。

ヤルタでの丸一週間、イギリスとアメリカは、ポーランド暫定政府は、ルブリン政府の修正版であってはならないと主張してきていた。むしろ、それは新たな政府で、彼らの合意を表明する公式コミュニケ〔共同声明〕でそのように明示的に述べられるべきだと主張した。西側の同盟国は、彼らがルブリン政府を受け入れないことを完璧に明確にしたかった。だが、ソヴィエト政府は御しにくいことを実証し、ソヴィエトに友好的なルブリン政府は、ポーランド人が欲するものだと主張し続けた。それが自由で拘束されていないことを保証するため、ローズヴェルトとチャーチルは、英米の大使や報道機関がポーランドでの選挙プロセスの監視を許可されるよう要求したのだが、スターリンとモロトフはその要求に声高に抗っていた。

ステティニアスが出席者たちに、実質的な進展はほぼなかったのだが、その朝のポーランド問題をめぐる外相たちの間での進展に関する報告をした後、チャーチルは中休みを置くことを求めた。この複雑な状況を解決するのに、彼らにはもっと時間が必要だった。それは、二五〇〇万人以上の人々の暮らしに影響するだろう。ローズヴェルトが三つの代表団が再び集合する前に、三〇分かけて彼らの立ち位置について個々別々に議論したらどうかと提案した時、チャーチルは彼を止めた。チャーチルは、「私はそれ以上のことを想定しています」[*18]と強く迫った。「船を港に入港させるより、数日のゆとりがあった方がよい」[*19]でしょう、と強調したのだ。「もちろん、あなた方皆さんは出て行かれ、私をとても気持ちのよい当所に置き去りにすることもできますが」[*20]と述べた。それから、隠喩を、船から陸へと移して、続けた。「私たちは、両足を鐙《あぶみ》に入れて、馬に乗って去ってはいけないのです」[*21]。彼はこの件では頑固だった。ポーランドの主権をめぐって戦争も辞さなかったイギリスにとって、それは単にプライドの問題であるだけではなかった。ポーランドは、その他の東ヨーロッパのためのリトマス試験紙だったのだ。もし、イギリスとアメリカが、ポーランド政府を掌握し、ポーランドの民族自決をなし崩しにしようとしているソヴィエトの攻勢に待ったをかけなければ、ソヴィエト政府は、赤軍が駐留している東ヨーロッパのすべての国々で、必ず同じことをするからだった。ソヴィエト人たちは解放者ではなかった。占領国として、彼らはナチス・ドイツと単に交代しただけだった。隠喩を一切かなぐり捨てて、チャーチルは、彼の感情を完全に明確に示した。「ここ数日は、私たちの誰もが今後過ごすであろう日々の中で最も重要な日々となるのです」*22と。

しかし、ローズヴェルトは、ソヴィエトと彼との関係を対立する方向へもっていくのをいまだ拒否していた。代わりに、彼は再び、チャーチルの巧言《レトリック》が高めた緊張感を拡散させようとした。「今や、おおかたの問題は語義――正しい言葉を探すという問題だと思います」*23と彼は言ったのだ。「私たちは、かつてないほど、より近づいているのですよ……私は、ポーランドのこの選挙を議論の余地のない最初の公正な選挙にしたいのです」。それからユーモアに転じて、ポーランドの選挙は、「シーザー〔カエサル〕の妻のように」疑いの余地のないものであるべきです〔Caesar's wife must be above suspicion（シーザーの妻は疑惑を招いてはならない）は決まり文句〕。もっとも、「私は彼女のことを知りませんが、人々は彼女が純潔だと言ったのです」と彼は冗談を言った。

「人々は彼女についてそう言いましたが」とスターリンは陰険に反論した。*24「実際は、彼女は罪をいくつも犯したのです」。

「舞踏の間」の扉が四時間後に再び開いた時、会議のメンバーたちには、その間の彼らの努力の成果を示すものはほとんどなかった。ポーランドをめぐる同意はまだなかった。チャーチルは、彼のアメリカの同僚たちに、もっと長くとどまり、案件を正しく解決する必要性を説得しきれなかった。メンバーにはほとんど時間がなかった。晩餐のための休憩の後、三人の外相〔ステティニアス、イーデン、モロトフ〕に、さらにハリマン、英国外務省のアリグザンダー・カドガン、モロトフの副官アンドレイ・ヴィシンスキー、ソ連大使のフョードル・グーサフ〔駐英大使〕とアンドレイ・グロムイコ〔駐米大使〕そして、彼らの通訳官たちは、日の出前に少しは議論を進展できるか見極めるために深夜の部会に再び集合した。[*25]だが、数時間の余裕があることは、チャーチルが確保しそこなった、ヤルタでの数日間の延長とは比べ物にならなかった。その夜遅く、アンソニー・イーデンは日記に、「ロシア政府は、我々の草案を検討する準備すらできていないことが分かった。そこで、私は本気で彼らに検討させるべく、イギリスの意見のいくつかを語り、彼らが欲しがっているようなものに与《くみ》する一味になるくらいなら、むしろ本文なしの手ぶらで帰る方がはるかにましだ、と言ったのだ」。[*26]ローズヴェルトはこの会談が東と西の連合国の間の婚姻を表するものとなることを望んでいた。だが、代わりに、彼らは、モンタギュー家とキャピュレット家〔シェイクスピアの劇作『ロメオとジュリエット』《一五九五年前後初演》のそれぞれ対立する家の名〕のようになる危険な状態に陥っていた。ソヴィエトと西側の連合国間の相違は単に言葉の問題であるということに関して、イーデンはFDRが「自分自身をだまして」いると感じていた。彼らは、少し言葉を変え、ソヴィエトとの顔を立てる同意らしきものに達しえた。しかし、エイヴレル・ハリマン同様、イーデン外務大臣は、ポーランドに関する限り、ソヴィエトの「意図は改められないままだった」ことを知っていた。

＊　＊　＊

父親たちが会議にかかわっていた間、セアラが、午後をまるまるキャスリーンとアナと過ごして以来、四日が過ぎた。イギリスとアメリカの間で徐々に進む分裂は、おそらく潜在意識的にだが、仲間の女性たちとの交流を求めるよりも、彼女自身の同国人の中へとセアラを引きこもらせることになった。しかし、軍幹部は、二月一〇日、土曜日の朝、出発しており、ポータルもその中のひとりだった（エイヴレル・ハリマンのパメラ宛の手紙は無事彼の手の中にあった）。セアラには友人がいなくなってしまった。彼女はまた父親にも取り残された。ウィンストンは、セアラが彼に付き添って、リヴァディアでの会議に車で行くのを好んだが、この午後は、ヴォロンツォフ宮殿から、アンソニー・イーデンと彼の通訳官のバース陸軍少佐を引き連れて、むっとして出発していた。彼は、リヴァディアへ本会議前のローズヴェルトとの会議に行くことになっていたのだが、代わりに、スターリンとポーランド問題に決着をつけるため、コレイズ館へ車で走り去った。もしソヴィエトが、暫定ポーランド政府や来るべき選挙に関して記した文言の言葉使いについて常に修正と新たな提案を行って、終点を移動し続けるならば、三強国は結論に達することができなかった。[*27] とりわけ懸念となっていたのは、合意書の中で、連合国の大使に選挙の監視を許可する条項をソヴィエトが省こうとしていたことだった。そうなってしまえば、チャーチルとローズヴェルトは、選挙が本当に適法であるか否か、どうやって正確な情報を得ることができただろうか。方便として、アメリカ代表団は、大使たちが監視人になることが原則として了解されているのであれば、彼らは取引に合意して、その文言を抜かすこともいとわないことを示唆していた。だが、チャーチルにとって、これは受け入れ難かった。FDRとの会合をすっかり忘れて、この「きわめて不快な案件」[*28] に関して、彼はスターリンと対決しに行った。

そのような次第で、ウィンストンがポーランドにかかわる戦いを遂行し続けている間、セアラはアナとキャシーを探した。三人の娘たちは、無二の親友たちとしてヤルタを後にすることにはならなかった。しかし、クリミアに別れを告げる前に最後の遠足をするのであるなら話は別で、セアラは最後の午後を喜んで彼女らと過ごしたのだった。以前行った小旅行の行程で、女性たちは、セヴァストポリと館を囲む庭園をめぐり、そして、個々の遠出で近場の滝やチェーホフの家へ行った。だが、彼女たちは是非ともヤルタの町を見て、そこに住む人々に会いたかったのだ。キャシーとアナは、その週の初めの頃、そこまで歩いて行こうとしたが、リヴァディア宮殿を囲むソヴィエトの警備隊が、彼女たちを止めた。今日、彼女たちは、赤軍の兵士が付き添う条件で、[29] ついにリヴァディアを出て、すぐ近くの所に広がっている村に入って行く許可を受け取ったのだ。〔ヤルタを〕離れるにあたって、ポータルは、冗談に、そのような扱いを「保護拘禁」[30] になぞらえた。彼は公式の護衛兵を置き去りにしても、なんとも思わなかったのだ。

セアラは、アメリカ代表団の司令部でアナとキャシーに会った。アナは、ハンドバッグを腕にかけて、きちんとしたツイード姿に戻っていた。[31]『クインシー』でかぶっていた帽子を頭に、手袋を手に、彼女の母親そっくりに、先頭を切って走らんばかりの様子だった。キャシーは、ウエーブのある茶色の髪に、小さな帽子をピンでとめていた。そして、毛皮を羽織っていた。セアラが制服姿でなければ、彼女らは、ロンドンかニューヨークのしゃれたレストランで、三人の友人たちがランチに集まっているかのようだった。彼女たちは出発する際、ロバート・ホプキンズと陸軍通信隊の、追加の映像を映していた一人のカメラマンに「こんにちは」と挨拶を言うために立ち止まった。カメラマンはカメラを回し始めたころで、まさに彼女らがドアの方へ向かう姿をとらえた。[32] アナは真ん中に、キャシーは彼女の隣の左側、セアラは右側に少し離れて立っていた。カメラマンが撮りたいものを撮り終えたと考えて、セアラは歩き去り始めた。彼女が振り向くと、ロバートがカメラを取り出していた。彼は、前日様々な組み合わせで、彼女らの父親やら軍や政府の顧問たちを撮影していたが、まだ女性たちの写真は撮っていなかったのだ。アナはセアラの方へ手を差し伸べて彼女をグループの中に引き寄せた。

ロバートはカメラを三人の娘たちに向け、スナップ写真を撮った。[*33]

セアラ、アナ、そしてキャシーと同様に、ロバートもまた常々ヤルタを見学して撮影したいと思っていたため、彼は彼女らに加わって、午後の遠足に出かけることにした。武装したソ連兵が二〇歩後ろから彼女らをつける中、四人は町へ散歩にでかけた。[*34] ゆるやかに勾配のかかった道を降りて行った時、かつてはとても気持ちのよい海岸沿いの静養所だったヤルタの姿を思い浮かべることは容易だった。優美な海辺沿いの海浜遊歩道、近くの丘の緑豊かなブドウ畑、夏の間の亜熱帯性のそよ風などから、ロバートは、なぜそこがロマノフ王朝そして共産党員の間で共に非常に人気があったのか、理解することができた。[*35] しかし今、セヴァストポリのように、そこは古くてがたがたの抜け殻で、その最良の日々をむなしく思い起こさせるものとなっていた。ヤルタは、セヴァストポリほど広範囲にわたって破壊されてはいなかった。セヴァストポリでは、ほんの数棟の家々が残っていただけで、砲弾の跡の穴にさしてある東方正教会の、心を引き裂くおびただしい数の十字架が、市民の犠牲者の墓であることを示していた。[*36] それでも、ヤルタの受けた打撃は甚大だった。道路に沿って、訪問者は多くの破壊された家々を通り過ぎた。アナは、生き延びるため、一家全体が一つの部屋にすし詰めにされているのに気が付いた。壁や屋根の大きな丸太がなくなっていて、そこから湿気や強い冷気が入り込むだろう。ヤルタではめったに雪が降らなかったが、気温はいつも、氷点、そしてそれ以下に達していた。

さらにずっと道路を行った先に、大きな野外広告掲示板が木造の小屋の横にくぎ付けされていた。ロバートは、アナとキャシーが立ち止まってそれを確かめようとしている姿を写真に撮ったが、[*37] 結局、それはすべて人の手で描かれていることが分かった。[*38] 合衆国では、コカ・コーラやケロッグは、半世紀近くソーダやシリアルを宣伝するハイウェイ広告掲示板を大量生産してきていたが、地元の印刷業者には大きなポスターを印刷する機械がないようだった。野外広告掲示板の左側は反スペインファシストのプロパガンダで、時事風刺漫画《カートゥーン》だった。*39 ソヴィエト政府は、スペインのフランコ総統〔大元帥。一九三六年から一九七五年まで長期独裁によるファシズム体制を作り、一九四七年には王政を復古させ、一九五〇年代に入ると、スペイン経済を発展させた〕と彼のファランヘ党〔フランコ下のファシズム政党のことで、一九三七年、フランコ体制唯一の政党となる〕を嫌悪していた。ファランヘ党は、ソ連と戦うために、五万人近くの歩兵隊の志願兵を送ったのだ。時事風刺漫画は、フランコが、ムッソリーニ、ヒトラー、日本の裕仁《ひろひと》天皇が段々に体で作り上げた塔の天辺に立っているのを描き出していた。敵の指導者たちは、彼が中へ入り込めるのではないかと期待して、フランコを「平和会議」と表記されている窓まで持ち上げていたのだ。

反ファシスト・プロパガンダは、世界のこの地域では驚くことではないが、広告掲示板の右側は、より悩ましいものだった。時事風刺漫画は、三人の有産階級のポーランド人土地所有者を描いていた。二人は太っていて口ひげをたくわえ、一方、三番目は、西側の国のスーツにネクタイ姿だった。この男性は、亡命中のポーランド共和国大統領ヴワディスワフ・ラチキエヴィチ〔一九三九年から一九四七年まで亡命政府の大統領。第二次世界大戦中、連合国と連携してナチス・ドイツに対抗した〕に似せようと、ユダヤ人の先祖からの特徴を暗示するかのように、大きなかぎ鼻をした横顔で描かれていた。彼の隣で、有産階級の二人の太ったメンバーはソヴィエトの支援するルブリン政府による土地改良政策に反対していた。ルブリン政府は、コルホーズ、すなわち集団農場という形で、富裕層の私的土地を再配分しようと企てていた。「皆さん、私たちは、足元から土地を失いかけています」*40と土地所有者の一人が警告を込めて、声高に言っていた。だが、これはまさにソヴィエト政府が行いたかったことだった。罵倒される富裕層にとって代わって、ポーランドの小作農階級――ポーランド人の真の声を代弁するものと思われる――は、東方、ソ連における同じ小作農である、兄弟たちと協力して、土地を支配するだろう。この一週間、これらの三人の女性たちの父親たちは、たとえほとんど役に立たなかったとしても、このソヴィエトの傀儡ポーランド政府の影響力を制限するべく戦ってきたのだった。

セアラは、このようにロシアの地方文化に浸って、魅了もされたが、困惑もした。ここには、三五〇〇万人の軍隊を持つ国があった。東部前線で大攻勢をかけるため、ドイツに向かって人力や資材を動員でき、数日のうちに、荒廃した館を、一人の男の気まぐれに見合うよう皇帝の宮殿に戻すことができる国があったのだ。そして一方で、かつて地中海の壮麗さに囲まれ暮らした家族はことごとく、小さな粗雑な避難所で、最低限の生活を送る羽目になってしまった。「こうした例外的な環境下で、このような短時日《たんじじつ》で意見をまとめ上げることなど、私は夢にも思いません」[41]とセアラは後に母親に書き送った。「でも、ある一つの強い印象が形成されるのは避けがたいのです——その印象のすべてが非常に——ちぐはぐなのです」と。

一行が道路の脇で遊んでいる子供たちの集団を偶然見つけた時、セアラのまごつきは強まった。[42]子供たちの一人は、四歳足らずだったに違いなかった。子供たちは、暖かく着込んで、健康的に見えた。そして彼らは、真剣な興味しんしんといった目つきで、四人の訪問者たちを見つめた。アナはハーシーのチョコレートバーを持っていた。彼女は、息子のジョニーに年齢がとても近い小さな四歳くらいの少年に興味を惹かれ、チョコレートバーを取り出してその子に与えた。突然、一行の後についてきた赤軍兵が、銃と銃剣をこれ見よがしに、その少年の前に現れた。彼は、少年の手からチョコレートをひったくり、アナに返した。彼は子供たちによそへ行けと怒鳴り、それからアナの方を向いて、アナにかみついた。キャシーは、彼の言葉を通訳したが、彼の言った意味は完璧に明らかだった。「我々の子供たちに食べ物をあげる必要はない」[43]。キャシーは、以前、自分自身もモスクワで子供たちに食べ物を与えようとした経験から、兵士たちが見ている間は、子供たちが西側の人間から決して食物をもらわないことをよく知っていた[44]。ソヴィエトの人々は、誇り高かったのだ。彼らは、外部の人間による、見下すような哀れみを受けなくても、自分たちの子供たちの面倒を見ることができたのだ。子供たちは走り去って、消えてしまった。

グループは、地元の新聞社に短時間立ち寄ったが[45]、アナは、数枚のプロパガンダの印刷物を会談の記念品のコレクションに加えるために、拾いあげた[46]。そのうちの一つは、イソップの寓話をもとにしていて、ドイツのカエルを撃っている一人の赤軍の兵士が描かれていた。そのドイツのカエルは、雄牛の大きさにまで体を膨らませようとしていたところだった。また別の印刷物は、ソヴィエト人とイギリス人とアメリカ人の手が回す万力によって、押しつぶされているアドルフ・ヒトラーの風刺漫画が描かれていた。三番目のは、三連合国の銃剣が突きささった、グロテスクなドイツのけだものが描かれていた。FDRがそのような土産はいつか貴重なものになると彼女に話したことがあったのだ[47]。

四人組はすぐにでも帰らねばと決断した。リヴァディア宮殿までは歩いて一時間だった。そして、太陽は沈みかけていた。しかし、一行が帰ろうとした時、セアラと三人の友人たちは小さな正教会の前にいることに気が付いた。中では礼拝が始まるところだった[48]。中に入ろうか考えながら、少しの間、躊躇していた。おずおずと、彼女たちは、覗いてみることにした。彼女たちが教会の中を見ると、思いがけないことに遭遇した。ロバートは、「宗教はソ連では抑圧されている」[49]と考えていた、と言った。しかし、この教会は人々であふれんばかりだったのだ。

ソヴィエト社会は宗教と気詰まりな関係にあった。ロシア正教は、根絶される必要がある帝政時代の象徴の一つと考えられていた。そして、ソ連は公式には無神論だった。ソヴィエトでは、国家への信仰が、神への信仰にとってかわった。しかし、戦争の間、ソヴィエト政府は、より大きな必要に迫られて、宗教への戦いをナチスに対する戦いに方針転換した。宗教は人々を結集させ、政府ができないような方法で彼らに癒しを提供できた。司祭たちは、監獄や強制労働収容所から戻り、ソ連中の人々に説教をした。彼らが教会の扉を開けるや否や、宗教を捨てるように強制されてきた人々が押し寄せてきた。キャシーは姉メアリに、復活徹夜祭〔復活祭《春分の日の後の最初の満月の次の日曜日に祝う》前夜から、イエス・キリストの復活を公式に祝う最初の儀式〕のために、モスクワの古儀式派〔ロシア正教会の奉神礼改革以前の古い祈禱様式を保持している派〕の教会へ行ったことを記していた。[50]教会には人々がどっと押し寄せていて、彼女は、体の脇から腕を上にあげることができないほどだった。会衆全体が上下左右に揺れて、人々は、幾度か倒れるか、意識を失ったのだ。彼らや彼女らが踏みつけられる危険性もあった。キャシーが礼拝に神経を集中できたのは、時間としては半分だけだった。残りの半分は、服に火が燃え移らないように、なんとか直立姿勢を保ち、隣人たちのろうそくから離れていられるように苦闘していたのだ。

　この小さなクリミアの教会で周囲を見回して、セアラは、聖域《サンクチュアリ》は「暗闇をほとんど引き裂くことのない、無数の小さなキャンドルのみによって照らされていた」[51]のに気づいた。人々の顔は、あたかもテネブリスト〔明暗の激しいコントラストを特色とし、暗闇がイメージの支配的な特徴である、主に一七世紀の画風の画家〕によって描かれたかのように、全くの暗闇の中で、照らし出されていた。けれども、外の通りと比べれば、教会は安らぎと暖かさを感じた。お香がたかれていて、聖歌隊が歌っていた。セアラが立っていたところからは、歌い手たちを見ることはできなかった。だが、空間には聖歌を歌い上げる男性の声の力強い共鳴が響いた。[52]彼らの歌の伴奏となる楽器はなかった。信者席、椅子、長椅子もなかった。集まった会衆は、とても年老いた人々と、とても若い人々で構成されていて――戦いをするために親たちがいない間、祖父母が子供たちの世話をするように残されていたのだ。[*53] ロバートは、祈りの時間になると、会衆は「滑らかな石の床」にただ「身を伏せた」[*54]と、後に記した。

スターリンは戦後に宗教が栄えることを許すかどうか、また、ロシア正教は単に限られた期間を生き伸びているに過ぎないのかどうか、誰にもわからなかった。ある意味、戸口に立って礼拝を見守っていた三人の若い娘たちと同様に、この小さな教会は将来についての不確実性に面と向かっていた。セアラ、アナ、キャシーから、家に帰還する親を待っている教会の中の子供たちに至るまでのすべての人々が、ヤルタでの会談が育むことになっていた戦争の終結と和平協定を待ち望んでいた。ほぼ五年間の犠牲、損失、兵士や市民たちに等しく訪れた悲嘆の後で、世界は平時へ戻ることを切望していた。しかし、戦前の平時の状態とは、はたして、世界が戻りたいと望んでいた――あるいは戻れると思っていた世界なのだろうか。

三つの代表団が合意に至らないままヤルタに滞在する毎日は、父親たちには挫折感で終わる一日だったが、三人の娘たちにとっては、いずれ父親たちから離れなければならないという不可避のことを遅らせ、父親の側に残る好機だった。クリミア半島では、時は動かず、停止していた。そこは、何世紀にもわたる平和と戦争のサイクルに捕らわれた地だった。そこは進歩から取り残されていた。その午後、教会の中で彼女たちが立っていた時、三人の娘たちは、過去の三世紀のどの時点に戻っていたとしても不思議ではなかっただろう。「これらの旅は私には時を超えています」[*55]と、セアラは後に母親に綴っている。「素晴らしい」。彼女たちの前にあった情景《タブロー》は、悲劇的であったが、同時に希望に満ちたものでもあった。「どれほど美しかったか、表現する能力を持ち合わせていたらよかったのですが」と言って、セアラは次のように綴った。「突然、目の前の光景が何と多くの意味をもつようになったのでしょう。ここには教会が希望に満ちて助けとしてありました。外では、あらゆるものが、冷たく、灰色で、崩壊していました。ここには、温かみと、時の試練を経た安全がありました。ここには、誰もが行って喜びや哀しみを歌える教会堂がありました……もし私がこの灰色の国に住んでいたら、ここが、逃れるために私が行くべきところだとわかりました」。

三人の娘たちとロバート・ホプキンズがリヴァディア宮殿へ戻った時、彼女たちは思いがけないことに出くわした。舞踏の間の扉が開けられると、浮かぬ顔に刻まれた挫折ではなく、むしろ将来への真の希望の感覚――そして救いが現れたのだ。娘たちが教会にいた時、彼女たちの父親は、彼ら自身も天与の仲裁を経験していたようだった。

三組のすべての代表団は、未来に関する決議案を何としてでも作り上げる意図で、一週間前、ヤルタに到着した。過去三日間の不一致にもかかわらず、このことは彼らの目的であり続けた。実際的と、象徴的と、両方の理由によって、手詰まり状態は単に続きえなかったのだ。おそらく、前夜の祝餐が、彼らの同盟に対する信頼を再確認させたのだろう。あるいは、代表者たちは単に消耗していただけかもしれない。理由が何であれ、その午後、三つのグループは、なぜ自分たちがヤルタに終結したのか、ついに思い出したように思えた。やっとのことで、彼らは合意に達した。三人の指導者たちの各々は、各自がヨーロッパにおける勝利と考えたものを携えて、立ち去ることができるようになったのだ。

午後の本会議は外交的な妥協の一つの証となった。チャーチルがとても満足したことに、ＦＤＲは、東側との勢力均衡を図るため、戦後ドイツ管理委員会にフランスが参加することへの彼の反対を取り下げた。スターリンは、最初の話し合いの基となる金額を二〇〇億ドルとし、賠償金に関する議論がモスクワで続くという事実に安堵したと思われる。金額の半分はソ連に渡るだろう。スターリンは、その譲歩の件で、ハリー・ホプキンズに感謝したことだろう。討論の間、ホプキンズはFDRに「ロシア人はこの会談でずいぶん譲歩したのですから、彼らを失望させるのはよしましょう、もし、イギリスがそうしたいのなら、イギリスに反対してもらいましょう——そして、モスクワで彼らの反対論を続けてもらいましょう」[*57]と書いたメモを渡していた（チャーチルは間違いなく反対し、いかなる数字も明記することに反対した。しかし、劣勢のため、彼は、反対する以外何もできなかったのだ）[*58]。そしてついにFDRは、ポーランドの将来について、二人のパートナーが全面的に受け入れられる表現へと、二人を和解させた。カーゾン線は、五キロから八キロメートル、ポーランドに有利となる箇所があるが、新たな東部国境線となるだろう。新たなポーランド政府は、ドイツが降伏した後、自分で西部国境線を決めるだろう。

最も重要なことは、六つの本会議と外相たちの数知れぬ会合の後で、三強国が、新たなポーランド政府を存立させる元となる合意書の表現に同意したことだった。残された時間が少なくなる中、その午後、三つの代表団は、ついに以下の表現に落ち着いた。「それゆえ、現在ポーランドで機能している暫定政府は、ポーランド本国および海外のポーランド人からの民主的リーダーたちを含む、より広範囲な民主的な基盤に則って再編成されるべきである」[*59]。ソヴィエトの反対を克服して、イギリスとアメリカは何とか、ハリマン、クラーク＝カー、そしてモロトフが、暫定政府の成立および来るべき「自由で何ら拘束のない選挙」を監督する委員会の委員としての任務を果たすことを、言葉として残した。選挙は、「できるだけ早く」実施されるべきで、「あらゆる民主的で反ナチスの政党」に開かれたものであるべき、とされていた。一たび「再編成された」暫定政府が結成されるや、イギリスと合衆国は、この新たな組織をポーランドにおける正当な政府として認め、大使たちをその政府と交換し、かくして、ロンドンの亡命ポーランド政府の承認は終止符を打たれることになるだろう。全般的に、それは、ローズヴェルトや、とりわけ、チャーチルが望んだより、弱い表現だった。その強みは、広く代表を求める暫定政府の中にではなく、将来の自由選挙の約束に由来していた。それは、ポーランドの選挙に介入しないという合意を、スターリンが自分の役割として全うするかどうかにひどく依存していた。しかし、言葉への拘泥は、ソヴィエトが戦後国際体制に参加したがっている合図だったのだ。

しかし、好結果を生んだ妥協によって引き起こされた陽気な気分の中で、西側の政治家たちが、とりわけ娘たちのその午後の正教会への訪問を踏まえれば、ある先祖の言葉を心に留めておくことは、賢明なことかもしれなかった。フランスの貴族で旅行家のキュスティーヌ侯爵は、一八三九年サンクトペテルブルクのカソリック教会を訪問した後、こう述べている。「ロシアでは、信教の寛容は、世論においても、国家の憲法においても、何の保証もない。他のすべてのように、それはある男によって与えられた好意なのだ。そして、その男は、自分が今日許可したことを明日には取り消すかもしれないのだ」[*60]。

第一七章　一九四五年二月一〇－一一日

ローズヴェルトの心は決まっていた。最終的な会談コミュニケが署名されるや、その午後、彼は出発することになっていた。彼が最初にヤルタにくることに同意した時、彼は会談を五日かあるいは六日以上続けるつもりはなかった。すでに八日が経っていて、彼は他の所で急を要する仕事があったのだ。ＦＤＲはサーキからエジプトのデヴェルソワール空軍基地〔カイロの北東約一一六キロメートル〕まで飛び、エジプトのグレイト・ビター湖〔スエズ運河開削前は乾燥湖。運河が閉鎖されていない時は、地中海と紅海の海水が自由に行き来する〕で彼を待ち受けている重巡洋艦『クインシー』まで車両で行く予定だった。そこで、彼はエジプトのファールーク国王〔反英感情が高まる中で、一九三六年から一九五二年まで在位。クーデターにより退位〕、エチオピアのハイレ・セラシエ皇帝〔エチオピア最後の皇帝。国内の近代化に尽力〕、石油の豊富なサウジアラビアのイブン・サウード〔一九三二年にサウジアラビア王国を建国した初代国王。石油の発見と開発に尽力〕と会い、彼らとより深い関係を育むことを希望していた。

＊＊＊

ローズヴェルトは前日、本会議が散会になろうとしていた時、ややだしぬけに、翌日、日曜日の二月一一日三時に出発すると発表した。突破口の本会議に続いて、ヴォロンツォフ宮殿でチャーチルが私的な晩餐会を催して、二人の指導者たち、外相たち、そして彼らの通訳官たちをもてなしていた時、大統領は、ヤルタの目標をまとめて、コミュニケを公式なものとして完成させることが大事だと自分は感じている、と仕事仲間たちに述べた。「もし、私たちが明日一一時に集合すれば、昼食までに終えられる」[*1]と彼は提案した。これは膨大な仕事だった。報告はヤルタ会談で議論した懸案および成立した合意を公にすることになるだろう。その中には、ドイツの敗戦と賠償に関する提案をめぐる総括的な文から四月二五日のサンフランシスコでの第一回連合国会議〔the United Nations《連合国》という表現が枢軸国に対して初めて用いられたのは、一九四二年の「連合国共同宣言」においてである。サンフランシスコでの会議には、最終的に五一ヶ国が参加した。四月二五日から六月二六日まで開催〕――ローズヴェルトの平和組織――の発表、そしてポーランドの運命に関する、議論を引き起こしかねない決定までが網羅されていた。また「解放されたヨーロッパに関する宣言」も含まれた。コミュニケは世界中の人々と国家の民族自決を謳った大西洋憲章の原則に三者が献身することを再確認した。しかし、文書では、ソヴィエトの太平洋戦争への参戦に関するローズヴェルトとスターリンの合意を公表しないだろう。それは、固く守られた秘密だったのだ。

　チャーチルとスターリンは、今度だけは、ローズヴェルトに対して統一戦線を張った。コミュニケの言葉のニュアンスはきわめて重要だったので、急いで簡潔にまとめることはできないと、彼らは主張したのだ。[*2]文書は、彼らの同意のすべてを世界の目の前にさらし、精査されるだろう。自分たちは、一般論として各懸案に賛成したのだが、翻訳のために要する追加の時間は言うまでもなく、ある箇所の正確な言葉使いには細部にわたる注意を要する。とりわけヴォロンツォフでこの晩餐会をしていることを踏まえると、翌日の午後三時という押しつけの最終期限はきわめて賢くないように思える、とスターリンは主張した。彼は、彼らが晩餐を中断し、代わりに仕事を再開することを提案したのだ。[*3]三ヶ国で構成された起案委員会はすでに急ぎの作業にかかっていたが、徹夜で仕事をする以外、ほとんど選択の余地がなくなった。

妥協案として、三人の男たちは、出席していた小グループ――指導者たち、彼らの外相たち、そして通訳官たち――の全員が、最高の秘密事項を聞く人物証明資格を有する者たちであったので、ヴォロンツォフ宮殿での祝宴を、夕食をとりながら仕事をする場に変えたものと思われる。一方、ヤルタ会談の最後の晩ということで、三人の娘たちは彼女たち自身のディナーをヴォロンツォフの別の部屋で食していた。このような経過ながら、ローズヴェルトの心は、すでに三〇〇〇マイル〔約四八三〇キロメートル〕も先に行っていた。彼らが腰を下ろして、チョウザメの煮こごり《アスピック》〔肉や魚を煮たブイヨンをゼリーにしたもの〕、ホワイトフィッシュ〔サケ目サケ科の淡水魚〕、パサン〔野山羊〕を口にしていた時、FDRは、乱暴な楽観主義丸出しで、敵対者を知ることによって、違いを乗り越えることができるというテーマについて、独りごとを言いだした。[*4] 彼はチャーチルとスターリンに、彼がずっと若かった頃、「合衆国には、かつてクー・クラックス・クラン〔一九世紀中頃結成された、北方人種至上主義で選民思想を持つ秘密結社。政府による解散命令で一時衰退したが、第一次世界大戦中に反ユダヤ、反カソリック団体として、復活。有色人種に対する激しいリンチ、襲撃をしたが、第二次世界大戦後、公民権運動が広がり、縮小した。略称KKK〕というカソリックとユダヤ人を嫌う組織があったのです」と言った。どういうわけか、彼はグループの憎しみの主要な対象であるアフリカ系アメリカ人を見過ごすことにした。「南部の小さな町」への訪問の間、彼は、「地域の商業会議所（Chamber of Commerce）の会頭のゲスト」として、ある行事に参加していた。その行事で、彼は、自分が「イタリア人を片側に、そしてユダヤ人をもう片側に」して席に座っていることに気が付いた。彼は、「商業会議所の会頭に、彼らはクー・クラックス・クランのメンバーかと尋ねた。それに対して、会頭は、そうですが、彼らは、大丈夫だと考えられています。コミュニティの皆が、彼らを知っているからです」[*5]と答えた。ローズヴェルトは満足げに、「これは、もしあなた方が本当に相手方を知っているのなら、偏見――人種的な、宗教上の、あるいは、そのほかの――を持つことがいかに困難かを示す証例です」と述べた。チャーチルは、この見当違いで無神経な話への返答として何も言わなかったが、外相たちも同じで、誰も何も言わなかった。スターリンは、ローズヴェルトの意見の意固地な単純さを十分に理解できるほど、クランに関する知識がなかったのかもしれない。彼は、チャーチルの方を向いてイギリスの政治と差し迫った総選挙〔一九四五年七月五日にイギリスで行われることになっていた議会議員の総選挙〕について議論する前に、ただ、「それは全くその通り」[*6]と、答えただけだった。

その後食事中、皆が、ロースト・ターキー、ウズラやヤマウズラの肉、グリーンピース（ごちそうで出た初めての野菜）など英国の定番へと進んで行ったとき、[*7]アメリカがサウジアラビアとの戦後の石油関連の協定を結ぼうとしているのか、推し量ろうとして、スターリンはローズヴェルトに、彼が「イブン・サウードに何か譲歩するつもりだったのか」[*8]と巧みに尋ねた。ローズヴェルトは微笑みながら、スターリンをシオニズム〔シオンとは、ユダヤ教の聖地エルサレムの古い名称。故郷に帰り、ユダヤ人の国を建国し、ユダヤ教文化を復興させようとする運動〕についての会話に引き入れる誘い水として、念頭にある「譲歩は一つ」だけで、それは、「合衆国の六〇〇万人のユダヤ人を「イブン・サウードに」与えること」[*9]だ、と言ったのだ。この無神経な発言は、無頓着なエリートがもつ反ユダヤ主義にどっぷりつかったもので、ユダヤの人々が言及されたのは、会談の間、この一度だけだった。この時点で、ＦＤＲと他の指導者たちは数百万人のユダヤ人がナチスによる大量虐殺の時代に殺戮されたことを十分知っていたのだ。

スターリンはローズヴェルトを、会談をめぐる会話に戻して、再び、ヤルタにもっと長くとどまるように強く要求した。ついに、ローズヴェルトは折れたが、部分的にだけだった。[*10]彼は、翌日の午後三時を過ぎても、数時間残るつもりだが、それは、もしそれが絶対に必要であるのならば、ということだった。

その間、ヴォロンツォフの狭い部屋の一つで、三人の娘たちは、自分たちのおしゃべりをしていた。その午後の散歩の間、その地域社会を探検しながら、彼女たちは仲良くなった。だが一旦会談の場へ戻ると、彼女たちは父親の副官としての役割に戻った。父親たちが、その午後ソヴィエト政府と妥協に達したことを十分に承知して、彼女たちは自然と会談の終了に話題が集中し、彼女らの晩餐での会話は、父親たちの会話と並行して進んだのだ。

　その晩のもっと早い時間にFDRが用いた言葉を反覆して、アナは、食事をしている仲間に、翌日、自分たちが発つことを知らせた。「大統領は、守らなければならない先約があるの」[*11]と言ったのだ。

　セアラは、激怒した。ローズヴェルトが、会談は五日か六日しかかからないと思うと電信を送ってきたとき以来、ウィンストンは、アメリカ側の味方《カウンターパート》〔アメリカ側の自分の立場にある人間〕が、二人の前にある案件の重要性に対する理解に欠けていて、なるべく早く出発しようとしている――まさに、長い間、イギリスの勢力範囲であった地域で会合をするため――と懸念していたのだ。今、ウィンストンの心配は全くもっともなことに見えた。

「まるで、ほかのことと比べて会談が一番重要でないみたいね」[*12]とセアラは言い返した。彼女の言葉は、彼女の父親が用いることができないほどで、とげとげしかった。

＊　＊　＊

　最後の本会議は二月一一日に開催されたのだが、慎重ながら楽天主義が漂っていた。すべての目標を達成して帰国する代表団は一つとしてなかった。しかし、多くの代表団員は、ヤルタで一週間かけて成立した妥協が、三つの連合国間の協力を願う気持ちが復活した前兆だ、と信じたがった。ハリー・ホプキンズのように、ある人々は、もっと崇高な希望を抱いた。アナの父親が英・米連携の必要性に関心がないことをめぐって、最初、彼は彼女と口論した――そして、ヤルタ滞在中に一八ポンド〔約八・二キログラム〕体重を減らしたのだ。[*13] そのホプキンズは、当初は懐疑的だったが、今、会談は外交の新たな時代の夜明けを示していると考えた。ホプキンズは病床から、ロシアは、「理性に耳を傾けるだろうことを示した」[*14]し、大統領は、東側の同盟国と自分が「仲よく共存できる」ことを確信した、と宣言した。自分が健康を犠牲にしたことは、それだけの価値があった、と考えていたことは明らかだ。いつもは控えめなものの見方をするジョージ・マーシャル将軍ですら、エド・ステティニアスに、過度のアルコールと屋内配管の不足〔トイレ・洗面が絶対的に足りないことを指す〕にもかかわらず、「ここで私たちが手にした物のためなら……私は喜んで、まるまる一ヶ月逗留してもいいですよ」[*15]と告げた。

セアラは父親と、正午少し前に、ヴォロンツォフからリヴァディアへ、車に乗ってきた。アナは、FDRとジープに乗って、リヴァディア宮殿の周辺を廻って戻ってきたところだった。[*16] どちらも、前夜の晩餐で交わされた言葉についてさらに触れることはなかった。八回目にして最終回、男たちは舞踏の間に、列を作って入室した。再び、彼らの娘たちを会議室の外側に残して、両開きの扉は彼らの背後で固く閉じられた。

この最後の会合は、一時間足らずで、短い予定だった。その後、皇帝のビリヤード室での昼食が続くのだが、ビリヤード室は、FDRの私的食事室として使われていた。三大強国の残りの仕事は一つではなく二つの文書に関係し、起草委員会が前の会合が終了してから一六時間で急いでまとめたものだった。[*17] 一番目は公式のコミュニケで、合衆国、イギリス、ソ連で、翌日同時に発表されるだろう。二番目の文書は、公式には、「クリミア会談議事議定書」と表題が付き、三連合国の最も格上の政府関係者たちの間だけに配布されることになっていた。それは、コミュニケの中の題目のいくつかを、さらに細部にわたって説明していた。例えば、国連という組織の構成や投票方式についての説明で、安全保障理事会の他のメンバーであるフランスと中国と情報を分かちあうまで、公にはできないものだった。議定書には、公式のドイツ降伏条件に付け加えられることになっていた、「完全武装解除、非軍事化およびドイツの分割」を要求する段落が含まれていた。連合国は、この文言が、ナチスをさらに激しい戦いに駆り立てはしないか、そして、杞憂となったが、もし彼らが戦争の後にどれほど厳しく罰せられるか知れば、どうなるのかと懸念した。また、文書は賠償について検討しているが（チャーチルの、議論の基となる二〇〇億ドルという数字への反対も含めて）、それは、間もなく、賠償委員会によって取り上げられる案件だった。文書はまた、さらなる議論のために三人の外務大臣の前に置かれたいくつかの論題、例えば、今後の戦犯の訴追、バルカン諸国、イラン、そしてトルコとの戦後の関係にかかわる諸問題に、手短に言及していた。

三人の指導者たちは、草案に大いに満足し、数ヶ所の小さな修正を除いては、昼食時、それらの書類に直ちに署名した。チャーチルの、言葉に対する優れた感覚に由来する異議申し立ては、「ジョイント」[*18]〔「共同の」という意味の形容詞だが、名詞として「大きな肉片」の意味がある〕という言葉が、三者合意を表すのに頻出しすぎることに限定されていたため、皆は大いに救われた。彼の頭の中では、「ジョイント」という言葉の含意は、「日曜日に家族で食べる羊肉のロースト」だったのだ。

しかし、どちらの文書にも書かれなかった最後の一つの決定があった。それは、一九四四年の夏以来、議論されてきていた、捕虜の本国送還に関する協定だった。ドイツに向かって軍を進める中、赤軍はドイツが捕えたイギリスとアメリカの航空兵と兵士を拘留した多くの捕虜収容所に遭遇した。ソヴィエトは、すぐに、自分たちが六万人の西側の捕虜を管理する羽目になったことに気が付いた。[*19] その間、東に向かって進軍する中、英米軍はソヴィエト人捕虜を解放した。ドイツ軍が降伏した時、西側の連合国は、その中に何十万というソヴィエト国籍の人々がいることに気が付いた。それらの人々の中には、ナチスが捕まえた赤軍兵たち、そしてドイツの制服を着て赤軍と戦っていたソヴィエト人たち――ある者は志願して、またある者は強制によって――の双方がいた。他には、ナチスが人質にした強制労働者たち、あるいは自宅から逃げ出さざるをえなくなり、その後の混乱の中、捕虜となった一般市民たちがいた。スターリンは、これらのソヴィエト国籍の人々の本国送還を要求した。チャーチルは、これが国際的な「当惑の種」[*20] ともいえるものになりかねないことを悟った。西側の連合国がソヴィエト国籍の捕虜を送還しそこなえば、ソヴィエトは、英米の捕虜を交渉の取引材料として使い、彼らをひどく扱うか、彼らの送還を遅らせるのではないか、と西側は恐れた。問題は、多くのソヴィエト国籍の捕虜が本国へ送還しないでほしい、と嘆願したことだった。必死のあまり、送還されないように自殺を試みる者もいた。[*21] しかし、英米政府にとって、自分たち自身の捕虜が最も重要な関心事であることにかわりはなかった。二月一一日の朝、三強国は、彼らのそれぞれの捕虜の交換に合意した。ベリヤがソヴィエト側の手はずを監督することだろう。[*22] アンソニー・イーデンはイギリス人捕虜の引き取りに署名した。モスクワのアメリカ軍事使節団のジョン・ラッセル・ディーン少将〔アメリカ陸軍所属の少将。モスクワのアメリカ大使館でアメリカ軍事使節団の長を務め、ソ連との間の軍事協力の調整役。ハリマンの主要軍事顧問〕は、アメリカ人捕虜の引き取りに署名した。国務省は政治的にかかわりたがらなかったのだ。[*23]

英米は捕虜の権利や生命を守ることが第一と考えていたため、ソヴィエトが、捕虜を同じ観点で見ない事実に直面して、彼らは実益を重んじる立場をとらざるをえなかった。ソヴィエトの観点からすると、敵に捕まっていた人間は、国家に対する裏切り者だった。彼らは、捕虜にされてしまうより、死ぬまで戦うか、自殺すべきだったのだ。スターリン自身の息子ヤーコフは、一九四一年七月にドイツの捕虜になったが、この範疇に含まれた。スターリンは、息子をドイツの元帥〔スターリングラード攻防戦の際の捕虜、フリードリヒ・パウルス陸軍元帥〕と交換するチャンスがあった際、交換しなかったばかりか、ソ連国防人民委員令第二七〇号《赤軍が敵に降伏することを禁じ、捕虜になったものは裏切り者として扱う》に則って、敵に寝返ったとされる夫の恥を共有するよう、ヤーコフの妻を監獄に送った。[24] 西側の連合国は、なぜ数十万人のソヴィエト国籍の人々がドイツを助けるため、ソ連と闘うことを選択したのか、疑問に思ったかもしれない。多くは、コサック人〔東ヨーロッパとアジアのステップ地帯の遊牧民または半遊牧民〕か、ソヴィエト政府によって迫害された他の民族的少数派出身者だった。もし彼らがソ連に帰還すれば、コサック人たちの、いわゆる戦時中の大逆行為を、ソヴィエト当局は彼らを処刑する口実に利用したことだろう。

二日前セアラは、みんな、ヤルタに「一生」[25]いるのではないかと思います、と手紙に綴った。今、また、「メリーゴーランドは動き出しました」。ヤルタへの旅程で味わった厳しい試練、そしてその後の進歩ではなく停滞の日々、議論、さらに見たところ終わりのない挫折の後で、瞬きをする間にすべてが終わってしまったのだ。昼食が終わるまでに、コミュニケに署名がなされた。議定書への最後の変更は、草案に加えられ、外務大臣が母国の政府に打電することが認められた。代表団は、リヴァディア宮殿の大理石の玄関に集合した際、セアラには、彼らが「最高の上機嫌」であることが見てとれた。彼らの仕事の結果に満足し、母国の居心地よさへと帰還できるようになったことを喜んでいた。おそらくアナほどヤルタを出発したがっていた人物はいなかった。何日ぶりかに、彼女は本当に朗らかにみえた。[26] 彼女は、エド・ステティニアスと立ち話をしていたが、なるべく早い機会を見つけて、いつでも真っ先に車に飛び乗れるかのように、毛皮のコートをたたんで腕に掛けていた。しかし、脱出は漸進的になるだろう。中東での差し迫った会合のためにその午後ヤルタを出発するというFDRの主張にもかかわらず、彼は、まずアメリカ人はみなセヴァストポリに行き、『カトクティン』〔揚陸指揮艦、ヤルタ会談の先発旗艦として機能した〕に乗船して、翌朝第一にエジプトに飛ぶ前に、一晩船上で過ごし、サポート・スタッフに彼らの尽力を感謝し、さらに海軍の士気を高めることに決めたのだった。[27] イギリスが歴史的に影響力を有する領域に強い影響を与える可能性のある議論から除外されないよう、チャーチルは、ロンドンへ帰る途中、自分もイブン・サウードと会うことにした。彼は大急ぎでサウジアラビアの指導者との会合を設定した。セヴァストポリに停泊するイギリスのロジスティック船〔後方で物資の調達や補給をする〕であるイギリス海軍艦艇『フランコニア』に短い間乗船した後、アテネに飛んで一日を過ごし、そして短時間、ローズヴェルトと彼の一行にエジプトのグレイト・ビター湖で再会するだろう。湖は、スエズ運河を介して、地中海と紅海をつないでいた。その時になってやっと、ウィンストンとセアラは、最終的に、FDRとアナに、さよならを言えるだろう。

「どうしたら二六日前に帰国できるのか、私にはわからないわ」[28] とアナはジョンに手紙で告げた。

「多分、二八日になってしまうのではないかしら」。アナは、帰国したくて仕方がなかったが、それはFDRの健康上の懸念からだけではなかった。「人々に私を一人にさせてもらって、誰かに私の肩越しにのぞき見されずに手紙を書くことはほとんど無理だと分かりました！　私はいつもOM〔ローズヴェルトの暗号名〕と一緒ですから、『誰か』と言うのはいつもの、WH〔ホワイトハウスの暗号〕からの同じ仲間なのです」。彼女はFDRのお仲間から逃れたいと思ってはいたが、ワシントンへ戻る間中ずっと、彼らは彼女の肩越しにのぞき見することだろう。彼女はジョンに、ヤルタ会議について記すことは意味がないと思うと書いた。なぜなら、彼女の手紙が届くころには、コミュニケが公になって何日も経っているだろうからだ。「私は、私たちの側から提案された、国務省によって書かれたものを読みました。今回もそれらしく見えました。私の考えでは、あまりに多くの美辞麗句が満載なのですけれど、スティーヴは、それは賞賛もののニュース記事だ、と断言するのです」。いつものように、彼女は、彼女の怒りを報道官のスティーヴ・アーリーに向けたが、コミュニケの中の彼女がけなした「美辞麗句」は、彼女の父親によってのみ承認されうるものであったことを、考えもしなかったのだ。「ハニー、愛しいあなた」と彼女は書いた。「私は、自分がOMの役に立っていたのは知っています、それに経験のすべてがドキドキで、凄いスリルです」。

　コミュニケは署名され、残っているのは、不可欠な外交上の贈り物交換だった。[*29] ソヴィエト政府関係者やスタッフへの腕時計と万年筆、そしてイギリス人やアメリカ人へは、ロンドンやワシントンに手押し車で持ち帰るほどの何百ポンドものキャビアやシャンペン、ウオッカ、果物、リキュール、ロシア製の紙巻タバコ〔ソヴィエトでは、士気を維持するのに重要とされ、兵士に配給された。喫煙は愛国的な行為と考えられ、アイデンティティの一部とされた〕だった。特別な贈り物がアナを待ちうけていた。エイヴレル・ハリマンからだった。常に外交官であった彼は、アナの父親への苛立ちをいったん脇に置いて、彼女に心のこもった土産を提供した。FDRがアナの膝の上にどさりと投げ出した、中途半端に考えられた案に従って行動した会談の最初の数日間は、彼の大使としての業績の中で最も高く評価されるものには数えられないだろう。だが、彼はこのことで娘を責めなかった。ハリマンは、伝統的なクリミア地方の衣装姿の、赤ん坊を抱いた女性の小さなフィギュア《人形》を何とか見つけていた。[*30] 彼は、アナが娘のエリーにそれをあげるかもしれないと考えたのだ。人形は粗雑な作りで、子供がこねて色付けした粘土のかたまりのようだったが、贈り物そして会談の間のエイヴレルの彼女への親切の双方によって、アナは心を打たれたのだ。彼は、あの週、彼女がその毎日をより気を楽にして過ごせるよう考えてくれた数少ない人間のうちの一人だった。

　翌日、エイヴレルとキャスリーン・ハリマンは、モスクワへ飛ぶ前に、『カトクティン』の船内で一晩を過ごすために、午後、ローズヴェルト父娘《おやこ》と共に、出発するだろう。フリーマン・マシューズ〔大戦中はヨーロッパでのアメリカ外交活動、戦後は経済復興のためのマーシャルプランの実施、冷戦期にはソ連との緊張下でのアメリカの外交政策の形成に貢献〕と、ワイルダー・フット〔国務長官補佐〕を含む、エド・ステティニアスと彼の国務省の一行は、それに続く二日間、スパソハウスの客となるため、ハリマン父娘《おやこ》に同行してモスクワへ向かうだろう。[*31] このことによって、ステティニアスとハリマンは、平時の経済競争や貿易、今後の米ソ問題について、モロトフとその一行と議論することができるだろう。再び、ステティニアスはアルジャー・ヒスをこれらの重要な議論の補佐をさせるために連れてゆくことを決心した。ＦＤＲの政治アドバイザーにしてご機嫌伺いのエド・フリンも同様に、彼らとモスクワまで旅をするだろう。キャシーが言える限りにおいては、そのニューヨークのアイルランド系カソリック教徒の漠然とした任務は、「ロシア人に祈らせる」[*32]ことだったのだ。

　キャシーは、華々しい協調の精神を全面的に吸収した。姉への一六ページになる手紙の終わりに、「皆、とても大満足して帰国します」[*33]としたためた。「全体として、良い会談であったように思えます――非常に長い時間がかかりましたが」。そして彼女はパメラには次のように付け加えた。「エイヴがどれほど高揚しているか想像できるでしょう――ポーランド政府の調停役としての彼の新たな仕事がどんな困難をもたらすか、神のみぞ知る、ですけれど」[*34]。

キャシーとエイヴレルは、開戦以来、立ち位置を交換したかのようだった。エイヴレルが東と西の間の初期の好調な関係に望みを抱いていた一方、キャシーは、当初、スターリン体制およびソヴィエトの連合国の大義への関与の誠実さを疑う懐疑論者だった。エイヴレルが懐疑論者になった一方、今、キャシーは楽天主義者だった。もし、エイヴレルが高揚していたとしたならば、それはおそらく、ヤルタを肉体的に離れられるという、歓迎すべき見込みのせいだったのだ。しかし、会談の内容という点では、重大な留保を抱いていた。その朝、指導者たちの是認を得るため、議定書とコミュニケの最終的な細かな点を翻訳する作業に、猛烈に取り組んでいたチップ・ボーレンに彼が述べたように[*35]、「先には問題」[*36]が控えているだろう、しかもすぐそこに。ルブリンのポーランド人たち、それに加えてポーランド国内や海外からの代表たち、これらの不特定数で構成される「再編成された」ポーランド政府を約束する会談の議定書における言葉使いは、「あまりに漠然として一般化されすぎ」た。ローズヴェルトと仕事をしてきた彼の経験から、それはニューディール時代にまでさかのぼるが、彼はローズヴェルトが言葉のあらを探す人間ではないことを知っていた。彼が望む解釈をテクストから引き出せる限り、FDRは「他の人間がそれにどんな解釈をしようとたいして気には」[*37]しなかった。しかし、ハリマンは、言葉が厳密でなければ、ソヴィエト政府は自分たちの好きなように言葉を操るだろう――彼らは、暫定政権にただ一人か二人の権力のない非共産主義者を個人として加えるかもしれないのだ――そして、それでも、彼らは協定に従って行動している、と主張しうることを知っていた。よく言われる、同じ馬を二度買うという言い回しを思い出して、ハリマンは、ポーランドに関する限り、ヤルタ合意は「再交渉のための複雑な一連の手続きを定めたに過ぎなかった」[*38]という事実を甘んじて受け入れた。ボーレンは同意した。彼らが解決したと考えていたすべてが、「一から」建て直されねばならないだろう。

　ハリマンとボーレンは、ポーランド協定の言葉使いについて懸念するアメリカ代表団のうちのほんの少数派の二人だった。もう一人は、大統領付きの参謀長、レイヒ海軍元帥だった。レイヒは、東ヨーロッパ事情には詳しくなかったが、彼ですら、チャーチルとローズヴェルトがスターリンと交渉した取引について納得しなかったのだ。FDRの側近内での信頼された立ち位置を活用して、レイヒはローズヴェルトに直接、自分の率直な意見を述べるまでした。「大統領、これは大変伸縮性がありますから、厳密に解釈して、ロシア人は協定を破らずにヤルタからずっとワシントンにまで伸ばせます」*[39]。

「分かっているよ、ビル〔ウィリアムの愛称〕――それは分かっているさ」。ローズヴェルトはしぶしぶ認めた。「しかし、現時点では、それがポーランドに対して私にできる最大のことなんだ」。

　同様にハリマンは、スターリンと大統領の間の太平洋合意について、とりわけ、満洲《マンチュリア》〔中国東北地方の旧称〕方面におけるソヴィエトの影響力がますます増大することについて、懸念した。ソヴィエトが太平洋方面で受ける譲歩、特にその中身である満洲の港と鉄道が中国の国境上にあるという事実にもかかわらず、国務長官、そしてとりわけ中国政府はまだそのことを知らされていなかったのだ。二ヶ月前、ハリマンがローズヴェルトに代わり、最初にその件をモスクワでスターリンに切り出した折、「鉄道の運行管理やら鉄道を守るためのソ連地上軍の進出やらで、満洲におけるソヴィエトの影響力は大きくなるでしょう」*[40]と懸念をローズヴェルトに伝えていた。この合意は、本質的に、ソヴィエト政府に、東洋における彼らの足場を大いに拡大しなさいと勧誘しているも同然だったのだ。そして、ポーランド協定と同様に、文案の言葉は驚くほど曖昧《あいまい》で無条件だった。前日の午後、ローズヴェルトとスターリンが最終的な表現へと詰めるため文案をやり取りする間、大使はリヴァディア宮殿とコレイズ館の間を往復するのに二時間半を費やした。[*41] 統合参謀本部――陸軍参謀総長マーシャル元帥、ローズヴェルト付き参謀長レイヒ元帥、海軍作戦部長キング元帥――の意見を聞くために、ハリマンがその文案を見せた際、彼らが異議を唱えることを望んでいた。彼がそれをローズヴェルトに持ち帰り、言葉をもっと厳密にするよう説得できるかもしれないと思ったからだった。だが、彼らはそうはしなかった。レイヒはポーランドのことではハリマンに同意したかもしれないが、太平洋合意に関する彼の気持ちは全く異なっていた。レイヒはハリマンに、太平洋合意は「旅をしただけのことはあった」[*42] と言いさえした。そして、キャシーがキング元帥が宣言するのを小耳にはさんだように、統合参謀本部は、太平洋でのソヴィエトの介入は二〇〇万のアメリカ人の命を救う、と信じていた。[*43]

ローズヴェルトはきっぱりと決断していた。ハリマンの高まる懸念は、出発の準備をしていた彼には何の関心もひかなかった。その朝、大統領はハリマンに短い手紙を届けさせた。「親愛なる大使殿、この期に及んで、［ヤルタ］会談がどこまで効果を及ぼすのか、あるいは、あの歴史的な会合で君が果たした役割について口にしようとは思いません」[*44] と手紙は始まっていた。「しかし、会談が開催される場所の準備をしてくれたこと、また、その準備がとても短時間のうちにきわめて効果的なやり方で行われたことに対し、君と君の同僚たちが果たした役割について、私は一言述べたい……私たちは皆、会談のための適切な会場を見つけるという困難な問題に直面していました……あれ以上成功裏に終わった選択はなかったと思います……私はまた、君の娘のキャスリーンから受けた卓越した助力を承知しています。あなた方皆さんの幸運を祈り、祖国への引き続きの支援を信じています。フランクリン・D・ローズヴェルト」。

それは感謝を述べる短い手紙だったが、しかし、免職の知らせとも読めた。会談のために必要な物資をそろえる手配におけるハリマンの貢献だけは認め、ヤルタにおける、そして、ローズヴェルトの政治的、外交的目的のために一年半近い任期の間の広範囲にわたる重要な尽力をさっと素通りすることによって、ローズヴェルトは、ハリマンの意見がいかに重きを置かれなかったのか、間接的に伝えていたのだ。大統領は自分が良いと思ったやり方で未来像を描いていた。ハリマンの東と西の関係に関する世界観はそのイメージを反映していなかったのだ。

チャーチルの黒のパッカードがヴォロンツォフへ最後のドライブをするため到着した時、リヴァディア宮殿のポーティコの前の砂利をジャリジャリとタイヤが踏む音がした。カメラマンの総勢が彼の出発を撮るために集まった。[*45] 屋根では狙撃兵が潜在的な脅威を注意深く見張る中、リヴァディアとヴォロンツォフの間の道を閉鎖するよう、通告がソヴィエト治安部隊に回ってきた。チャーチルは、彼の大外套と毛皮のロシア帽を身に着けて、新たな葉巻を口にくわえ、リヴァディアの正面玄関から車まで敷かれていた絨毯を大またで歩いて行った。イギリスの士官が乗用車のドアを開き、首相が近づいてくると、彼に敬礼した。チャーチルは、微笑みとしかめ面の中間のような表情で挨拶を返した後、立ち止まり、セアラについてくるように身振りで示した。セアラは建物から車の方へ急いで出て行き、父親がおどけるように彼女を軽くたたいて誘導する中、示された席へ乗り込むために頭をひょいとかがめた。それから、彼は振り返り、最後の挨拶を行い、彼女の横、車の中に入った。副官の一人が彼の後ろでしっかりと扉を閉めた。そして、父娘は車道を下って、リヴァディア宮殿を後にした。ヴォロンツォフへ帰る途中、チャーチルはすぐに動揺しだした。[*46] イギリス代表団は、夜、ヴォロンツォフに宿泊し、翌朝セヴァストポリに整然と出発する予定だったが、父娘《おやこ》が道を行く間、セアラは、おそらく少しばかりの当惑を帯びて、孤独の波が父親に押し寄せてきていることに、気が付いた。FDRとスターリンは、その午後、ヤルタから出発する予定だった。チャーチルは後に取り残されるだろう。

「なぜ、我々はここに留まるのだね？」[47]と彼はセアラに強く言った。「今晩、我々も出発しようじゃないか――一分たりともここに長居する理由はないと思う――出発するぞ！」

　ヴォロンツォフに到着するやいなや、チャーチルは車から飛び出して、仮の個人用の執務室に突風のごとく直行した。そのため、きちんとまとめられた大量の書類をあたりにばらまいてしまいそうなほどだった。「君らのことは知らんが」と彼はスタッフに告げて、「しかーしだ、私は出発する。五〇分以内に出発する！」とのたまった。セアラは彼の後ろに到着し、皆が彼を「一瞬凍り付いた沈黙」で見つめたのをぎりぎり目にした。衝撃は一瞬続いただけで、彼らは、「にわかに活気づいて行動に出」、書類の箱やポータブルのタイプライターを荷作りして、慌てて個人的な品々を集めた。「トミーはどこかね？　セイヤーズ！」[48]チャーチルは「セイヤーズ！　皆、何処なんだ？」と声を張り上げた。その間、セアラは、山のような「トランクや大きな不思議な紙の包み」[49]がホールに現れたのに、気が付いた。ロシアから贈り物がさらに届き、それでなくとも仕事を山ほど抱えたスタッフの荷作りがさらに増えたのだった。

「当然ながら」[50]、後にセアラは彼女の母親にその場面を、「五〇分のうちに私たちはあと六回も気が変わりました！」と説明した。ウィンストンは、彼のスタッフが大急ぎで荷作りする中、次々と新たな案を言い出し、せかせかしていた。「結局、ここで夜を過ごし、明日の昼食の時間に出発する――

我々は飛行機に乗る――今晩出発して船で行く――アテネに行く――アレクサンドリア――カイロ――コンスタンティノープル――そのどこにも行くまい――我々は艦上に留まり、新聞を読むのだ！」

いくつも案が作られては取り消され、作られ、再び取り消された。チャーチルの近侍のセイヤーズはどうしたらよいのかほとんどわからなかった。彼は、梱包の終わっていないスーツケースや、急に出発すると宣言される前に乾かす時間がなかったため、清潔になって戻ってきたものの、まだ湿っていた洗濯物を見廻した時に、涙がこみあげてきた。セイヤーズは、スポンジバッグ〔入浴時のアイテムや化粧品などを入れる防水のバッグ〕を拾い上げ、スーツケースの中に入れたが、再び取り出して、まごついていた。それから、彼はそっとチャーチルの「シンクポーツの総督」〔一二世紀にさかのぼるイングランド南東部の港町の儀礼的な名誉職、一九四一年－一九六五年〕の制服を広げたが、気が変わって元に戻し、代わりにロイヤルヨット連隊の制服を広げた。「こんな目に遭うなんて」[*51]と、突然の無計画な出発というトラウマにとりつかれたあまり〔自分が言い出したことであるにもかかわらず〕、彼はセアラに叫んだ。

その間、ウィンストンはいくつもの部屋にひょいと入り、「宿題を終えた、学校から帰った少年のように陽気に元気はつらつと」[*52]歩き回っていた。彼は、スタッフにストレスを与えていることなど眼中になく、もっと早くするよう皆に「さあ、さあ」と急き立てた。

チャーチルが突然間もない出発を宣言してから、一時間二〇分後、「膨らんでいるスーツケースを軋ませながら」、山中のジグザグに折れ曲がった道をセヴァストポリまで横断してゆく準備を整え、「自動車の行列」[*53]は車道にあふれた。しかし、わずかだが、スーツケースに納まらなかった品々があった。首相の特別上等の葉巻、ライターそして銀製の葉巻箱《シガーボックス》〔最適な条件《温度、湿度》の下で、葉巻を保管するための箱〕だった。[*54]手癖の悪いロシアのスタッフの誰かが、それらを土産として持ちだしていたのだ。

午後五時三〇分、最後の車両の扉がばたんと締まり、車列は、その最後尾を黒海に向け、山々を通り抜ける、長くて疲れる旅を開始した。八〇分以内に荷を詰めて出発するという快挙だったにもかかわらず、セアラは、すぐに、自分たちが出発した最後の代表団だと分かった。ローズヴェルト父娘《おやこ》、ハリマン父娘《おやこ》と彼らの残りの一行は、FDRのよく整理された計画に従って、スケジュール通りに、たっぷり一時間前に出発していた。アメリカ代表団はたった一つの小さな事故を経験した。レイヒ海軍元帥と、ブルーン医師を乗せていた車がガス漏れして、有毒ガスが充満し始めたのだ。*55 二人の男性と運転手はセヴァストポリまで、車の窓を完全に開けて、冷たい、暗い道行をさせられる羽目になった。一方、セアラは「スターリンは、幽鬼みたいに消えてしまいました」*56 と手紙に記した。ソヴィエト政府は、彼らの略奪を受けた国をくまなく探して、皇帝《ツァーリ》の荒廃した夏の離宮を少なくともほんの少しだけ昔日の輝きへと修復したのだが、コミュニケに署名がなされた数時間後には、「宴の後片付けをしなくてはならない人たちを除いて、ヤルタは人気《ひとけ》がなくなったのだ」。

片付けをするために残されたのは、三人の外務大臣、専属の通訳官、補佐のスタッフたちだった。話をリヴァディアに戻すと、彼らは、会談の議定書に最終的な筆致を加え、文書に署名を記し、それを無線で本国へ送った。アメリカ人にとって、それはまずは、『カトクティン』に送り、すると艦内の無線通信士がそれをワシントンへ転送することを意味した。最後の文が送られると、フリーマン・マシューズは、ステティニアスの方を向いて、「国務長官、我々の最後の通信は送られました。艦船への接続を切断してもよろしいですか」*57 と尋ねた。

「あぁ」とステティニアスは答えた。マシューズは接続を切り、ヤルタ会談は、それをもって公式に終わりとなった。

三人の外務大臣が彼らの足音を大理石のうえに響かせて、リヴァディア宮殿の大きくて印象的なエントランス・ホールをこれを最後に、歩いて通り抜けた時、何かがモロトフの目に留まった。レモンの樹だった。それは、〔盗聴マイクを通して〕、ソヴィエトが西側の発言のいくつかに注目したが、その一例、セアラ・チャーチルによって口にされた一言――キャビアとカクテルはレモンをひねれば、もっと味が良くなるのに――を耳にした後、ヤルタに船で送らせたレモンの樹のうちの一本だった。[*58] 樹にはまだレモンがたわわに実っていた。貴重なフルーツを無駄にするのは面目なかった。モロトフは、エド・ステティニアスとアンソニー・イーデンがそれぞれ枝を一本樹から伐り取り、祖国に持ち帰り、オリーブの枝のように、ささやかな思い出の品とすることを提案した。誰かがナイフを見つけ、一枝をそれぞれの外務大臣のために伐った。まだ、何本か枝が残っていたので、地面に刺さった槍のように、細い幹だけが植木鉢に立っているだけになるまでこれらの枝を伐り、それらを残りの連合国のスタッフに配った。それから、今から三ヶ月先のロンドンでの次の会合まで、彼らは、ほどなく明らかとなる意外な成り行きで辛酸をなめることに気づくこともなく、互いに別れを告げ、レモンと共に車で去ったのだった。

＊＊＊

セアラとウィンストンがセヴァストポリに到着する頃には、夜はとっぷりと更けていた。三時間の間、彼らは、海岸に沿い、それから、日没後の薄明りの中を「鉄色の不滅の山々」[*59]を越え、血塗られた山間の狭い道を抜け、石灰岩の峰々の山麓を通り過ぎて、くねくねと道を進んだのだった。「この忌まわしい事から解放されてほっとしている」[60]と、車に乗っていく間、首相はセアラやモラン卿に向かって唸った――「この忌まわしい事《血塗られた》」とは、会談のコミュニケを指していた。「生まれて間もない仔豚や冷たくて脂肪たっぷりの彼らの食事のとり方の後で、イギリスの食事に戻れるのは申し分ないことだ」。

道がその最高地点に近づいた時、彼らは景色を見るために車を止め、外に出た。セアラは、下ではなく、上を見た。彼らの前に五〇〇フィート〔約一五二メートル〕の断崖がそそり立ち、「あまりにも垂直なので、巨人のげじげじ眉のようにもたれかかって見えた」[61]。一たび車が山々の頂を越えると、クリミアのタタール語で「ヤイラ」と呼ばれる高山の牧草地を通って下って行った。赤軍の兵士たちは、再び大勢集まっていて、数百フィートごとに道に並んでいた。兵士たちは、首相の車両に向かって、通り過ぎる際に、敬礼をした。セヴァストポリの近くに来た時、首相たちは、小さな村を通った。暗くて、村人たちが車をちゃんと見るのは不可能だったが、チャーチルの車が通過すると、村人たちは歓声を上げた。[62]

やがて、『フランコニア』が視界に入ってきた。船の光が海水の表面に反射していた。かつて豪華だったキュナード遠洋定期船《オーシャン・ライナー》〔一八三九年に英国の郵便補助航路企業として設立、二〇世紀に入り合併により、第二次世界大戦前には、貨物船や豪華客船も就航。現在は、米国カーニバル・コーポレーションの傘下にある〕は、戦時下では、兵員輸送船として改装された。しかし、その質素な状態でも、セヴァストポリという一九世紀半ばの瓦礫と化した町を背景にすると、それはH・G・ウェルズの想像力が生んだ均整美のとれた驚異の産物のような姿を現したのだ。近くには、『カトクティン』が停泊位置に錨を下ろしていた。乗船していたローズヴェルトは、ステーキのディナーを食した。[63]一方、アナ、キャシー、エイヴレルなど一行の幾人かは、黒海艦隊〔セヴァストポリ海軍基地に本部があるソヴィエトの主力艦隊〕の楽団が、訪問客のためにコンサートを企画した町へと見物に出た。[64]プログラムは、様々な曲の折衷だった。[65]シーシャンティ〔かって船員が作業に従事する際に歌われた労働歌〕から、伝統的なロシア民謡や、アコーディオン・ソロ〔右手でメロディ、左手で伴奏を弾き、ソロ楽器として一人で演奏する曲〕、〔ヨハン・〕シュトラウスの『美しく青きドナウ』までのありとあらゆる曲――アーヴィング・バーリンによるアメリカのヒット曲『これが軍隊さ、ジョーンズ君』（This is the Army, Mr. Jones）〔バーリンはロシア生まれの移民。アメリカの音楽史に残る名曲を数多く生み出した。『これが軍隊さ、ジョーンズ君』は、一九四三年の作曲・作詞で、同名のミュージカル映画に登場し、親しまれた〕さえ含まれていた。コンサートはセヴァストポリ劇場で催された。そこは、戦いが終わった後、瓦礫と灰の中から建造された最初の建築物の一つで、再建されてちょうど二ヶ月ほどだった。

　アメリカ代表団より遅くに到着したセアラは、急いで聴きに行く気はなかった。一旦彼女が『フランコニア』に足を踏み入れてしまったら、彼女を再び下船するよう説得するのは難しかっただろう。クリミア半島における一週間の後では、代表団たちの船は「驚嘆すべきもの」*66に他ならなかった。渡り板〔船と岸の間にかける〕を歩いて渡っただけの、「三分という短い時間」の間に、彼女は、まるで「荒涼とした、無慈悲な世界を離れて、優雅な文明の世界へ足を踏み入れた」かのように感じたのだ。彼女は決して「そのようなものを期待していなかった」。彼女の客室は――彼女がそこをキャビン《客室》〔元来、小屋の意味〕と言ってもよいとしても、「ブライダル・スイート」と言えるほど豪華に思えたのだ――家庭の持つあらゆる快適さと、それ以上を備えていた。スチュワーデス〔女性乗務員〕がすぐに、マティーニとシェフが準備したチキン・サンドウィッチを持って、やってきた。通路を行くと美容師がいた。「すべてが――どう言ったらいいのかしら」と彼女はクレメンタインにあえて問うた。「ちょっとばかり非現実的。外の現実世界のすぐ傍なのに」。

　外で生きているギリギリの生存の世界と内部の贅沢の間の場面の転換、それは心を乱すものだったが、その転換をまるで和らげるかのように、ウィンストンは甲板を歩いていた。*67わずかに塩分を含む二月の空気に包まれ、欄干越しに目の前に広がる町を眺めながら、彼は無言のまま立っていた。セアラは彼に加わり、セヴァストポリに向いている彼のまなざしを追った。日中、街の悲劇的な残骸は彼女を圧倒した。彼女の心は、その日常生活が、場合によっては、三世代か四世代のうちに二度も破壊された家族たちのことを思うと、打ちひしがれた。しかし闇の中、セヴァストポリはまさに「啓示」[*68]に他ならなかった。セアラは立ちすくんだ。「お母さまは、私が破壊について伝えたのを覚えていらっしゃるでしょう。目に入る家は一軒たりともちゃんと建っておらず、あるいは破壊されていないものもない。何処で、どうやって人々は暮らしているのか、不思議に思います」と、彼女は後に母親にしたためた。「夜になって、人は発見するのです。ほとんどすべての残骸から、一つの部屋の四つの内壁がまだ残っているところならどこからでも、隙間を埋めるための板の後ろから、地下室から、石の瓦礫の山からでさえ、光の矢や斑点が輝き、きらめくのです。信じられないほど素晴らしい光景です。信じられないほど素晴らしい人々なのです」。

セヴァストポリの光はすぐにヤルタの小さな教会をセアラの心の最前部に持ってきた。あたり一面が寒く、暗く、荒廃した中、ヤルタの生き残った人々は、瓦礫の中から現れ、固く団結していた。ロンドン大空襲の最も激しい時期のロンドンの人々のように、ヤルタの人々が新たな一日一日を迎えるために戦っていた間、ろうそくの炎の小さな光輪は人々を互いに団結させたのだ。

セアラは、共通の敵を負かすために、社会主義と民主主義の間の隔たりに橋を渡そうとして、父親が過去の何週間も、何ヶ月間も、何年間もソヴィエトと格闘してきたのを見てきた。会談の表向きの成功にもかかわらず、そして、三ヶ国の軍隊が——三ヶ国の国境が——次第に近づいている一方で〔三ヶ国の軍がベルリンを目指して互いに近づいていることを指す〕、ソ連がイギリスと合衆国から遠くへ遠くへと身を引き離していることは明らかだった。

沈黙を破って、セアラは父親に疲れているかどうか尋ねた。

「奇妙なことだが、いいや、疲れてはいない」*69と彼は答えた。「だが、責任の重さを今まで以上に感じたし、心には不安がある」。

それまでの何週間、何ヶ月間にもわたる政治的争いにもかかわらず、セアラがキャシーやアナとセヴァストポリとヤルタで費やした時間は、父親が見ていないソ連の一面を彼女に見せてくれた。彼女は巨大な帝国の最も貧しく、最も虐げられた辺境の人々を見たのだ。これらの人々は、地政学、同盟、大戦略〔国家目的を達成するために、あらゆる国力を効果的に運用する戦略〕、マルクス・レーニン主義〔レーニンがカール・マルクスを正しく承継したことを示すために、一九二四年にヨシフ・スターリンが作った用語〕、資本主義の市場原理〔資本主義経済は効率的な経済成長を促進する一方で、経済格差が大きくなりやすい〕などの言葉は何も知らなかった。戦争は、これらの人々から、すべてを奪った。しかし、それでもあの人たちは——街や、地域社会、家や子供たちを誇りにしていた。彼女の父親がヤルタの金ぴかの宮殿でローズヴェルトやスターリンと何を決定したかに関係なく、あるいは、彼らが敵または味方としてそこを立ち去ったか否かに関係なく、これらの人々は、以前そうしていたように、街や暮らしを再建するのだろう。

彼女の人生で、最も注目すべき、悩ましく、魅惑的な数週間のうちの一つが終わったところで、セヴァストポリを眺めながら、彼女の父親の側に立った時、絶望するありとあらゆる理由があったにもかかわらず、セアラは、ソ連に目を向け、希望を目にする理由を見つけたのだ。その場面を母親に説明しながら、彼女はしたためた。「『彼らは苦しみに慣れている。身体の作りが、私たちとは違っている。彼らはたいして期待しない』と言うのは無益なことです。そうであるのでしたら、なぜ、教会があれほど人であふれているのかしら？　当然、あの人たちだって、もっと多くのものを希望しているのです。もちろん、彼らや彼女らは、暗い教会の中で、夢想しているのです」。*70

第三部

「このことすべてを、
さらにそれ以上のことを忘れずに
私は永遠に心に留めておきます」

第一八章　一九四五年四月一二日－七月二七日

ローズヴェルトとその一行がワシントンに向かって長い帰国の航海の途に就いた時、「君は、実際、史上最も偉大な会議に参加したのだね」[*1] とジョン・ベティガーはアナに書き送った。彼女の弟たちは、FDRに同行し、一九四一年のチャーチルとの大西洋憲章会談〔ローズヴェルトとチャーチルは、カナダのニューファンドランド州沖の大西洋上で会談を行い、一九四一年八月一四日、第二次世界大戦終了後の米英の目標を示した声明を発表した〕や一九四三年のテヘラン会談など、彼女より多くの会談に参加したかもしれない。そしてそれらの会談の間、取り残されたことで、アナは傷ついたが、ヤルタに立ち会って、待った甲斐が十分にあったのだ。「この会談に比べれば、他の会談はすべて子供のゲームだ、だから君の弟たちにたいしたことないわ、と言えるさ」とジョンは励ました。「君が会談への旅に就いたことに、言葉で言い表せないくらい、本当に興奮している、そしてOM〔FDRの暗号名〕にとり、君がどれほど貴重な存在であったのか、ぼくはわかっている。今回、彼がそのことを認めてくれることだけを願っているよ」。

ヤルタにおいて、FDRが、自分にとりアナが価値ある存在である、と実感したかどうかについて、彼自身は何も述べていない。彼はいつものように超然として謎だった。二人が『クインシー』に乗船し、旅を始めた時、アナは太陽の陽光と称賛の言葉の両方を浴びたいと願ったかもしれないが、それはかなわなかった。グレイト・ビター湖でFDRが行った会議がいまだ影を落としていた。ギル・ワイナントの不平を除けば、旅は快調に始まった。[*2] 彼は、エジプトで大統領一行に加わった時も、まだ会談からのけ者にされたことで憤慨していた。一行の帰国の航海が始まった後、やっとローズヴェルトはポーランド首相へ返答した。「ポーランドの問題は非常に慎重に、かつ好意的に考慮されましたので、安心して下さい」と彼は手短に書いた。「私たち関係者一同が正しい解決策を見出すため、共に仲良く仕事ができることを希望します」[*3]。二月一二日午後、アメリカ人一行はグレイト・ビター湖に到着した。一三日、FDRは最初の二人の訪問客、エジプトのファールーク国王とエチオピアのハイレ・セラシエ皇帝を迎えた。翌日、イブン・サウードが、専属の占星術師と導師と王室コーヒー給仕係を含む四八人の取り巻きと共に、『クインシー』に到着した。そのような会議において、戦いによる傷跡のあるサウジの指導者は女性の同席を侮辱ととりかねないため、アナは船を降り、カイロで一日を過ごさねばならなかった。

サウジアラビアは戦後世界における大事な同盟国となりえたので、FDRはこの会談に大きな望みをかけていた——とりわけサウジが石油の膨大な埋蔵量を有していたためでもあった。しかし、即座に彼は失望を味わわせられることとなった。アメリカの工業技術と交換に、サウジアラビアと協力して、ホロコースト《大量虐殺・迫害》の犠牲者たちのために、パレスチナにユダヤ人の故国を建設する仕事の話を切り出したところ、「アラブ人はユダヤ人に自分たちの土地を譲るくらいなら死を選ぶだろう」[*4]と述べ、イブン・サウードは彼をはねつけた。ローズヴェルト流の魅力をもってしても、また新品のC47型輸送機〔ダグラス・エアクラフト社製造の軍用輸送機で第二次世界大戦中、傑出した成果を出した〕をもってしても、アラブの指導者の考えを変えさせられなかった。何週間も続いた手練手管を要する外交交渉の中で、初めてFDRは成果をあげることなく去ることとなった。翌日の午後、首相自身のイブン・サウードとの会談の前に、アレクサンドリア〔エジプト北部。ナイル川デルタ西端の港市〕において、家族的な昼食会のため、ローズヴェルト父娘《おやこ》は、チャーチルとセアラとアンソニー・イーデンと再会した。ランドルフ・チャーチルがまたしても姿を現したが、間違いなくセアラはギル・ワイナントに会えたことをはるかに喜んだ。[*5] 見え透いた理由から彼はセアラにとても会いたがっていた、と書き留めて、アナは訳知り顔に笑った。数時間後、アメリカ代表団一行は別れを告げ、帰国の旅を続けた。

旅の残りの行程中、アメリカ代表団の一行は次から次へと問題に出くわした。しかも次から次へと悪い方へ。ローズヴェルトはアルジェ〔アルジェリア北部の港都で首都〕でシャルル・ド・ゴールと会うつもりだったが、ヤルタ会談に呼ばれなかったことに激怒していたフランスの指導者は会うことを拒絶した。また、ローズヴェルトを悩ませたのは、彼の長年来の友人であり、心身両面の支えであったパー・ワトソンだった。FDRが公衆の面前で立っていなければならなかった時、彼がまっすぐに立つのを支えたのは往々にしてワトソンだった。エジプトにおける最初の夜、ワトソンは心臓発作を起こした。その後、彼は昏睡状態に陥った。イギリス代表団がヤルタへ向かう途中、戦争と平和の神々に人身御供をささげたとするなら、アメリカ代表団は帰路にささげることとなった。八日後、ワトソンは船上で死去した。彼は六一歳で、ローズヴェルトより二つ年下だった。

ワトソンの突然の衰弱に衝撃を受け、ハリー・ホプキンズは船上に閉じ込められているように感じ始めた。彼の健康はさらに悪化し、そのまま航海を続けて帰国するには身体の具合が悪すぎた。彼は、息子とチップ・ボーレンを同行して、アルジェで『クインシー』を下船し、マラケシュ〔モロッコ南西部の都市、サハラ砂漠横断の北の基点〕から空路帰国する決断をした。ローズヴェルトはたいへん腹を立てた。彼は、帰国次第ただちに連邦議会で会談に関する演説を行うつもりだったが、その草稿を書くのにホプキンズの助力を必要としたのだ。しかし、ホプキンズは決断を変えなかった。ローズヴェルトは、退屈なので去ろうとしている、と言って、長年来の友人を責めた。[*6]

再び仲介のため、アナはホプキンズに会いに行った。前回同様、彼女が訪れると、彼はベッドに横になっていた。お願いだから、残ってちょうだい、と彼女は頼み込んだ。父一人だけでスピーチを書かせるなんて、全然フェアじゃないわ、と。

「本当に、アナ……私は具合が悪くて仕事ができないんだ。本当だ……父上にサム・ローゼンマンを呼び寄せるよう言って下さい。彼はロンドンにいるからアルジェに飛んできて、帰国の道すがらスピーチ作成の仕事ができますよ」[*7]。彼女は負けを認めざるをえなかった。

「ホプキンズは考えを変えようとしないわ」と彼女はFDRに報告した。

「行かせなさい」と彼は短く答えた。

内々で、父親に代わってアナは怒りをたぎらせた。彼女はジョンに、「今、ハリー・Hがとても有害な奴だということが十二分にわかったわ」[*8]と伝えた。

一行がアルジェで停泊していた時、ホプキンズが別れを告げに来た。ローズヴェルトは書類に没頭していた。彼はほんの少し顔を上げて、手を差し出し、「さよなら」[*9]とつぶやいた。ホプキンズは、ソーシャルワーカーとして低い出自から身を起こし、商務省長官として、そして史上最も大胆にして成功を収めた政府事業のうちの二つ——ニューディール政策と武器貸与法——の陰の導き手として、アメリカで最も力のある個人のなかの一人になるまで昇りつめた。戦争中の最も暗い日々、ローズヴェルトが、チャーチルとスターリンに会うよう、ホプキンズを海外へ派遣した際、彼はローズヴェルトの足であり、目であり、耳であり声だった。一五年間、大統領の高邁な夢を実現していたのは、他の誰よりも、ホプキンズだったのだ。彼はその人生の最後の一五年と健康をローズヴェルトのために尽くすことに捧げた。今、彼はなんら華やかな見送りもなく、別れのほんのわずかな仕草だけで、船を後にした。彼がローズヴェルトと会うことは二度となかった。

ホプキンズが提案したように、以前は裁判官を務め、FDRの有能なスピーチライターであるサム・ローゼンマンが、連邦議会向け演説を執筆する手助けをするため、アルジェで『クインシー』に合流した。彼は、この一ヶ月間、大統領と会う機会がなく、FDRの外見〔の変化〕に驚いた。[10] 大統領は体重を落としていた。そのようにやつれた姿を見たことはこれまでなかったのだ。続く数日にわたって、ローゼンマンは、自分が参加しなかったし、ほとんど何も知らない会談に関する材料を集めて、一つのスピーチにする仕事にかかった。彼は作成にローズヴェルトをかかわらせようとしたが、大統領は関心を示さなかった。その代わり、FDRは、活力が枯渇した状態で、読書したり、タバコを吸ったり、海を見つめたりする以外はなにもせず、陽光を浴びながら、甲板上で腰かけていた。彼が友人のワトソンの死を悼んでいる間、アナはローゼンマンとともに仕事をして、また『シアトル・ポスト――インテリジェンサー』紙の編集に戻ったかのように、シャープペンシルでスピーチの三つの草稿に精を出して手を入れた。[11]

ついに、二月二七日夜の一〇時一五分、三五日前、一行が出港した港、ヴァージニア州ニューポート・ニューズに錨を下ろした。翌朝、雨の中、彼らはアーリントン国立墓地にパー・ワトソンを埋葬した。その翌日、ローズヴェルトは連邦議会で演説を行った。それまではなかったことだが、今回初めて、彼女の父親が車椅子で議場に入るのを、アナは見ていた。「私がお伝えしたいことを述べている間、座ったままという普段とは異なる状態であることをお許しいただきたいと思います」[12] と彼は議会に語りかけた。「しかし、私の下肢の周りに一〇ポンド〔約四・五キログラム〕の鋼鉄をつけなくて済めば、私がどんなに楽になるか、お察しいただけると思います。また、私が一万四〇〇〇マイル〔約二万二五三〇キロメートル〕の旅を終えたばかりであるという事実もお察し下さい」。閣僚に任命された最初の女性、フランシス・パーキンズ労働長官〔ニューディール政策、社会保障法の制定に貢献〕は第一列目に座っていた。彼女がローズヴェルトを知って以来三〇年間、今まで彼女は、彼が公に自分の疾患を認める、あるいはそのことに対する容赦を求めるなど、聞いたことがなかった。[*13]それでも、彼は、車椅子から、明確に、力強く語り、来るべき平和な未来の可能性を褒めたたえた。彼は未来の一部となるつもりだったのだ。

締結後、時を置かず、アメリカの報道機関はヤルタ会談を偉大な成果と持ち上げた。『ニューヨーク・タイムズ』紙は、三者協定は「この決定的に重大な会議によせられていた希望が正しいことの証であり、それを上回るものだ[*14]」と書いた。一方、『ニューヨーク・ヘラルド・トリビューン』紙は、「会談は、連合国の団結と力と決断力を再び大いに証するものとなった」と述べた。『ワシントン・ポスト』紙は、ローズヴェルト個人を褒めたたえ、「大統領は、この総括的な成果に対し果たした役割で、祝辞を送られるに値する」と記した。しかし、FDRの議会演説が行われた週が終わらないうちに、ヤルタ協定に関する世間の空気は変わった。三月五日、『タイム』誌は、まさにその雑誌が「政治的おとぎ話[*15]」と表現した、奇妙な記事を発表した。それは『タイム』誌のウィッテカー・チェインバーズによって書かれたものだった。彼は共産主義者側のスパイだったが、改心し、六年近く前、会談の代表団員の一人であったアルジャー・ヒスについて警告したにもかかわらず、国務省は耳を傾けなかった経緯があった。その記事の中で、歴史の女神クリオ、そして殺害されたニコライ二世とその家族の亡霊たちは、リヴァディア宮殿の梁から、三巨頭が自分たちの下で会談しているのを見下ろしている。皇帝ニコライの亡霊は、狂喜して、スターリンに耳を傾け、「何たる政治家ぶり！　何たる構想！　何たる権力！」とわめいている。「スターリンは再びロシアを偉大にした！」と。この風刺は、国の第一級の出版物の一つで刊行されたのだが、ローズヴェルトが自分の最も輝かしい業績の一つになるだろうと期待していたものに対する、手厳しい非難だった。

その間、ロンドンでは、会談に対する反応は初めから否定的だった。セアラは、メドナム王立空軍基地に戻り、航空偵察部門で勤務していたが、彼女の父親が議会の同僚たちから批判のうねりを浴びているのを、遠くから見ていた。彼が下院で会談に関する報告を行い、ヤルタ決議案に対する信任投票を求めた時、多くの高潔な議員たちは、とりわけポーランドに関して、明らかにソヴィエトに屈服したものであるとみなし、即座に非難した。三日間にわたる議論の末、チャーチルは最終的に信任投票を得たが、二五名の国会議員から文書による抗議を受け、彼自身の党から一人が辞職した。批判はまた大英帝国の隅々から寄せられた。チャーチルは、公的な場においては、ヤルタを成功だったと位置づけようと努めたが、ポーランドに関して抗議の文を書き送ってきたニュージーランド首相に答えた際には、もっと率直だった。「私たちは、私たちがまさに望んでいる解決策を得る立場にないのです。大英帝国とイギリス連邦は、軍事的にソ連よりはるかに弱体な上、もう一度全面戦争でもしない限り、私たちの考え方を押しつける手段を持たないのです。また私たちは合衆国の立場を無視することができません。ポーランドを支援するに際し、私たちは、合衆国が望む範囲内でしか、あるいは私たちの説得を受け入れて、合衆国が支援しようと判断した範囲内でしか、支援できないのです」[*16]。

ヤルタ協定に対する批判家たちが意見を腹蔵なく述べ始めるにつれ、ホワイトハウスはもうひとつの広報上の問題をかかえることとなった。報道機関が意外とも思える個人に注目するようになったのだ。アナだった。一年前、ホワイトハウスに来て以来、アナは努めて注目を浴びないようにしてきた。

世間に対し、彼女は、自分がどこにでもいる娘、妻、母親と全く同じだ、と主張してきた。公的な権能も政治的野心もない私人だと主張してきたのだった。しかし、ドルー・ピアソンの一月の配信コラム「ワシントン・メリーゴーラウンド」やら、『クインシー』艦上で父親の横に腰かけるアナの何枚かの写真やらで——写真は、会談後、新聞に掲載されたのだが——人々は彼女が大統領にどのような影響力を持っているのか憶測しだした。ヤルタから帰国の途中、ジョンはアナに手紙を書き、『ライフ』誌〔一九三六年に創刊され、二〇〇七年に最終休刊。第二次世界大戦中や、戦後には、世界的な戦場カメラマンの写真が続々と掲載された〕とAP通信〔一八四六年に設立されたニューヨークに本部をおく非営利通信社。世界最大の通信社の一つ〕が彼女について書きたがっていると警告した。彼女が彼らの取材を受けたい、あるいはヤルタでの印象を書きたいのであるなら、彼らは彼女の協力を歓迎するだろう。しかし彼女が協力を望まないとしても、いずれにしろ彼らは記事にするだろう。アナとジョンは、彼女が「できる限り世間の注目を浴びない、そしてどこにも寄稿しない」[*17]のが一番、と決めた。しかし、『タイム』誌が「梁の上の亡霊たち」を出したのと同じ日に、『ライフ』誌が彼女に関する八ページにわたる特集記事を出した時、世間の注目を浴びることはもはや避けようがなかった。『ライフ』誌はあからさまにホワイトハウスにおける彼女の立場ないし影響力を批判したわけではなかったが、アナが単なる控えめな同居人ではない、という説が定着した。著者のジョン・チェインバリンは、トゥルーマンを副大統領に選んだ際、アナが間接的にかかわっていた、とほのめかしさえした。「世間向けに」[*18]と彼は結論付けた、「彼女は、長居になってしまったが、以前の新聞の仕事からまた新聞の仕事へと戻る間、たまたまホワイトハウスで暮らしている人という態度を取り続けるかもしれない。しかし、ホワイトハウスの報道担当官たちが何と言おうと、お父さん娘《こ》が、お父さんを支援して、自分におあつらえ向きの仕事を得た……と考えるのは妥当と思われる」と。

しかし、続く数週間、アナは「お父さんを支援する」どころではなかった。彼女がヤルタから帰国する以前に、彼女の息子ジョニーが重い腺感染症〔伝染性単核球症。エプスタインバーウィルスに感染することによって引き起こされる病気。腺熱ともいう〕になってしまったのだ。[*19] 新しい、革命的な薬剤――ペニシリンで治療を受けるため、ベセズダ海軍病院へ入院していた。FDRが、病気回復に向け、数週間の静養をとりに、ウォームスプリングズへ発った三月二九日、ジョニーはまだ入院していた。[*20] ウォームスプリングズに滞在中、毎晩、FDRはアナに電話した。四月一一日の晩も例外ではなかった。「やあ、お嬢さん」[*21]と彼は言った。「ジョニーの具合はどうかね」。アナにとって、ほっとしたことに、彼女の息子はついに快方へ向かった。彼女の父親は、翌日予定しているバーベキュー〔大統領が滞在中に開かれる恒例のバーベキュー・パーティ〕のことを、彼女に話した。彼の声はくつろいで、不安もなく、生気にあふれていた。唯一の問題は、と彼は言った、自分が食べ過ぎてしまうとわかっていることで、きっとブルーン医師は顔をしかめるだろうが、「思いっきりバーベキューを楽しんでやろう」[*22]と心に決めていると。アナはルーシーがウォームスプリングズにいると知っていたので、彼が楽しい時をすごすのは間違いない、と思った。彼女自身がルーシーを呼んだのだった。[*23]

翌日の午後、アナがジョニーを見舞いにベセズダ海軍病院に着いて二〇分もしないうちに、病院長が病室にやってきた。「ベティガー夫人」[*24]と彼は厳粛な口調で呼びかけ、「私の車があなたをホワイトハウスへお送りするため待機しています」と告げた。FDRが倒れたのだった。ウィスコンシン・アヴェニューを車で走りながら、様々な考えが渦を巻いて彼女の頭の中を駆け巡った。[*25] これは、ウッドロウ・ウィルソン大統領が彼の身体を衰弱させた梗塞を患った時、起こったことと同じなのだろうか。彼女の父親が行動能力を奪われ、国のために働けなくなったら、どうなるのだろうか。FDRは常に、そのようなことが自分にも起こるのではないか、と恐れていた。車がホワイトハウスで止まるや否や、アナは母親の居間へ駆けあがった。エリノアは喪服を着ていた。[*26]
彼女の父親は死去した。彼は、サンフランシスコにおいて開催される連合国の初会合の二週間前に、死去したのだ。同機構は彼の誇りの最大の源であり、彼はその場に列席すると決めていた。

＊＊＊

キャシーがスパソハウスの電話が鳴り響いていることに気が付いた時、それは四月一三日の早朝、午前二時近くだった。自分が招かれていない集まりの真っ最中に、思いがけず入り込んだことに気が付かない、不注意な乱入者のように、電話のけたたましい響きはつかの間の浮かれた気分を中断した。
ここ数日間、長い日々が続いていた。ハリマン父娘《おやこ》はクレメンタイン・チャーチルをもてなした。[*27]
彼女は、旅行に飛行機で飛ぶのが怖かったが、その恐怖心を捨て、赤十字ロシア援助基金〔ドイツ軍の侵攻によってもたらされたソヴィエトの窮乏を援助するため、一九四一年に開始された。集めた資金をもとに、衣類、毛布、薬品などの生活必需品をロシアに送った〕の議長として、ソヴィエト連邦へ親善旅行を行ったのだ。彼女がレニングラードへ向けて発つと、ユーゴスラヴィアの指導者のヨシップ・ブロウズ・ティトウ[*28]〔セルビア・クロアチア語読み。《ティトウ》は、通称。第二次世界大戦中はパルチザンを率いて枢軸国に抵抗し、戦後は、長らく大統領を務めた〕が会議のため、モスクワに到着した。もちろん、エイヴレルとキャシーは、訪問に伴う、不可欠な祝祭の様々な催し物に招かれた。
今、ハリマン父娘《おやこ》は同僚のジョン・メルビ〔戦中・戦後と米ソ関係に重要な役割を果たした。戦後は、国務省でソ連専門の外交官〕のためのお別れパーティの主人役を務めていた。[*29] 彼はアメリカ大使館付きの外交局〔アメリカ国務省に属し、在外公館を統括する連邦政府機関〕官公吏で、カティンの森へキャシーに同行したことがあった。彼は、連合国による〔国際連合設立のための〕会合の準備をするため、ワシントンへ呼び戻されたのだった。送別会は同僚に対する敬慕を表する目的があったが、八週間にわたるきつい日々の後、幾分うっぷんを晴らす機会でもあった。

キャシーはパメラに、「ヤルタ後の蜜月は短命でした、もっと悲観的な見通しを持っていた人たちが望んでいたよりもさらに短かったです」[*30]と書き送った。前線からは作戦成功との知らせしか入ってこないにもかかわらず、ヤルタ以降二ヶ月間で、東西間の親善はほぼ完全に霧散した。三月末までに、連合軍は、ライン川西岸のすべてのドイツ軍を一掃し、レマーゲン〔ラインラント＝プファルツ州アールヴァイラー郡にある都市。ライン川の西岸に位置し、ライン川にかかるルーデンドルフ橋をドイツ軍は爆破しそこない、アメリカ軍が占拠、一九四五年三月七日から二五日まで戦闘が続いた〕で敵を負かした後、予定より丸々二週間早く、ドイツの工業中核地域になだれ込み始めた。その間、東部では、ハンガリーで、赤軍がドイツ軍による最後の必死の攻勢を撃破した。太平洋においても、戦局は有望だった。合衆国海兵隊は硫黄島で勝ち、日本本土進攻のための最重要な中間集結地点を確保したのだ〔小笠原諸島の硫黄島にて、一九四五年二月一九日から三月二六日にかけて行われた壮絶な戦い〕。

しかし、三大国の協働の成果を喜ぶべきありとあらゆる理由があったにもかかわらず、モスクワにおいては、「勇ましい」[*31]盟友ソヴィエトの兵士たちが「最低のろくでなし」となりはて、ヤルタにおける合意を次から次へと露骨に無視するのを、キャシーは見ていた。会談が全くなかったも同然だった。アメリカはジョージ・ケナンの助言を聞いて、国内に留まる選択肢もあったのだ。キャシーはパメラに、「私は、ヤルタにおける連帯感、武装した兄弟たち、などなどの雰囲気に見事にだまされました」[*32]と認めた。

会談後間もなく、面倒な事態が始まった。ハリマン父娘《おやこ》が国務長官とともにヤルタから戻った日、来るべき出来事の前兆であるかのように、スパソハウスのボイラーが爆発した。[*33]数日を経た同じ週の、二月一七日、ポーランド北西部で捕虜になっていた三人のアメリカ士官たちが、ノヴィンスキー大通り〔モスクワの中心部にある主要な道路で、ビジネス街の一部となっている〕にあるアメリカ大使館の正面玄関に現れた。[*34]二日後、アメリカ士官の数は八名になった。[*35]彼らは「一日当たり数名の割」[*36]で現れ始めた。その後、下士官たちがやってきた。非常に多くのアメリカ人捕虜が大使館に現れたので、キャシーと職員は、捕虜たちを故国に帰還させる手筈が整うまで、スパソハウスのビリヤード室を寄宿舎に改造せざるをえなかった。捕虜たちはナチスから逃げるばかりでなく、赤軍からも逃げてきたのだった。現れた兵士たちのおのおのが、解放者と思われていた者たちが犯した蛮行について、似たような話を語った。助けを求めて、アメリカ関連の機関を必死に探しながら、ポーランド中をさまよったとか、赤軍によって強制的に寄せ集められ、捕虜たちが解放された地点から何百マイルも離れたところにある、本国送還のための集合地点に送られたとか、ソヴィエトの兵士たちに銃で脅されて窃盗にあった[37]、などだった。ポーランド農民たちの気前のよい応対がなかったなら、多くの捕虜たちが餓死していたことだろう。

　これらのアメリカ人たちが安全に帰国の途に就くやいなや、ソヴィエトは隣国のルーマニアで問題を引き起こし始めた。ソヴィエト政府は、ルーマニア首相、ニコラエ・ラデスク〔一九四四年一二月から四五年三月まで首相。ルーマニアが枢軸国から連合国側に転向する時期で戦後の政治的変動に影響。ソ連の圧力により、辞任〕の辞任を強要する過激なデモをでっち上げ、その後、新しい共産主義政権を立ち上げて、ほんの三週間前、自分たちがヤルタで署名した、解放されたヨーロッパに関する宣言を完全に無視した。

　そして、キャシーが予測していたように、ポーランド新政府はエイヴレルにとって悪夢となりつつあった。ソヴィエト政府はルブリン政府を「再編した」わけでは全くなかった。ソヴィエト政府は、称するところの新政府の中核にルブリン政府を据え置いたばかりでなく、イギリスとアメリカが統一国家政府閣僚の候補者として提案した[38]、ロンドン在住のポーランド人指導者とポーランド国内のレジスタンス活動家の指導者をすべて排斥したのだ。「ルブリン政府が日を追うごとにますますワルシャワ政府、すなわちポーランドの支配者になりつつあります」と、三月七日、エイヴレルはワシントンに警告した。スターリンが一ヶ月以内に手筈が整えられるだろうと約束した自由選挙は影も形も見えなかった。三月末までには、新政府について議論するためにモスクワに招かれていた一六人のポーランド地下組織の指導者たちが跡形もなく消え失せてしまったという噂が広まりはじめた。[*39] その間、アメリカとソヴィエトの間の緊張が高まるにつれて、大使館におけるソヴィエト人従業員たちの配給カードが、突然、前触れもなく、無効にされたのだ。[*40]

ロンドンでは、ポーランドの民族自決の未来が指の間をすり抜けてゆくのを見やりながら、チャーチルはイギリスの力が徐々に奪われてゆく厳しい現実と取り組んでいた。ソヴィエト政府に協力を強要できないため、首相は仲裁してくれるようローズヴェルトを説き伏せなければならなかった。「私たちは大失敗、そしてヤルタで取り決められたことの完全な崩壊を目前にしています」[*41]と、会談から一ヶ月を経過した三月一三日、彼はFDRに書き送った。「私たちイギリス人にはこれ以上問題を先に進めるのに必要な力がないのです……私たちの行動能力の限界に来ています。ポーランド人たちの間で話し合って新政府を組織する過程全般から私たちを追い出した、とモロトフが見極めた瞬間、彼は、私たちがどんなことでも甘受する、と判断するでしょう」。再度、チャーチルは欲求不満のはけ口を、スターリンにではなく、モロトフに求めたが、行動する余地が急速に狭まってゆくのを深刻に受け止めていた。

しかし、ローズヴェルトが西側連合国の懸念をスターリンに送ったとき、彼は問題を最小限に抑えた。将来の協力関係を危険にさらすのを恐れ、大統領は、ソヴィエト政府が故意にヤルタ協定を犯している、と直接非難するのを避けたのだ。ハリマンによって手渡された通信文において、四月一日、「今までのところ、私たちが会談において達した政治的決断を……実行に移す段階で、残念ながら進展が見られませんでした」[*42]と彼はソヴィエトの指導者に書き送った。「正直に申し上げて、なぜこうなったのか、私は不思議に思っています」。ソヴィエト政府はローズヴェルトの遠回しの反論すべてを否認した。

ハリマンは、大統領の迫力のない言い回しでは効果がないことを知っていた。ルーマニアとポーランドとがソヴィエト政府の手に落ちるのを見、アメリカ人捕虜たちが赤軍の卑劣な行為を糾弾するのを聞くにつれ、彼は、ソヴィエトが欲しがっているものを思いとどまらせるには、報復的な手段をとるしかない、そのことを理解していた。四月二日、彼はFDRに警告した。「私たちが行動に出ない限り、ソヴィエト現政権は、彼らが決めたことをすべて私たちに受け入れさせることができる、と確信することになるでしょう……いくつか一時的な反動があるかもしれませんが、私たちが断固たる態度をとればよく、それは私たちがそのような人々とまっとうなギブアンドテイクの基本的な関係に至ると望める唯一の方法なのだ、と私は確信しています……とりわけ彼らが自分たちの利益だと思っていることが逆の作用をすることがある、そのことを彼らに示すことによってのみ、私たちは私たちの物の見方を彼らに理解させられるのです」[*43]。

アメリカはナチス・ドイツと個別に講和条約交渉を行おうとしていると考え、スターリンが過度の猜疑心を持ったその週、東西関係は危機を迎えた。これは二月末に生じた出来事の、北部イタリアにおける最高位の親衛隊司令官がアメリカに降伏したい旨を示唆したことと関連していた。アメリカは、これが正式の申し出なのか疑っていたが、変節者の司令官が何を意図としているのか見極めるため、スイスのベルンで予備的な話し合いを持つことに合意した。誤った情報の報告のせいで、スターリンは、ナチスが西部戦線全体でアメリカにだけ単独で降伏しようと考えているとの間違った思い込みを信じた。彼は、ソヴィエトの信頼を裏切った、とローズヴェルトを非難した。ソヴィエトの元帥との一連のとげとげしいやり合いの後、それを通してスターリンは真実を把握したのだが、危機はさいわいにも回避された。

再度、ＦＤＲは大道を行き、ソヴィエト政府にまた友好の手を差し伸べた。モスクワで、四月一二日の早朝――ハリマン父娘がヤルタから戻った日から正確に八週間後――大使はスターリンに伝えてほしいという大統領からの通信文を受け取った。ジョージア州ウォームスプリングズから、ディナーの時間の頃に、ローズヴェルトはその通信文を送った。ハリマンが書斎兼寝室でそれを受け取った時、彼はＦＤＲが明らかにベルン事件を鎮静化したがっていることを見て取ることができた。しかし、スターリンへの通信文には際立つ一文があった。ローズヴェルトは、「いかなることがあっても、相互の不信があってはなりません、そしてこういった類のささいな誤解が将来生じてはならないのです」[*44]と書いていたのだ。

ハリマンはこの文言に不賛成だった。通信文をスターリンにそのまままっすぐ持参する代わりに、ハリマンは電信を返し、大統領に、「ささいな」という単語を考え直してはどうか、と丁重に示唆した。「誤解は私には大きな類のものに思えた、と打ち明けざるをえません」[*45]と彼は述べた。

真夜中近くまで、ハリマンには、ローズヴェルトからなんの音信もなかった。その頃になると、メルビのためのパーティは佳境を迎え、ジャズがビクトローラ蓄音機〔ビクター・トーキング・マシン社が商品登録した蓄音機の名称で、一九〇六年発売〕からあふれ出ていた。ローズヴェルトから、「ベルンに関する誤解はささいな出来事だと考えるのが私の望みなので、私は『ささいな』という単語を削除する気はありません」[*46]と電信が返ってきた。大使に言えることはもはや何もなかった。彼は通信文をスターリンに中継したので、ソヴィエトの指導者は、朝、それを読むだろう。

午前二時、キャシーが電話の鳴る音を聞いた時、彼女はそれを軽く考えた。モスクワとワシントンの時差、そして朝の非常に早い時間まで働くソヴィエトの習慣を考慮に入れれば、深夜の電話は異常ではなかった。しかし、電話の響きがお祭り気分をしぼませる前に、キャシーが隣の部屋に行き、素早く受話器を取ると、通話の相手がホワイトハウスでもなければ、国務省でもなければ、クレムリンでもないことが分かった。そうではなく、電話の交換手は、相手は彼女が知っている女性で、ワシントンの戦時情報局ＯＷＩ〔ローズヴェルトが一九四二年に設置したアメリカ合衆国の情報機関、戦後の一九四五年、トゥルーマンの大統領令によって解散し、アメリカ合衆国情報局（ＵＳＩＡ）に移管された〕からかけていることを、彼女に伝えた。*47 それは妙だった。戦時情報局は反ナチス宣伝の流布にかかわっていたが、新しい情報を伝えることにはかかわっていなかった。キャシーは電話を受けた。

非常に急を要するのです、と女性は言った。スパソハウス内のパーティへ行く人たちやら音楽やらの騒音越しに、キャシーは、その女性が、恐ろしいニュースを教えてくれた人にちょうど出くわしたところだ、と語るのを聞いた。もうすでにだれかが大使館に電話しているでしょうが、していないこともあるので、彼女は電話することに決めたと。

その女性が次に語ったことで、キャシーは茫然自失となった。それは、午前二時、パーティの真っ最中に、大使の娘が聞くことを最も期待していなかったことだった。「たいへんだわ」*48 と彼女は考えた。彼女はただちにエイヴレルを見つけ、他のすべての人たちを追い払わなければならなかった。キャシーが彼に伝えねばならないことを物柔らかく伝える方法はなかった。戦争の四年間を通して、ヨーロッパにおいて、ほぼ確実な勝利へと合衆国を導いた男、フランクリン・ローズヴェルトが死去したのだ。彼は、彼が出した最後の電信がエイヴレルに届くずっと前、その日の午後、亡くなったのだ。

それは、いくつかの点で、父娘《おやこ》二人がパールハーバーへの攻撃を知った瞬間と似ていた。世界を震撼させるニュースは、夜遅く、祝い事の最中に、二人にやってくるように思えた。おそらくキャシーは不意をつかれたと思うべきではなかったのだろう。ヤルタにおいて、ローズヴェルトの顔は憔悴し、灰色でやつれていた。彼女は、内々エイヴレルが、ローズヴェルトが生きて任期を全うできないのではないか、と推測していることを知っていたが、それでも彼女は茫然とならざるをえなかった。[*49] 彼女が一五歳の時以来、ローズヴェルトは大統領だった、そして、それ以前は、彼女が一二歳の時以来、ニューヨーク州知事だった。彼は常に同じ地位に居続けている人物であり、そびえたつ存在だった。彼の写真は、スパソハウスの暖炉の緑色の大理石の炉前飾りの上から彼女を見つめていた。三巨頭はどうなるのだろう、と彼女はいぶかった。ローズヴェルトがいなければ、「もはやその名称にたいした意味がないように思えた」[*50]。

二日後、彼女がパメラに手紙を書いた時、キャシーはいまだ途方に暮れていた。「私たちの中枢機構を動かしていた政治家が亡くなるなんて、どういうわけか、全く信じられなかったです」[*51]。ヤルタ後の蜜月が短命だとしたら、おそらくローズヴェルトの死は婚姻の終わりをも意味するのだろう。「私たちの計画も含めて」と彼女はパメラに伝えた、「この先、何が待っているのかわかりません」。

＊＊＊

ウォームスプリングズからの衝撃的なニュースから二日後、ローズヴェルト家はＦＤＲの遺体を大統領専用列車でワシントンへ移送した。大統領は毒殺されたかもしれないので、ローズヴェルト家は検死解剖をすべきだとの考えを、スターリンはモスクワから知らせてよこした事実があったものの、エリノアは検死をしないと決断した。[*52] ローズヴェルトは、ハイドパークの、彼の自宅の横のバラ園に埋葬されることを望んでいたが、まず最初に国民が別れを告げなければならなかった。ユニオン駅からホワイトハウスまで、葬列がワシントンの通りを進んだ後、エリノアはアナに彼女の部屋に来るように言った。たちどころに、アナは、母親の顔が「彼女が怒った時に見せる厳しい表情を浮かべている」[*53]ことに気が付いた。

フランクリンが亡くなった日、ルーシー・マーサーがウォームスプリングズにいたのよ、とエリノアは言った。彼女がホワイトハウスにも来たということは本当なの？　その手筈を整えたのはアナなの？　アナに否定する理由はなかった。エリノアはすでに真実を知っていたのだ。その通りです、とアナは答えた。ある晩、彼女がＦＤＲと一緒にメモを取っていた時、ルーシーが晩餐に来たら迷惑かね、と彼が尋ねたのだった。それが発端だった。「人目をはばかるものではありませんでした」と守勢に回って、彼女は主張した。「常に周りに人がいました」。しかし、そのようなことは問題ではなかった。アナは母親を見つめながら、自分が彼女を裏切ったことを知った。彼女は、エリノアが彼女を決して許さないのではないか、と危惧した。エリノアは無表情に感情を押し隠したまま、二人の女性は、ＦＤＲのための礼拝が始まろうとしていた階下へ戻った。アナは、ホワイトハウスの絵がエッチングされている、オレンジ色と白のカードを配られた。[*54] カードの下の方には、移譲不可と下線を施された言葉があった。それは彼女の父親の葬儀への参加証明証だった。

その夜、アナ、エリノア、そしてイギリスから何とかワシントンへ戻ってきたエリオット・ローズヴェルトは、フランクリンをハイドパークの自宅へ連れて帰るため、大統領専用列車に乗った。葬儀に出席するため、ジェイムズは、マニラから自宅へ、九〇〇〇マイル〔約一万四五〇〇キロメートル〕を疾駆していたが、フランクリン・ジュニアとジョンは、洋上にあったため、葬儀に参加できないだろう。*55 フランクリン・ローズヴェルトにとって――そしてローズヴェルト家にとって――これが最後の自宅への旅となるだろう。エリノアは、来週までに自分たちはホワイトハウスを明け渡す、とトゥルーマン家に約束したし、フランクリンは、彼関連の図書館兼博物館とするため、ハイドパークの地所を政府に寄贈していた。アナが長い間我が家と呼んできた場所はもはや我が家でなくなるだろう。

アナは、FDRの選挙運動に参加するため、演説を聞くため、そして大統領がその代表であった普通一般の人々に会うため、国中をめぐり、数えきれないほど幾度もこの列車に乗ってきた。今、初めて、彼女の父親は最後尾の車両にいない。それはフェルディナンド・マジェラン〔ポルトガルの探検家で、一五一九年出発、途中で死亡するが、一五二二年、彼の艦隊は、世界一周を達成し、地球が丸いことを証明した〕号といい、プルマン・カー・カンパニーが彼のために特別に作ったものだった。その装甲されたドアは柩《ひつぎ》を通すには狭すぎた。*56 この最後の旅にあって、大統領特別室は空き部屋となるように思えた。しかし、自分がどこに寝るのか調べようと、シークレットサービスが作成した寝台と特別室の一覧表を見て、アナは驚いた。*57 誰かが彼女の父親の特別室を彼女に割り振ってくれたのだ。最後の旅で、彼女は父親に代わってその場所を占めることとなった。

悲しみに沈んだ列車がハドソン川流域〔ニューヨーク州を流れるハドソン川沿いの地域を指すが、特に北の州都オールバニーから南のニューヨーク市にかけての産業地域を指す〕に向かって北へよろめくように進む間、アナは眠れなかった。一晩中、窓の外を見つめながら、彼女は彼女の父親の寝台の足元部分に座っていた。ワシントンからニューヨークまで、線路沿いに人々が気をつけの姿勢で立っていた。クリミアで彼女が見かけた道路を警備していた人たちとは異なり、彼らや彼女らは、兵士ではなく、ただ単にアメリカ市民たちだった。合衆国大統領に最後の敬意を表するため、一晩中――一一時、二時、四時までも――子供たち、その両親たち、その祖父母たちが線路沿いに列をなしていた。

三週間後、アナはシアトルへ戻った。やっと、ジョニーは元気を回復した。そして彼女とジョンは一家に多くの幸せをもたらした場所に戻る決断をした。彼女の父親の葬儀以来、やり残した一つの仕事が気にかかっていた。彼女は受話器を取り、サウスキャロライナ州エイキン〔サウスキャロライナ州南西部のエイキン郡の郡庁所在地。北軍と南軍の戦闘地〕へ長距離電話を申し込んだ。ルーシーへ。母親を裏切ったことで罪悪感を感じていたにもかかわらず、アナは、悲しみに暮れるルーシーがこの行為に感謝してくれるもの、と分かっていた。それは彼女の父親が望んだであろうことだった。そして、多分、それはアナが必要としていたことだった。

ルーシーが電話をとると、すぐさま二人の女性は笑い、昔を懐かしんだ。アナは心の底から、自分は正しいことをしているのだ、ルーシーと父親との関係は「双方にとって大切な友情」*58だったのだ、と感じた。そして、この電話によって、この件は終わったものと考えた。

しかし数日後、ルーシーからアナのもとへ手紙が届いた。「親愛なるアナ」*59と手紙は始まっていた。

先夜、あなたが電話してくださったことに、心から感謝しています。誰かの声を聴けて――そしてあなたの笑い声を聴けて――あれほどうれしく感じられるとは、それが言葉で言い表せないくらい素晴らしいことだと思う一面が私にあるなんて、私は知りませんでした。これまで、数多くの理由があって、あなたにお手紙を書きませんでした——でも、あなたのことはいつも考えていました し、深い愛情と、胸が張り裂けそうな共感を抱きながら、これまでの一つ一つを振り返っていました。この衝撃はあなたや——ご家族の皆様を——打ちのめしているに違いありません、ですが、あなたは他のどなたよりもお父上におかれては大切な存在でしたから、そのことがこの衝撃を誰よりも耐えがたくしていることと思います。この一年間、あなたがお父上と多くの時間を共に過ごされたことは、あなたにとって、限りない慰めとなるでしょう。あなたが生まれてこのかた、お父上が存在することによってもたらされる力強さがいつもあったところに、日々の刹那刹那に——あなたは空虚さと喪失感を意識されていることでしょう……私は、お父上があなたをとても自慢に思っていらしたと想うことが好きなのです……彼はいく度もいく度も感慨を込めて、ヤルタへの旅に際し、あなたがどれほど喜びと慰めを与えてくれたかについて、私に語ってくれました。あなたがとても非凡な人で、あなたがいてくれてどんなに助かったことか、とお父上は私に言われました。私に、あなたの魅力と機転——そしてみなさんがどれほどあなたを愛しているのか話されました。あなたがどれほど有能で、どのようなことも忘れなかったかを、そして、彼が行わなければならない、大小の予定のすべてを彼に確認させるため、一日の初めと終わりに、彼の部屋で見つけた、タイプ打ちした短いメモについて、語ってくれました。私は彼がこれらのことをあなたに語ってくれていたら、と思います——ところが、時として、人はそうはしないものなのです。いずれにしましても、あなたはご存じだったに違いありません——あなた方の間に言葉は必要でなかったのですから。

フランクリンがアナにこのような感情を少しでも伝えたことはなかった。自分が彼の助けになっていたこと、彼の人生の最後の数週間、自分がかけがえのない存在であったことを、心の中では彼女は気づいていた。ルーシーからの手紙の中で、今、そのことが述べられているのを読み、最後になって一度だけ、彼女の父親が彼女に話しかけているかのように、彼女が長い間、聞きたいと焦がれていたことを、最後に話しかけているかのように彼女は感じたに違いない。

「世界は、この世界に生きた最も偉大な人々の一人を失いました」とルーシーは結んでいた。「私にとっては――最も偉大な人でした。お父上は最も偉大な人々の中でも抜きんでていらした……あなたがお父上に寄せた計り知れないほど大きな愛情の分だけ、あなたが今心を痛めておられる、そして痛め続けるであろうことは避けがたく、悲しい真実です。だれもあなたの心の痛みを軽減することはできません……私よりずっとあなたがご存じの事柄を書き連ねたことを侵害してはならない、神聖な、そして他人には触れさせてならないことを記したことをお許し下さい。ところが、私はなぜか自分自身が他人とは思えないのです、そしてあなたが理解して下さると強く感じているのです」。

「あなたのご主人とあなたに愛をこめて――愛しいアナ――と言葉にするのは、あなたは彼の娘であり、そしてあなたはかけがえのないあなた自身ですから」。

アナが今までに受け取った手紙のなかで、おそらくこの手紙は他のどの手紙より重要だったのだろう。彼女は生涯それを身近に置いていた〔ベッド脇のナイトテーブルに大切にしまっていた〕。

＊　＊　＊

スパソハウスへ早朝の電話があってから九ヶ月後、キャシーとエイヴレルはモスクワを後にした。その間、キャシーが予想したように、すべてが変わった。大統領が逝去した翌日の午後、エイヴレルは〔モスクワで〕ローズヴェルトのための追悼会を行った。*[60] 彼はFDRのDデイ〔一九四四年六月六日のノルマンディ上陸侵攻作戦を行った日〕のための祈りの言葉を読み上げた。それはアナが手助けして念入りに作成されたラジオ向け演説だった。逝去した大統領への敬意のしるしとして、街中に黒く縁取りされた赤色の旗が掲げられた。*[61] それはキャシーが全く期待していないことだった。エイヴレルは、ソ連における現状を大統領に説明するため、ワシントンへ飛ぶ計画をずっと持っていた――やっとのことで、キャシーを連れて、長らく待たれた帰郷をする計画だった。ローズヴェルトの死によって、この計画は変更を余儀なくされた。四月一七日、エイヴレルは、初めてトゥルーマン大統領に状況説明を行うため、ワシントンへ飛んだ。彼はキャシーをモスクワに残したので、彼女は、新しい大統領が先頭に立つ――世界にとって、そしてハリマン父娘《おやこ》にとって――不確かな未来を見据え、黙考した。

エイヴレルは、戦争が続いている間、モスクワで仕事を継続すると、トゥルーマン大統領に約束したが、ほどなく、新政権において、彼は以前よりさらに自分が孤立していることを悟った。FDRが彼の助言をもっと受け入れるべきであったほどには受け入れなかったとしたら、新国務長官のジミー・バーンズは、実質上、彼から助言をまったく受け付けなかった。*[62] エイヴレルが報われない仕事を続けている間、ハリマン父娘の友人たちと家族は、彼とキャシーの帰郷の準備をし始めた。家族が所有するアパートメントに言及して、「ニューヨークへ戻ったら、六八丁目イーストサイド一八〔アッパーイースト・サイドのセントラルパーク寄りの、富裕層の住む高級住宅地にあるアパートメントの住所〕の暮らしにはならないと思います」*[63] とキャシーは彼女の姉に伝えていた。「どちらかというと一人暮らしをしたいのです」と。キャシーは過去の思い出に生きるタイプの人間でも、あるいはある瞬間を永続させようとするタイプの人間でもなかった。彼女は、過去四年間の毎日を、父親のために費やしてきた。それは彼女にとり大切な経験だったが、世界は前に進んでいて、彼女も世界とともに前へ進みたかった。戦争は合衆国の社会構造を変えた――独身女性たちがあれほど多くの機会を持ったことは今までになかったのだ。キャシーの次の冒険は自分自身のために生きることだった。

しかし、キャシーは、自分が独立するまで、もうしばらく待たねばならないことを知った。エイヴレルは、政権の移行をスムーズにするため、もう数ヶ月、モスクワに留まることに同意したのだ。彼女も、二人が協力して始めた仕事を終えるまで、留まることになるだろう。その後、年が明けてすぐ、エイヴレルとキャシーはモスクワを離れることができた。

一九四六年一月、ほぼ四年間の海外生活を経て、二人の特筆すべき協力関係《パートナーシップ》は終止符を打ったのだ。ハリマン父娘は、日本、朝鮮、中国、サンフランシスコを経由して、ついにニューヨークに帰郷した。二人が新しい生活パタンに慣れつつあったちょうどそのころ、奇抜ではあったが、二つのたいへん特別な贈り物がモスクワから届いた。スターリンが父娘に、賞を獲得した、[*64]ソ連の二頭の馬を贈ったのだ。エイヴレルには、イギリスの血統の種馬、ファクト号を、キャシーには、スターリングラードの戦い〔一九四二年七月一七日から一九四三年二月二日。独ソ戦最大の凄惨な激戦〕でナチスに向かって勇敢にも攻撃を加えたロシア騎兵馬、ボストン号を贈ったのだ。スターリンの贈り物は、品物として、非常に気前のよいものだったが、例のごとく、全く謎だった。彼は本当に敬意を表する証として馬を贈ったのか。それとも、受けた奉仕、すなわち、戦後世界における彼の国際的な地位と目的を確保するうえで――時には不承不承、また時にはそれと知らずに――二人が与えてくれた助力を認め、それに対する贈り物だったのか。ハリマン父娘には決してわからないだろう。エイヴレルは、後に次のように述べている、「私にとって、スターリンは私が今まで知りえた人々の中で、最も計り知れない、矛盾に満ちた人物であることに変わりなく

――最終的な判断は歴史に任せたい」[*65]と。

モスクワの後、キャシーは新たに出直し、独立して生活することを決心した。彼女は、戦争中のヨーロッパで過ごした時期のことを、滅多に語らなかったが、後年、彼女がアーデンハウスの実家へ戻るたびに[*66]、彼女の昔の人生を想起させるよすがとして、ポロ用の子馬たちのわきに、スターリンの二頭の馬が厩で待っていた。キャシーとエイヴレルは馬にまたがり、牧草地へ、森林への踏み分け道へ遠乗りにでかけたものだった。父親も娘も過去に拘泥するタイプではなかったが、スターリンの贈り物は、父娘が見出した協力関係、そして父娘が共に過ごした尋常ではない戦争の数年を思い起こさせる、またとない記念品となっただろう。

＊＊＊

一九四五年四月一七日朝、クリストファー・レン卿〔イギリスの建築家、天文学者。ロンドン大火《一六六六年》後のロンドン復興を担い、セントポール大聖堂はその代表作の一つ〕の荘厳なセントポール大聖堂の窓を通して、太陽は輝いていた。ロンドン大空襲の間に、灰と煤で黒くなり、祭壇はドイツの爆弾一発によって破壊されたが、ロンドンの誇りであるこの建物は生き延びた。たしかにそれは神のなせる奇跡だった。戦争の間を通して、大聖堂は、ロンドンの人々にとり、激励そして慰安となった。今、ヨーロッパの戦争がほぼ終結に近づき、セントポール大聖堂は、イギリスの最高の友人、フランクリン・ローズヴェルトに別れを告げるために集まった弔問客でひしめき合っていた。

四月一三日午前〇時頃、ロンドンで、チャーチルはＦＤＲ死去の知らせを受けた。彼は、その夜はその後ずっと、椅子にどさりと座り続けていた。[*67]彼の顔からは血の気が失せていた。声は抑揚と表現力を欠いていた。彼は、ローズヴェルトの葬儀に出席するため、ワシントンへ行きたがった。しかし、飛行機が用意され、待機していたが、最後の土壇場になって、彼は行かないことに決めた。[*68] 四月二〇日、サンフランシスコで開催される連合国会議〔四月二五日から六月二六日まで開催〕のため、すでに多くの閣僚が合衆国入りしていたし、イギリスでは総選挙を求める声が次第に大きくなっていたため、国内政治の混乱がイギリスを離れることを不可能にしたのだ。アンソニー・イーデンはサンフランシスコにおける会談に向かいつつあった。合衆国において彼が首相の代理となるだろう。チャーチルは、ロンドンでローズヴェルトの追悼式に出席することになるだろう。

その朝、セントポール大聖堂に首相とともに参列した貴顕の中には、亡命中のヨーロッパの四人の君主がいた――ノルウェー、ユーゴスラヴィア、ギリシア、そしてオランダの君主だった。また、戦時中、チャーチルが最も親しくしていた二人の友人たち、ワイナント大使と国王ジョージ六世も列席した。国王は、彼女らも敬意を表せるよう、女王と一八歳になる娘、エリザベス王女を同伴していた。父親同様、エリザベス王女は制服を身に着けていた。[*69] ジョージ六世は簡素だが堂々とした海軍元帥の正装に身を包み、エリザベス王女は国防義勇軍補助部隊所属の修理士のオリーブグリーンの質素な服を身に着けていた。セアラ・チャーチルは、王立空軍の青の制服を身に着け、父親の隣に座った。クレメンタインはいまだ赤十字のソ連への親善旅行に出ていたため、ウィンストンは、彼の慰めとなって支えてもらうため、再びセアラをメドナム王立空軍基地から呼び寄せた。ローズヴェルトの死去は「人類にとってつらい損失」[*70] 以外のなにものでもなかったのだ。最後の方になると、二人の指導者たちは意見が食い違うようになったのだが、ウィンストン・チャーチルにとり、フランクリン・ローズヴェルトは「私たちイギリス人が今まで知り合った中で、最も偉大なアメリカの友人」であり続けた。

追悼式が終わると、ワイナント大使は、身廊〔教会堂・寺院の正面入り口から内陣までの長い空間〕の白と黒の大理石の床を通って、首相を出口の扉まで案内した。[*71] セアラは、追悼式の式次第を手に、後に続いた。外に出ると、喪の礼装用シルクハットを手に取り、彼女の父親は立ち止まった。彼がフロックコート〔二〇世紀初めころまで主流の昼間の男性用礼装で、前合わせがダブルブレスト。黒が正式。次第にモーニングコートや燕尾服が増え、前合わせもシングルが増えた〕を身に着け、階段の最上段に立った時、それは二本の巨大な黒くくすんだ円柱に縁取りされた、彼の有名な影絵となった姿だが、突然、太陽の光が彼の顔に当たった。光が彼を照らした時、何かが彼の頬で光った。首相は泣いていたのだ。しばらくして、彼は平静を取り戻し、帽子を頭に戻し、追悼式の参列仲間たちに別れを告げ、セアラが三歩下がって後に続く中、階段を敢然と降りて行った。ウィンストンは、先頭を切って、一人で、戦争を始めたわけだが、まさに同じように、戦争を終えつつあった。

一九四〇年、チャーチルが頑強にナチスの脅威を糾弾していた時、彼の仕事仲間たちは彼らの大陸の敵と和平条約を締結することを考えていたが、イギリスの人々は、決して屈しないという決意のもと、彼の支援に参集した。戦争はほぼ勝ったも同然だったが、今、かつて彼を支援するためはせ参じた人々が彼を見放しつつあった。議会の彼の仲間たちは、ヤルタでなされた地政学的な決断のことで、彼を痛烈に批判したが、セアラは、東方一〇〇〇マイル〔約一六一〇キロメートル〕のところで生じた驚くべき事態の展開がこのような孤立を招いた原因ではないことを知っていた。多くの人々は自分たちの近辺しか見ていなかったのだ。ある人たちは自分たち自身の家しか見ていなかった――幸運にして、まだ家があれば、の話だったが。

六年近く続いた戦争の後で、イギリスの人々は疲れ果てていた。ドイツの爆弾が国中で住宅不足をもたらした一方、配給制により、人々は常に寒さと飢えにあえいでいた。戦争の終結は解雇の不安をもたらした。セアラはこれらの懸念を仲間たちの間に感じ取っていた。*72 仲間たちは、ヨーロッパにおける平和が自分たちの部隊に何を意味するのか、確信が持てなかった。太平洋の職場へ転属させられるのだろうか、あるいは単に除隊になるのだろうか。軍隊では、仲間たちは安定した給料、寝る場所、そして一日三度の実質のある食事をあてにできた。除隊後、帰還した戦場における英雄たちにどのような仕事があるのだろうか、そして銃後の戦いを戦ったが、武勲を謳われなかった人々にどのような仕事があるのだろうか。

ロンドンにおける追悼式の後、セアラはメドナム王立空軍基地へ戻り、続く数週間、遠くから彼女の父親が苦闘するのを見守った。総選挙を求める声が大きくなるにつれ、クレメント・アトリー〔労働党党首で、一九四五年から一九五一年まで首相を務めた。国民保険サービスや主要産業の国有化を進めた〕の労働党と社会主義が描く理想への支持が増していった。五月二三日、ナチスが無条件降伏し、ヨーロッパにおいて勝利が宣言されてから二週間後、戦時連立内閣の労働党と自由党の閣僚たちが正式に辞任し、七月五日の総選挙において、新しく選出される内閣が誕生するまで、保守党暫定内閣が空白期間を埋めることとなった。六月四日、イギリスで高まりつつある社会主義運動の人気を激しく非難する熱弁をふるい、チャーチルは一ヶ月に及ぶ選挙運動を開始した。一見人道的で、善意に見える社会主義者の政治形態を奉ずる労働党追随者たちにその危険性を納得させようと、彼は必死の思いだった。その夜、メドナムにおいて、セアラは父親の声がラジオから流れてくるのを一心に聞いていた。社会主義者体制下では、自由な発言と議論というイギリスの民主的な伝統が警察国家〔政府の政策・方針に反対する行動を弾圧する国家〕に道を譲ってしまうだろう、と彼は警告した。歴史が示したように、そのような政府は必然的に全体主義国家となってしまうだろう。そのような政府は、その綱領を強制し、批判する者たちを黙らせるため、「ゲシュタポ〔ナチス・ドイツ時代の秘密国家警察〕のような形態に後戻り」[*73]するに違いない。公務員は「もはや奉仕者ではなくなり、市民にふさわしいものでもなくなるだろう」と。これらの激しい言葉は、東欧における事態の進展に次第に懸念を深めるようになったチャーチルの不安により語気が強められていた。

耳を傾けながら、これは父親の弁舌の才が的を外して、しっくりこない珍しい瞬間だということに、セアラは気が付いた。彼とは違って、彼女は幅のある、さまざまな見解を持つ労働者の人々とともに日々を過ごしていた。彼はそのような人々に向かって話す必要があったのだ。演説が終わると、彼女は父親に電話した。[*74]彼は彼女に聞きたい質問があった。仮に彼女が労働党の支持者だったとして、彼の演説は彼女を説得して、彼女の見解を変えさせただろうか。不幸にして電話の回線が悪く、ウィンストンは彼女の返答を聞くことができなかった。

翌朝、彼女は目覚めたが、演説に関する彼女の印象を父親と分かち合いたい気持ちがいまだ強かった。戦争が続いた期間を通して、彼女の自信は深まり、今や自分の率直な意見を父親と分かち合うことからしり込みしないようになっていた。「お父様は、私が影響を受けたと感じたか、と聞かれました」[*75]と彼女は父親宛の論を書き始めた。「私が労働党のことを考えていたとすると、演説によって私が保守党に投票するようになったとは思えません」。とりわけヤルタがもたらした余波後、彼女は父親の社会主義に対する懸念を理解していた。しかし、演説は人々が社会主義について抽象的に考え、彼の見解を受け入れるよう促したかもしれないが、子供たちを食べさせることで悪戦苦闘している人々にとって、抽象概念は、まず重要ではなかったのだ。

「私が知っている労働党〔支持〕の人々は、理想とか信念のために労働党に投票するのではなく、彼らにとって単に生活が苦しいからなのです」と彼女は説明した。「あの人たちは、労働党に投票することによってのみ、日々の生活苦が楽になるだろう、と考えています……戦時中に実施された社会主義政策は誰の害にもなりませんでしたし、非常に多くの人々に福利をもたらしました……牛乳があれば、平等に分かち合いましたし、自分たちの肉の配給が貧しい人々のより大きくないからといって、裕福な人々が飢え死にすることもありませんでした。そして、このように犠牲を共に分かち合い、感じ合ったことが私たちを団結させた最も強い絆の一つであったことに疑いの余地はありません。それゆえ、この犠牲を共に分かち合う感情が平和時においても機能しないことがあろうか、と労働党の人々は言うのです」。彼女は少し語気を弱めた。「私が反逆者だなどと思わないで下さい」と彼女は加減して述べた。彼女は社会主義者になるつもりはなかった。しかし、彼女は、彼が二つの労働党支持基盤に語りかけなければならないことを理解していた。労働党を信奉する、学識があり知的な性向の人々については――彼女は、彼が彼らを心変わりさせられるのか、疑問視していた。しかし、「私は膨大な数のあまり深く考えない、あるいは表面的にしか考えない人々のことを念頭においています。繰り返しますが、あの人たちは労働党に投票することによってのみ、機会の不平等、階級そして金持ちの特権を抑制できると信じているため、労働党支持なのです。私はあの人たちがそれ以上に深く考えているとは思いませんし、ましてや完全に平等な世界という絵空事を信じているとも思いません。しかし、あの人たちはより多くのものを、全般にわたってこれまでに所有していたものより多くのものを強く欲しているのです」。ヤルタやセヴァストポリの人々と同様に、いつの日か、彼らや彼女らの生活が少しばかり楽になり、今までよりもっと意味あるものとなる希望を、イギリスの人々も示したのだった。

一週間後、セアラは母親から短い手紙を受け取った。「あなたのお父様は、あなたが、彼の放送演説に関してお父様に書き送ったすばらしい手紙を私に見せてくれました」[76]とクレメンタインは綴っていた。「お父様は大きな感銘を受けられました。……政治に関するとても思慮深い、優れた書き物です」。しかし、世の気運は、政府そして戦争を通じて国を勝利へと導いた男にとって、決定的に不利となった。選挙の一〇日前、セアラは、一日だけ、選挙運動のため父親に同行した。彼女が見、聞いたことは彼女を落胆させた。彼女は、とりわけ彼の戦時連立内閣の一部をなしていた人々からの、彼女の父親に対する「個人攻撃の……激しさと辛辣さに怒りを覚え、驚かされもした」[77]。投票日が近づくにつれ、疲弊し、飢えた一般大衆の痛烈な批判は増大した。彼の選挙運動の最終日、ウォルサムストウ・スティディアム〔一九三三年にオープンした、ロンドン北東部にあったグレイハウンド犬のドッグレース場。二〇〇八年閉鎖〕において、二万人の群集はウィンストンにブーイングを浴びせたのだ。

七月五日、イギリスの人々は投票〔一般国民が参政権を獲得したのは段階的で、一九一八年に二一歳以上のすべての男性が、一九二八年に二一歳以上のすべての女性が選挙権を得た〕に出かけたが、選挙結果はもう三週間待たなければわからなかった。世界の反対側で軍務に就いていた男女からの不在者投票用紙が到着するのに時間を要したからだった。その間、チャーチルは解放されたベルリン郊外にあるポツダムへ向かった。彼はそこでスターリンとアメリカの新大統領、ハリー・トゥルーマンに会うことになっていた。これはヤルタより長丁場の――二週間以上の会談になる見込みだった。主たる目的は、戦後ドイツの管理運営、そしてドイツに科すべき罰金のための、具体的で、詳細な取り決めを作成することだった。今回、ウィンストンは、一番下の娘、メアリに彼の副官となる機会を与えた。セアラは出発の準備をしている父親に「会議が順調に進み、そしてトゥルーマンが彼からの挨拶文通り、よい人物であることを願っています」[78]と書き送った。「あなたがた三人がＦＤＲ

抜きで会談の席に着くのは初めてで、勝手が違う気がするでしょう」。

ポツダムは尋常ではない会談だった。それはFDRが不在だったという理由ばかりのためではなかった。わずか一週間後、七月二五日、しばらくの間、会談は休会されたため、ウィンストンとメアリは、翌日の選挙結果を見るため、イギリスへ戻ることができた。選挙戦の終盤の数週間、彼が直面した敵意にもかかわらず、首相は、彼が戦時を指導したのと同様、平時も指導することを、国民が肯定してくれるものと固く信じていた。彼は、その日勝利して、ポツダムへ戻り、遅滞なく仕事に戻ることを期待していた。

七月二六日朝、セアラは美容院にいた。集計が入ってくる中、彼女は家族とともにいるため、休暇をとった。彼女は、そのような重要な一日の初めに、美容院で時間を過ごすのは「ありふれた」[*79]過ごし方であり、おもしろく感じたが、結果をはらはらしながら待つ間、なにかしら気晴らしが欲しかったのだ。美容師が髪をセットしている間、ラジオが鳴り、アナウンサーは選挙について論じていた。まだ早すぎて、意味のある予想はできなかった。しかし、セアラがかまびすしいヘアドライヤーから離れたころになると、アナウンサーの声の調子が変化した。早期の投票集計数は労働党の「圧勝」を示していた。セアラが美容院を出た時、彼女は通りにたむろしている群集を見回した。労働党がリードしているとのニュースが広がり始めた。人々は、「びっくりしているように見えました。どちらかというと、火災警報のベルを押してしまって、消防車があまりに早く到着したので、いささか困惑している子供のようでした」。

ダウニング街一〇番地に到着するやいなや、セアラはそのままマップルームへ向かった。今、戦時用の地図の代わりに、[*80]イギリス議会の選挙区の地図が壁を覆っていた。彼女の父親はテーブルの上席に座っていた。そのほかのチャーチル家の家族は彼の周りに集まっていた。投票結果が発表され記録されるたびごとに、彼は考え深げに頷いたが、発言はしなかった。ほどなく、労働党の「高波」[*81]が押し寄せていることが明らかとなった。ウィンストンは壊滅的な敗北の現実を受け入れようとして、冗談にし始めたが、他のだれもユーモアを受け入れる気分ではなかった。[*82]すぐに昼食が出された。幸いにして、シェフは、選挙結果よりずっと飲み込みやすいものを準備してくれていた。

　みじめな会話をなんとか続けた後で、クレメンタインが腹蔵なく、「ウィンストン、これは祝福が変装しているのかもしれないわ」[*83]と言ったのだ。

　彼は彼女の方を見返し、「そう、たしかに実に上手に変装している」と答えた。

　その夜も遅くなって、壁の選挙区地図には敗北が厳然と記され、彼の辞表が国王に差し出されると、首相は彼の家族――クレメンタイン、セアラ、メアリ、ランドルフ、ダイアナと彼女の夫のダンカン・サンズ〔供給大臣、住宅地方自治大臣、国防大臣など六つの大臣職を務め、防衛や経済、産業に貢献した〕、そしてウィンストンの弟、ジャック――を集め、彼の愛するチャートウェルへ帰郷すること、そこでの牧歌的な生活の魅力について空想に耽り始めた。おそらく、われわれは家族としてずっと一緒にいられるかもしれない、と彼は夢想した。彼の子供たちとその家族が、母屋のある丘を下ったところに、自分たち自身の小さな家を持つことができるだろう、とも彼は夢想した。われわれはそこを「チャートウェル・コロニー《共同体》[*84]」と呼ぶこともできるだろう。

　その後、一晩中、彼らは一緒に座って過ごし、めいめいが大敗を何とか受け入れようと苦闘していた。セアラとメアリは、夕食の時、流行の夜会服に着替え、集まりにいくらかでも活気を吹き込もうとしたが、添え物の飾りでは湿った空気を明るくする効果はほとんどなかった。[*85]いつも通り、クレメンタインは品位のある平静を保った。ダイアナは真っ青な顔をしていた。[*86]一方、メアリは明らかに失望に打ちのめされていた。お母様に次いで、セアラが最も勇敢だわ、とメアリは言った。より良い未来に対する彼女一流の自信を呼び起こそうとして、セアラのこわばった上唇はほんのわずかに震えた。敗北に拘泥するより、彼女は彼女の父親が描いた牧歌的な楽園を夢見始めたのだ。

　選挙結果は父親にとって破壊的ではあったが、過去五年間に思いを馳せれば、全体として、彼女は残念と思うことができなかった。戦争は壊滅的な悲劇だったが、不思議なことに、それは彼女に、子供のころは決して経験できなかった、ある種の満足感をもたらした。とりわけ、彼女が両親の隣に座っている、この瞬間のような時間がそうだった。ヤルタから戻ってほどなく、「ここ数年で本当に幸せに感じたことは」[*87]と彼女はクレメンタインへ綴り、「あなたとパパがよくわかるようになったことなのです――私はあなた方をいつも愛していました、でも、あなた方をいつもよくわかっていたわけではありませんでした。そして、この発見は、偶然、金鉱を発見したようなものでした」と結んだ。常に自分を「一匹狼」と感じ、父親の前に出ると落ち着かないので、彼の面前では話すことができず、彼にメモを書くことに頼っていた少女にとって、それは計り知れない価値のある、気分を湧き立たせる発見だった。彼女の父親の発見だったばかりでなく、彼女自身の発見でもあったのだ。

　翌朝、彼女がウィンストンへ手紙を綴った時、それは彼女が話しかけることを恐れたからではなかった。彼女が伝えようとしたことは、その場で消えてしまう話し言葉にゆだねるには、重要すぎたからだった。彼女は、この数年間が彼女に意味したものを正確に、父親に見てほしかった、彼の手に握りしめてほしかったからだった。

「私の愛しい、愛しい、愛しい、愛しいパパ」[*88]と彼女は書き始めた。「昨晩、あなたがおっしゃったこと――チャートウェル・コロニー《共同体》のことをお忘れではないと思います。そうでしょう？　あそこほど素敵な一区画の地所はないうえ、広々とした土地があり、私たちは土地を耕したり、牝牛の乳しぼりをしたり、鶏を飼ったりできる。そしてあなたが私たちに会いたいと思われた時は、巨大な鐘を鳴らしさえすればよいのです。私たちは私たちの小さな家から現れるでしょう……そして私たち皆で一緒に夕べを過ごせるでしょう——これ以上素晴らしい夕べを持つ機会がほかにあるでしょうか」。それから彼女は選挙で味わった苦い失望に話題を戻した。国に戦争を切り抜けさせた指導力を失うことは大きな痛手だが、セアラはいまだ国民が彼女の父親に反旗を翻したとは考えていなかったのだ。彼女は、人々は単により良い生活を熱望したにすぎず、そのようなより良い生活への鍵は変化だと考えたのだ、という信念を繰り返し説いた。「どのような激動が起ころうとも、彼らの心の中であなたは今まで通り高い評価を受けているのです」と彼女は彼を励ました。この数年間、彼の傍にいることで、セアラはその人生における最大の喜びを味わったが、この瞬間、彼女は自分自身のことを考えていたわけではなかった。彼女は父親のことだけを考えていた。他の人々に抜きんでて、常に彼は彼女の心の中の最高の場を占めていたのだ。

「あなたはご自分のおっしゃったことをご存じだと思います。『戦争にあっては、覚悟——平和にあっては、善意——勝利にあっては、寛大——敗北にあっては、果敢』——さて、昨夜、あなたは私にすごいことを教えて下さいました——敗北にあっては——ユーモア」と彼女は記した。「私の脳裏をめぐっていたもうひとつの言葉は、私の大好きなお祈りの言葉〔一六世紀にイエズス会を創設した聖イグナチオ・デ・ロヨラの『霊操』ホセ・ミゲル・バラ訳より。ロヨラは無私の奉仕と献身の象徴とされた〕からの一節でした——『与えることに専念し、労を考えるな。戦うことに専念し、負傷を顧みるな。働くことに専念し、休息を求めるな。仕事に専念し、見返りを求めるな』——そう、それらはまさにあなたが戦争中に行っておられたことなのです」。

これらのことを実感できたこと、それは、セアラにとり、彼女の父親の傍で過ごした戦時の贈り物だった。戦争は、彼女の人生の最下点から世界の頂上へと、彼女を連れて行ったが、豪奢な晩餐会、地球上のはるか遠く離れた地点への旅、特権のある者しか入手できない情報、あるいは、歴史が長く記憶にとどめるであろう指導者たちと会う機会を得たことより、セアラにとって重要だったのは、彼女が築いた父親との関係だったのだ。

セアラは手紙を締めくくり、彼女がとても長い間父親に伝えたいと望んでいた心情は、震える手で小さな紙切れにではなく、大胆に、自信をもって書かれた手紙という形をとって、ついに彼の目の前に置かれたのだった。「最愛のあなたに神のご加護がありますように。私の愛のすべてをあなたへ……あなたはとてもすごいかたです……ブラボー、ブラボー、もう一度、いつまでもブラボー」[89]。

ヤルタ後

一九五一年六月二八日木曜日夕方のＡＢＣラジオ放送で、ニュースキャスターのチェット・ハントリは、「ヤルタ協定は伝説の様相をおびてきた」[*1]と語った。「時としてヤルタ協定は弁護される。しかし多くの場合には、それはアメリカ外交における重大な失敗として批判され、指摘されてきた」。そのような所説は全く同じようにイギリスにも当てはまっただろう。その直後の結果では、ヤルタは戦時における連合国側の団結の最高点とみなされた。わずか数年後になると、ヤルタは全く別な話として語られ出したように思われる。それは協調の頂点ではなく、むしろ連合国側が世界大戦と冷戦との間で揺れ動いていた瞬間だった。数十年を経て、過去の出来事に対する洞察力を発揮できる素地ができ、新しい解釈が可能となった。ある人々はヤルタを第二のミュンヘン会談とみなしている。積怨の敵への寝返りであり、恐怖、戦争、そして後に続いて生じる悲劇に我を忘れて、短命の平和を享受するものだった。他の人々はそれを宿命とみなし、世界が二つの極に強く引っ張られていることに伴う必然の結果であり、そこでは何世紀にもわたって作用している地政学的な力を個人の決断によって緩和することはほとんどできないだろうとした。

ヤルタはまた一陣の反事実的条件文――「もし何々であったら」を問う疑問文――の疾風を巻き起こした。もしローズヴェルトがあれほど病に侵されていなかったらどうなったか。もし彼が三期目の途中で亡くなって、ヘンリー・ウォレスが大統領になっていたらどうなったか。もし連合国が取引をしないで歩み去っていたらどうなったか。もしチャーチルとローズヴェルトが戦争も辞さないとスターリンを脅したらどうなったか。興味はそそられるが、そのような思考は非生産的だ。ハントリが彼の放送で主張したように、ヤルタは「孤立した出来事ではなかった。それは、かなりの度合いで、それ以前に生じた事柄の帰結だったのだ」*2。赤軍は東欧に対する支配を確保したので、西側連合国は、戦争も辞さないと脅すか、宣戦布告でもしないかぎり、スターリンに協力を強いることがほとんどできなかったのだ。ヨーロッパは五年にわたる武力紛争を経験した。さらに続ける気はないに等しかった。赤軍が、ポーランド、ルーマニアそしてハンガリーなど、ヨーロッパを蹂躙《じゅうりん》するのを妨げうる唯一の方法は、二年前に、フランスで第二戦線を開始することだった。しかし、一九四二年、アメリカ軍はそのような進攻の準備ができていなかったうえ、一方で日本と戦争を戦いつつ、西部戦線におけるイギリスとアメリカ連合軍の進攻のための装備をそろえるだけの十分な戦時体制がアメリカ産業には整っていなかった。それはもう一つの疑問に行き着く。もしイギリスとアメリカがもっと早く戦時体制を整えていたらどうなったか。このように反事実的条件文の螺旋状の連鎖は続き、答えのない疑問の果てしない円環となるのだ。

実際に生じたことに照らすと、もし何々ならばどうなったかはほとんど意味がない。

一九四五年八月六日、アメリカは広島に原子爆弾を投下した。二日後、ソヴィエト連邦は日本に宣戦布告した。翌日、今度は長崎に、アメリカは二発目の原子爆弾を投下した。八月一五日、日本は降伏した。最後の共通の敵が消滅したので、東西の協力を続けるふりをする必要はたちどころに霧散した。スターリンが存命であれば、ソヴィエト連邦を説得して協調にいたらせる望みはいくらか残っていた。一九五三年、彼の死後、その幻想はついえた。

過去を回想して、エイヴレル・ハリマンは、スターリンが、〔ヤルタ協定をばかにして〕数ヶ月間の忍耐だと考え、端から従わないつもりで、ヤルタ協定に署名した、とは考えていない、との見解を示した。当初、スターリンは、「共産主義者は人々の受けがよく、十分勝てるので」ポーランドのような所で「自由選挙〔ソ連型国家では、党が唯一の候補者を選定し、有権者は信任投票するのみで、不信任投票すると、その有権者は特定できたので、自由な選挙とは言えなかった〕を約束してもまず危険はない、と誤信していた」*3とハリマンは述べた。結局のところ、赤軍はポーランドの救世主であり、解放者だったのだ。しかし、スターリンはソヴィエトの人気をとんでもなく過大評価していた。ソヴィエトの意向が抵抗にあった時、彼はヤルタ協定のほとんどすべてを破り始めたのだ。ポーランドにおいては、一九四七年まで選挙は行われず、選挙が行われても、自由とはほど遠かった。共産主義者たちが権力を強化し、ポーランドは、ジョージ・ケナン〔アメリカの外交官。政治・歴史学者。ケナンの冷戦時代のソ連に対する「封じ込め政策」は、ソ連の拡大を抑制する目的を持っていた〕が予想した通り、ソヴィエトの勢力圏に陥るだろうことがはっきりした。戦後の再建の間、ソヴィエトが管理運営の役を課せられていた地区、東ドイツも同様だった。解放されたヨーロッパに関する宣言が保証したにもかかわらず、東ヨーロッパの国々が一つ一つソヴィエト連邦によって飲み込まれる中、西側連合国の国々あるいは初期のローズヴェルトの平和機構の国際連合が民族自決の権利を確保するためできることは皆無に近かった。ヨーロッパという境界がたちはだかった時でさえ、ソヴィエトは立ち止まらなかった。ソヴィエトの影響力は急速に中国そしてヴェトナムと朝鮮の一部へ拡大した。

　一九四六年三月、ヤルタ会談からかろうじて一年後、トゥルーマン大統領の勧めで、ウィンストン・チャーチルは、トゥルーマンの故郷であるミズーリ州のフゥルタンという町の小さな大学〔ウェストミンスター・カレッジ〕において、聴衆に向け演説した。そこでチャーチルは、彼の最も長く世に引き継がれる演説の一つを行った。「バルト海のシュテッティンからアドリア海のトリエステまでヨーロッパ大陸をまたがって鉄のカーテンが降ろされました」*4。一五年後、世界が冷戦に巻き込まれ、身動きの取れない中、そのカーテンは東西ベルリンを分断する現実の物理的な壁となった〔一九八九年ベルリンの壁が壊され、その翌年東西ドイツは統合された〕。

ヤルタ協定はぼろぼろに崩れたが、その主だった起草者たちがもっと多数存命して、協定を弁護していたら、協定の背後にあった意図の良さは一般の人々の記憶に残っていたかもしれない。ヤルタ後五年を経ないで、三人のアメリカの主たる参加者たちが死去した。ＦＤＲは一九四五年、ハリー・ホプキンズは一九四六年、エドワード・ステティニアスは一九四九年に亡くなった。その良さが記憶に残る代わりに、ステティニアスの補佐であり国際連合を組織するための最初の会議〔ダンバートン・オークス会議〕において事務総長を務めたアルジャー・ヒスがソヴィエトのスパイであるとして起訴された時、ヤルタ遺産はソヴィエトのスパイ活動の嫌疑で汚された*5〔ヒスは、サンフランシスコ会議で国連憲章の起草をした〕。一九四八年、じっと苦しんできたウィッテカー・チェインバーズが下院非米活動委員会において彼を糾弾した。しかしスパイ活動の出訴期限は切れていた。裁判においては、大陪審は二件の偽証罪——宣誓の下での偽証——のみでヒスを起訴した。彼は五年の刑を宣告された。ヒスの支援者たちは彼の潔白を主張し続けたが、後にＣＩＡが公開した資料は、ヒスが、一九三〇年代半ば以降、ヤルタの時期を通して、実際にソヴィエトのスパイだったことの決定的な証拠を明らかにした。とくにヤルタにおいて、ヒスがスパイ活動に携わったかどうか不明だが、ソヴィエト政府がアメリカ代表団の中枢に諜報員を有していたことが知られると、そのことはさらに会談の評判を落とすこととなった。

イギリスにおいては、ヤルタに対する激しい、大きな反発は、三人の連合国指導者たちによって署名された条約原案には実際にない決定によって引き起こされた。すなわち、数百万人ものソヴィエトおよび東欧の戦争捕虜たちおよび故国を追われた人々――何件かの場合、強制的だった――の本国帰還問題だった。多くが強制労働収容所へ送られたか、あるいは殺害されたのだ。一九八〇年、マーガレット・サッチャー首相はそれらの人々を追悼する記念碑を承認した。ヤルタ遺産に関する意見の分断を示す一例だが、元の記念碑は破壊に遭い、修復不能なほど破損された。一九八六年、それは建て替えられた。新しい記念碑はロンドンのヴィクトリア・アンド・アルバート博物館から通りを横切った小さな公園に立っている。

多くの人々からすると、戦後の時代と冷戦によって、ヤルタを、国家間、半球間、イデオロギー間の衝突における転換点だとする考えが強固なものとなった。実際問題として、ヤルタそのものを取り巻くクリミア半島の地域がロシアと西側諸国との緊張における地政学的な引火点であり続けていることは単なる偶然ではない。二〇一四年、プーチンによってウクライナからクリミア半島が奪取・併合されたのを皮切りに、再び敵意が燃え上がった。直ちに国際連合はこの行為を糾弾し、数多くの決議を採択した。直近の二〇一九年には、ロシア軍の撤退を求めたのだ。

しかし、地政学の根底には人間関係が横たわっている。一つの戦争の終わりともう一つの戦争の始まりの物語の中に絡んで、三組の父娘《おやこ》たちの物語もあるのだ――父親たちと娘たち、両者の関係は、両者が共に経験した歴史によって試され、強められたのだった。

多くの女性たちと同様に、三人の娘たちのそれぞれは、戦争が、日の目をみなかったかもしれない才能を発揮し、平時であれば彼女らに閉ざされていたと思われる役割に従事する、つかの間の時間を与えてくれたことを知ったのだ――セアラは空軍婦人補助部隊において、キャスリーンはジャーナリストとして、アナはホワイトハウスの側近として。戦争は、彼女らが彼女ら自身のものとは異なる習慣と伝統を有する国々へ旅する機会を与えた。女性の外交官がきわめてまれな時代に、外交要員として、彼女らは世界の指導者たちと並んでテーブルの席につくことができた。一握りほどの女性たちが一九二〇年代に発足したアメリカ外交局で勤めてはいたが、一九四九年、トゥルーマン大統領がヘレン・ユージェニー・ムーア・アンダソンをデンマークにおける使節団の長として任命した時、初めて女性が大使の任に就いたのだ。イギリスでは、進歩はもっと遅かった。一九四六年に至るまで、女性が外交の仕事に就くことは許されず、一九七六年になって初めて、イギリスは女性の大使を有するようになった[*6]――アン・ウォーバトンで、奇しくも同じくデンマークだった。

セアラ・チャーチルとキャスリーン・ハリマンとアナ・ローズヴェルトにとって、ヤルタは、とりわけ彼女たちが愛されたい、認められたい、評価されたいと焦がれていた父親たちにとり、彼女らが不可欠の存在となる好機となった。そこはセアラに、ウィンストンの頭脳の延長として手助けする人物となるチャンス、彼と「無言のうちに同調している」[*7]人物となる、すなわち彼の傍には彼の思考と感情のすべてを理解する人間がいるということを知らせて、彼を安心させられる人物となるチャンスを与えた。下げ振り糸を正確に垂直になるよう保ちながら、ウィンストンのレンガ積みの助手を務めていた時代以来、それはセアラが望んでいたことのすべてだった。キャスリーンにとって、そこはいつの日か父娘が「最もすばらしい存在になって最高の親友」[*8]になるだろうというエイヴレルの予言の実現の場だった。戦争は二人が予測していた以上に意義深い協力関係を築くチャンスを父娘に与えたのだ。アナにとって、父親とは閉じられたドアによって長年隔てられてきたが、戦争は、父親の傍にあって、父親に認められたいという生涯の夢をかなえる最後にして是が非でもものにしたいチャンスとなった。彼女は、子供時代以来、彼女の手をすり抜けてきた夢を手にしようと四半世紀近く待ちぼうけをくったものの、ほんの一時期、それを手にしたのだ。

戦後数ヶ月を経て、ウィンストンは物思いに沈んで回想しながら、セアラに名言を残した。「長く様々な経験を積んだ人生から、私がお前に残すことができる最も価値ある経験は、どのようにしたら好機を留《とど》めさせられるかを知ることだ」*9と彼は言ったのだ。彼の世故《せこ》にたけた経験をもってしても、彼の娘はおろか、ウィンストン・チャーチルでさえ好機を長続きさせることはできなかった。戦時の好機の窓が急速に開いたのと同じ速さで、窓は閉じられたのだ。世界は動き続け、父親たちと娘たちも世界の動きに合わせ動かねばならなかった。しかし、戦時の体験によって結ばれているかのように、その後何年も、これら三組の娘たちと父親たちは関わり合い続けるだろう。三人の女性たち全員は、戦争が後に残した見えざる傷の痛みを知るようになるだろう。その痛みは彼女ら自身と彼女らが愛する人々にかかわるものだったのだ。

一九四六年、ニューヨークに帰郷し、キャスリーン・ハリマンは、モスクワで外交官としての生活を送った後、自分が職業として外交の仕事に携わることに興味がない、との結論に達した。彼女は姉に、「忌々しいくらいお茶とクッキーを勧める仕事が多すぎるのです」*10と冗談にした。その代わり、キャシーは『ニューズウィーク』誌の記者《ジャーナリスト》として仕事を再開した。その間、一九四六年四月、ギル・ワイナントが大使の職を離れた時、エイヴレルは、短期間、ロンドンへ戻り、セント・ジェイムズ宮殿〔ロンドンのポールモール街《一般にペルメル街と表記される》のセント・ジェイムズ公園に隣接する、イギリス王室の公式の宮廷で、各国大使を迎える公式の場だった〕への大使の役割を担った。今回、キャシーは国内にとどまった。それはまことに妥当だった。エイヴレルはロンドンに五ヶ月間とどまっただけで、その一〇月、トゥルーマンの商務長官となるため帰国したのだ。

ロンドン滞在中、エイヴレルはパメラ・チャーチルとの情事を再び始めることはなかった。二人を結びつけた普通ではない環境はすでに過去のものとなり、エイヴレルは彼の妻、マリーと和解していた。そのころ時を同じくして、パメラはニューヨークで時を過ごすことが多く、そこで即刻親友のキャシーを見つけ出した。パメラはキャシーにお金に困っていると打ち明けた。彼女とランドルフは正式に離婚し、彼女はウィンストン坊やを育てつつ、家計のやりくりに四苦八苦していた。キャシーは、友人に同情し、エイヴレルのパメラとの金銭上の取り決めが継続していることを失念したか、それでは十分でないと判断したのだろう。理由がどうあれ、彼女は『ニューズウィーク』誌の給料の提供をパメラに申し出た。*11 パメラは喜んで受け入れた。

パメラはそれを公正な取り決め、一種の仲介斡旋手数料と感じていたかもしれない。というのも、キャシーに彼女が後に結婚する相手となる男性を紹介したのは、ほかならぬパメラだったからだ。ある晩、パメラがニューヨークに滞在していた時、彼女は、カリフォルニアのスタンダード石油〔一八八二年から一九一一年まで存続した石油産業の企業合同。反トラストの流れを受け、一九一一年、三三の新会社に分割〕の創設者の孫であり、建国の父のひとり、ジョン・ジェイ〔アメリカ独立戦争時には、外交官として活躍。連邦最高裁判所初代長官、ニューヨーク州知事などを務めた〕の子孫でもあるヘンリー・モーティマーとデートに出かけた。*12 二人はセント・レジスホテル〔ニューヨークのミッドタウンにある高級ホテル〕で待ち合わせた。パメラはキャシーを同伴し、ヘンリーは兄のスタンリーを同伴してきた。スタンリーはまたパメラと気軽なデートをしたことがあった。最近、彼は妻のベイブ・クッシングと離婚しており、彼女との間に二人の子供、スタンリー三世とアマンダがいた。ベイブは彼と別れて、パメラの数多くの求愛者たちのひとりであったビル・ペイリと結婚した。[*13] 彼はＣＢＳの会長だった〔小さなラジオネットワークからアメリカ有数の商業放送テレビ・ラジオのネットワークに成長させた〕。多くの男たちはパメラの魅力のとりこになったが、スタンリーはそうではなく、細身のブルネットのアメリカ娘に惹かれた。スタンリーとキャシーはいわばお隣同士だった。彼は、ニューヨーク州にある上流階級の住むタクシィードウ・パーク〔ニューヨーク州オレンジ郡にある歴史的な村、タキシードスーツの発祥地〕で育った。そこはアーデンハウスからさほど離れていなかったが、どういうわけか、二人は出会ったことがなかった。ほどなく、スタンリーは彼女に心を奪われた。一年半後、結婚式の招待状が送付された。[*14] 招待状を受け取った人々のなかには、トゥルーマン大統領、ハーバート・フーヴァー元大統領〔第三一代大統領〕、アイゼンハウアー、マーシャル、マッカーサーの各将軍、連邦最高裁判所判事全員、Ｊ・エドガー・フーヴァー〔アメリカ連邦捜査局（ＦＢＩ）の初代長官〕、フランシス・パーキンズ〔第四代アメリカ合衆国労働長官、大統領閣議の閣僚となった最初の女性〕、カナダ首相のマケンジィ・キング、多くの海外からの大使と閣僚、ヤルタ代表団のレイヒ海軍大将とチップ・ボーレンとジミー・バーンズ、そして、アンソニー・イーデンとピーター・ポータルとビーヴァーブルック卿、さらに当然のことながら、ウィンストン・Ｓ・チャーチル閣下を含むハリマン父娘《おやこ》のイギリスにおける数多くの友人たちがいた。しかし、ヨシフ・スターリンは参列していなかった。

キャシーとスタンリーが結婚生活に落ち着く間、エイヴレルは政府および公務の仕事を続けていた。彼はマーシャルプランのコーディネーター《調整役》、そして大統領の特別補佐となった。マーシャルプランとは戦後の西ヨーロッパの経済再建を促すために創設された一二〇億ドルの総合援助対策だった。一九五二年、彼は合衆国大統領候補を決める民主党の予備選挙に立候補した。彼の党の大統領候補指名者となることには成功しなかったが、一九五四年、かつてキャシーが熱をあげたことのあるフランクリン・Ｄ・ローズヴェルト・ジュニア〔ローズヴェルト大統領の四男〕を負かして、ニューヨーク州知事に選ばれた。一九五六年、エイヴレルはまたも民主党の大統領候補指名者となるのに失敗した。そして二度と選挙によって就く職に立候補することはなかった。しかし、彼は冷戦下における「賢人たち」の一人となり、ケネディおよびジョンソン政権を通して、顧問、無任所大使、長老政治家として務めた。彼は、北ヴェトナムとの和平交渉の間、ジョンソン大統領の代理人として職責を果たした。一九六八年、彼は、大統領委託の人権年祝賀委員会の議長に任命された〔一九四八年、第三回国際連合総会において採択された世界人権宣言から二〇周年を記念して行われた〕。アナ・ローズヴェルトが副議長だった。ヤルタ後、二人は生涯を通じ友人同士であり続けた。一九六九年、エイヴレル・ハリマンは大統領自由勲章〔アメリカ合衆国の国益や安全、または世界平和の推進、文化活動、その他の公的、個人的活動に対して贈られ、議会名誉黄金勲章と並び、文民に贈られる最高位の勲章〕を授けられた。

彼女の言葉通り、キャシーは政治と外交を父親に任せた。結婚後、彼女は世間の注目を引くことを避けた。その代わり、彼女は慈善活動（とりわけ彼女の母校であるベニントン・カレッジの理事会において）、スキー、彼女の愛する馬たちと猟犬たち、そしてとりわけ彼女の家族――夫のスタンリー、息子のデイヴィッドとジェイとエイヴレル（愛称はアヴィ Avie）、彼女の継子のスタンリー、アマンダ――に身をささげた。アヴィは、父親に狩猟を教えたのは、ゆうに八〇歳を超えても熱烈なスポーツウーマンだった母だった、と断言した。[*15]

慈善家として、キャシーはニューヨーク訪問看護サービス〔一八九三年に設立された、アメリカ最大の民間看護組織。ニューヨーク市の五つの行政区で活動している〕および幼児育成財団〔一八九九年、ニューヨーク市子供支援協会の補助機関として発足。子供の福祉と発達成長に注力する組織〕の理事を務めた。[*16] 短期間、エイヴレルの選挙運動に携わったことを除き、キャシーは、彼女の父親の最重要なパートナーとして、ビジネスにも政治にも二度とかかわらなかったし、戦時中の経験を滅多に語らなかった。多くの人々は個人としてチャーチルやローズヴェルトやスターリンと共にした冒険の物語を他の人たちと分かち合いたいという誘惑を感じるだろうが、彼女の世代の多くの人々同様、彼女は謙虚で、自分が目撃したことに対して慎重な態度をとった。彼女はとりわけ自分が重要人物だとは思わなかったのだ。[*17] また彼女の寡黙には実践的な側面があった。一九四六年、ニューヨークのベニントン・カレッジで行われたロシアに関するスピーチのなかで、それは彼女が公の場で戦争について語ったまれな機会のひとつだったが、彼女は、なぜモスクワ時代についてそれほど語りたがらないのか、その理由を述べた。「誰もが先入観を持っています」と彼女は説明した。「語りかけている相手となる聴衆は例外なく彼ら彼女らの特定の考えが裏付けられることを願っているのです――それらの考えが正しいにしろ間違っているにしろ、です。ある人々からすると、仮に私がロシアをならず者たちの国として描きそこなえば、私は共産主義者として強く非難されるでしょう。別な機会においては、仮に私がソ連は高貴な実験であるとの印象を創り出しそこなえば――私は自分がロシア叩きと呼ばれることを覚悟しなければなりません」。[*18]

その問題に関する彼女の感覚は、一九五二年、カティンの森虐殺事件に関する議会特別調査委員会の調査が行われていた間、下院において証言に喚問された際、正しいことが立証された。ソヴィエト政府がポーランド人士官たちを殺害した事実を彼女が故意に覆い隠したことを認めるよう、下院議員から非常に強い圧力がかかったにもかかわらず、キャシーは動じなかった。[*19] 彼女は、当時見て知りえた限りのことを報告した、と主張した。彼女は新しい、決定的な証拠を認めた。それは、疑いもなく、ソヴィエト政府が蛮行を犯したことを示すものだった。聴聞会後、彼女が再びその問題について語ることはなかった。そのような自制は、彼女の人生における異なった局面を区分けするキャシーの性向と合致するものだった。単に彼女は、彼女の現在の状況に関係がないか不快である場合、気にかけないことにし、先に進むことを選んだのだ。キャシーが父親とともに過ごした異常な時代と彼女が果たした特筆すべき貢献について、彼女はとても口が固かったため、彼女の息子たちは、戦争中、彼女がロンドンとモスクワにいたということ以外、ほとんど何も知らなかった。しかし、とある瞬間に、例えば、彼女が息子たちをベッドに寝かしつけ、「スパコィナイノーチ」[*20]――ロシア語で「おやすみなさい」――と安らかな眠りを願った時など、彼らは母の昔の人生を垣間見る思いだっただろう。二〇一一年、彼女が九三歳で死去した後になって、デイヴィッドは戸棚の奥にしまい込まれた貴重な手紙の束を発見した。[*21]それらの手紙は、戦時中、キャシーが姉に書き送ったものだった。これらの手紙の発見は、彼女の息子たちに彼らの母親である魅力的な女性を全く新しい角度から理解する機会となった。

キャシーはアナ・ローズヴェルトやセアラ・チャーチルと一生続く、親しい友人関係を築くことはなかったが、ハリマン家とチャーチル家が一人の特筆すべき人物によって結び付けられていることは避けようがなかった。パメラだった。一九七一年、二人が初めて出会ってから三〇年後、エイヴレルとパメラは、ワシントンDCにある『ワシントン・ポスト』紙の発行者、ケイ・グレイアムの家で催された晩餐会で再び同席することとなった。二人は長年顔を合わせていなかった。エイヴレルは寡夫で、彼の妻、マリーは前年に亡くなっていた。パメラは未亡人だった。数多くの情事を経た後、彼女は再婚していた。彼女の二番目の夫、アメリカ人で、ブロードウェイのプロデューサーだったリーランド・ヘイワードは亡くなったばかりだった。パメラは五一歳、エイヴレルは間もなく八〇歳だったが、爆弾があたり一面に降り注いだロンドンでの、あの運命の晩以来、時間は経過していないように感じられた。ロマンスの炎が再び燃え盛り、その年遅くに二人は結婚した。

キャシーのかつての親友は今や彼女の継母だった。あからさまには決して反目したものとならなかったが、パメラがキャシーの父親と結婚した後、二人の女性たちの関係は性格が変わった。パメラはイギリスの田舎で成長したが、ハリマン父娘が好むアーデンにおける素朴な田舎暮らしや運動の楽しみは好きになれなかった。もっと重要なことは、パメラが常に傍にいるので、キャシーは父親と二人だけで話すことがほとんどできなくなったことだ。[*22] この二人の女性たちの間の新しい力学をおそらく最もよく伝えるエピソードが、あるクリスマスに生じた。エイヴレルとパメラが昼食をとりにキャシーとスタンリーのアーデンの田舎家を訪れたのだが、キャシーはテーブルの上にオードブルを準備していた。彼女がパテを盛った皿を置いたちょうどその時、彼女の多くの愛犬たちの一匹がふらりと入ってきた。美味しそうなものの匂いを嗅ぎ分け、犬はテーブルに飛び乗り、パテをくわえた。すぐさまキャシーは向き直り、犬のえり首のあたりの毛をつかみ、顎をこじあけて食べ物を取り戻した。それから、ひと動作で、立ち上がり、パテをもとの皿に戻し、パメラの方を向いて、「私どもの美味しいフランス風パテはいかが」[*23]と言ったのだ。その時以来、彼女がキャシーの家に昼食に呼ばれた折は、パメラは自分に給されたものに対し疑念を持ち続けた。

その間ずっと、エイヴレルはパメラを熱愛し続けた。彼女はずっと年上の彼を若者のような気分にさせたのだ。二人は幸せな一五年間を共に過ごしたが、一九八六年、ついにエイヴレルが九四歳で死去すると、争いがないわけではなかった。彼の娘たちは暮らし向きがよいと述べて、彼は財産を彼の未亡人に残すと決めたのだ。そのころまでに、パメラはアメリカ国籍を取っており、彼女は主要な資金調達者として民主党内における有力者の一人となっていた。一九九三年、クリントン大統領は彼女をフランス大使に任命した。しかし、パメラは贅沢な生活志向を決してなくすことがなく、湯水のように金を使うことと投資下手のせいで、エイヴレルの莫大な遺産も急速に目減りした。ハリマン家の受託者の一員として、キャシーと姉のメアリは財産の不正管理のかどでパメラを訴え、最終的に示談となった。一九九七年二月、オテル・リッツ〔一八九八年にヴァンドーム広場に開業したパリの高級ホテル〕のプールで泳いでいる時、パメラは脳溢血を起こし、死去した。遺言書のなかで、彼女は二つの特筆すべき遺贈を行った。彼女は、一九三〇年、マリーとの新婚旅行の際、エイヴレルが手に入れた静物画の傑作であるファン・ゴッホの『バラ』をワシントンDCの米国ナショナル・ギャラリーに贈ると固く約束していた。彼女の遺言で約束は完了したのだ。そして、ハリマンの財産のなかで残ったものを彼女のただ一人の子供、ウィンストン・S・チャーチル二世とその家族に彼女は残した。

＊　＊　＊

FDRの突然の死と戦後世界への移行により、アナは見知らぬ領域へ投げ込まれた。彼女の成人後の全人生において、州、国そして世界を舞台に父親が君臨していたことが彼女のあり様を決めてきたのだった。今、何が彼女のあり様を決めるのか。シアトルに戻った後、アナとジョンは『シアトル・ポスト――インテリジェンサー』紙の仕事を再開しようと望んでいたが、すぐさま新聞の持ち主であるウィリアム・ランドルフ・ハースト〔二〇世紀前半の新聞王。ハースト・コーポレイションの創設者〕が二人をほとんど必要としていないことを知った。[*24] 以前二人は大統領の娘と娘婿だった。今や夫婦は、非凡な編集上の才能も経験もない、単なる二人の普通の人に過ぎなかった。新聞は二人を必要としなかったのだ。

アナとジョンは自分たち自身で創始することを決意した。新聞を一から立ち上げることは恐ろしくお金がかかったので、買収することに期待した。二人はアリゾナ州に『フェニックス・ショッピング・ニューズ』という無料の週刊紙を見つけ、裕福で影響力のある民主党員の友人たちから財政的な支援を受け、それを購入し、『アリゾナ・タイムズ』と名前を改めた。ほとんど間を置かず、二人は困難に陥った。第一に、二人は共和党色の強い町で民主党寄りの新聞を立ち上げたためだ。また、二人が買収した新聞社には印刷設備他の機械類がなかったので、それらを購入するため多額の資本を投入せざるをえなかった。合衆国における紙類および新聞印刷用紙の不足がこれらの問題に輪をかけた。[*25]何ヶ月かが過ぎていったが、購読者数は二人が期待していた割合では伸びなかった。投資者たちに金を返すことができず、夫妻は負債を負った。

その間、ジョンに問題が生じていた。戦争中配属が決まって以来、彼はまともではなかった。FDRの死後、アナ以上に、彼は自分自身の居場所を見つけようともがいていた。大恐慌の間、彼はジャーナリストとして成功していたが、自己不信で悩んでいた。[*26]彼が大統領に近づく手段となるただそれだけの理由で、人々は彼を評価しているのではないか、と彼は危惧していた。今、彼はだれそれの価値ある義理の息子ではもはやなくなっていた。彼女の人生における最愛の夫が鬱状態へどんどんはまってゆくのを見て、アナの心は打ちひしがれた。彼は彼女にとって他人となった。彼女はだれかに助けを求めてと彼に懇願したが、彼は拒んだのだ。精神分析医は「頭のおかしな人々」[*27]のためにいるのだ、と彼は強く主張した。ジョンが次第に不安定になるにつれて、アナは彼を恐れるようになった。彼女は、なにかしら心の落ち着きを得るため、しばらく離れてくれるよう、彼に告げた。[*28]彼がいない間、アナは二人の新聞の編集者および発行者の責務を引き受けて、債権者たちを食い止めようとした。

ジョンの鬱は、彼がローズヴェルトの死後、自分の存在意義を失なってしまったことのほかに、疑いもなく彼が北アフリカと地中海で軍務に就いていた間に目撃したことと関連があった。しかし、今までになく自分に正直になれた時、アナはジョンの問題がずっと以前に始まっていたことを認めたのだ。アナは戦争の初期にまでさかのぼる、苦痛に満ちた記憶の数々を抑え込んできていた。それらの記憶は、家族がシアトル近くのマーサー島〔シアトルの東のワシントン湖南部の中央に位置する、富裕層の住宅地〕に住んでいた時の、娘のエリーとかかわりがあった。後にエリーが回想しているように、アナが階下で夕食の支度をしている間、ジョン・ベティガーは、「私が一四歳か一五歳のころ、宿題をしていると、週に一度か二度、私の部屋に[*29]やってきていた。「ジョンは私のブラウスの胸側に両手を置き、私の胸をマッサージし始めたの」と彼女は説明した。エリーは「それが間違ったことだとは知っていたのだけれど、どうしたらよいのかわからなかった」。金切り声をあげれば、外にいるシークレットサービスの警備員が彼女の叫びを聞き取ってしまうだろう。そしてもし彼女の義理の父がそれ以上の挙に出れば、おそらく彼女はそうしていたかもしれない。その代わり、エリーは、「一人にして下さい、お父さん、済まさなければいけない宿題がたくさんあるのです」と彼に頼んだ。そして、やっと五分か一〇分して、彼は部屋を出て行ったのだった。その間ずっと、エリーは、アナがジョンを熱愛していたので、もし彼女が知ったら、母は打ちのめされるだろう、と危惧していた。それゆえ、母には話さなかったのだ。また、彼女の心の隅で、彼女がアナに話したとしても、「彼女は信じてくれないのではないか」と心配していたのだ。さらに、彼女の義理の父親の行為と彼女と彼女の兄弟たちがジョンに寄せる愛情と、二つの折り合いをどうつけるのか、彼女にはわからなかったのだ。なぜなら、ジョンは彼女にとって本当の父親であるカーティス・ドール以上に父親であったからだ。「大きな愛というものが存在したとしても」、そのような体験の後では、「恐怖のために脇へ置かれてしまう」とエリーは後に語った。

しかし、その間ずっと、アナは知っていたのだ。エリーには言わなかったが、密かに、アナは、彼の行為に関して、ジョンと対峙していた。彼女が対峙した時、彼は彼女に、「［エリーに］性について教えていたのさ」[*30]とそっけなく言った。アナはどうしたらよいのかわからなかった。判断力が麻痺して、彼女はなにもしなかった。ほどなく、エリーはサンフランシスコの寄宿学校へ――母親がヤルタにいた間、彼女はそこの生徒だった――その後、リード大学〔オレゴン州ポートランドにあるリベラルアーツ系の私立大学〕へ行った。アナは問題が収束することを期待した。しかし、エリーが休暇でアリゾナへ帰郷した時、彼女は心配になった。家にはインターコムがあった。[*31]夜、エリーには内緒で、彼女の年上の息子、カーティスの部屋のインターコムのスイッチを入れておくよう、彼女は息子に頼み、どこかの寝室からもの音がしたら、すぐにやってきて彼女のドアをノックするよう伝えた。幸いにして、ジョンはそれ以上エリーに「手品」をすることはなかった。ちなみに、「手品」とはエリーが使いたがった言葉だった。しかし、以後の彼女の人生を通して、彼女はその時の恐怖と虐待の記憶を抱き続けることとなった。

一九四八年、エリーはリード大学の同級生、ヴァン・シーグレイヴズと結婚し、ほどなく彼女自身の家庭を持つこととなった。一九四九年八月、エリーが第一子を出産する前夜、アナはエリーにジョンがしたことを知っていると告白した。エリーが述べたように、「ジョンは精神的に屈曲があり、時として不安定になる」、アナは「そのことを知っていたので、ジョンを恐れていたのだ」[*32]とエリーは理解するようになった。彼女の生涯を通して、アナは幾度も自分に一番近しい人々の間でどちらを選ぶか、選択を迫られる状況に立たされた。ヤルタにおいて、彼女は、父に最も近い同盟者であったウィンストン・チャーチル、そして父に最も近い補佐であったハリー・ホプキンズと父との関係を損なってでも父親を守らなければならないと感じた。ルーシー・マーサーの一件では、彼女は一方の親を裏切って、もう一方の親の秘密を守る立場に追い込まれた。ジョンとエリーの件では、彼女は、二度目の離婚となり、子供たちを根無し草にするより、彼女の夫を守り、結婚生活を守る決断をした。おそらくエリーが母親になろうとしているのを見たことがきっかけとなって、娘が母親を一番必要としている時に、彼女を守り損ねたことを恥じる気持ちにアナをさせたのだろう。その夜、エリーはアナが背負っていた重荷をついに理解した。エリーは心の傷と怒りを長々と述べることもできたが、この母親に対する新しい理解、そして自分自身も母親になるのだという大きな経験は、二人の女性の関係をこれまで以上に親密にした。[*33] 五年前、アナがヤルタから戻った時、彼女はエリーに、エイヴレル・ハリマンが彼女にプレゼントした子供を抱く母親の小さな粘土像を与えた。彼女は、娘の一八歳の誕生日のプレゼントとして、それを娘に贈ったのだ。最初、それを受け取った時、エリーは「小さなおかしな人形だ」[*34]と思った。アナのエリーへの告白、そして第一子の誕生の後、おそらくそれは新しい意味を持つようになったと思われる。今日に至るまで、エリーは、母の思い出の品として、粘土像を暖炉の上の炉棚にひときわ際立たせて飾っている。[*35]

一九四九年、アナとジョンは離婚した。新聞は失敗に終わった。アナはジョニーを連れてロサンジェルスへ行った。そのころまでには、アナと母親は和解していて、一年間、二人は『エリノアとアナ・ローズヴェルトのプログラム』というラジオ番組で共演した。一時、アナは『女性（The Woman）』というタイトルの雑誌を編集した。ほどなくアナはジョンが再婚し、ニューヨークの広告会社に職を得たことを知ったが、いまだ彼は精神科医にかかることを拒んでいた。一九五〇年のハロウィーン〔一〇月三一日の夜〕に、ジョンはニューヨークのホテルの窓から飛び降りて自殺を遂げた。アナの弟のエリオットが死体の身元確認を行った。アナとジョンの息子、ジョニーは一一歳だった。[*36]

一九五二年、アナは退役軍人管理局〔退役軍人に対する医療・年金・教育などの福利厚生のための行政機関。一九三〇年に局として設立され、一九八九年に昇格して現在は、退役軍人省〕の医師であったジェイムズ・ホールステッドと結婚した。夫妻はニューヨークへ戻り、アナは病院および医療センターのための広報の仕事に就いた。一九五八年、夫妻は新たな大胆な冒険に乗り出し、二年間、イランに引っ越して、そこで、フルブライトの補助金を受けた客員教授として、ジム〔ジェイムズの愛称〕は病院設立を手伝った。夫妻が合衆国へ戻ると、アナは人道主義的な仕事に没頭し、彼女の父親と母親が残した精神的遺産を広めるのに貢献した。彼女の母は彼女自身の力で一家をなしていたのだ。FDRの死後、エリノアは国際連合総会への代表団員として、また国際連合人権委員会のアメリカ代表〔総会で人権委員会に参加した。委員長に選出され、「世界人権宣言」の起草にかかわった〕として務め、一九六二年、死去した。一九六三年、ケネディ大統領はアナを「市民による女性の地位向上諮問委員会」に任命した。そして、彼女の母親の志を継いで、彼女はエイヴレル・ハリマンの「人権遵守《じゅんしゅ》に関する大統領委員会」〔ハリマンは、この委員会の議長を務めたが、一九六三年に、政治担当の国務次官に昇格〕に加わった。これらの役割において、アナは父親を支えるのか、あるいは母親を支えるのか、もはや選択する必要はなかった。彼女は二人の人生と業績を褒めたたえることができたのだ。その後の人生において、アナは世界市民であり、人権改善の唱道者であり、そして大きな問題であれ小さな問題であれ、世界的な問題に関する議論への熱烈な参加者であり続けた。

　アナが職業的な成功を成し遂げている間、またジム・ホールステッドとの結婚生活においても、一九四五年のヤルタからの帰国に続く数週間が常に彼女の念頭を離れなかった。折に触れて、彼女はFDRの最後の年をめぐる物議をかもす議論の真っただ中にいたからだ。アナは常に彼女の父親とその遺産を守ることに躊躇しなかった。ヤルタに関しても同様だった。冷戦中、ヤルタ会談は政治の駆け引きとなり、批判のおあつらえ向きの対象となった。共産主義支持などおくびにも出したくない人々は、東方の敵に過度の同情を示したとして、ローズヴェルト政権を非難した。例えば、一九五一年、ウィリアム・ハワード・タフト大統領〔第二七代〕の息子であり自分自身も当選の見込みのある立候補者であった共和党の上院議員、ロバート・タフトは、共和党の指名を受けようと立候補を模索していた時、そのような考えを広めはじめた。アナは直ちに「ヤルタ会談に関する不正確の数々、当てすりの数々、さらに一部だけ真実の発言の数々」[*37]を訂正するよう、彼に手紙を書き送った。彼女は父親ばかりでなく、エイヴレル・ハリマンとハリー・ホプキンズも弁護したのだ。[*38]

また、彼女の父親の健康の問題があった。数年おきに、医学の専門家と称する輩がローズヴェルトの死の新説と称する「下卑た資料」[*39]を出版したものだった。彼らは、スターリン流の毒による陰謀説とまでは行かなかったが、一連の脳卒中から癌性脳腫瘍まで、ありとあらゆる診断を死後の彼に下したのだ。彼の死後間もなく、FDRの医療記録が不可解にも紛失したので（ロス・マッキンタイア医師が手を貸したのではないかと疑った人々がいた）、様々な噂を鎮静化する決定的な手段がなかった。最終的に、アナは、死の原因も含めて、FDRの最後の年の健康状態に関する決定版となる説明を執筆するよう、ハワード・ブルーン医師に勧めた。一九七〇年、ブルーンは『内科年報（The Annals of Internal Medicine）』に「フランクリン・D・ローズヴェルト大統領の病と死に関する医学的報告書」と題する論文を発表した。激しい痛みを伴う心不全を患ったのち、FDRは広範囲にわたる脳出血で亡くなった。ブルーンは論文で述べているように、医師として、ローズヴェルトの心臓疾患が脳の機能を妨げたとか、あるいは大統領がその能力の全力をあげて職務を遂行するのを妨げた、とは決して思っていなかった。アナはブルーンの論文が「適切で重要だ」[*40]と感じ、ブルーンがついにその問題に決着をつけたことに感謝した。

彼女の父親が死去してかなりの時を経た後でも、アナはFDRの世界にとって重要な議論の真っ只中にいることを好んだ。彼女の子供たちが、引退後、アナとジムが住んでいたニューヨークのヒルズデイル〔ニューヨークの北方一七〇キロメートルほどの所に位置する町で、歴史地区は、アメリカ合衆国国家歴史登録財に指定されている〕に訪ねてきた時、彼女は家庭料理を作ってもてなした。*[41] 料理がガスレンジの上かオーブンの中にある間、再び若い娘に戻ったかのように、彼女はタバコを手に——政治そして世界の問題について会話に加わりたくてたまらない一方でいつもどことなく端にいる様で——キッチンと居間の中間にあたるドア口にやってきたものだった。

一九七五年、ヤルタ会談から三〇年後、アナは咽頭癌のため六九歳で死去した。これら三組の家族の常に関係しあう性向のもう一つの例として、彼女の死後、彼女の夫ジムはハリー・ホプキンズの娘ダイアナと結婚した。亡くなる少し前、アナはニューヨーク市にあるハンター・カレッジ〔一八七〇年創立。一九六四年以降共学となる。女性教育の伝統を堅持する名門大学〕で聴衆に向かい、彼女の人生と彼女の両親についていくつか考察を話した。彼女は自分がFDRを崇拝していることについて何ら遠慮することなく正直だった。「私の父に対して、父の生涯を通じて、私は最大の賞賛と愛情を抱いていました。そして、父を喜ばせたい、父に認められたいと強く願っていました」*[42]。彼女の息子ジョニーが述べたように、アナの夫たちのひとりひとりが、「他に抜きんでて彼女が本当の本当にそして最大の献身を寄せた一人の男がいたことに、それとなく気が付いていた」*[43]のだ。アナにとって、彼女が父と過ごした時間、そして彼女が大切にした父の思い出の数々は常に「彼女の人生の宝物」だっただろう。

＊＊＊

一九四五年七月の総選挙の衝撃の後、ウィンストンは地滑り的な敗北を受け入れようともがいていた。彼は自分には休暇が必要だとわかっていた。陸軍元帥のハロルド・アリグザンダーはイタリアのコモ湖畔に家を所有していた。彼は九月の一ヶ月間の休暇を過ごす静かな避難場所として、そこを提供するとチャーチルに申し出た。前首相は喜んで受け入れた。彼は、様々な新聞そして政府の仕事の詰まったレッドボックス〔イギリス政府の閣僚やイギリス君主が政府文書を運ぶために使用する赤い革で鍵付きの、自分専用の箱〕の代わりに、キャンバスと絵筆を握り、静かに絵を描きながら数週間を過ごすことになるだろう。しかし、彼にとって新しい世界の中に進んで行く際、一ヶ月間を一人で過ごしたくはなかった。クレメンタインは多忙すぎて彼のお供ができなかった。彼女はロンドンの新しいフラットの支度をしていたうえ、チャートウェルに帰るのに備えて準備をしていた。ウィンストンは不確かな未来について思いを巡らしながら、またも、セアラに目を付けた。父娘は二人で共にする最後の旅行をすることとなった。

セアラが彼のお供の相手として自分を選んだことを知った時、「溜まりに溜まった涙があふれだした」[*44]。彼女はまだ空軍婦人補助部隊員として現役で勤務しており、その年の遅くまで除隊にならなかったが、彼女にすることはほとんど何もなかったため、彼女の上官は「今回は公式ではなく、単に彼の娘として」、父親に同伴するため彼女に休暇を与えた。ウィンストンが絵を描いている間、セアラは静かに黙考しながら暖かな陽だまりの中で父の傍に座り、共に過ごせる幸せをかみしめていた。休暇が終わりに近づいた時、ウィンストンはクレメンタインへの手紙に、「セアラと一緒にいるのは喜びだった。彼女はとても思慮深く、機知に富んで、おもしろく、かつ陽気だ。彼女がいなかったら、ここでの滞在は台無しになっていただろう」[*45]と書いた。セアラが傍にいたので、ウィンストンは人生の新局面になじみ始めた。ある晩、コオロギが夜の涼しい大気のなかで鳴く中、「私は幸せな一日を過ごしたよ」[*46]と彼はセアラに語ったのだ。彼が前にそのようなことを述べて以来、どのくらいの年月を経たのか、セアラは忘れてしまっていた。

一九四五年一二月、ついにセアラが空軍婦人補助部隊から除隊になった時、彼女は舞台へ戻ろうと思っていた。しかし、一本の電話がすべてを変えた。映画に出演することは彼女には決して魅力的に思えなかったが、イタリアの映画監督、マリオ・ソルダーティ〔イタリアの小説家、映画監督、脚本家〕が彼女を彼の映画『ダニエレ・コルティス』〔一九四七年公開〕の主役にしたがったのだ。最初、セアラは、戦争が終わってまだ間もないのに、以前の敵国の中で仕事をすることに気づまりを感じたが、父親は彼女に役を引き受けるよう促した。「敗者を助けるのは勝者の務めの一部だよ」[*47]と彼は彼女に語ったのだ。イタリア映画と首相の娘の共演は一種の文化横断的な癒しを表した。しかしそれはまた彼女が彼女の愛する人々――彼女の家族、そしてもちろんギル・ワイナント――から離れることを意味した。

一九四五年一〇月、セアラとヴィック・オリヴァーとの結婚は正式に解消された。書類が届けられた時、セアラは両親と家にいた。彼女の父は彼女を手招いて、自分の座っているところへ部屋を横切って来させ、彼女の耳元に「自由だ」[*48]とささやいた。しかし、セアラは、自分は本当には自由でない、と落ち込んだ気持ちを抱いていた。「その瞬間、私は幾分自由ですが、他の誰かの犠牲での自由なのです」と彼女は後にイタリアからウィンストンに書き送った。彼女は続けて、「私は私を愛する人を傷つけずにはいられないようです」と父親に語ったのだ。ヴィック・オリヴァーは、役者としても夫としても、セアラの気持ちとは裏腹な行動をしたが、セアラは二人の結婚が破綻したのはなにかしら自分の責任だと感じていたように思える。彼女はまたギル・ワイナントとの戦後の関係を不安な目で見始めた。一九四四年半ば、セアラはワイナントについて漠然とした不安を抱き始めるようになった。その当時、彼の息子はいまだドイツの捕虜だったが、彼女がハリー・ホプキンズに「あなたと私二人だけの話ですが、彼は調子がよくないように思います……でも私がそう言ったとは伝えないで下さい」[*49]と書き送った際、おそらくセアラは捕虜の件以上のものを感じ取っていたように思える。セアラが『ダニエレ・コルティス』の撮影を終えた時、ワイナントは彼女に会いにイタリアへやってきた。彼は大使の職を辞し、戦時の回想録を執筆するため故郷のニューハンプシャーへ戻っていた。しかし戦争中、強烈な人生を送った後で、ワイナントは平和時の静けさに適応しようと努めつつ苦闘していた。妻とは疎遠になり、借金をかかえ、ワイナントは非常に意気消沈してイタリアへやってきて、セアラとの関係をよみがえらせようと必死だった。彼女の母親がいつ帰国するのかと手紙で尋ねた時、「ギルが私をとても必要としているのです——彼の本の校正の手伝いとか——彼は本に対する情熱を失ったのです……彼はとても具合が悪く、絶望していて、本のことで疲れ切っています——ですから、まずそのことをなんとかしなければなりません」[*50]とセアラは返事を出した。彼女が二人の関係についてさらに思いを巡らすことより先に、彼の回想録が「失敗作になってはならない」と彼女は心に決めたのだ。戦争の回想録をめぐって苦闘しているのはワイナント一人ではなかった。彼女の父親も自分自身の回想録に関して編集者と闘っていた。「ほんの少数の人たちにだけ耳を傾けて下さい」と彼女はウィンストンを勇気づけた。「この本にあなた自身の心にあることを書いて下さい」[*51]。

セアラは彼のやる気を引き起こそうとして熱心にワイナントの手助けをしたが、彼と結婚する段になると、それは彼が長い間望んでいたことだったが、彼女は、はい、と言えなかった。彼女は初めて自分自身の力で世に出ていた。彼女は彼を愛していたが、再婚には応じられなかったのだ。ワイナントは失望のうちに帰国した。

一九四七年一一月一九日、セアラは二年間のうちに二度目のセントポール大聖堂における追悼式に参列していた。ロンドンはもう一人の最愛のアメリカ人、ワイナントの死を悼んでいた。二週間前、彼の回想録がまさに出版された日、ワイナントは彼の成人した息子の昔のままの寝室に鍵をかけて閉じこもり、ピストルを取り出し、自殺した。[52] 王立空軍のオーケストラが〔エドワード・〕エルガー〔イギリスの作曲家で、二〇世紀初頭に活躍。『エニグマ変奏曲』や『威風堂々』で知られる〕の『エニグマ変奏曲』の人の心をかき乱す旋律を奏でる中、[53] セアラは、ワイナントの死は自分の落ち度だ、自分が彼との結婚に同意していれば、彼を鬱状態から救えたかもしれないのに、[54] と感じていた。そのことは、自分は自分が愛する人たちに不幸をもたらさざるをえないのだという彼女の想念を一層強めた。

ほどなくセアラは再び愛する人を見出した。今回はイギリスの上流階級や有名人を専門とする写真家のアントニー・ビーチャムだった。一九五一年、ジョージア州のシー島のザ・クロイスター〔ジョージア州沿岸のリゾート地の諸島の一つにある高級ホテル〕で休暇中に、二人は駆け落ちする決心をした。しばらくの間、セアラは新たな愛と職業上の成功の突然の訪れで舞い上がった。彼女とアントニーはロサンジェルスへ移り、そこで彼女は大躍進を遂げた——映画『ロイヤル・ウェディング』〔一九四七年のエリザベス王女とマウントバッテン公爵の結婚に乗じて作られた映画で、一九五一年公開。封切り当時の邦題は『恋愛準決勝戦』〕で、彼女の子供のころからのアイドルで、ハリウッドの伝説にしてダンスの名手であるフレッド・アステアと共演したのだ。その年、彼女の幸福を一〇〇パーセント完全なものにできなかったことがあるとしたら、彼女の父親が二度目の首相に就任した時、ダウニング街一〇番地への復帰を祝うため、彼女の父親の傍にいられなかったことだろう。彼女が家に戻った時はいつでも、彼女が最初に会いたかったのは父親だった。三つの階段を飛ぶように一気に駆け上がり、「ワーォ、パパ！」[55] と叫びながら彼の部屋になだれ込んで、彼の足元に丸くなって座りこんだものだった。彼の顔は輝き、戦争中そうであったように、父娘《おやこ》は語り合い、笑ったのだ。

しかしセアラの幸せは長くは続かなかった。一九五七年、たった六年間の結婚生活の後、ビーチャムは睡眠薬の過剰服用で自殺した。彼の死後、セアラは彼女の心の痛みを理解する人から思いやりのこもった短い手紙を受け取った。「人生は人にとてもつらくあたることがあります（新聞とかその類も含めて）、けれど、あなたのことを知っているので、私はあなたがそれに打ち勝てることもわかっています[56]」とアナ・ローズヴェルトが書き送ったのだ。

それは運命のぞっとする急転であり、戦時中の犠牲がその後も出続けていることを思い起こさせるものだった。戦争が精神衛生に与える衝撃は、当時はほとんど知られていなかったが、三人の娘たちを含む、多くの者たちに影響を与えた。彼女たちは、戦後、このような悲劇的現実をも共有した。鬱状態と自殺は彼女たちが愛した者たちを襲った。ジョン・ベティガーは北アフリカと地中海において陸軍の士官として、アントニー・ビーチャムは太平洋において官選戦争芸術家《ウォーアーティスト》として、二人は戦争中の体験に深く影響を受けた。[57] 一九六九年、キャシーの夫スタンリー・モーティマーもまたショットガンで自殺を試みた。スタンリーは何年にもわたって双極性障害で苦しんでいた。[58] 南太平洋において海軍偵察機の偵察を務める少佐としての戦争体験は、特に彼の親友が戦死した後で、この精神状態を悪化させることに一役買ったと思われる。スタンリーはまた早期発症のアルツハイマーと誤診されて苦しめられた。彼の鬱状態の治療がアルツハイマーを悪化させたかもしれない。特筆すべきことに、手遅れになる前に、キャシーがスタンリーを見つけ、彼の命を救っている。彼は回復し、一九九九年彼が亡くなるまで、その後三〇年間、彼とキャシーは共に暮らした。

アントニーの死後、セアラは螺旋状の落ち込みに陥った。彼女は飲酒過多となり、公の場における酩酊と公序良俗に反する行為とで二度逮捕された。果たして彼女はスイスで治療を受けることとなった。俳優業から遠ざかり、スペインで彼女は落ち着いた生活を送るようになった。そこは、そのようなことが起こるとは一番期待できないところだったが、彼女は生涯で最愛の人に出会った。同じくイギリス人の国外居住者で、第二三代オードリ男爵、ヘンリー・トゥシェ‐ジェソン〔一三一三年に創設されたイギリスの男爵位の末裔〕だった。セアラ同様、彼は赤毛で、四九歳、結婚歴があった。悲しいことに、彼は脳卒中を患い、体の機能の一部が麻痺し、自分の手で名前を書く以上のことはできなかった。双方の不完全さにもかかわらず、あるいは不完全さゆえに、二人は深く愛し合うようになった。ヘンリーがセアラにプロポーズした時、彼は彼女の父親に次のようにしたためた。「私が差し上げられるものはほんのわずかだとわかっております。それでも、閣下、私はセアラを愛しています。私は彼女の美しさ、彼女の悲しみ、そして彼女の持って生まれた善良さゆえに彼女を愛しているのです。もし私が彼女に平穏、刺激……そして彼女の意に沿いつつ彼女に幸せをもたらすかもしれないものであるなら何であれ、すべてを与えることが私に許されるのなら、その暁には、私にとって私自身の人生は完全に全うされたこととなりましょう」[*59]。

愛と幸せにあふれた、至福の一五ヶ月間の結婚の後、再びセアラの呪いが襲った。ヘンリーが脳出血で死去したのだ。三ヶ月後、彼女の姉のダイアナが自殺した。二重の悲劇の連打で打ちひしがれて、セアラは再び飲酒を始めた。彼女はアフリカ系アメリカ人のジャズシンガーで芸術家のロボ・ノーチヨ〔第二次世界大戦に従軍後、ヨーロッパに定住し、ジャズ歌手、画家として活躍。一九五〇年フランスの市民権を獲得〕とつかの間のロマンスを持ったが、長くは続かなかった。一九六五年一月二四日、彼女の最愛の父親が九〇歳で亡くなると、彼女を悲惨にする要因はすべて出そろった。

ウィンストンが亡くなった時、彼の魂の一部が彼女の魂に乗り移ったかのようだった。というのも、悲しみと折り合いをつけつつ、彼女は執筆を始めたのだ。彼女の父親と同様、彼女はすでに熟達した画家だった。今や、彼女は、一九五三年、ウィンストンにノーベル賞をもたらした文筆という媒体に邁進した。ウィンストンが、歴史の中における自分自身の立ち位置を含めて、歴史について書いたのに対し、セアラの書き物は心を探求した。彼女の最初の本、『つづれ織りの糸』は彼女の父親と歩んだ自分の人生に関する洗練された、主情的な考察で、一九六六年に出版された。翌年、彼女はおとぎ話の本を出版し、その後、二冊の詩の本が続いた。

セアラに自分自身の子供はいなかったが、彼女の姪たちと甥たちは彼女を深く敬慕した。彼女の姪シーリア・サンズ〔Sandysと綴り、サンズと読む。ダイアナが再婚した保守党議員Lancan Sandysはこの家系の男爵〕にとり、彼女はとても素晴らしいプレゼントを持って突然現れる「妖精のような名づけ親[*60]」だった。ロンドンの劇場で上演された『ピーターパン』に主演し、極細のワイアにつるされて空中を飛んだ時、彼女は子供たちを魅了したのだ。しかし、時のたつにつれて、子供たちは彼女の苦悩の深さを知ることになった。セアラは短期間のうちに続けざまに多くの人たちを――ワイナント、ビーチャム、オードリ、彼女の姉、そして最後に父親――失ったため、心の痛手から完全に立ち直ることはなかった。しかしそれでも彼女は未来をみようと前向きだった。一九八一年、セアラは最後の一冊、『踊り続けて』という題名の彼女の人生の回想録を出版した。それは彼女の個人的なマントラ〔心を落ち着かせるため、仏教徒あるいはヒンドゥー教徒が繰り返し唱える呪文〕だった。

セアラは彼女の父親から非常に多くのものを受け継いでいたため――彼の知性、彼の気骨、彼の情熱、そして言葉と言語に対する彼の類まれな能力――時代が時代であれば、彼女が彼の政治的な後継者となった姿を思い浮かべるのは不可能ではない。実際、彼女は政治家という職業に満足を見出したかもしれない。そこでは、彼女が戦争中に発見した、他を圧するより大きな目的意識が惨事を乗り越えて彼女を駆り立てたかもしれないのだ。しかし、数々の悲劇、個人的な葛藤の数々、そして自分を愛してくれた人たちに不幸をもたらすとい張り裂けるような思いにもかかわらず、彼女の姪のシーリアが請け合ったように、セアラは彼女を知るすべての人々にとって「本当に魅力的で」、「才能豊かな利発な」[*61]人だった。後にある女性がセアラの妹のメアリに語ったように、「セアラと一緒に仕事をして、彼女を知っていた私たちの仲間は、彼女の多くの才能が十分に認められていなく、当然伸ばされるべきほどには、多分、伸ばされていなかった、ときっと感じるでしょうが、しばしば困難な時期に彼女が見せた陽気さと勇気は私たちを奮い起こす刺激でした」[*62]。彼女が語ったことは何年も前にパメラがセアラについてキャシーに書き送ったこととほぼ同じ内容だ。

しかし、セアラといえども永遠に踊り続けることはできなかった。ついにアルコールが本性を現したのだ。彼女の人生の終わり近く、セアラは自分が死につつあるという事実を受け入れた。彼女がある友人に語ったように、「パパが待っていることを知っているから、私は死ぬことを気にしないわ」[*63]。彼女の人生で彼女にかかわったすべての並外れた人々の中で、彼女の父親は常に最も輝く星だった。ウィンストンにとっても、その気持ちは同じであったことに疑問の余地はない。セアラの姪のシーリアが後に述べたように、「彼女は私の祖父のお気に入りの子供だったと確信しています」[*64]。一九八二年、セアラ・チャーチルは六七歳で死去した。

＊　＊　＊

年月が経過し、東西関係の満ち引きに応じてヤルタ会談の盛りだくさんの遺産が進化し続けるにしたがって、世界大戦と冷戦のはざまのこの転換点に、キャスリーン・ハリマンとアナ・ローズヴェルトとセアラ・チャーチルが同席していたことを思い出す人はまずいないだろう。彼女たちを思い出す人たちがいたとしても、ヤルタ後四〇年以上たって、スパイであったアルジャー・ヒスが自己弁護の回想録〔『汚名　アルジャー・ヒス回想録』井上謙治訳、晶文社、一九九三〕で綴ったように、「カントリー・ハウスのパーティのような雰囲気を作り出すのに役立ち、客たちはすし詰めの状態にも快く我慢していた」[65]家政婦ないしは女主人役程度にしか三人の娘たちを認めなかったのだ。歴史家が三人の娘たちを引き合いに出す場合、それは、アナが述べているように、「埋め草」[66]〔雑誌や新聞の余白を埋めるための短い記事〕としてだけのためだった――寝室の不足あるいはトコジラミの横行に関する気楽な報告の類――第二次世界大戦の最終盤の日々における複雑で悲劇的とさえいえるエピソードに軽みを入れるためのものだった。これらの歴史上偉大な男たちの人生および彼らの途方もない政治的影響力を探求する際、他の多くの人々と同じように、彼らも父親であったことを忘れがちだ。戦時下にあった世界の要請の数々にもかかわらず――あるいは要請ゆえに――、これらの父娘の関係は父娘たちの全人生において最も意義ある関係の一部をなしていたのだ。

ヤルタは多くの者たちが期待していたような連合国間の連携の頂点ではなかったが、三人の女性たちにとり、それは彼女らの人生のハイライトの一つだった。最近では、選挙で選ばれた指導者たちの子供たち――とりわけ指導者たちの娘たち――が世界の舞台に登場することは以前より普通のこととなったが、ヤルタの時代においては、それは前例のないことだったのだ。戦後の世界は彼女らのことを忘れるかもしれないが、たとえほんの一時のこととはいえ、三人の娘たちは彼女らの父親のパートナーであり擁護者であり信頼のおける相談相手となった好機を決して忘れないだろう。いつものように、セアラが最もうまくそのことを言いえていた。テヘラン会談の後、彼女が父親に書き送った雄弁な言葉はそのまま――おそらくテヘラン会談以上にかもしれないが――ヤルタに関する彼女の気持ちにもあてはまる。「愛しい、愛しいパパ、私が生きている限り、私たちが経験した素晴らしい、素晴らしい旅のことを決して忘れないでしょう――年月が経てば、それらの偉大な出来事の華麗さや色彩はくすみ、他の記憶と混じりあってしまうかもしれません――でも私は決して忘れないでしょう……このことすべて、さらにそれ以上の多くのことを私は永遠に心に留めておきます」[*67]と彼女は書き送ったのだ。

謝辞

この本を執筆する喜びは、私の人生を彩り満たした素晴らしい人々でした。この本は、似つかわしくも、一軒の書店、歴史専攻大学院生転じて金融アナリストとなった私が以前勤めていたオフィスのロビーにあった「世界で唯一のウィンストン・チャーチルに関する書店」であるマンハッタンのチャートウェル書店から始まったのです。所有者のバリ・シンガーは、彼の宝物に囲まれて午後の紅茶を楽しむ私を歓迎してくれ、親切にも国際チャーチル協会の専務理事を務め、最も思慮深く寛大な友人であり情報源でもあるリー・ポラックに紹介してくれたのです。今度はリーが、国際チャーチル協会の雑誌『最上の時』の編集者であるデイヴィッド・フリーマンに私を紹介してくれました。チャーチル家が初めて研究者に公開するようになったセアラ・チャーチルの文書類に関する論文を書きませんか、と私に声をかけてくれたのはデイヴィッドでした。「あなた自身の最初の本のための企画を探しているのであれば」と彼は言いました、「これは一考に値するものかもしれない」と。私がこの旅に出ることにいざない、勧めてくれたことに対し、私はこれからもずっとあなたに感謝し続けます。

私は非常に運がよく、大西洋の両岸で、とりわけこの物語の中心となる父親たちと娘たちの家族から、たいへんなご支援をいただきました。

チャーチル家に感謝します。特に以下の方々に。ランドルフ・チャーチル。彼は私たちが初めてお会いした際の会話の時から私を力づけてくれました。エマ・ソウムズ。彼女は、それらの文書類が一般に入手できるようになる以前に、チャーチル・アーカイブズ・センター所蔵の彼女の母、メアリの文書類を私が調べることを親切にも許可してくれました。ジェニー・チャーチル。彼女の限りない関心と協力に対して。そしてシーリア・サンズ。彼女の素敵な思い出に対して。また、以下の方々に心から感謝します。ウィリアムズ女男爵。彼女がチャーチルの秘書として在職した期間中のウィンストンとセアラに関する素敵な回想の数々は二人を生き生きと私に蘇らせてくれました。ヒューゴウ・ヴィカズ。彼は親切にも私をウィンストン・チャーチルの姪で、アンソニー・イーデンの未亡人でもあるエイヴァン伯爵夫人に紹介してくれました。そして、国際チャーチル協会の会長であるローレンス・ゲラー。彼が計り知れない情熱を傾けてこの企画を支援して下さったこと、そのほか多くのことで恩恵をいただきました。

アメリカ側では、ローズヴェルト家の二人の特筆すべき方々——アナ・ローズヴェルトの子供たちのエリー・シーグレイヴズとジョン・R・ベティガー——は二人の母親と祖父の深く感動的な思い出を語ってくれ、私は涙を誘われました。あなた方の時間、お話、写真、信頼、親切、そしてご厚意に感謝します。また、ウィリアム・ヴァンダン・ヒューヴァル大使に特に感謝いたします。

そして、モーティマー家、とりわけデイヴィッド・モーティマーとセリー・ワンガー、エイヴィとギギ・モーティマー、アマンダ・バーデンとキティ・エイムズには感謝しても感謝しきれないほどお世話になりました。デイヴィッド・モーティマーは、私が彼の驚くべき母親と祖父を理解するうえで、並々ならぬご尽力をいただきました。この企画が実を結んだのは彼のお陰です。私をあなた方の暮しに迎え入れて下さったことに対し、言葉では感謝の気持ちを十分に表しきれません。あなたの友情に対し、これからもずっと感謝し続けることでしょう。またジョージタウンにおける調査の手助けをしてくれたキャスリーンの孫のニック・モーティマーにも感謝します。そして、エイヴレルとキャスリーンの愛情のこもった思い出を分かち合ってくれたピーター・ドゥーチャンに感謝します。

歴史家は、公文書保管所の資料およびそこの優れた文書係の助けがなければ、物語に生気を与えることはできないでしょう。私は以下の方々に感謝します。ケンブリッジ大学チャーチル・コリッジのチャーチル・アーカイブズ・センターの比類なきアラン・パックウッドと彼のチーム。米国議会図書館の文書係の皆さん、とりわけパトリック・カーウィン。また、スプリングウッドの舞台裏ツアーの機会を与えてくれ、私がアナ・ローズヴェルトの子供時代を十分に理解できるように取り計らってくれた、フランクリン・D・ローズヴェルト図書館のパトリック・フェイとデアラ・ベイカー、同様に国立公園部の皆さん。クレムソン大学のジェイムズ・ブルーン文書に関して時宜を得た手助けをして下さったジェイムズ・クロス。また、ローズヴェルト協会に感謝します。協会の助成金は若い歴史家たちが文字通り一層の努力をすることを可能にします。

大学図書館の豊富な資料に加えて、シカゴの北岸の素晴らしい図書館組織網、とくにグレンコウ、ウィネトカとウィルメト図書館を利用できたのは私の幸運でした。また、ユニヴァーシティ・クラブ・オブ・シカゴ〔一八八七年、ハーヴァード、イエール、プリンストン大学などの卒業生が、卒業後の交流を促進するため設立した同好会〕とジョージ・ウィリアム・プライスに感謝します。

私は最上の指導者たちに恵まれて幸運でした。サー・デイヴィッド・キャナダイン教授は研究の最初と最後のいずれの時も、非常に洞察力のある助言と指針を与えて下さいました。私の学部、大学院生時代の指導教官のニール・ファーガソンとデイヴィッド・レナルズ両教授は常にかけがえのない存在です。ジュリアンとエマ・フェロウズとは、歴史、物語、そして人生について、私は多くのとても楽しく示唆に富む会話を堪能しました。そして私ががむしゃらな学部生だった時以来、とりわけこの企画の初期に、デイヴィッド・ブルックスはこころよく時間と助言を与えてくれました。

私の数多くの研究調査旅行に際し、私を家に迎え入れてくれた、以下の友人たちに感謝します。マリサ・ユー、ハーディク・グプタ、フィリィプ・ヴルデリヤ、イーアン・モウク、そしてとくにキャロリン・コスティンとテド・ライト。また、以下の方々に感謝します。大統領顧問団作戦本部室のフィル・リード。執筆に関する最上の助言をして下さったジョージャー・ディリバート。心臓病学の知識を教えて下さったオースティン・カルヴァー医師。衣料関連の知識でお世話になった、ブルヴァデイエ〔略称のBLVDierを店の名前とするシカゴ中心街にあるオーダースーツの専門店〕のザック・ウティィッチ。親切にしてくれたアードリアーノウ・ユウラド。企画の初期に考えを聞かせてくれたキャンダス・ミラード、アリソン・パータ一キ、そしてモニーク・ブリンソン・デメリー。心からの友情と素敵な会話を交わしてくれたネッドとマーガレット・ハンディ。クリミア半島の写真に関してはジューリ・パーマー。その情熱に対して、ジョン・マザー医師。ハーヴァード・ロースクールの私の友人たち、とりわけ、私の手が足りない時、傍にいて手を貸してくれ、しかも楽しい時を過ごさせてくれた分科会1〔ハーヴァード・ロースクールの第一学年生は七つの分科会にクラス分けされている〕の同級生たち。シンデレラの代母を恥じ入らせてしまうほどの、本当に妖精のような代母のクリス・ヴォウクト。そして一学年の時から一緒だった、私の大の友人キャラライン・ヒーリ・マクレンドン。特に、二人の思慮深い意見、利発さ、そして友情に対して、デイヴィッドとレイチェル・ワイモンに感謝します。とりわけ、ロシアの言語と文化の複雑さを解きほぐしてくれたレイチェルに。

そしてアンソニー・ケネディ判事に感謝いたします。彼は、キュスティーヌ侯爵の帝政ロシアを巡る旅の回想録を読むよう、私に勧めてくれました。その回想録はこの企画に途方もないインパクトを与えてくれたのです。

私は、世界で最高の出版チームに恵まれるという、たいへんな幸運を手にしました。私の編集者ディアン・ウルミーは、私が知る最も思慮深く、洗練されていて、洞察力に富む人たちのうちの一人です。彼女は、最初から、これらの特筆すべき娘たちを理解していました。彼女と共にこの本にかかわったことは私の定めでした。ホートン・ミフリン・ハーコート社の皆さんに大変感謝いたします。とりわけ、お二人のたゆまぬ尽力と助力に対し、ジェシカ・ヴェストゥートゥとリア・ペトラキス、そしてブルース・ニカルズに。私はまた私の代理人であるマイクル・V・カーライルに感謝します。彼はこの企画を通してぶれることなく、プロとして私を導いてくれました。彼は、初めから私とこの物語を信じてくれた賢者です。またインクウェルビジネス管理サービス社のマイクル・マンジエロに感謝します。私が彼を必要とした時、常に傍にいてくれました。クリエイティヴ・アーティスツ・エイジェンシー〔アメリカの二大エイジェンシーのひとつ〕のブルース・ヴィノクールに感謝します。彼は最初期からこの企画に対する見通しを持ち、彼の意見には計り知れない価値がありました。この大西洋を横断した試みに対し、ロンドンの私の編集者アラベラ・パイク、そして代理人のナターシャ・フェアウエザーに感謝します。

最後に、そして最も重要なことですが、私とともに『ヤルタの娘たち』の初めから終わりまで付き合ってくれた私の家族に感謝します。父は私を支え、励ましてくれました。私の弟オリヴァーは、私の知る限り生まれつきの話し好きの最たる人間で、私が最も複雑な問題の核心に迫るのを助けてくれました。私の妹のアナ（バニー）は、彼女の年齢にしてはとびぬけた知恵と明晰な頭脳の持ち主で、彼女の途方もない編集者的な眼力は計り知れないほど私を助けてくれました。そして私の母は、私たちが子供のころ、何百冊もの本を読んでくれ、読書、言語、そして歴史に対する愛情を私たちに吹き込んでくれました。あなたとの会話は私の最良の考えの多くが生まれるきっかけとなりました。夜昼問わずいつであろうと、あなたはいつもそこにいてくれて、私と様々な事柄をとことん語り合ってくれます。あなたの直感はまさに正確で、あなたは最も親切で、最良で、最も素敵な助言の源です。あなたがいなかったら、私はこの本を書けなかったことでしょう。

訳者あとがき

本書『ヤルタの娘たち』は、キャサリン・グレイス・キャッツ（Catherine Grace Katz）による *The Daughters of Yalta*――*The Churchills, Roosevelts, and Harrimans: A Story of Love and War* (William Collins, 2020) の全訳である。彼女の第一作目であるが、二〇二〇年出版社週刊ベストブック、二〇二〇年テレグラフベストヒストリーブック、また、『ピープル』誌ベストニューブック、アマゾンエディターズピック等に選ばれた（オフィシャル・サイト参照）。

シカゴ出身の歴史家・作家のキャッツの略歴については、著者紹介にある通りであるので、ここでは繰り返さない。

本書は、父親たちの要請に従い同行した、米国大統領フランクリン・ローズヴェルトの長女で編集者のアナ、英国首相ウィンストン・チャーチルの次女で俳優、空軍婦人補助部隊士官のセアラ、そして武器貸与法特使にして駐ソ米大使エイヴレル・ハリマンの次女で元戦時記者のキャスリーン（キャシー）が、ヤルタ会談という第二次世界大戦後の世界秩序を決定づけた歴史的大舞台の裏で、微妙なバランスの協調を保ちながら、それぞれに託された役割を果敢に果たす姿を描いた歴史ノンフィクションである。

本書を魅力的な読み物にしている要因は主に三つあるように思う。

一つ目は、ヤルタ会談を見る新しい視点を取り入れたことである。この著作以前は周辺に置かれていたに過ぎなかった三人の眼を通して、ヤルタ会談を裏側から見る視点である。その視点を介して、例えば、破壊された瓦礫の街セヴァストポリなど、今まで見えなかった景色や「巨大な帝国の最も貧しく、最も虐げられた辺境の人々」の生活等が見えてくる。「ヤルタ後」の章で、キャシーの死後、二〇一一年、息子デイヴィッドは、戸棚の奥にしまい込まれた、キャシーから姉のメアリ宛に送られた手紙の束を発見する。「これらの手紙の発見は、彼女の息子たちに彼らの母親である魅力的な女性を全く新しい角度から理解する機会となった」とあるように、読者も新たな角度からヤルタ会談を理解することになるのだ。

二つ目は、謝辞や巻末の精選参考文献目録が示すように、手紙、回想録、専門書、公文書やオーラルヒストリー、インタビュー由来の資料を用い、著者が人物像や出来事を造形している点である。本作は、そのような生の資料を多岐にわたって考証した結晶といえる。二〇二〇年秋号の『ハーヴァード・ロー広報』（Harvard Law Bulletin）のステューデント・スポットライツ・コーナーの、「歴史の最前線で」において、インタビュー記事を書いたジュリア・ハナは、本書は、細部まで複数の主要な資料によって裏打ちされていると述べているが、一次資料を自家薬籠中の物として綿密に構築した技法は大いに評価するに値する。

一九九四年に刊行されたた*No Ordinary Time*（『フランクリン・ローズヴェルト』中央公論新社）の著者ドリス・カーンズ・グッドウィンは、膨大な一次資料から、直接の引用を多用して、迫真力のある登場人物や出来事を造形したが、空白はフィクションで埋めた、と述べている。キャッツは、ハナとのインタビューで、どこまでが彼女の想像力の産物かとよく尋ねられるが、「答えはゼロです。仮に私が『風が東から吹いていた』と書いたとしますと、それはそのことが天気予報に書かれていたか、あるいは一人以上の人物の日記に記されていたからなのです」と答えている。

三つ目は、語りの巧みさである。キャッツの語りの表現力は、「謝辞」にある通り、彼女の母親が「子供のころ、何百冊もの本を読んでくれ、読書、言語、そして歴史に対する愛情を私たちに吹き込んでくれ」た家庭環境の中で育まれたものではないかと想像する。キャッツの語りは、一九世紀小説の全知全能の語り手を思い起こさせる。だが、人物像や出来事にモデルとなるものがあったにせよ、一九世紀の作家が描く人物や出来事は作家の想像力の産物である。それに対し、歴史家キャッツの描く人物と出来事は、二つ目で指摘した通り、すべて事実をもとにしている。キャッツはそれらの事実を、綿密な構想の下に、立体パズルをはめ込むように、実に巧みにヤルタ会談の八日間の枠組みのなかに組み込んでいる。

先の見えない世界にあって、人々はどう生きてゆくのか。語り手の語る、そのヒントとなる箇所を紹介したい。キャッツは、またしても、セアラの母親への手紙を巧みに配置することで、秀逸で説得力のある仕掛けとしている。父親たちが本会議を続けている間、三人の娘たちがセヴァストポリを訪れた際のこと、小さな教会に出くわした場面である。

教会内は全くの暗闇であったが、無数のキャンドルによって人々の顔が照らし出されていた。その人々は祖父母と子供たちだけで、親は戦争に駆り出されていた。信徒席も椅子も長椅子もなく、聖歌隊の伴奏をする楽器もなかった。しかし、お香がたかれ、外の世界と比べると、安らぎと暖かさが感じられた。クリミアは何世紀にもわたって平和と戦争のサイクルに捕らわれてきた地で、時は動かず、静止しているようだった。三人の娘たちが過去の三世紀のどの地点に戻っていたとしても不思議ではなかっただろう。セアラの言葉を借りれば、「ここには教会が希望に満ちて助けとしてありました。外では、あらゆるものが、冷たく、灰色で、崩壊していました。ここには、温かみと、時の試練を経た安全がありました。ここには、誰もが行って喜びや哀しみを歌える宮殿がありました」。クリミアにおける時代の異なる、響きあう破壊の跡を目にし、絶望するありとあらゆる理由があったにもかかわらず、セアラは、ソ連に目を向け、希望を目にする理由を見つけた。「『彼らは苦しみに慣れている……たいして期待しない』と言うのは無益なことです。そうであるのでしたら、なぜ、教会があれほど人であふれているのかしら？……もちろん、彼らや彼女らは、暗い教会の中で、夢想しているのです」と。

キャッツは、「私が興味を惹かれる歴史は、外交や国際法と関係があります。歴史について書いたり研究したりするのが大好きなのと同じくらい、私はまた、歴史が今日の世界についてどのように教えてくれるのか、そして私たちがよりよいやり方で前進するために、どのようにその知識を使えるのか、私たちが理解する一助になりたいのです」と語っている。二〇二二年、キャッツは、ハーヴァード・ロースクールの学生による国際法や国際人権法の分野での最優秀論文に贈られる「ジョン・ギャラップ・レイリン賞」を受賞しているが、そのような熱意に支えられて、現在は、ワシントンDCで、アソシエイトとしても活動をしており、まさに八面六臂の活躍をしている。

最後に、本書で留意した表記について説明したい。

カタカナ表記が、外国の固有名詞を正確に反映するとは誰も思わないが、最近は、グローバル化がいきわたり、固有名詞に語の由来を添付して過去の情報を読み取れる工夫を凝らし、また、相手の生まれ育った土地の言葉で相手の名を呼ぶ努力をしてコミュニケーションを図ることが重要視されつつあるように思う。キャッツも、本書の叙述において、そのような配慮をしている。その一環として、本書でも、読者の方々の許容範囲内で、母語により近づけて表記することはできないかと考えた。以下に、本作品で用いた例の一部をあげる。翻訳者は、英語で普通の日常会話をネイティヴのように話すことは意味がないと思っている。ただ、固有名詞は、できるだけその土地の人が発音するように発音できるよう努めたほうが良いと思っている。

一．チェインバリン、アイゼンハウアー、アリグザンダーなどの表記は、英語での発音により近い。この表記であれば、若い方々が英語の討論でそのまま発音して使っても十分に通じると思う。

二．ヤルタ会談の頃のニューズ映画を見ると、アメリカ人ばかりか英国人ナレーターやインタビュアーも大統領を「ローズヴェルト」と呼んでいる。大統領は、オランダ系の一族の家長の一人で、ファミリーネームを「ローズヴェルト」と称していた。

三．ルーシー・マーサーの結婚相手のラザファード（Ruthurfurd）は、三省堂の固有名詞英語発音辞典の初版には、ラザファードのファードは、米国東部ではファッドと発音する地域があると記載されていた。先年、東部植民地に入植して以来の歴史を持つあるご一家に、この発音について伺う機会があった。ラザファッドと発音された。ルーシーの結婚相手は古くからの家柄なので、本書ではこの発音を用いている。

四．エイヴレルについてだが、リーダーズ英和辞典では、Averellは「エーヴレル〔ハリマンの場合、元は母方のファミリーネーム〕、アヴレル（男子名）」とカタカナ記載がされている。発音記号に一番近い表記はエイヴァラルだが、ハリマンの動画のナレーターは、古い音源だが、エイヴレル、エイヴァラル、エイヴリル等の発音があった。本書では日本人にとって発音しやすいエイヴレルとした。

五．セアラは、実際に発音するときは、真ん中のアは無声化もしくは弱音になる。

六．本のタイトル、『ヤルタの娘』の「ヤルタ」だが、日本で昔から一般的に表記されてきたヤルタを用いた。ウクライナ語やロシア語では、「ヤールタ」という表記になる。スターリンについては、現在一般的なヨシフ・スターリンと表記した。また、当時王女であったエリザベスについては、イリザベスというカタカナ表記のほうが原音に近い。しかし、違和感を持たれることが大いに考えられるために、従来の一般的表記を用いることとした。

ＮＨＫの放送用語委員会による検討会の記事も参考に、固有名詞は、別人や別物に思われない範囲で原音に近い表記とし、その心配のあったものは一般的表記のままとした。固有名詞英語発音辞典（大塚高信、寿岳文章、菊野六夫共編　一九六九年発行　第二五刷　三省堂）と *Pronouncing Dictionary of Proper Names*, ed. John K. Bollard (Omnigraphics, Inc., 1993) の二冊の他、ランダムハウス英和大辞典第2版やリーダーズ英和辞典の発音記号でも確認し、また動画や音声サイトによるチェックもした。英語以外の言語に関しては、*Pronouncing Dictionary of Proper Names* の他、多言語の表記、音声サイトなどを参考にした。ロシア語の人名については、長音化するか否かも含めて現在より一般的と思われる表記を用いた。

金子病院の金子靖院長先生には、医療現場の貴重なお話をお教えいただきました。法政大学国際文化学部教授のマーク・フィールズ先生は、出自の特徴を残した人名の読みかたを、先生自らカタカナで表記して下さいました。同学部の佐藤千登勢教授には、ロシア語の表記についてとても丁寧に教えていただきました。音楽については友人の中村純子さんに相談にのってもらいました。また、知人たちからいろいろ知恵をお借りしました。大みそかにＰＣが故障してパニックに陥りましたが、堀江勉様のおかげで作業を続けることができました。法政大学国際文化学部の教員であった夫・暁には、原稿を読んでもらい、感謝しきれないほど助けてもらいました。皆様に、深く感謝いたします。

中央公論新社の編集者の登張正史様には、原稿に丁寧に目を通していただき、エキスパートならではのアドバイスやご指導を数多くいただきました。また、編集チームの皆様にも大変お世話になりました。深く御礼申し上げます。

二〇二五年三月

砂村　榮利子

主要登場人物（日本語版編集）

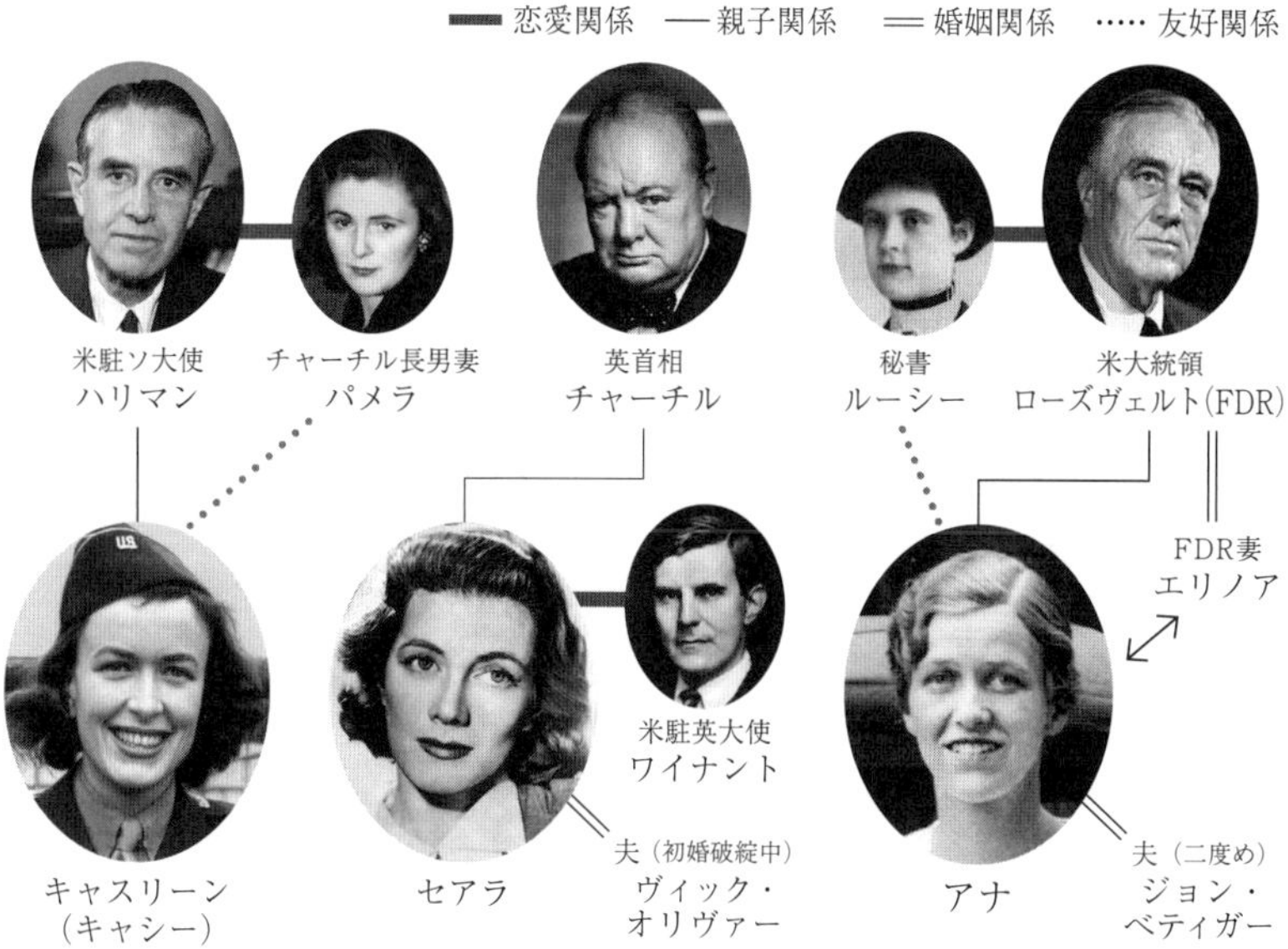

英首相チャーチル次女　セアラ　1914-1982

首相副官・女優・空軍婦人補助部隊士官　３度の結婚。頭脳明晰にして情熱的。当時、初婚が破綻する中、息子がナチスの捕虜となった傷心中の米駐英大使ワイナント（戦後ピストル自殺）と不倫関係に。２度めの夫ビーチャム自殺。戦後は映画・舞台女優として活躍。

米大統領ローズヴェルト長女　アナ　1906-1975

大統領副官　３度の結婚。当時、２度めの婚姻中。会期中、瀕死の父（２ヵ月後死去）を献身的に介助。母エリノアと距離を置き、父の愛人秘書ルーシーを敬愛。二度め夫ベティガー（後、自殺）がアナの連れ子を性的虐待。戦後は新聞経営に失敗、その後、社会奉仕活動に専念。

米駐ソ大使ハリマン次女　キャスリーン（キャシー）1917-2011

ジャーナリスト　ロシア語を習得し、対ソ首脳との融和に貢献。ソ連軍によるカティンの森虐殺事件をナチスの犯行と誤認。父から、父の愛人パメラとの離反工作を依頼されるもパメラと友情を温める。FDR４男と不倫、戦後は遺産をめぐりパメラを訴える。

チャーチル長男妻・セアラの兄嫁　パメラ・チャーチル　1920-1997

キャシーの父ハリマンとロンドン空襲下で不倫関係に。多くの男性と情事を重ね、71年にハリマンと３度めの結婚。民主党の主要な資金調達者となり、クリントン政権下で米駐仏大使。

IWM – Imperial War Museum, London, UK　　帝国戦争博物館　ロンドン

JBP – John Boettiger Papers, Franklin D. Roosevelt Presidential Library and Museum, Hyde Park, NY
ジョン・ベティガー文書　フランクリン・D・ローズヴェルト大統領図書館・博物館　ハイドパーク　ニューヨーク州

LOC – Library of Congress, Washington, D.C.　　米国議会図書館　ワシントンD.C.

MCHL – Papers of Lady Soames (Mary Churchill), Churchill Archives Centre, Churchill College, Cambridge, UK
ソウムズ男爵夫人（メアリ・チャーチル）文書　チャーチル・アーカイブズ・センター　チャーチル・コレッジ　ケンブリッジ　イギリス

NARA – National Archives and Records Administration, Chevy Chase, MD
アメリカ国立公文書記録管理局　チェヴィーチェイス　メリーランド州

PHP – Pamela Digby Churchill Hayward Harriman Papers, Library of Congress, Washington, D.C.
パメラ・ディグビー・チャーチル・ヘイワード・ハリマン文書　米国議会図書館　ワシントンD.C.

SCHL – Papers of Sarah Churchill, Churchill Archives Centre, Churchill College, Cambridge, UK
セアラ・チャーチル文書　チャーチル・アーカイブズ・センター　チャーチル・コレッジ　ケンブリッジ　イギリス

TNA – The National Archives at Kew, UK　　（英）キュー国立公文書館　イギリス

省略記号

主要人物

この本の何人かの主要人物とその主たる文通相手の省略記号は以下の通りで、注も同様である。アーカイブ内の第一次資料の著者名に関して、筆者は読者にとって最も認識しやすい名称に省略した。例えば、セアラ・チャーチルとアナ・ローズヴェルトは各々三度結婚し、この物語が進行する間に、彼女たちの姓も変わった。そして、アーカイブ内の彼女たちの資料の献呈の辞も変わった。それゆえ、筆者は彼女たちの旧姓の頭文字を省略記号として用いた。

AER – Anna Eleanor Roosevelt	アナ・エリノア・ローズヴェルト
CSC – Clementine Spencer-Churchill	クレメンタイン・スペンサー＝チャーチル
ER – Eleanor Roosevelt	エリノア・ローズヴェルト
FDR – Franklin Delano Roosevelt	フランクリン・デラノ・ローズヴェルト
JB – C. John Boettiger	C. ジョン・ベティガー
KLH – Kathleen Lanier Harriman	キャスリーン・ラニアー・ハリマン
MHF – Mary Harriman Fisk	メアリ・ハリマン・フィスク
PC – Pamela Churchill	パメラ・チャーチル
SMHC – Sarah Millicent Hermione Churchill	セアラ・ミリセント・ハーマイオニ・チャーチル
WAH – W. Averell Harriman	W. エイヴレル・ハリマン
WSC – Winston Spencer-Churchill	ウィンストン・スペンサー＝チャーチル

アーカイブズおよびアーカイブ内のコレクション

AHP – W. Averell Harriman Papers, Library of Congress, Washington, D.C.
W. エイヴレル・ハリマン文書 米国議会図書館 ワシントンD.C.

AIR – Air Ministry Papers
（英）空軍省〔1918年から1964年まで存在した、王立空軍を統括する行政機関〕文書

ARHP – Anna Roosevelt Halsted Papers, Franklin D. Roosevelt Presidential Library and Museum, Hyde Park, NY
アナ・ローズヴェルト・ホールステッド文書　フランクリン・D・ローズヴェルト大統領図書館・博物館　ハイドパーク　ニューヨーク州

CAB – Cabinet Papers　（英）内閣文書

CAC – Churchill Archives Centre, Churchill College, Cambridge, UK
チャーチル・アーカイブズ・センター　チャーチル・コレッジ　ケンブリッジ　イギリス

CHAR – Chartwell Papers, Churchill Archives Centre, Churchill College, Cambridge, UK
チャートウェル文書　チャーチル・アーカイブズ・センター　チャーチル・コレッジ　ケンブリッジ　イギリス

FDRL – Franklin D. Roosevelt Presidential Library and Museum, Hyde Park, NY
フランクリン・D・ローズヴェルト大統領図書館・博物館　ハイドパーク　ニューヨーク州

FO – Foreign Office Papers　（英）外務省文書

FRUS – Foreign Relations of the United States　アメリカ合衆国外交文書

HLHP – Harry L. Hopkins Papers, Georgetown University, Booth Family Center for Special Collections, Washington, D.C.
ハリー・L・ホプキンズ文書　ジョージタウン大学ブース家特別コレクションセンター　ワシントンD.C.

Burden, December 30, 2019; "Harriman Son-in-Law Recovering After Shooting," *New York Times*, June 21, 1969.

＊59 Henry Audley to WSC, April 3, 1962, CAC SCHL 1/1/17. 脳卒中によってヘンリーが身体的に障害をかかえたことはウィンストンとクレメンタイン宛の数通の手紙からも明らかだ。大きな字のふるえた署名を除いて、手紙はすべてタイプで打たれていた。

＊60 Author's interview with Celia Sandys, July 20, 2017. セアラの姪エマ・ソウムズも、セアラがピーターパンを演じるのを見たという同様の記憶を持っていた。Author's interview with Emma Soames, April 6, 2018.

＊61 Author's interview with Celia Sandys, July 20, 2017.

＊62 Deirdre Burns to Mary Churchill Soames, September 27, 1982, CAC MCHL 10/20.

＊63 John Pearson, *The Private Lives of Winston Churchill* (New York: Simon and Schuster, 1991), 422.

＊64 Author's interview with Celia Sandys, July 20, 2017.

＊65 Hiss, *Recollections of a Life*, 121.【ヒス『汚名――アルジャー・ヒス回想録』p. 157】

＊66 AER to JB, February 18, 1945, FDRL JBP, Box 6.

＊67 SMHC to WSC, March 28, 1944, CAC CHAR 1/381/59-91.

house/chapter-22-select-newsprint.html.
＊26　Boettiger, *A Love in Shadow*, 267–68.
＊27　Author's interview with Eleanor Seagraves, January 26, 2018.
＊28　Boettiger, *A Love in Shadow*, 273–74.
＊29　Author's interview with Eleanor Seagraves, September 30, 2018.　1978年、フランクリン・D・ローズヴェルト大統領図書館における、トーマス・ソウプス博士との声による歴史証言インタヴューにおいて、エリーはこれらのトラウマ的な経験に言及した。ジョン・ベティガーが「私の部屋によくこっそり入ってきては、手品の類のことをしたのです」と語った。しかし、2018年のこのインタヴューまで彼女は彼が行ったことをじかに口にすることはなかった。偶然だが、エリーとジョンの誕生日は3月25日で、同じだった。彼女が親愛の情をこめて「私たちの誕生日」についてジョンに書き送っているように、このことはエリーにとって明らかに特別なことだった。Eleanor Dall to John Boettiger, "Tuesday," undated, c. March 1945, FDRL ARHP, Box 71, Folder 6.　このことは二人の関係をさらに複雑にした。
＊30　Author's interview with Eleanor Seagraves, September 30, 2018.
＊31　Ibid.
＊32　Ibid.
＊33　Author's interview with Eleanor Seagraves, September 30, 2018.
＊34　Eleanor (Dall) Seagraves to AER and JB, March 1945, FDRL Halsted Papers, Box 71, Folder 6.
＊35　Author's interview with Eleanor Seagraves, January 26, 2018.
＊36　Asbell, ed., *Mother and Daughter*, 278.
＊37　AER to Robert Taft, January 29, 1951, FDRL ARHP, Box 85, Yalta 1951.
＊38　AER to Robert Taft, March 8, 1951, FDRL ARHP, Box 85, Yalta 1951.
＊39　AER to James, Franklin Jr., and John Roosevelt, November 5, 1969, FDRL Howard Bruenn Papers, Folder 6.
＊40　Ibid.
＊41　Author's interview with John Roosevelt Boettiger, February 20, 2018.
＊42　Albin Krebs, "Anna Roosevelt Halsted, President's Daughter, Dies," *New York Times*, December 2, 1975, https://www.nytimes.com/1975/12/02/archives/anna-roosevelt-halsted-presidents-daughter-dies-white-house.html?url=http%3A%2F%2Ftimesmachine.nytimes.com%2Ftimesmachine%2F1975%2F12%2F02%2F78270832.html%3FpageNumber%3D42.
＊43　Author's interview with John Roosevelt Boettiger, February 20, 2018.
＊44　Sarah Churchill, *A Thread in the Tapestry*, 89.
＊45　WSC to CSC, September 18, 1945, in Soames, ed., *Winston and Clementine*, 539.
＊46　SMHC to CSC, September 3, 1945, CAC SCHL 1/1/9.
＊47　Sarah Churchill, *Keep on Dancing*, 142.
＊48　Ibid., 158–59.
＊49　SMHC to Harry Hopkins, May 12, 1944, Georgetown University, Booth Family Center for Special Collections, HLHP1, Box 4, Folder 4.
＊50　SMHC to CSC, March 18, 1947, CAC MCHL 5/1/139.
＊51　Reynolds, *In Command of History*, 84.
＊52　Lynne Olson, *Citizens of London: The Americans Who Stood with Britain in Its Darkest, Finest Hour* (New York: Random House Trade Paperbacks, 2011), 384.
＊53　Program of John Gilbert Winant memorial service, St. Paul's Cathedral, London, November 19, 1947.
＊54　Olson, *Citizens of London*, 385.
＊55　Author's interviews with Lady Williams of Elvel, July 24, 2017; April 12, 2019.
＊56　AER to SMHC, January 14, 1958, CAC SCHL 1/8/2.
＊57　Soames, *Clementine Churchill*, 457.
＊58　Author's interview with David Mortimer, December 5, 2018; author's interview with Amanda

＊85　Pawle, *The War and Colonel Warden*, 409.
＊86　Mary Soames, *A Daughter's Tale: The Memoir of Winston Churchill's Youngest Child* (New York: Random House, 2011), 327.
＊87　SMHC to CSC, April 7, 1945, CAC SCHL 1/1/8.
＊88　SMHC to WSC, July 27, 1945, CAC SCHL 1/1/8.
＊89　Ibid.

ヤルタ後

＊1　Chet Huntley, ABC News transcript, June 28, 1951, FDRL ARHP, Box 85, Yalta 1951.
＊2　Ibid.
＊3　Harriman and Abel, *Special Envoy*, 414.
＊4　Winston S. Churchill, "The Sinews of Peace," March 5, 1946, Westminster College, Fulton, MO.
＊5　以下を参照。https://www.un.org/press/en/2019/ga12223.doc.htm; https://www.un.org/press/en/2018/ga12108.doc.htm.
＊6　1962年、デイム・バーバラ・ソルトは、イギリスの駐イスラエル大使に任命されたが、重篤な病によって、そのポストを務めることができなかった。
＊7　Sarah Churchill, *A Thread in the Tapestry* (New York: Dodd, 1967), 33.
＊8　WAH to KLH, February 16, 1936, Mortimer Papers.
＊9　SMHC to CSC, September 15, 1945, CAC SCHL 1/1/9.
＊10　KLH to MHF, February 16, 1944, Mortimer Papers.
＊11　Smith, *Reflected Glory*, 131.
＊12　Ibid., 130.
＊13　アマンダ・バーデンはキャシーに初めて会った時のことを思い起こした。当時、彼女は3歳で、神経質になり過ぎて、何時間もベッドの下へ隠れ、出てくることを拒んだ。キャシーは、アマンダが出てくるまで、大変な忍耐をして、ずっとベッドの脇に座って待ち、安心させてくれたことを彼女は思い出した。Author's interview with Amanda Burden, December 30, 2019.
＊14　"List of people to whom wedding announcements were sent," LOC AHP B 11 F 03. この一覧は長さが34ページで、イギリスの友人たちには別の補遺が付いていた。
＊15　Averell Mortimer, remarks at KLH memorial service.
＊16　Margalit Fox, "Kathleen Mortimer, Rich and Adventurous, Dies at 93," *New York Times*, February 19, 2011.
＊17　Author's interview with Kitty Ames, October 21, 2019.
＊18　KLH notes for Bennington College speech, Mortimer Papers. 以下も参照のこと。Gledhill Cameron, "Hard Practicality Rule in Russian Education," *World-Telegram*, October 21, 1946, in LOC AHP B 11 F 03.
＊19　Hearings before the Select Committee to Conduct an Investigation of the Facts, Evidence, and Circumstances of the Katyn Forest Massacre, Eighty-Second Congress, 1952, copy in Mortimer Papers. ロシアにかかわることで、キャシーの名が出てくる唯一の記録は以下のものである。"Opera in Russia Today," *Opera News*, March 25, 1946, KLH scrapbook, Mortimer Papers.
＊20　Author's interview with Averell Mortimer, October 24, 2019.
＊21　Author's interview with David Mortimer, December 12, 2017.
＊22　Author's interview with David Mortimer, December 5, 2018.
＊23　Averell Mortimer, remarks at KLH memorial service; author's conversation with Averell Mortimer, October 24, 2019.
＊24　Boettiger, *A Love in Shadow*, 267, 269–70.
＊25　1947年2月26日、アメリカ合衆国下院は、出版社の苦情を受けて、不足問題に関する調査を行うために特別委員会を立ち上げた。February 26, 1947, https://www.archives.gov/legislative/guide/

ローズヴェルト　下――激戦の果てに』p. 441-42】
＊53　Notes attached to AER to Joseph Lash, January 28, 1972, LOC ARHP, Box 36.
＊54　FDR Funeral Card, FDRL ARHP, Box 65a, Folder 3, Funeral 1945.
＊55　James Roosevelt, *My Parents: A Differing View* (Chicago: Playboy Press, 1976), 280, 286-88.　ジェイムズは葬儀に一時間半遅れで到着したのだった。Woolner, *The Last 100 Days*, 285.
＊56　Edward G. Lengel, "Franklin D. Roosevelt's Train Ferdinand Magellan," The White House Historical Association, https://www.whitehousehistory.org/franklin-d-roosevelt-rsquo-s-train-ferdinand-magellan.
＊57　Boettiger, *A Love in Shadow*, 261.
＊58　Asbell, ed., *Mother and Daughter*, 187-88.
＊59　"Anna dear": Lucy Mercer Rutherfurd to AER, May 9, 1945.　手紙の全文は以下で引用されている。Boettiger, *A Love in Shadow*, 262-63.
＊60　Harriman and Abel, *Special Envoy*, 441.
＊61　KLH to PC, April 12, 1945, LOC PHP B I-21.
＊62　Harriman and Abel, *Special Envoy*, 508-10.
＊63　KLH to MHF, August 14, 1945, Mortimer Papers.
＊64　KLH to MHF, June 4, 1945, Mortimer Papers.　キャシーは、モスクワでのスターリンとの晩餐の後で、パレードのニューズ映画のフィルム映像で、アントーノフ将軍が馬に乗っている姿が見られるが、エイヴレルが、そのイギリス育ちの馬を称賛していた、とメアリに述べた。スターリンがエイヴレルに贈ったのはこの馬だった。どのようにして馬たちがその名前になったのかについて、キャシーは述べていない。"Stalin's Gift Horses to Harrimans Arrive," New York Sun, April 30, 1945, KLH scrapbook, Mortimer Papers.
＊65　Harriman and Abel, *Special Envoy*, 536.
＊66　Author's interview with Kitty Ames, October 21, 2019.
＊67　Elizabeth Nel, *Mr. Churchill's Secretary* (New York: Coward-McCann, 1958), 170.
＊68　Dilks, ed., *The Diaries of Sir Alexander Cadogan*, 727.
＊69　Bob Landry, photograph, "The King and Queen, and Princess Elizabeth, leaving St. Paul's," April 17, 1945, *Life*, Getty Images, https://www.gettyimages.ca/detail/news-photo/the-king-and-queen-and-princess-elizabeth-leaving-st-pauls-news-photo/50496864?adppopup=true.
＊70　Robert Rhodes James, ed., *Churchill Speaks, 1897-1963: Collected Speeches in Peace and War* (New York: Barnes and Noble Books, 1980), 857-59.
＊71　James, ed., *Chips: The Diaries of Sir Henry Channon*, 402; photograph, "British Prime Minister, Winston Churchill with his daughter Sarah, leaving the memorial service at St Paul's Cathedral for the American President Franklin D Roosevelt," April 17, 1945, Alamy, https://www.alamy.com/stock-photo-british-prime-minister-winston-churchill-with-his-daughter-sarah-leaving-176257351.html.
＊72　SMHC to WSC, c. July 1945, undated, CAC SCHL 1/8/1.
＊73　Rhodes James, ed., *Churchill Speaks*, 864.
＊74　SMHC to WSC, June 5, 1945, CAC MCHL 5/1/120.
＊75　Ibid.
＊76　CSC to SMHC, June 12, 1945, CAC MCHL 5/1/120.
＊77　SMHC to WSC, July 27, 1945, CAC SCHL 1/1/8.
＊78　SMHC to WSC, c. July 1945, undated, CAC SCHL 1/8/1.
＊79　Sarah Churchill, *A Thread in the Tapestry*, 85.
＊80　Ibid., 86.
＊81　Ibid.
＊82　Ibid.
＊83　Ibid.
＊84　SMHC to WSC, July 27, 1945, CAC SCHL 1/1/8.

1962, FDRL Graff Papers, Box 3.
*21 Lucy Mercer Rutherfurd to AER, May 9, 1945, in Boettiger, *A Love in Shadow*, 262.
*22 Interview with Anna Roosevelt Halsted, "The Roosevelt Story," February 13, 1962, FDRL Graff Papers, Box 3.
*23 Goodwin, *No Ordinary Time*, 598. 【グッドウィン『フランクリン・ローズヴェルト　下——激戦の果てに』p. 429】
*24 Anna Roosevelt Halsted interview by Bernard Asbell, 1972, FDRL ARHP, Box 63.
*25 Lelyveld, *His Final Battle*, 324, originally from AER interview with Joe Lash.
*26 Goodwin, *No Ordinary Time*, 604. 【グッドウィン『フランクリン・ローズヴェルト　下——激戦の果てに』p. 439】
*27 KLH to MHF, April 9, 1945, Mortimer Papers.
*28 Ibid., KLH to MHF, April 12, 1945, Mortimer Papers.
*29 KLH to PC, April 12, 1945, LOC PHP B I-21; John Melby interview, June 16, 1989, LOC; Harriman and Abel, *Special Envoy*, 440.
*30 KLH to PC, March 26, 1945, LOC PHP B I-21.
*31 Harriman and Abel, *Special Envoy*, 419.
*32 KLH to PC, March 26, 1945, LOC PHP B I-21.
*33 KLH, "Do the crows still roost in the Spasopeckovskaya trees?" Mortimer Papers.
*34 Stephen Dando-Collins, *The Big Break: The Greatest American WWII POW Escape Story Never Told* (New York: St. Martin's Press, 2017), 140.
*35 "Memorandum to: Miss Harriman," February 19, 1945, LOC AHP B 177 F 03.
*36 KLH to Elsie Marshall, February 27, 1945, Mortimer Papers. 2月27日までには、彼らは皆帰国させられていた。NKVDが彼らを捕らえはじめ、本国送還の地点へと彼らを向かわせたので、この後、アメリカ人捕虜はほとんどモスクワに現れなかった。Dando-Collins, *The Big Break*, 142.
*37 Harriman and Abel, *Special Envoy*, 421-22.
*38 FRUS Vol. V: Diplomatic Papers, 1945, Europe, WAH to Edward Stettinius, March 7, 1945, 145.
*39 5月になって、スターリンは、彼らがモスクワへは招かれてはいなかったと述べて、ついに、行方不明のポーランド人の件を認めた。スターリンは次のように主張した。彼らはむしろ、問題の種をまくためにやってきた、反体制的で、諜報活動を行うか、テロリストに関連する活動ゆえに、逮捕された「破壊活動家」だった。彼らは、6月、裁判にかけられた。13人が懲役4ヶ月から10年の判決を受けた。3人が放免された。Winston S. Churchill, *The Second World War, Vol. VI*, 498; Eden, *The Memoirs of Anthony Eden*, 608.
*40 KLH, "Do the crows still roost in the Spasopeckovskaya trees?" Mortimer Papers.
*41 FRUS Vol. V: Diplomatic Papers, 1945, Europe, WSC to FDR, March 13, 1945, 159-60.
*42 FRUS Vol. V: Diplomatic Papers, 1945, Europe, FDR to Joseph Stalin, April 1, 1945, 194.
*43 Harriman and Abel, *Special Envoy*, 423.
*44 FRUS Vol. III: Diplomatic Papers, 1945, European Advisory Commission, Austria, Germany, FDR to Joseph Stalin, April 12, 1945, 756.
*45 FRUS Vol. III: Diplomatic Papers, 1945, European Advisory Commission, Austria, Germany, WAH to FDR, April 12, 1945, 756.
*46 FRUS Vol. III: Diplomatic Papers, 1945, European Advisory Commission, Austria, Germany, FDR to WAH, April 12, 1945, 757.
*47 KLH to PC, April 12, 1945, LOC PHP B I-21.
*48 Ibid.
*49 Ibid.
*50 Ibid.
*51 Ibid.
*52 Bruenn, "Clinical Notes," 591; Goodwin, *No Ordinary Time*, 605. 【グッドウィン『フランクリン・

＊70 SMHC to CSC, February 12, 1945, CAC SCHL 1/1/8.

第一八章 一九四五年四月一二日－七月二七日

＊1 JB to AER, February 15, 1945, FDRL JBP, Box 6.
＊2 AER to JB, February 18, 1945, FDRL JBP, Box 6.
＊3 FDR to Tomasz Arciszewski, February 15, 1945, in note attached to FRUS, Conferences at Malta and Yalta, John Gilbert Winant to Edward Stettinius, February 3, 1945, Document 471.
＊4 Lelyveld, *His Final Battle*, 291-92.
＊5 AER Yalta Notes, loose notes, FDRL ARHP, Box 84. アレクサンドリアで彼に会うとは思いもしなかったため、セアラは、ギル・ワイナントにかなり曖昧な手紙を前日に出してしまっていた。おそらく、誰か他の人が、その手紙を開けるのではないかと懸念したのだ。「あなたのことをしきりに思う時がありました。素晴らしい旅でしたし、誰もが結果に喜んでいるようですけれど……あなたにずいぶんとお会いできませんでした。でも、私は、事態が最善の方向へ進むと確信しています」。SMHC to John Gilbert Winant, February 13, 1945, FDRL John G. Winant Papers, Box 190, Folder 13.
＊6 Sherwood, *Roosevelt and Hopkins*, 874.
＊7 Bishop, *FDR's Last Year*, 450-53.
＊8 AER to JB, February 18, 1945, FDRL JBP, Box 6.
＊9 Bishop, *FDR's Last Year*, 453.
＊10 Rosenman, *Working with Roosevelt*, 522-23.
＊11 Draft of address to Congress, FDRL ARHP, Box 84, FDR Speech. 彼女の鉛筆で書き留めたメモが、彼女が取っておいた草案に残っている。
＊12 FDR address to Congress, March 1, 1945, Presidential Speeches, Miller Center, University of Virginia, https://millercenter.org/the-presidency/presidential-speeches/march-1-1945-address-congress-yalta.
＊13 Frances Perkins, *The Roosevelt I Knew* (New York: Viking, 1946), 395; Goodwin, *No Ordinary Time*, 586.【グッドウィン『フランクリン・ローズヴェルト 下――激戦の果てに』p. 410-11】
＊14 Logs of the President's Trips: Crimea Conference and Great Bitter Lake, Egypt, January 22-February 28, 1945, 39, FDRL Grace Tully Papers, Box 7.
＊15 Whittaker Chambers, "The Ghosts on the Roof," *Time*, March 5, 1945.
＊16 WSC to Peter Fraser, February 24, 1945, TNA FO 371/47850.
＊17 JB to AER, February 15, 1945, FDRL JBP. 2月11日付のアナへの手紙で、ジョンも『ライフ』誌の要望に触れている。
＊18 Chamberlain, "F.D.R's Daughter," 96-108. アナは、後に、この記事は父親のホワイトハウスにおける彼女の仕事を一番的確に描写したものだと思った、と述べたのだった。Anna Roosevelt Halsted interview by Bernard Asbell, 1972, FDRL ARHP, Box 63. 否定的な新聞がある一方、アナは、自分の名声が高まるにつれて、少数ながらファンを獲得したことも知った。アナ・コンロイという名のシカゴ在住の若い女性から大統領へ手紙が届いた。その女性は、次のように綴っていた。「親愛なる大統領様……あなたの娘のアナさんに関する新聞記事をお読みしました。それまで、私は、私の名前が好きではありませんでした。……けれどあなたの愛しい美しい娘さんの名前もアナであることを読んで知ってから、私の名前を変えようなどとは望まなくなりました。私は、おかあちゃまが、私をアナと名付けたことを誇りにしています。私たちの守り神のアナ聖人【聖母マリアの母】が大統領のあなたをしっかりと見守られますように」。Anna Conroy to FDR, January 29, 1945, FDRL President's Personal File 7, Anna R. Boettiger 1942-1945.
＊19 過去を振り返り、アナの息子は、彼の病気は母親が彼を見捨てたのではないかと恐れたことによって悪化した、と確信している。Author's interview with John Roosevelt Boettiger, February 20, 2018.
＊20 Every night FDR: Interview with Anna Roosevelt Halsted, "The Roosevelt Story," February 13,

チャーチルに強く勧めた。しかし、チャーチルは、もし彼が署名しなければ、イギリスは、太平洋に関連する利権をソヴィエトとアメリカに譲ったという合図になってしまうと感じた。そうなれば、両者は太平洋に関連する議論にイギリスを参加させない口実を持つことになるだろう。太平洋におけるイギリスの影響力を守ることは、香港における大英帝国の存在を考慮すると、チャーチルにとって、少なからず重要なことだった。FDRは、この存在がすべて消えるのをみるのは歓迎だっただろう。イーデンは、ソヴィエトが、国家の利害と、日露戦争で失った領土【1904年から1905年、日本はロシアに勝利し、南樺太の割譲、南満洲の鉄道の租借権を獲得した】を取り戻したいという欲望によって、自ら対日戦に突入するだろう、と確信していた。ソヴィエトを領土の約束で誘う必要はなかった。そして、西側の同盟国が太平洋における参戦と交換に、ソヴィエトの領土への要求を受け入れるのであれば、それは、その他の案件に関して、ソヴィエトが顕著な譲歩を示した場合のみに限るべきである。さらには、直接影響を受けるであろう中国に全く相談せずに交渉されたので、イーデンは合意が「恥ずべきもの」であると感じた。文書に署名をする段になると、ローズヴェルトとスターリンの前で、チャーチルとイーデンは口論し出した。意見の不一致が余りに激しかったので、以前中国への駐英大使を務めたアリグザンダー・カドガンが仲介するように呼び出された。カドガンは、イーデンに同意した。しかしチャーチルは、動じなかった。彼らがそれを好もうと好まざると、署名しそこなうのは、太平洋でのイギリスの権威を劇的に弱体化させるだろう。彼は、署名した。Eden, *The Memoirs of Anthony Eden*, 591, 594.

*44 FDR to WAH, February 11, 1945, LOC AHP B 177 F 01.

*45 "Joseph Stalin and Winston Churchill arrive for the Yalta Conference in Crimea, Soviet Union during World War II," February 1945, https://www.criticalpast.com/video/65675065771_Joseph-Stalin_Winston-Churchill_Yalta-Conference_Sarah-Churchill.

*46 SMHC to CSC, February 12, 1945, CAC SCHL 1/1/8.

*47 Ibid.

*48 Moran, *Churchill at War*, 282.

*49 SMHC to CSC, February 12, 1945, CAC SCHL 1/1/8.

*50 Ibid.

*51 Ibid.

*52 Ibid.

*53 Ibid.

*54 Astley, *The Inner Circle*, 198.

*55 Diary of Admiral William D. Leahy, February 11, 1945, LOC William D. Leahy Papers, Box 6.

*56 SMHC to CSC, February 12, 1945, CAC SCHL 1/1/8.

*57 Stettinius, *Roosevelt and the Russians*, 284.

*58 Plokhy, *Yalta*, 322.

*59 SMHC to CSC, February 12, 1945, CAC SCHL 1/1/8.

*60 Moran, *Churchill at War*, 282–83.

*61 SMHC to CSC, February 12, 1945, CAC SCHL 1/1/8.

*62 Ibid.

*63 Logs of the Trips, 36, FDRL Grace Tully Papers, Box 7.

*64 AER Yalta Notes, loose notes, February 11, 1945, FDRL ARHP, Box 84.

*65 Programme, February 11, 1945, FDRL ARHP, Box 84, Miscellaneous.

*66 SMHC to CSC, February 12, 1945, CAC SCHL 1/1/8.

*67 「フランコニア」の甲板から、セヴァストポリの灯りを眺めている場面の描写で、チャーチルは、アラン・ブルックと参謀長たちもそこにいたと述べている。この記憶は、正しくない。ブルックと参謀長たちは10日に帰国の途に就き、11日にイギリスに帰国したからだ。Winston S. Churchill, *The Second World War, Vol. VI*, 394.

*68 SMHC to CSC, February 12, 1945, CAC SCHL 1/1/8.

*69 Sarah Churchill, *A Thread in the Tapestry*, 83.

＊14 Moran, *Churchill at War*, 283.
＊15 Reynolds, *Summits*, 127.
＊16 Logs of the President's Trips: Crimea Conference and Great Bitter Lake, Egypt, January 22-February 28, 1945, 32, FDRL Grace Tully Papers, Box 7.
＊17 二つの文書のテクストは以下のウェブサイトで見られる。the U.S. Department of State, Office of the Historian website. コミュニケは、1945年2月12日に発表された一方、ヤルタ会談の進行状況のプロトコルは、国務省によって、1947年3月24日まで、公開されなかった。https://history.state.gov/historicaldocuments/frus1945Berlinv02/ch27.
＊18 Stettinius, *Roosevelt and the Russians*, 279.
＊19 Reynolds, *Summits*, 141.
＊20 Record of a Conversation Between the Prime Minister and Marshal Stalin," February 10, 1945, 3 P.M., TNA CAB 99/31.
＊21 S・M・プロヒはニュージャージー州フォート・ディクスの収容所に収容されていた154人のソヴィエト人捕虜の例を引用している。彼らは、祖国に送還されるくらいなら、集団自殺をしようと試みた。Plokhy, *Yalta*, 304.
＊22 Harriman and Abel, *Special Envoy*, 416.
＊23 Plokhy, *Yalta*, 303. 以下も参照のこと。Bohlen, *Witness to History*, 199.
＊24 Montefiore, *Stalin*, 379-80. すべての兵士が死ぬまで戦うことを要求する命令第270号のもと、すべての捕虜は反逆者に分類され、彼らの家族も逮捕の対象になり、権利をはく奪された。
＊25 SMHC to CSC, February 12, 1945, CAC SCHL 1/1/8.
＊26 Photograph, February 11, 1945, Plokhy, *Yalta*, insert between 228 and 229.
＊27 Harriman and Abel, *Special Envoy*, 417.
＊28 AER to JB, February 10, 1945, FDRL JBP, Box 6.
＊29 Memorandum, Admiral C. E. Olsen, February 9, 1945, LOC AHP B 176 F 11; Atkinson, *The Guns at Last Light*, 520; Logs of the Trips, 32-33, FDRL Grace Tully Papers, Box 7; Moran, *Churchill at War*, 286.
＊30 Author's interview with Ellie Seagraves, January 26, 2018, Bethesda, MD. 筆者がエリー・シーグレイブスに彼女の自宅でインタヴューした時、彼女は筆者に小さなフィギュア《人形》を見せてくれた。それは、ヤルタ後、アナが彼女にあげたもので、マントルピースの上に鎮座していた。
＊31 Stettinius, *Roosevelt and the Russians*, 286-87; Thomas M. Campbell and George C. Herring, eds., *The Diaries of Edward R. Stettinius, Jr., 1943-1945* (New York: New Viewpoints, 1975), 257-58.
＊32 KLH to MHF, February 4-10, 1945, Mortimer Papers.
＊33 Ibid.
＊34 KLH to PC, February 13, 1945, LOC PHP B I-21.
＊35 Bohlen, *Witness to History*, 199-200.
＊36 Harriman and Abel, *Special Envoy*, 412.
＊37 Ibid., 399.
＊38 Ibid., 412.
＊39 William D. Leahy, *I Was There: The Personal Story of the Chief of Staff to Presidents Roosevelt and Truman Based on His Notes and Diaries Made at the Time* (New York: Whittlesey House, 1950), 315-16.
＊40 WAH to FDR, December 15, 1944, LOC AHP B 176 F 01.
＊41 FRUS, Conferences at Malta and Yalta, "Harriman Memorandum of Conversations," February 10, 1945, Document 447.
＊42 Harriman and Abel, *Special Envoy*, 399.
＊43 And as Kathy overheard: Jon Meacham, *Franklin and Winston* (New York: Random House Trade Paperbacks, 2003), 317. アンソニー・イーデンは、太平洋におけるソヴィエト政府への譲歩を同様に懸念して、とりわけイギリスはその交渉に加わっていないのだから、文書に署名しないよう、

＊41　SMHC to CSC, February 10, 1945, CAC SCHL 1/1/8.
＊42　SMHC to CSC, February 12, 1945, CAC SCHL 1/1/8; Robert Hopkins, *Witness to History*, 151-52; AER to JB, February 13, 1945, FRUS JBP, Box 6.
＊43　SMHC to CSC, February 12, 1945, CAC SCHL 1/1/8.
＊44　KLH to MHF, March 4, 1944, Mortimer Papers.
＊45　AER to JB, February 10, 1945, FDRL JBP, Box 6.
＊46　propaganda sheets: Propaganda sheets, FDRL ARHP, Box 84, News Clippings. 蛙を撃つ兵士に焦点を当てたプロパガンダのビラは、「蛙と雄牛」という題名のイソップの寓話に由来している。その話の中で、嫉妬心にかられた蛙は雄牛の大きさまで膨らもうとして、破裂して死んでしまう。この物語は、ロシアの寓話作者イヴァン・クルイロフ【19世紀前半の著名な寓話作者】によって翻訳され、ソ連では、大変よく知られている。万力に挟まれているヒトラーを描いたプロパガンダのビラには、以下のように訳せるキャプション（短文）が含まれている。「策略は、二つの前線という万力で、ドイツを撃退することなのだ」。最後のビラ、連合国のそれぞれの国旗を示す銃剣で刺し貫かれたグロテスクな獣が掲載されているものには、次のように訳せるキャプションが含まれている。「今、赤軍に残されているのは最後の、最終任務であり、それは、その同盟国の軍隊と共に、ドイツのファシスト軍に対し、その棲家でファシストの獣を殺害し、共に、ベルリンの上に勝利の旗をかかげることだ」。
＊47　AER to JB, February 10, 1945, FDRL JBP, Box 6.
＊48　SMHC to CSC, February 12, 1945, CAC SCHL 1/1/8.
＊49　Robert Hopkins, *Witness to History*, 153.
＊50　KLH to MHF, April 18, 1944, Mortimer Papers.
＊51　SMHC to CSC, February 12, 1945, CAC SCHL 1/1/8.
＊52　Robert Hopkins, *Witness to History*, 152.
＊53　SMHC to CSC, February 12, 1945, CAC SCHL 1/1/8.
＊54　Robert Hopkins, *Witness to History*, 152.
＊55　SMHC to CSC, February 10, 1945, CAC SCHL 1/1/18.
＊56　SMHC to CSC, February 12, 1945, CAC SCHL 1/1/8.
＊57　FRUS, Conferences at Malta and Yalta, Harry Hopkins to FDR, February 10, 1945, Document 452.
＊58　FRUS, Conferences at Malta and Yalta, "Seventh plenary meeting," February 10, 1945, Bohlen Minutes, Document 448.
＊59　FRUS, Conferences at Malta and Yalta, "Report of the Crimea Conference," Document 497.
＊60　The Marquis de Custine, *Empire of the Czar*, 112.

第一七章　一九四五年二月一〇日―一一日

＊1　FRUS, Conferences at Malta and Yalta, "Seventh plenary meeting," February 10, 1945, Matthews Minutes, Document 449.
＊2　Ibid.
＊3　Ibid.
＊4　Menu, February 10, 1945, FDRL ARHP, Box 84, Miscellaneous.
＊5　Memorandum, "Dinner Given by the Prime Minister," February 10, 1945, LOC AHP B 177 F 01.
＊6　Ibid.
＊7　Menu, February 10, 1945, FDRL ARHP, Box 84, Miscellaneous.
＊8　Memorandum, "Dinner Given by the Prime Minister," February 10, 1945, LOC AHP B 177 F 01.
＊9　Ibid.
＊10　Ibid.
＊11　Moran, *Churchill at War*, 282.
＊12　Ibid.
＊13　Lelyveld, *His Final Battle*, 288.

＊13 Ibid.
＊14 JB to AER, February 2, 1945; AER to JB, February 9, 1945, FDRL JBP, Box 6.
＊15 Ibid.
＊16 Plokhy, *Yalta*, 242-43. グラリー【ウクライナのクレメンチューク生まれ、第二次世界大戦後、アメリカへ移住】の写真は、『プラウダ』紙【ソビエト連邦共産党の公式新聞】の第一面に掲載され、それまでに撮影された三巨頭の最もイコン的な写真の一枚となった。もう一人のヤルタにおける特筆すべきソヴィエトの写真家はボリス・コサレフで、ソヴィエト政府の公式写真家の一人だった。
＊17 SMHC to CSC, February 9, 1945, CAC SCHL 1/1/8.
＊18 FRUS, Conferences at Malta and Yalta, "Sixth plenary meeting," February 9, 1945, Matthews Minutes, Document 421.
＊19 FRUS, Conferences at Malta and Yalta, "Sixth plenary meeting," February 9, 1945, Bohlen Minutes, Document 420.
＊20 FRUS, Conferences at Malta and Yalta, "Sixth plenary meeting," February 9, 1945, Matthews Minutes, Document 421.
＊21 FRUS, Conferences at Malta and Yalta, "Sixth plenary meeting," February 9, 1945, Bohlen Minutes, Document 420.
＊22 FRUS, Conferences at Malta and Yalta, "Sixth plenary meeting," February 9, 1945, Matthews Minutes, Document 421.
＊23 Ibid.
＊24 Ibid.
＊25 以下の資料によると、国務省のフリーマン・マシューズ、そしてイギリス外務省のグラッドウィン・ジェブとデニス・アレンもこの部会に参加した。FRUS.
＊26 Eden, *The Memoirs of Anthony Eden*, 599.
＊27 Stettinius, *Roosevelt and the Russians*, 251-52; Chiefs of Staff Minutes, "Argonaut": Record of Proceedings at Malta and in the Crimea between 29th January and 11th February, 1945; Record of a conversation between the Prime Minister and Marshal Stalin, February 10, 1945, TNA CAB 99/31; Gilbert, *Winston S. Churchill, Vol. VII*, 1203.
＊28 Plokhy, *Yalta*, 248.
＊29 Robert Hopkins, *Witness to History*, 151.
＊30 Sir Charles Portal to PC, February 9, 1945, LOC PHP B-I 31.
＊31 Photograph, February 10, 1945, Georgetown University, Booth Family Center for Special Collections, Robert Hopkins Papers, 7B.
＊32 "Joseph Stalin and Winston Churchill arrive for the Yalta Conference in Crimea, Soviet Union during World War II," February 1945, https://www.criticalpast.com/video/65675065771_Joseph-Stalin_Winston-Churchill_Yalta-Conference_Sarah-Churchill.
＊33 Photograph, February 10, 1945, Georgetown University, Booth Family Center for Special Collections, Robert Hopkins Papers, 7B.
＊34 Robert Hopkins, *Witness to History*, 151-52.
＊35 Ibid., 152.
＊36 AER to JB, February 13, 1945, FDRL JPB, Box 6.
＊37 Photograph, February 10, 1945, Georgetown University, Booth Family Center for Special Collections, Robert Hopkins Papers, 7B.
＊38 Robert Hopkins, *Witness to History*, 152. 野外広告掲示板の概史については以下を参照。Out of Home Advertising Association of America, "History of OOH," https://oaaa.org/AboutOOH/OOHBasics/HistoryofOOH.aspx.
＊39 Photograph, February 10, 1945, Georgetown University, Booth Family Center for Special Collections, Robert Hopkins Papers, 7B.
＊40 Ibid.

*80　Kathleen Harriman Mortimer, IWM Oral History, September 10, 1996.
*81　Ibid.
*82　KLH to MHF, February 4-10, 1945, Mortimer Papers.
*83　Kathleen Harriman Mortimer, IWM Oral History, London, September 10, 1996.
*84　FRUS, Conferences at Malta and Yalta, "Tripartite dinner meeting," February 8, 1945, Bohlen Minutes, Document 400.
*85　SMHC to CSC, February 9, 1945, CAC SCHL 1/1/8.
*86　KLH to PC, February 13, 1945, LOC PHP B I-21.
*87　記録に残っている乾杯については以下を参照。FRUS, Conferences at Malta and Yalta, "Tripartite dinner meeting," February 8, 1945, Bohlen Minutes, Document 400.
*88　KLH to PC, February 13, 1945, LOC PHP B I-21.
*89　Bohlen, *Witness to History*, 182.
*90　Ibid.
*91　Sir Charles Portal to PC, February 9, 1945, LOC PHP B I-31.
*92　AER to JB, February 9, 1945, FDRL JBP, Box 6.
*93　回想録の中で、エド・ステティニアスは、その晩のチャーチルの変化について次のように記している。「マルタでは、彼はひどく落胆して、苦しんでいたが、ヤルタでの今晩の乾杯で、彼は幸福で、平和で、安全な世界が訪れうるという心からの望みを表明した。*Roosevelt and the Russians*, 221.
*94　Gilbert, *Winston S. Churchill, Vol. VII*, 1195. 秘書であったメアリアン・ホウムズの日記に書かれた観察をもとにしている。

第一六章　一九四五年二月九日－一〇日

＊1　Robert Hopkins, *Witness to History*, 153.
＊2　Ibid.
＊3　"Allied delegates arrive for the international conference at Livadia Palace in Yalta," February 1945, https://www.criticalpast.com/video/65675033670_The-Yalta-Conference_Franklin-D-Roosevelt_Lavidia-Palace_conference-room.
＊4　Photographs, February 9, 1945, LOC AHP B 882 F 19; photographs, February 9, 1945, Georgetown University, Booth Family Center for Special Collections, Robert Hopkins Papers, Box 7C; author's correspondence with Maria Kosareva, January 2, 2020.
＊5　"Allied delegates arrive," February 1945, https://www.criticalpast.com/video/65675033670_The-Yalta-Conference_Franklin-D-Roosevelt_Lavidia-Palace_conference-room.
＊6　Danchev and Todman, eds., *War Diaries, 1939-1945: Alanbrooke*, 660; 以下も参照のこと。Diary of Alan Brooke, 1st Viscount Alanbrooke of Brookeborough, Field Marshal, February 9, 1945, Liddell Hart Military Archives, King's College London, ALANBROOKE 5/1/10.
＊7　Sir Charles Portal to PC, February 9, 1945, LOC PHP B-I 31.
＊8　FRUS, Conferences at Malta and Yalta, 1945, "Roosevelt-Churchill luncheon meeting," February 9, 1945, Document 417.
＊9　James Byrnes Notes, "Memorandum as to the membership of the Ukraine and White Russia in the Assembly," James Francis Byrnes Papers, Mss 90/Series 4: War Mobilization, Box 19, Folder 9, Clemson University Libraries' Special Collections and Archives, Clemson, SC.
*10　Sir Charles Portal to PC, February 8 and 9, 1945, LOC PHP B I-31.
*11　Photograph, February 9, 1945, Georgetown University, Booth Family Center for Special Collections, Robert Hopkins Papers, 7C; "Soviet Premier Joseph Stalin and Soviet Foreign Minister Vyacheslav Molotov in Livadia Palace during Yalta Conference," February 9, 1945, https://www.criticalpast.com/video/65675075143_Joseph-Stalin_Sarah-Churchill_Anna-Boettiger_Kathy-Harriman.
*12　AER to JB, February 9, 1945, FDRL JBP, Box 6.

*40 Sir Charles Portal to PC, February 9, 1945, LOC PHP B I-31.
*41 Sarah Churchill, *A Thread in the Tapestry*, 65.
*42 SMHC to CSC, December 4, 1943, CAC SCHL 1/1/7.
*43 SMHC to CSC, February 9, 1945, CAC SCHL 1/1/8.
*44 Winston S. Churchill, *The Second World War, Vol. VI*, 361.
*45 Sir Charles Portal to PC, February 9, 1945, LOC PHP B I-31.
*46 Winston S. Churchill, *The Second World War, Vol. VI*, 361.
*47 Sir Charles Portal to PC, February 9, 1945, LOC PHP B I-31.
*48 Interview with John F. Melby, June 16, 1989, LOC.
*49 KLH to PC, February 13, 1945, LOC PHP B I-21.
*50 FRUS, Conferences at Malta and Yalta, "Tripartite dinner meeting," February 8, 1945, Bohlen Minutes, Document 400.
*51 Samuel I. Rosenman, *Working with Roosevelt* (New York: Harper and Brothers, 1952), 478.
*52 FRUS, Conferences at Malta and Yalta, "Tripartite dinner meeting," February 8, 1945, Bohlen Minutes, Document 400.
*53 Kathleen Harriman Mortimer, IWM Oral History, September 10, 1996.
*54 FRUS, Conferences at Malta and Yalta, "Tripartite dinner meeting," February 8, 1945, Bohlen Minutes, Document 400.
*55 Sir Charles Portal to PC, February 9, 1945, LOC PHP B I-31.
*56 Winston S. Churchill, *The Second World War, Vol. VI*, 363-64.
*57 KLH to MHF, February 4?10, 1945, Mortimer Papers.
*58 Danchev and Todman, eds.,*War Diaries, 1939-1945: Alanbrooke*, 660; 以下も参照のこと。Diary of Alan Brooke, February 8, 1945, Liddell Hart Military Archives, King's College London, ALANBROOKE 5/1/10.
*59 Diary of William Leahy, February 8, 1945, LOC William D. Leahy Papers, Box 6.
*60 AER to JB, February 4, 1945, FDRL JBP, Box 6.
*61 AER to JB, February 9, 1945, FDRL JPB, Box 6.
*62 Eleanor Roosevelt, *This I Remember*, 342.
*63 Montefiore, *Stalin*, 483, from V. F. Nekrasov, *Beria: Konets karey* (Moscow: Moskva Izdatelistvo politicheskoi literaturi, 1991), 221-22.
*64 セルゴ・ベリヤは、スターリンがラヴレンチー・ベリヤを「一滴の毒」を含んでいると紹介するときの、スターリンの語調を述べている。以下を参照。*Beria, My Father*, 113.
*65 Nekrasov, *Beria*, 221-22.
*66 Montefiore, *Stalin*, 483.
*67 KLH to MHF, February 4-10, 1945, Mortimer Papers.
*68 Ibid.
*69 Winston S. Churchill, *The Second World War, Vol. VI*, 362.
*70 KLH to MHF, February 4-10, 1945, Mortimer Papers.
*71 Winston S. Churchill, *The Second World War, Vol. VI*, 362.
*72 KLH to MHF, February 4-10, 1945, Mortimer Papers.
*73 Winston S. Churchill, *The Second World War, Vol. VI*, 362-63.
*74 FRUS, Conferences at Malta and Yalta, "Tripartite dinner meeting," February 8, 1945, Bohlen Minutes, Document 400.
*75 Dobbs, *Six Months in 1945*, 75.
*76 SMHC to CSC, February 9, 1945, CAC SCHL 1/1/8.
*77 KLH to MHF, February 4-10, 1945, Mortimer Papers.
*78 KLH to PC, February 13, 1945, LOC PHP B I-21.
*79 KLH to MHF, February 4-10, 1945, Mortimer Papers.

*7 KLH to PC, February 13, 1945, LOC PHP B I-21.
*8 KLH to MHF, February 4-10, 1945, Mortimer Papers.
*9 Kathleen Harriman Mortimer, IWM Oral History, September 10, 1996.
*10 KLH to PC, February 13, 1945, LOC PHP B I-21.
*11 KLH to MHF, February 4-10, 1945, Mortimer Papers.
*12 Ibid.
*13 Sir Charles Portal to PC, February 9, 1945, LOC PHP B I-31.
*14 KLH to PC, February 7, 1945, LOC PHP B I-21.
*15 Ibid.
*16 Sir Charles Portal to PC, February 9, 1945, LOC PHP B I-31.
*17 Sergei Khrushchev, ed., *Memoirs of Nikita Khrushchev, Vol. I: Commissar, 1918-1945* (University Park: Pennsylvania State University Press, 2004), 287-88.
*18 KLH to CSC, February 27, 1944, CAC MCHL 5/1/106.
*19 Kathleen Harriman Mortimer, IWM Oral History, September 10, 1996.
*20 KLH to CSC, February 27, 1944, CAC MCHL 5/1/106. エイヴレルは、スロープ上にいるNKVDの存在について、妻のマリーにも書き送った。彼らが初めてレーニン・ヒルズで滑った時、エイヴレルは丘を下へと、頂上から一番下まで飛ばして滑り下った。NKVDの男はエイヴレルについて行こうとしたが、「彼にとっては残念なことだが」、「彼はそれほど巧くなかった」とエイヴレルはマリーに書いた。その男は、スロープの真ん中の雪の塊に衝突してしまった。ソヴィエト政府は、すると、賢くもハリマンのスキー専用特務員に、ロシア・ナショナル・スキー・チームの元メンバーを加えた。Isaacson and Thomas, *The Wise Men*, 221.
*21 KLH to MHF, February 4-10, 1945, Mortimer Papers.
*22 Pavel Sudoplatov and Anatoli Sudoplatov, *Special Tasks* (Boston: Back Bay Books, 1995), 223-26.
*23 Ibid., 225-26.
*24 Ibid., 226.
*25 SMHC to CSC, February 12, 1945, CAC SCHL 1/1/8. セアラは、「会談の間中ずっと、私の制服にブローチを」付けていました、と彼女の母親に伝えた。
*26 SMHC to CSC, February 9, 1945, CAC SCHL 1/1/8.
*27 Sergo Beria, *Beria, My Father*, 337.
*28 Pawle, *The War and Colonel Warden*, 357.
*29 Sir Charles Portal to PC, February 7, 1945, LOC PHP B I-31.
*30 Ibid.
*31 SMHC to CSC, February 9, 1945, CAC SCHL 1/1/8.
*32 Ibid.
*33 Ibid.
*34 Byrnes, *All in One Lifetime*, 261. バーンズの、その件での強い思いは、会議で彼がとった速記録の写しに反映されている。それらは以下で入手可能。the James Francis Byrnes Papers, Mss 90/Series 4: War Mobilization, Box 19, Folder 9, Clemson University Libraries' Special Collections and Archives, Clemson, SC. しかし、誰もこれらの記録の、確固として真正と認められた書き写しを作ることはできなかった。バーンズが、ユニークで、今のところ解読できない速記体系を使ったからだ。
*35 Ibid.
*36 Menu, February 8, 1945, FDRL ARHP, Box 84, Miscellaneous.
*37 座席配置は、以下の資料を含む、複数の個人の記述による。KLH to MHF, February 4-10, 1945, Mortimer Papers, and from the Diary of Alan Brooke, 1st Viscount Alanbrooke of Brookeborough, Field Marshal, February 8, 1945, Liddell Hart Military Archives, King's College London, ALANBROOKE 5/1/10.
*38 KLH to MHF, February 4-10, 1945, Mortimer Papers.
*39 Winston S. Churchill, *The Second World War, Vol. VI*, 361.

＊41　Asbell, ed., *Mother and Daughter*, 40.
＊42　Anna Roosevelt Halsted, Oral History, Columbia University Center for Oral History Archives, 1975.
＊43　Anna Roosevelt Halsted interview by Bernard Asbell, 1972, FDRL ARHP, Box 63.
＊44　ホワイトハウス日誌によると、エリノアは1944年6月16日から7月13日にかけてハイドパークに滞在した。Franklin D. Roosevelt: Day by Day, http://www.fdrlibrary.marist.edu/daybyday/.
＊45　Anna Roosevelt Halsted, Columbia University Center for Oral History Archives, 1975.
＊46　Ibid.
＊47　Author's interview with Ellie Seagraves, January 26, 2018.
＊48　Author's interview with Ellie Seagraves, September 30, 2018; Eleanor Roosevelt Oral History Project, interview with Eleanor Seagraves, February 2, and June 21, 1978, interview by Dr. Thomas F. Soapes, FDRL.
＊49　Anna Roosevelt Halsted, Columbia University Center for Oral History Archives, 1975.
＊50　Ibid.
＊51　Goodwin, *No Ordinary Time*, 518-20.【グッドウィン『フランクリン・ローズヴェルト　下――激戦の果てに』p. 302-5】
＊52　Anna Roosevelt Halsted, Columbia University Center for Oral History Archives, 1975.
＊53　Goodwin, *No Ordinary Time*, 519.【グッドウィン『フランクリン・ローズヴェルト　下――激戦の果てに』p. 304】
＊54　Asbell, ed., *Mother and Daughter*, 188.
＊55　AER, untitled, FDRL ARHP, Box 84, Undated Writings.
＊56　Ibid.
＊57　Anna Roosevelt Halsted interview by Bernard Asbell, 1972, FDRL ARHP, Box 63.
＊58　down: Ibid.
＊59　Ibid.
＊60　AER, untitled, FDRL ARHP, Box 84, Undated Writings.
＊61　Ibid.
＊62　AER to JB, January 30, 1945, FDRL JBP, Box 6.
＊63　Diary of Daisy Suckley, January 17, 1945, in Ward, ed., *Closest Companion*, 385.
＊64　AER to JB, January 30, 1945, FDRL JBP, Box 6.
＊65　Ibid.
＊66　AER Yalta Notes, 8, FDRL ARHP, Box 84.
＊67　AER to JB, February 7, 1945, FDRL JBP, Box 6.　アナがジョンへその次に出した手紙で書いているように、FDRは2月9日になってやっとエリノアからの最初の手紙を受け取った。
＊68　JB to AER, January 29, 1945; JB to AER, January 31, 1945; AER to JB, February 7, 1945, FDRL JBP, Box 6.
＊69　"with funny pictures": JB to AER, January 31, 1945, FDRL JBP, Box 6.
＊70　AER to JB, February 7, 1945, FDRL JBP, Box 6.

第一五章　一九四五年二月八日

＊1　KLH to PC, February 13, 1945, LOC PHP B-I 21.
＊2　Howard Bruenn, Oral History, U.S. Naval Medical Department Oral History Program, January 31, 1990.
＊3　Hiss, *Recollections of a Life*, 122.【ヒス『汚名――アルジャー・ヒス回想録』p.158】
＊4　Ed Flynn to Helen Flynn, postmarked February 8, 1945, FDRL Papers of Edward Flynn, Box 25, Folder 5.
＊5　KLH to PC, February 13, 1945, LOC PHP B I-21.
＊6　Stettinius, *Roosevelt and the Russians*, 219.

481.

*10 "Clinical Notes on the Illness and Death of President Roosevelt," FDRL Bruenn Papers, Folder 2, "Report of Cardiac Consultation."

*11 Ibid.

*12 Howard Bruenn, Oral History, U.S. Naval Medical Department Oral History Program, January 31, 1990.

*13 Ibid.

*14 Goodwin, *No Ordinary Time*, 545.【グッドウィン『フランクリン・ローズヴェルト　下――激戦の果てに』p. 346】

*15 AER to JB, February 7, 1945, FDRL JBP, Box 6.

*16 Ibid.

*17 Oral History interview with Anna Roosevelt Halsted, 1975, Columbia Center for Oral History Archives, Rare Book and Manuscript Library, Columbia University in the City of New York.

*18 Sir Alexander Cadogan to Lady Theodosia Cadogan, February 9, 1945, in Dilks, ed., *The Diaries of Sir Alexander Cadogan*, 707; ピーター・ポータルは同じように免れたいと望んだが、かなわなかった。Sir Charles Portal to PC, February 8, 1945, LOC PHP B I-31.

*19 以下の資料によれば、晩餐会にはきっかり30名が参列した。FRUS, Conferences at Malta and Yalta, "Tripartite dinner meeting," February 8, 1945.

*20 Logs of the President's Trips: Crimea Conference and Great Bitter Lake, Egypt, January 22-February 28, 1945, 29, FDRL Grace Tully Papers, Box 7.

*21 Houghton, "That Was Yalta," 96.

*22 盛宴への出席者については以下の資料を参照。FRUS, Conferences at Malta and Yalta, "Tripartite dinner meeting," February 8, 1945.

*23 Stettinius, *Roosevelt and the Russians*, 218.

*24 以下の口述において、アナは、「彼【ローズヴェルト】は誰とも彼の個人生活について話し合うことはなかった」と述べて、再びこのことを主張した。her oral history with Columbia University Center for Oral History Archives in 1975.

*25 John Morton Blum, ed., *The Price of Vision: The Diary of Henry Wallace, 1942-1946* (Boston: Houghton Mifflin, 1973), 380.

*26 AER, untitled, FDRL ARHP, Box 84, Undated Writings.

*27 AER, "What Does It Feel Like to Be an Offspring of Famous Parents?" FDRL ARHP, Box 84, Undated Writings.

*28 Ibid.

*29 Ibid.

*30 Ibid.

*31 AER, untitled, FDRL ARHP, Box 84, Undated Writings.

*32 Ibid.

*33 Anna Roosevelt Halsted interview by Bernard Asbell, 1972, FDRL ARHP, Box 63.

*34 Ibid.

*35 Ibid.

*36 AER, untitled, FDRL ARHP, Box 84, Undated Writings.

*37 Anna Roosevelt Halsted interview by Bernard Asbell, 1972, FDRL ARHP, Box 63.

*38 Blanche Weisen Cook, *Eleanor Roosevelt, Vol. I: 1884-1933* (New York: Viking Adult, 1992), 216.

*39 Asbell, ed., *Mother and Daughter*, 40.

*40 AER, untitled, FDRL ARHP, Box 84, Undated Writings. FDRの政治顧問のルイス・ハウは、夫婦が離婚を求めるべきかどうかというような決定にまで深くかかわっていた。彼はFDRに離婚は彼の政治生命の幕を閉じることになると注意し、エリノアに、FDRが成功するためには、彼女の才能と知性が必要だと説得したのだ。Cook, *Eleanor Roosevelt, Vol. I*, 231.

Vol. 44, No. 5, https://www.cia.gov/library/center-for-the-study-of-intelligence/kent-csi/vol44no5/html/v44i5a01p.htm.

＊70　Christina Pazzanese, "It's spy vs. spy vs. spy," *The Harvard Gazette*, February 20, 2019, https://news.harvard.edu/gazette/story/2019/02/harvard-expert-says-russian-spying-is-nothing-new-only-the-technology-is/.

＊71　会議におけるヒスのメモと出席は、以下に記録されている。FRUS, Conferences at Malta and Yalta.

＊72　ヤルタでヒスが接触したのは、おそらくミハイル・ミルシュテイン少将、軍事顧問として会談に参加していた平服のGRU【1918年設立、軍事情報機関】士官だった。Christina Shelton, *Alger Hiss: Why He Chose Treason* (New York: Threshold Editions, 2012), 139-40. 当時のヒスの活動については、以下を参照。Andrew and Mitrokhin, *The Sword and the Shield*, 132-34; John Earl Haynes, Harvey Klehr, and Alexander Vassiliev, *Spies: The Rise and Fall of the KGB in America* (New Haven, CT: Yale University Press, 2009), 18-21. もちろん、回想録において、ヒスはこの件について何も認めていない。しかし、数多くの機会に、彼はヤルタでのスターリンを大いに称賛している。以下の文献を参照のこと。Alger Hiss, *Recollections of a Life* (New York: Seaver Books, 1988) 【ヒス『汚名――アルジャー・ヒス回想録』】; Allen Weinstein, *Perjury: The Hiss-Chambers Case* (New York: Knopf, 1978); Allen Weinstein and Alexander Vassiliev, *The Haunted Wood: Soviet Espionage in America-The Stalin Era* (New York: Random House, 1998); and Sam Tanenhaus, *Whittaker Chambers: A Biography* (New York: Random House, 1997).

＊73　Assorted photographs, Associated Press, November 7, 1944.

＊74　Royal Brougham to AER and JB, November 8, 1944, FDRL President's Personal File 7, Anna R. Boettiger 1942-1945.

＊75　ウッドロウ・ウィルソンの未亡人、イーディス・ウィルソンは、就任式にFDRをまじかに見て、夫の健康が悪化して脳卒中になった時のように見えると思った、とフランシス・パーキンズに告げた。Goodwin, *No Ordinary Time*, 573. 【グッドウィン『フランクリン・ローズヴェルト　下――激戦の果てに』p. 388】

＊76　Moran, *Churchill at War*, 276.

＊77　Ibid. ロジャー・リー医師の情報源は、おそらくジェイムズ・ポーリン医師で、彼はマッキンタイア海軍軍医総監が1944年の春にFDRの健康について相談した人々の中の一人だった。ポーリンは、米国内科学会（ACP）の会長としてリーの後を引き継いだ。

＊78　Moran, *Churchill at War*, 276.

第一四章　一九四五年二月八日

＊1　AER to JB, February 7, 1945, FDRL JBP, Box 6.

＊2　"Clinical Notes on the Illness and Death of President Roosevelt," FDRL Howard Bruenn Papers, Folder 2, "Report of Cardiac Consultation."

＊3　FRUS, Conferences at Malta and Yalta, "Fourth plenary meeting," February 7, 1945, Bohlen Minutes, Document 370.

＊4　Harriman and Abel, *Special Envoy*, 408.

＊5　FRUS, Conferences at Malta and Yalta, "Fifth plenary meeting," February 8, 1945, Matthews Minutes, Document 393.

＊6　FRUS, Conferences at Malta and Yalta, "Roosevelt-Stalin Meeting," February 8, 1945, Bohlen Minutes, Document 390.

＊7　Harriman and Abel, *Special Envoy*, 397.

＊8　この会議について詳しくは以下を参照のこと。FRUS, "Roosevelt-Stalin Meeting," February 8, 1945, Bohlen Minutes, Document 390.

＊9　FRUS, Conferences at Malta and Yalta, John Gilbert Winant to FDR, February 7, 1945, Document

＊28 Bohlen, *Witness to History*, 188.
＊29 Eden, *The Memoirs of Anthony Eden*, 597–98.
＊30 Ibid., 598.
＊31 Draft of FDR letter to Stalin with Eden's handwritten notes, TNA FO 371/47578.
＊32 FDR to Joseph Stalin, February 6, 1945, LOC AHP B 176 F 11.
＊33 Harriman and Abel, *Special Envoy*, 94.
＊34 George Kennan to Edward Stettinius, February 2, 1945, LOC AHP B 176 F 10.
＊35 Harriman and Abel, *Special Envoy*, 405.
＊36 Sir Charles Portal to PC, February 7, 1945, LOC PHP B I–31.
＊37 FRUS, Conferences at Malta and Yalta, "Agreed Text of Preliminary Yalta Press Release," February 7, 1945, Document 346.
＊38 SMHC to CSC, February 6, 1945, CAC MCHL 5/1/120.
＊39 Sir Charles Portal to PC, February 7, 1945, LOC PHP B I–31.
＊40 KLH to PC, February 7, 1945, LOC PHP B I–21.
＊41 James, ed., *Chips: The Diaries of Henry Channon*, 277.
＊42 Sir Charles Portal to SMHC, November 28, 1942, CAC SCHL 1/8/1.
＊43 SMHC to CSC, February 6, 1945, CAC SCHL 1/1/8.
＊44 SMHC to CSC, February 9, 1945, CAC SCHL 1/1/8.
＊45 Sir Charles Portal to PC, February 7, 1945, LOC PHP B I–31.
＊46 SMHC to CSC, February 8, 1945, CAC SCHL 1/1/8.
＊47 Sarah Churchill, *Keep on Dancing*, 113.
＊48 David Reynolds, *In Command of History: Churchill Fighting and Writing the Second World War* (New York: Random House, 2005), 8.
＊49 CSC to WSC, February 3, 1945, in Soames, ed., *Winston and Clementine*, 515.
＊50 CSC to Mary Churchill, February 8, 1945, CAC MCHL 5/1/117.
＊51 SMHC to CSC, February 6, 1945, CAC MCHL 5/1/120.
＊52 Note attached to CSC to SMHC, February 8, 1945, CAC MCHL 5/1/120.
＊53 SMHC to CSC, February 6, 1945, CAC MCHL 5/1/120.
＊54 Sir Charles Portal to PC, February 7, 1945, LOC PHP B I–31.
＊55 Sir Alexander Cadogan to Lady Theodosia Cadogan, February 8, 1945, in Dilks, ed., *The Diaries of Sir Alexander Cadogan*, 707.
＊56 SMHC to CSC, February 8, 1945, CAC SCHL 1/1/8.
＊57 Ibid.
＊58 KLH to PC, February 8, 1945, LOC PHP B I–21.
＊59 FRUS, Conferences at Malta and Yalta, "Fourth plenary meeting," February 7, 1945, Bohlen Minutes, Document 370.
＊60 KLH to PC, February 8, 1945, LOC PHP B I–21.
＊61 "General Information Bulletin," LOC AHP B 176 F 09.
＊62 KLH to PC, February 8, 1945, LOC PHP B I–21.
＊63 KLH to PC, February 7, 1945, LOC PHP B I–21.
＊64 KLH to MHF, May 17, 1941, Mortimer Papers.
＊65 Sir Charles Portal to PC, February 6, 1945, LOC PHP B I–31.
＊66 Andrew and Mitrokhin, *The Sword and the Shield*, 126. 1945年の前半6ヶ月の間に、バージェスひとりだけで389の極秘文書をソヴィエト政府にこっそり持ち出した。
＊67 Plokhy, *Yalta*, 350.
＊68 Ben Macintire, *A Spy Among Friends: Kim Philby and the Great Betrayal* (New York: Broadway Books, 2014), 58–59.
＊69 John Ehrman, "A Half-Century of Controversy: The Alger Hiss Case," *Studies in Intelligence*,

＊2 Ibid.
＊3 Ibid.
＊4 FRUS, Conferences at Malta and Yalta, "Third plenary meeting," February 6, 1945, Bohlen Minutes, Document 349.
＊5 Ibid.
＊6 Ibid.
＊7 Table diagram in FRUS, Conferences at Malta and Yalta, "Third plenary meeting," February 6, 1945, Hiss Notes, Document 350.
＊8 Byrnes, *All in One Lifetime*, 265.
＊9 FRUS, Conferences at Malta and Yalta, "Third plenary meeting," February 6, 1945, Matthews Minutes, Document 351. かつて、リヴィウにはポーランド系ユダヤ人が大勢住んでいたが、ナチスによって残忍にも標的にされた。戦争末期には、ユダヤ系住民はほとんどいなくなってしまった。リヴィウに関するさらに詳しい複雑な歴史については、以下の資料を参照。Plokhy, *Yalta*, 154-56, 168-75.
＊10 February 6, 1945, note attached to FRUS, Conferences at Malta and Yalta, John Gilbert Winant to Edward Stettinius, February 3, 1945, Document 471.
＊11 FRUS, Conferences at Malta and Yalta, "Third plenary meeting," February 6, 1945, Matthews Minutes, Document 351.
＊12 Ibid. イギリスは、このポーランドの主権の独立を守るために宣戦布告し、チャーチルは、ロンドンのポーランド亡命政府を支持すると約束していた。しかし、亡命したポーランドのリーダーたちの大義がどれほど気高かろうと、チャーチルは、彼らは、他の人間と同様、私利私欲を露骨に示していると感じたのだ。ドイツがチェコのズデーテン地方を併合した時、ポーランドは即座にザオルジェのチェコの領土を自分たちのものだと主張した。当時、チャーチルは、ポーランド政府に対して怒り心頭だった。しかし、この領土拡張の主張は、ナチスの犯罪やソヴィエトの自国民に対する支配と比較すれば、影が薄い。Winston S. Churchill, *The Second World War, Vol. I*, 323.
＊13 FRUS, Conferences at Malta and Yalta, "Third plenary meeting," February 6, 1945, Bohlen Minutes, Document 349.
＊14 Stettinius, *Roosevelt and the Russians*, 138.
＊15 Kathleen Harriman Mortimer, IWM Oral History, September 10, 1996.
＊16 Stettinius, *Roosevelt and the Russians*, 138.
＊17 FRUS, Conferences at Malta and Yalta, "Third plenary meeting," February 6, 1945, Matthews Minutes, Document 351.
＊18 Bohlen, *Witness to History*, 187.
＊19 FRUS, Conferences at Malta and Yalta, "Third plenary meeting," February 6, 1945, Matthews Minutes, Document 351.
＊20 FRUS, Conferences at Malta and Yalta, Harry Hopkins to FDR, February 6, 1945, Document 355.
＊21 FRUS, Conferences at Malta and Yalta, "Third plenary meeting," February 6, 1945, Bohlen Minutes, Document 349.
＊22 FRUS, Conferences at Malta and Yalta, "Third plenary meeting," February 6, 1945, Matthews Minutes, Document 351.
＊23 "Reports from the Underground Army," January 30, 1945, TNA FO 371/47577.
＊24 FRUS, Conferences at Malta and Yalta, "Third plenary meeting," February 6, 1945, Matthews Minutes, Document 351.
＊25 *Winston S. Churchill, The Second World War, Vol. VI*, 372.
＊26 Ibid.
＊27 JB to AER, January 29, 1945; JB to AER, January 31, 1945; AER to JB, February 7, 1945, FDRL JBP, Box 6.

心と肉体の健康上の困難についても広範囲にわたって記している。Sonia Purnell, *Clementine*, 190-91.
＊39 Ibid., 50.
＊40 Ibid.
＊41 SMHC to CSC, undated, CAC SCHL 1/1/2.
＊42 Ibid.
＊43 Mary Soames, *Clementine Churchill: The Biography of a Marriage* (Boston: Houghton Mifflin, 1979), 322.
＊44 スペインでのディック・シープシャンクスの死が陰謀論を引き起こした。ある人たちは、シープシャンクスが、フィルビが何か企んでいる、と疑った時に、キム・フィルビは本当に彼を殺したのだ、と言っている。ロイターは、社史に関する同通信社のブログでこの推測を論じて、その推測はほとんど価値がない、と結論を出している。John Entwisle, "The Life and Mystery of Dick Sheepshanks," *Answers On*, May 8, 2012, https://blogs.thomsonreuters.com/answerson/life-mystery-dick-sheepshanks/. ジューディス・キーンも同様に以下の著作でこのテーマを探求している。Judith Keene, *Fighting for Franco: International Volunteers in Nationalist Spain During the Spanish Civil War* (London: Bloomsbury Academic, 2007), 76-77.
＊45 CSC to WSC, February 27, 1936, in Soames, ed., *Winston and Clementine*, 413.
＊46 Sarah Churchill, *Keep on Dancing*, 67.
＊47 Vic Oliver to SMHC, undated, "Saturday 1 A.M.," CAC SCHL 1/8/1.
＊48 Vic Oliver, *Mr. Showbusiness* (London: Georg G. Harrap, 1954), 131. オリヴァーは、自叙伝で、夫妻は公的にはフィリスを決して養子にはしなかったが、彼女が氏名変更証書で姓をオリヴァーに変更した、と書いている。
＊49 SMHC to WSC, April 4, 1940, CAC CHAR 1/355/24.
＊50 Ibid.
＊51 SMHC to WSC, September 18, 1942, CAC CHAR 1/369/68-70.
＊52 WSC to Randolph Churchill, October 30, 1941, CAC CHAR 1/362/43-45.
＊53 SMHC to CSC, undated October 1941, CAC SCHL 1/1/6.
＊54 KLH to MHF, July 7, 1941, Mortimer Papers.
＊55 Myra Nora Collier, IWM Oral History, October 24, 2002.
＊56 PC to WAH, February 15, 1944, LOC PHP B I-22 F 06.
＊57 KLH to MHF, October 14, 1941, Mortimer Papers.
＊58 ヨーロッパにおける戦争末期、ワイナントの息子は、ナチスが連合国と取引材料として使おうとしていた、政治的にコネがあるPOW【捕虜】のグループと共にコルディッツ収容所から移動させられた。1945年5月、彼は最終的に解放された。Wolfgang Saxon, "John G. Winant, Jr., 71, Prisoner of Germans During WWII," *New York Times*, November 2, 1993.
＊59 Sarah Churchill, *Keep on Dancing*, 159.
＊60 カワードは、「チャーチル夫人と、セアラとヴィックについて長いおしゃべり」をした、と1943年10月24日の日記に書いている。Graham Payne and Sheridan Morley, eds., *The Noel Coward Diaries* (Boston: Da Capo Press, 2000), 22.
＊61 SMHC to CSC, February 1, 1945, CAC SCHL 1/1/8.
＊62 CSC to Mary Churchill, February 17, 1945, CAC MCHL 5/1/117.
＊63 Ibid.
＊64 Ibid.
＊65 SMHC to CSC, February 6, 1945, CAC SCHL 1/1/8.
＊66 Ibid.

第一三章　一九四五年二月六日－七日

＊1 KLH to PC, February 7, 1945, LOC PHP B-I21.

＊8　AER Yalta Notes, 22, FDRL ARHP, Box 84; FRUS, Conferences at Malta and Yalta, "Roosevelt-Churchill Luncheon Meeting," February 6, 1945, Document 347.
＊9　Photograph, KLH, scrapbook, Mortimer Papers.
＊10　SMHC to CSC, February 6, 1945, CAC SCHL 1/1/8.
＊11　Photograph, "The Road to Sevastopol," KLH scrapbook, Mortimer Papers.
＊12　Astley, *The Inner Circle*, 181.
＊13　KLH to PC, February 7, 1945, Mortimer Papers.
＊14　Michael Richards, "Churchill and Tennyson," The Churchill Project, Hillsdale College, July 17, 2015, https://winstonchurchill.hillsdale.edu/churchill-and-tennyson/.
＊15　Diary of Alan Francis Brooke, 1st Viscount Alanbrooke of Brookeborough, February 7, 1945, Liddell Hart Military Archives, King's College London, ALANBROOKE 5/2/27.
＊16　Hermione Ranfurly, *To War with Whitaker: The Wartime Diaries of the Countess of Ranfurly, 1939–1945* (London: William Heinemann, 1994), 328.
＊17　Diary of Alan Brooke, February 7, 1945, ALANBROOKE 5/2/27.
＊18　Leo Tolstoy, *The Sevastopol Sketches.*　この短編集は、レオ・トルストイの最初の主要作品の一つだった。何回も翻訳されてきた。例えば、ディヴィッド・マクダフ訳の1986年のペンギン・クラシックス版。【日本でも翻訳されている。例えば、『セヴストーポリ』中村白葉訳、岩波文庫、2015年復刊】
＊19　The Marquis de Custine, *Empire of the Czar: A Journey Through Eternal Russia* (New York: Doubleday, 1989), 306.　同じ著作の中で、キュスティーヌは、次のように続けた。「このようにして、彼らは、敬意を表するふりをして私たちに専制的にふるまっている。特権のある旅行者の運命は、そのようなものだ。特権のない旅行者たちについていえば、彼らは何も見ないのだ」。
＊20　KLH to PC, February 7, 1945, Mortimer Papers.
＊21　Ibid.
＊22　AER to JB, February 7, 1945, FDRL JBP, Box 6.
＊23　Sir Charles Portal to KLH, March 3, 1944, Mortimer Papers.　パメラは、キャシーがカティンの森について記した手紙を、ポータルに見せていた。すると、ポータルは、「君がどうやってとても冷静にそれを切り抜けたのか、私には想像できない」、とキャシーに書き送った。
＊24　SMHC to CSC, February 6, 1945, CAC SCHL 1/1/8.
＊25　Ibid.
＊26　Micheal Clodfelter, *Warfare and Armed Conflicts: A Statistical Encyclopedia of Casualty and Other Figures, 1494–2007*, 3rd ed. (Jefferson, NC: McFarland, 2008), 497.　クリミア攻勢の際、赤軍は7万人のルーマニア兵を捕虜にした。
＊27　AER Yalta Notes, 17, FDRL ARHP, Box 84.
＊28　KLH to PC, February 7, 1945, Mortimer Papers.
＊29　SMHC to CSC, February 6, 1945, CAC SCHL 1/1/8.
＊30　Candice Millard, *Hero of the Empire: The Boer War, a Daring Escape, and the Making of Winston Churchill* (New York: Doubleday, 2016), 317.
＊31　KLH to PC, February 7, 1945, Mortimer Papers.
＊32　KLH to MHF, July 30, 1942, Mortimer Papers.
＊33　Robert Bruce Lockhart, *The Diaries of Sir Robert Bruce Lockhart, Vol. 2: 1938–65* (London: Macmillan, 1980), 352.
＊34　Sarah Churchill, *Keep on Dancing*, 37.
＊35　Ibid., 38.
＊36　Ibid., 28–29.
＊37　Ibid., 29.
＊38　クレメンタイン・チャーチルの伝記作家、ソニア・パーネルは、クレメンタインが時として陥った「急性の」鬱を克服するため、あるいは隠すために講じた対策についてと同様に、彼女が直面した

＊47 "Russia: Day in the Forest," *Time*, February 7, 1944, from KLH scrapbook, Mortimer Papers.
＊48 "Trip to Smolensk and the Katyn Forest, January 21–23, 1944," Mortimer Papers.
＊49 KLH handwritten notes from Katyn Forest, Mortimer Papers.
＊50 "Trip to Smolensk and the Katyn Forest, January 21–23, 1944," Mortimer Papers.
＊51 Ibid.
＊52 Ibid.
＊53 Ibid.
＊54 Ibid.
＊55 "Hearings Before the Select Committee," 2145.
＊56 KLH to MHF, January 28, 1944, Mortimer Papers.
＊57 マイダネクは、連合軍によって発見された最初の強制収容所だった。ソ連政府は、バグラチオン作戦【ベラルーシを解放するための大規模作戦】の最中、1944年7月22日に収容所を解放した。1944年8月、モスクワ在住の西側の特派員のグループが、その収容所【正式名は、ルブリン強制収容所】について報道するため、現地に向かった。キャシーは、その中の一員ではなかったが、特派員たちがモスクワに戻った時、彼女に報告したことを、彼女は1944年の8月30日付けの姉への以下の手紙に書いた。her letter to her sister of August 30, 1944. Mortimer Papers.
＊58 "Hearings Before the Select Committee," 2149.
＊59 "Trip to Smolensk and the Katyn Forest, January 21–23, 1944," Mortimer Papers.
＊60 WAH to Cordell Hull, "Investigation by Soviet authorities of the Massacre of Polish Soldiers in the Katyn Forest, Near Smolensk," February 23, 1944, Mortimer Papers.
＊61 Benjamin B. Fischer, "The Katyn Controversy: Stalin's Killing Field," *Studies in Intelligence* (Winter 1999–2000), https://www.cia.gov/library/center-for-the-study-of-intelligence/csi-publications/csi-studies/studies/winter99-00/art6.html.
＊62 Montefiore, *Stalin*, 333–34.
＊63 "Memorandum: 'Alleged Massacre of 10,000 Polish Army Officers,'" April 17, 1943, NARA 760C.61/4-1743, National Archives Identifier: 6850459.
＊64 "Material Regarding the Break of Polish-Soviet Diplomatic Relations," April 26, 1943, NARA 760C.61/4-2643, National Archives Identifier: 6850463.
＊65 以下を参照のこと。Fischer, "The Katyn Controversy"; Geoffrey Roberts, *Stalin's Wars: From World War to Cold War, 1939–1953* (New Haven, CT: Yale University Press, 2006), 45, 169; and Alexandra Richie, *Warsaw 1944: Hitler, Himmler, and the Warsaw Uprising* (New York: Farrar, Straus and Giroux, 2013), 163–64.
＊66 Report from Owen O'Malley to Anthony Eden, May 31, 1943, attached to WSC to FDR, August 13, 1943, NARA President's Secretary's File, National Archives Identifier: 6851129.
＊67 WSC to FDR, April 28, 1943, in Sumner Wells to FDR, "Text of a telegram received from the Foreign Office on April 28th," May 1, 1943, NARA President's Secretary's File, National Archives Identifier: 6851130.

第一二章　一九四五年二月六日

＊1 AER Yalta Notes, 22, FDRL ARHP, Box 84.
＊2 AER to JB, February 7, 1945, FDRL JBP, Box 6.
＊3 Interview with Eleanor Seagraves, June 21, 1978, interview by Dr. Thomas F. Soapes, FDRL, Eleanor Roosevelt Oral History Project.
＊4 AER Yalta Notes, 22, FDRL ARHP, Box 84.
＊5 Sarah Churchill, *A Thread in the Tapestry*, 80.
＊6 Lucy Mercer Rutherfurd to AER, May 9, 1945, in Boettiger, *A Love in Shadow*, 262.
＊7 AER to JB, February 7, 1945, FDRL JPB, Box 6.

＊14 Andrew and Mitrokhin, *The Sword and the Shield*, 101-2; NKVDの長官としてベリヤが行ったことに関しては以下を参照のこと。Amy Knight, *Beria: Stalin's First Lieutenant* (Princeton, NJ: Princeton University Press, 1993), 113-14, 126-27, and Plokhy, *Yalta*, 58-59.
＊15 Montefiore, *Stalin*, 505-8.
＊16 幼い少年の頃、セルゴはスターリンから、彼が決してスヴェトラーナに与えることのなかった父親らしい愛情を与えられた。モンテフィオーリ【イギリスの歴史家。大ベストセラー作家】が描いているように、スターリンは、セルゴが寒がっていると、彼を自分のオオカミの毛皮のコートでくるみ、幼子をベッドの中に押し込んだものだった。*Stalin*, 127-28.
＊17 Plokhy, *Yalta*, 233.
＊18 Sullivan, *Stalin's Daughter*, 136-37; Montefiore, *Stalin*, 509. スヴェトラーナの親友で、マクシム・ゴーリキー【社会の不平等に対する鋭い批判を込めたリアリズム小説と劇を創作】の孫娘のマールタ・ペシュコーヴァはセルゴと結婚した。
＊19 Sergo Beria, *Beria, My Father: Inside Stalin's Kremlin* (London: Duckworth, 2001), 104.
＊20 Sergo Beria, IWM Oral History, October 19, 1996.
＊21 Andrew and Mitrokhin, *The Sword and the Shield*, 133.
＊22 Sergo Beria, *Beria, My Father*, 104.
＊23 Ibid.
＊24 Ibid.
＊25 Sergo Beria, IWM Oral History, October 19, 1996.
＊26 "Hearings Before the Select Committee to Conduct an Investigation of the Facts, Evidence, and Circumstances of the Katyn Forest Massacre," Eighty-Second Congress, 1952, 2147.
＊27 "Trip to Smolensk and the Katyn Forest, January 21-23, 1944," enclosures to "Despatch of February 23, 1944 from the American Embassy, Moscow," Mortimer Papers.
＊28 KLH to MHF, January 28, 1944, Mortimer Papers. キャスリーンは、1944年1月28日、パメラ・チャーチルに同じ手紙のコピーを送った。このコピーは以下で見られる。LOC PHP B I-21.
＊29 "Trip to Smolensk and the Katyn Forest, January 21-23, 1944," enclosures to "Despatch of February 23, 1944 from the American Embassy, Moscow," Mortimer Papers.
＊30 KLH to MHF, January 28, 1944, Mortimer Papers.
＊31 Ibid.
＊32 "Trip to Smolensk and the Katyn Forest, January 21-23, 1944," Mortimer Papers.
＊33 Report from Owen O'Malley to Anthony Eden, May 31, 1943, attached to WSC to FDR, August 13, 1943; NARA, President's Secretary's File, National Archives Identifier: 6851129.
＊34 "Trip to Smolensk and the Katyn Forest, January 21-23, 1944," Mortimer Papers.
＊35 KLH to MHF, January 28, 1944, Mortimer Papers.
＊36 "Trip to Smolensk and the Katyn Forest, January 21-23, 1944," Mortimer Papers.
＊37 Kathleen Harriman, "Plastic Surgery Doing Wonders for R.A.F. Pilots Suffering Burns," syndicated column, KLH scrapbook, Mortimer Papers.
＊38 KLH to MHF, July 29, 1941, Mortimer Papers.
＊39 WAH interview with Arthur Schlesinger Jr., Middleburg, VA, May 24, 1981, courtesy of David Mortimer and Peter Duchin.
＊40 "Trip to Smolensk and the Katyn Forest, January 21-23, 1944," Mortimer Papers.
＊41 KLH to MHF, January 28, 1945, Mortimer Papers.
＊42 Ibid.
＊43 "Trip to Smolensk and the Katyn Forest, January 21-23, 1944," Mortimer Papers.
＊44 W. H. Lawrence, "Soviet Blames Foe in Killing of Poles," *New York Times*, January 22, 1944, in KLH scrapbook, Mortimer Papers.
＊45 "Hearings Before the Select Committee," 2147.
＊46 KLH to MHF, January 28, 1944, Mortimer Papers.

のになるだろうからだ……私はまた……この時期イギリスを強国にし続けることは、ソ連の利益になるという考えに傾いている。とりわけイギリスが強い海軍を維持することにソ連は関心を持つだろう。なぜなら、そのようなイギリスは、合衆国の帝国主義的な拡大に対抗するのに、私たちには必要だからだ」。Fraser J. Harbutt, *Yalta 1945: Europe and America at the Crossroads* (Cambridge, UK: Cambridge University Press, 2010), 111. 1953年のスターリンの死の直前に、マイスキーは、イギリスのスパイであると告発されて逮捕され、懲役六年の判決を受けた。1955年、彼の判決は取り消され、釈放された。

＊53 FRUS, Conferences at Malta and Yalta, "Second plenary meeting," February 5, 1945, Bohlen Minutes, Document 333.

＊54 Harriman and Abel, *Special Envoy*, 404-5.

＊55 Ibid., 384-85.

＊56 FRUS, Conferences at Malta and Yalta, "Second plenary meeting," February 5, 1945, Bohlen Minutes, Document 333.

＊57 Stettinius, *Roosevelt and the Russians*, 132.

＊58 Ibid.

＊59 Diary of Ivan Maisky, March 31, 1943, in Gabriel Gorodetsky, ed., *The Maisky Diaries: Red Ambassador to the Court of St. James's, 1932-1943* (New Haven, CT: Yale University Press, 2015), 502-4.

＊60 FRUS, Conferences at Malta and Yalta, "Second plenary meeting," February 5, 1945, Bohlen Minutes, Document 333; Matthews Minutes, Document 334.

＊61 KLH to PC, February 7, 1945, LOC PHP B I-21. ボーレンも以下の著作でこのエピソードを書き記している。*Witness to History*, 174.

＊62 SMHC to CSC, February 8, 1945, CAC SCHL 1/1/8.

第一一章　一九四五年二月五日

＊1 Gary Kern, 'How 'Uncle Joe' Bugged FDR: The Lessons of History," *Studies in Intelligence*, Vol. 47, No. 1, https://www.cia.gov/library/center-for-the-study-of-intelligence/csi-publications/csi-studies/studies/vol47no1/article02.html#fn37. この引用はもともと以下に掲載されたものである。Harry Hopkins, "The Inside Story of My Meeting with Stalin," *American Magazine*, December 1941.

＊2 Kathleen Harriman Mortimer, IWM Oral History, September 10, 1996.

＊3 Plokhy, *Yalta*, 318.

＊4 Montefiore, *Stalin*, 517.

＊5 Winston S. Churchill, *The Second World War, Vol. IV: The Hinge of Fate* (Boston: Houghton Mifflin, 1985), 446, 450. スヴェトラーナは、チャーチルとの会合中の彼女の父の振る舞いが、当時、とても不思議に感じたが、後になって、彼がチャーチルのために演技をして、「普通の人間」のように見えるよう努めていたことを知った。Svetlana Alliluyeva, *Twenty Letters to a Friend* (New York: Harper and Row, 1967), 171.

＊6 SMHC to CSC, January 31, 1945; SMHC to CSC, February 12, 1945, CAC SCHL 1/1/8.

＊7 Rosemary Sullivan, *Stalin's Daughter: The Extraordinary and Tumultuous Life of Svetlana Allilueyva* (New York: Harper, 2015), 42, 44, 103-4. 【ローズマリー・サリヴァン『スターリンの娘――「クレムリンの皇女」スヴェトラーナの生涯』染谷徹訳、白水社、2017年、上巻、p.64, 67, 140-41】

＊8 Ibid., 130. 【同書p. 174】

＊9 Alliluyeva, *Twenty Letters to a Friend*, 9-10.

＊10 KLH to MHF, June 9, 1944, Mortimer Papers.

＊11 Plokhy, *Yalta*, 58.

＊12 Alliluyeva, *Twenty Letters to a Friend*, 8.

＊13 Montefiore, *Stalin*, 76.

＊29　SMHC to CSC, February 6, 1945, CAC SCHL 1/1/8.
＊30　*The Inner Circle*, 183.
＊31　SMHC to CSC, February 6, 1945, CAC SCHL 1/1/8.
＊32　Sir Charles Portal to PC, February 5, 1945, LOC PHP B-I31.
＊33　Diary of Alan Francis Brooke, 1st Viscount Alanbrooke of Brookeborough, February 5, 1945, Liddell Hart Military Archives, King's College London, ALANBROOKE 5/2/27; David Fraser, *Alanbrooke* (New York: Athenaeum, 1982), 518.
＊34　SMHC to CSC, February 6, 1945, CAC SCHL 1/1/8. 以下の著作において、プロヒはこの場面を117ページで描いている。しかし、ブルックの言葉を【ハロルド・】アリグザンダーの言葉と勘違いしている。彼は誤って、ブルックではなく、アリグザンダーを帝国参謀総長としている。また、ウィンストン・チャーチルがブルックの鳥好きについて言及した点を見落としている。これら二つのことからして、話し手はブルックであってアリグザンダーではない、と考えられる。S. M. Plokhy, *Yalta*.
＊35　SMHC to CSC, February 6, 1945, CAC SCHL 1/1/8.
＊36　Ibid.
＊37　Alger Hiss, *Recollections of a Life* (New York: Seaver Books, 1988), 124.【アルジャー・ヒス『汚名――アルジャー・ヒス回想録』井上謙治訳、晶文社、1993年、p. 162】
＊38　Bohlen, *Witness to History*, 174; Hiss, *Recollections of a Life*, 122.【同書p. 15】
＊39　FRUS, Conferences at Malta and Yalta, "Second plenary meeting," February 5, 1945, Bohlen Minutes, Document 333.
＊40　Ibid.
＊41　Ibid.
＊42　Bohlen, *Witness to History*, 183.
＊43　FRUS, Conferences at Malta and Yalta, "Second plenary meeting," February 5, 1945, Bohlen Minutes, Document 333.　この立場は、1945年1月4日、チャーチルがアンソニー・イーデンに書き送ったことと合致していた。「闘争が終わった直後かあるいは熱の発作に続いて必然的な冷たい発作が生じた時、怒り狂い、恐怖に震える世界が抱く巨大な感情がどのようなものであるか、小さな紙切れ数枚で詳述しようとするのは間違いだ」。Winston S. Churchill, *The Second World War: Vol. VI*, 351.
＊44　Ibid.　それは狡猾な戦略だった。外相の検討委員会が開催されることはなかった。Bohlen, *Witness to History*, 183.
＊45　ホプキンズとド・ゴールの会見について詳しくは以下を参照のこと。Sherwood, *Roosevelt and Hopkins*, 847.　および Jean Lacoutre, *De Gaulle: The Ruler, 1945-1970, Vol. 2* (New York: W. W. Norton, 1993), 55-59.
＊46　FRUS, Conferences at Malta and Yalta, "Second plenary meeting," February 5, 1945, Bohlen Minutes, Document 333.
＊47　Winston S. Churchill, *Great Battles and Leaders*, 254.
＊48　Ibid., 260.
＊49　FRUS, Conferences at Malta and Yalta, "Second plenary meeting," February 5, 1945, Bohlen Minutes, Document 333.
＊50　FRUS, Conferences at Malta and Yalta, Harry Hopkins to FDR, February 5, 1945, Document 336.
＊51　FRUS, Conferences at Malta and Yalta, "Second plenary meeting," February 5, 1945, Bohlen Minutes, Document 333.
＊52　おそらく、イギリスに駐在した時期【1932年から1943年】のせいで、マイスキーは、連合国との戦後の協力関係について、ソヴィエト政府の他の人々とは別の異なる意見を持っていた。マイスキーは、合衆国を、とりわけ、アメリカの「ダイナミックな帝国主義」をひどく懐疑的に観ていた。彼はそれを伝統的なイギリス流の帝国主義形態とは別物と見なし、彼の見解では、イギリス流の帝国主義形態は、グローバルな安定性を目指す力だった。彼は、イギリスとよき関係を維持することの支持者だった。なぜなら、マイスキーが述べたように、「事の成り行きからして、イギリスはソ連にもっと近づくようにならざるを得ない。なぜなら戦後期のイギリスの根本的な戦いは、アメリカに対するも

＊51　Stettinius, *Roosevelt and the Russians*, 114.
＊52　Atkinson, *The Guns at Last Light*, 513.
＊53　AER Yalta Notes, 22, FDRL ARHP, Box 84.
＊54　Ibid.

第一〇章　一九四五年二月五日

＊1　SMHC to CSC, February 4, 1945, CAC SCHL 1/1/8.
＊2　Astley, *The Inner Circle*, 183, 194–95.
＊3　Ibid.
＊4　Sir Charles Portal to PC, February 7, 1945, LOC PHP B I–31.
＊5　KLH to PC, January 30, 1945, LOC PHP B I–21.
＊6　SCHL to CSC, February 4, 1945, CAC SCHL 1/1/8.
＊7　Moran, *Churchill at War*, 270.
＊8　Houghton, "That Was Yalta," 94; "Report of Medical Department Activities at Crimean Conference," February 18, 1945, FDRL Ross T. McIntire Papers, Box 4, "Crimea Conference."
＊9　Kuter, *Airman at Yalta*, 122.
＊10　Ibid., 121–22.
＊11　"General Information Bulletin," LOC AHP B 176 F 09.
＊12　Kuter, *Airman at Yalta*, 124.
＊13　Ibid., 123.
＊14　AER Yalta Notes, 22, FDRL ARHP, Box 84.
＊15　SMHC to CSC, February 8, 1945, CAC SCHL 1/1/8.
＊16　KLH to PC, February 7, 1945, LOC PHP B I–21.
＊17　Mark Twain, *The Innocents Abroad* (New York: The Library of America, 1984), 311.【マーク・トウェイン『地中海遊覧記』吉岡栄一・飯塚英一・錦織裕之訳、彩流社、1997年、下巻、p. 120】
＊18　Christopher Andrew and Vasili Mitrokhin, *The Sword and the Shield: The Mitrokhin Archive and the Secret History of the KGB* (New York: Basic Books, 1999), 133.
＊19　Winston S. Churchill, *The Second World War, Vol. VI*, 347.　セアラも以下の手紙で、ポータルが温室の水槽に興味をひかれたことに触れている。SMHC to CSC, February 6, 1945, CAC SCHL 1/1/8.
＊20　Author's interview with Ellie Seagraves, January 26, 2018.
＊21　Charles Portal to PC, February 5, 1945, LOC PHP B I–31.
＊22　Diary of Alan Francis Brooke, 1st Viscount Alanbrooke of Brookeborough, February 5, 1945, Liddell Hart Military Archives, King's College London, ALANBROOKE 5/2/27.
＊23　FRUS, Conferences at Malta and Yalta, "First tripartite military meeting," February 4, 1945, Document 330.
＊24　FRUS, Conferences at Malta and Yalta, "Luncheon meeting of the Foreign Ministers," February 5, 1945, Document 331.『クインシー』艦上で、ソヴィエト軍がベルリンに達する前にアメリカ軍がマニラに到達するかどうか、ローズヴェルトは賭けをした。前日、二人だけの内々の会合で、彼はこの件をスターリンに話した。スターリンは、確信を込めて、アメリカ軍がマニラに到達する方だろう、と答えた。FRUS, Conferences at Malta and Yalta, "Roosevelt-Stalin meeting," February 4, 1945, Document 325.　マッカーサーはマニラにおいてアメリカ軍が決定的な一撃を加えたと考えたが、戦闘は3月まで続くこととなった。
＊25　Sherwood, *Roosevelt and Hopkins*, 395.
＊26　SMHC to CSC, February 6, 1945, CAC SCHL 1/1/8.
＊27　SMHC to CSC, undated October 1941, CAC SCHL 1/1/6.
＊28　SMHC to CSC, November 5, 1941, CAC SCHL 1/1/6.

＊19　Bohlen, *Witness to History*, 165.
＊20　Newsreel footage, "Allied delegates arrive for the international conference at Lavadia [sic] Palace in Yalta," February 4, 1945, https://www.criticalpast.com/video/65675033670_The-Yalta-Conference_Franklin-D-Roosevelt_Lavidia-Palace_conference-room.
＊21　Sir Charles Portal to PC, February 4, 1945, LOC PHP B I-31.
＊22　FRUS, Conferences at Malta and Yalta, "First plenary meeting," Bohlen Minutes, February 4, 1945, Document 326.
＊23　Winston S. Churchill, *The Second World War: Vol. VI*, 349.
＊24　Roberts, *Masters and Commanders*, 552.
＊25　FRUS, Conferences at Malta and Yalta, "First plenary meeting," Bohlen Minutes, February 4, 1945, Document 326.
＊26　Birse, *Memoirs of an Interpreter*, 101, 113.
＊27　FRUS, Conferences at Malta and Yalta, "First plenary meeting," Bohlen Minutes, February 4, 1945, Document 326.
＊28　FRUS, Conferences at Malta and Yalta, "First plenary meeting," Combined Chiefs of Staff Minutes, February 4, 1945, Document 327.
＊29　Bohlen, *Witness to History*, 177.
＊30　Ibid., 175.
＊31　George Kennan, *Memoirs, 1925-1950* (Boston: Little, Brown, 1967), 215.
＊32　Bohlen, *Witness to History*, 210.　その回想録において、ボーレンは、外交政策へのFDRの姿勢に非常に批判的で、以下のように述べた。「外交に関して、ローズヴェルトの仕事ぶりは単なるまあまあの出来だった。内政において彼が通常熟達した技量で用いた方法および技術は外交には向かなかった。彼は主題を本能的に把握する力、それは素晴らしかったが、そして問題に対する解決策を即座に見出す才能に頼っていた。……外交においては、とりわけソ連を相手にするときには、このやり方は正確性の欠如を意味し、それは……重大な欠陥だった。歴史に対するより深い知識、そしてはっきり言えば外国の人々の反応に対するよりよい理解、それらが大統領には有益だっただろう。アメリカの専門家たちが準備した政策方針書をもっと勉強すること、細部にもっと注意を払うこと、そして相手側は『いい奴』であり、こちらが彼を正しく扱えば、向こうは適切にそれなりに反応してくれるだろうというアメリカ流の思い込みになるべく頼らないようにすること、これらも役に立つだろう。」
＊33　1Ibid., 176.
＊34　Houghton, "That Was Yalta," 96.
＊35　KLH to MHF, February 4, 1945, Mortimer Papers.
＊36　AER Yalta Notes, 22, FDRL ARHP, Box 84.
＊37　Ibid., 21.
＊38　Ibid.
＊39　Ibid.
＊40　Ibid.
＊41　Harriman and Abel, *Special Envoy*, 395.
＊42　AER Yalta Notes, 21, FDRL ARHP, Box 84.
＊43　Harriman and Abel, *Special Envoy*, 395.
＊44　AER Yalta Notes, 20, FDRL ARHP, Box 84.
＊45　Ibid.
＊46　Anna Roosevelt Halsted interview by Bernard Asbell, 1972, FDRL ARHP, Box 63.
＊47　ARB Yalta Notes, 21-22, FDRL ARHP, Box 84.
＊48　KLH to PC, February 7, 1945, LOC PHP B I-21.
＊49　AER Yalta Notes, 22, FDRL ARHP, Box 84.
＊50　Ibid.　クーターは将官に昇進した最年少の軍人で、それまでの記録は南北戦争の名だたるウィリアム・T・シャーマン将軍が保持していた。

をつけて、その短信を送り手に返した。LOC PHP B I-21.

＊22　KLH to MHF, August 10, 1942, Mortimer Papers. キャシーはラブとのこれまでのいさかいについて姉のメアリへの手紙のなかで綴っている。以下の手紙を参照のこと。November 6, 1941; December 16, 1941; January 6, 1942; January 11, 1942; February 23, 1942; and August 10, 1942. 1月6日付の手紙において、キャシーは次のように語っている。「アイネズ・ラブが電話してきて、思いつく限りのありとあらゆる悪態を私につきました……彼女はほとんどヒステリー状態で、私のことで海外担当部長に手紙を書いたし、私に渡してくれるよう頼まれた手紙の何通かを破いて捨てた、と私に言いました……ひとつだけ私がかかわりたくないことは職場内の駆け引きです。彼女はまた、昨夜、国際通信社に電報を打って、彼女か私のどちらかが退社しなければならないと伝えることも考えた、と私に言ってきました。私のこれまでの人生でこの人に二度会いましたが、二度とも私が全くばからしいことをしていると感じさせようと企んだ女です。」

第九章　一九四五年二月四日

＊1　Plokhy, *Yalta*, 53.

＊2　Ibid., 54.

＊3　Arkady N. Shevchenko, *Breaking with Moscow* (New York: Alfred A. Knopf, 1985), 58.【アルカジー・N・シェフチェンコ『モスクワとの訣別』読売新聞外報部訳、読売新聞社、1985年、p. 84】冷戦中、それまでアメリカに亡命したソ連高官の中で最も高い地位にあった者の一人であるシェフチェンコは、第二次世界大戦中、クリミア半島沿岸のイェウパトーリヤという村で少年時代を過ごした。1941年秋、彼の家族はシベリアのアルタイ山脈へ避難した。1944年、一家はイェウパトーリヤへ戻った。彼の父親はサーキにおいてローズヴェルトを観察するよう依頼された医師のひとりだった。

＊4　Sir Charles Portal to PC, February 3, 1945, LOC PHP B I-31.

＊5　Winston S. Churchill, *The Second World War, Vol. VI*, 347-48.

＊6　FRUS, Conferences at Malta and Yalta, "Roosevelt-Stalin meeting," Bohlen Minutes, February 4, 1945, Document 325.

＊7　Ibid. ボーレンも回想録においてこのやり取りに触れている。Bohlen, *Witness to History*, 180.

＊8　Winston S. Churchill, *The Second World War, Vol. V: Closing the Ring* (Boston: Houghton Mifflin, 1951), 374.

＊9　FRUS, Conferences at Malta and Yalta, "Roosevelt-Stalin Meeting,"Bohlen Minutes, February 4, 1945, Document 325.

＊10　Houghton, "That Was Yalta," 96-97.

＊11　Newsreel footage, "Allied delegates arrive for the international conference at Lavadia [sic] Palace in Yalta," February 4, 1945, https://www.criticalpast.com/video/65675033670_The-Yalta-Conference_Franklin-D-Roosevelt_Lavidia-Palace_conference-room.

＊12　Ibid.

＊13　Houghton, "That Was Yalta," 96-97; newsreel footage, "Allied delegates arrive for the international conference at Lavadia [sic] Palace in Yalta," February 4, 1945, https://www.criticalpast.com/video/65675033670_The-Yalta-Conference_Franklin-D-Roosevelt_Lavidia-Palace_conference-room.

＊14　Robert Hopkins, *Witness to History*, 144.

＊15　AER Yalta Notes, 20, FDRL ARHP, Box 84.

＊16　Photograph, "Prime Minister Churchill talks with his daughter Sarah, while Gen. Sir Harold R.L.G. Alexander looks on," U.S. Army Signal Corps, February 1945, Newberry Library, Chicago, Papers of Ralph Graham, B 01 F 05.

＊17　Ibid.

＊18　interpreters rather than translators: 以下の著作の中で、アーサー・バースは通訳官の役割について徹底的で含蓄に富む説明を提供し、通訳が単なる翻訳よりもはるかに複雑な理由を述べている。Arthur Birse, *Memoirs of an Interpreter*, 113-15.

のかについて、彼の見解を伝える報道が寄せられている」。
＊34　Anna Roosevelt Halsted interview by Bernard Asbell, 1972, FDRL ARHP, Box 63.
＊35　Drew Pearson, "Washington Merry-Go-Round," FDRL President's Personal File 7, Anna R. Boettiger, 1942-45.
＊36　AER Yalta Notes, 18-19, FDRL ARHP, Box 84.
＊37　Ibid.
＊38　AER Yalta Notes, 19, FDRL ARHP, Box 84.
＊39　FRUS, Conferences at Malta and Yalta, John Gilbert Winant to FDR, February 3, 1945, Document 471.

第八章　一九四五年二月四日

＊1　SMHC to CSC, February 6, 1945, CAC SCHL 1/1/8.
＊2　Ibid.
＊3　Anton Chekhov, *The Lady with the Dog and Other Stories* 1899, https://www.gutenberg.org/files/13415/13415-h/13415-h.htm.
＊4　"General Information Bulletin," LOC AHP B 176 F 09. 海軍が補充定員としてヤルタへ派遣したロシア語を話す士官の一人であったノリス・ホートンはこの冊子の作者であると主張している。以下を参照のこと。Norris Houghton, "That Was Yalta," *The New Yorker*, May 23, 1953, 95.
＊5　Houghton, "That Was Yalta," 96; Stettinius, *Roosevelt and the Russians*, 84; FRUS, Conferences at Malta and Yalta, "Meeting of the President with his advisers," February 4, 1945, Document 322.
＊6　AER Yalta Notes, 19-20, FDRL ARHP, Box 84.
＊7　AER identity cards, FDRL ARHP, Box 84, Miscellaneous.
＊8　AER Yalta Notes, 19-20, FDRL ARHP, Box 84.
＊9　Sir Charles Portal to PC, February 4, 1945, LOC PHP B I-31.
＊10　Kathleen Harriman Mortimer, IWM Oral History, September 10, 1996.
＊11　KLH to PC, January 30, 1945, LOC PHP B I-21.
＊12　KLH to MHF, February 4-10, 1945, Mortimer Papers.
＊13　KLH to PC, February 4, 1945, LOC PHP B I-21.
＊14　AER to JB, February 4, 1945, FDRL JBP, Box 6.
＊15　KLH to MHF, February 23, 1944, Mortimer Papers; KLH to PC, February 27, 1944, LOC PHP B I-21.
＊16　Curtis Roosevelt, *Too Close to the Sun*, 274-75. エリノアの自信のなさは、彼女からみれば、自分の領域に入り込んでくるように思えた女性たちとの張りつめた関係に見て取れた。そのような女性たちの中には、ルイーズ・ホプキンズ、義理の娘のベッツィ、そしてフランクリンの親しい友人であり、ナチが侵攻した時、合衆国へ逃れてきたノルウェーのマッタ妃【英語の発音ではマルタ】が含まれた。以下を参照のこと。Anna Roosevelt Halsted interview by Bernard Asbell, 1972, FDRL ARHP, Box 63, and Goodwin, *No Ordinary Time*, 109, 439.【グッドウィン『フランクリン・ローズヴェルト　上——日米開戦への道』p. 169、『フランクリン・ローズヴェルト　下——激戦の果てに』p. 176】
＊17　AER Yalta Notes, 19, FDRL ARHP, Box 84.
＊18　Ibid.
＊19　AER to JB, February 4, 1945, FDRL JBP, Box 6.
＊20　PC to Harry Hopkins, July 1, 1942, Georgetown University, Booth Family Center for Special Collections HLHP1, Box 4 Folder 3.
＊21　AER to JB, February 4, 1945, FDRL JBP, Box 6. ハリー・ホプキンズは他人のロマンスに手を貸すのを楽しんでいたようにみえた。彼女に電話して下さいと頼んだエイヴレル・ハリマンからパメラ・チャーチル宛の短信は、ホプキンズがロンドンに滞在していた間宿泊していたホテルの彼のスイートルームのドアの下へ、誤って差し込まれた。彼は、「これがそのドアの下から差し込まれたのはハリー・L・ホプキンズの寝室でした。彼はそのことを大変光栄に思いました」というおもしろい注

＊5　Alger Hiss, IWM Oral History, 1972.
＊6　アナは興奮して機内で寝られなかった。彼女は、日の出にギリシャの島々とトルコを観るため、起きていたかった。AER Yalta Notes, 13, FDRL ARHP, Box 84.
＊7　Anna Roosevelt Halsted interview by Bernard Asbell, 1972, FDRL ARHP, Box 63.
＊8　AER Yalta Notes, 18, FDRL ARHP, Box 84.
＊9　Goodwin, *No Ordinary Time*, 31.【ドリス・カーンズ・グッドウィン『フランクリン・ローズヴェルト　上――日米開戦への道』砂村榮利子・山下淑美訳、中央公論新社、2014年、p. 43】
＊10　David L. Roll, *The Hopkins Touch: Harry Hopkins and the Forging of the Alliance to Defeat Hitler* (Oxford: Oxford University Press, 2013), 12.
＊11　Photograph, February 11, 1945, LOC AHP B 882 F 19; photographs, February 1945, Georgetown University, Booth Family Center for Special Collections, Robert Hopkins Papers, Box 7B.
＊12　Photograph in Robert Hopkins, *Witness to History*, 156.
＊13　Harry Hopkins to Diana Hopkins, January 19, 1945, Georgetown University, Booth Family Center for Special Collections, HLHP1, Box 40, Folder 6.
＊14　AER Yalta Notes, 18, FDRL ARHP, Box 84.
＊15　Robert Sherwood, *Roosevelt and Hopkins: An Intimate History* (New York: Harper and Brothers, 1948), 847.
＊16　Ibid., 1.
＊17　Goodwin, *No Ordinary Time*, 480.【グッドウィン『フランクリン・ローズヴェルト　下――激戦の果てに』p. 243】
＊18　Ibid., 349-50, 372〔同書pp. 34-37, 70〕; Roll, *The Hopkins Touch*, 284-85.
＊19　Ibid., 286.
＊20　Sherwood, *Roosevelt and Hopkins*, 804, 807. スティーヴン・ホプキンズが戦死した時、セアラ・チャーチルは、「私は何度その知らせを聞いたとしても、何と申し上げたらよいのかわかりません。でも、あなたの友人たちがあなたのために悲しんでいることは存じております」と書き、ハリー・ホプキンズに心のこもったお悔やみの言葉を送った。SMHC to Harry Hopkins, May 12, 1944, Georgetown University, Booth Family Center for Special Collections, HLHP1, Box 4, Folder 4.
＊21　AER Yalta Notes, 7, FDRL ARHP, Box 84; Jonathan Daniels to Steve Early, January 29, 1945, FDRL Steve Early Papers, Box 37.
＊22　Press Wireless N.Y, WCX 1800Z SKED, FDRL ARHP, Box 84, Miscellaneous.
＊23　FRUS, Conferences at Malta and Yalta, Harry Hopkins to FDR, January 24, 1945, Document 66.
＊24　AER Yalta Notes, 18, FDRL ARHP, Box 84.
＊25　Goodwin, *No Ordinary Time*, 179, from interview with James Roosevelt.【グッドウィン『フランクリン・ローズヴェルト　上――日米開戦への道』p. 281】
＊26　Oral History interview with Anna Roosevelt Halsted, 1975, Columbia Center for Oral History Archives, Rare Book and Manuscript Library, Columbia University in the City of New York.
＊27　Ibid.
＊28　AER Yalta Notes, 19, FDRL ARHP, Box 84.
＊29　Ibid.
＊30　Goodwin, *No Ordinary Time*, 480, 488-89【グッドウィン『フランクリン・ローズヴェルト　下――激戦の果てに』p. 243, 254-56】; Sherwood, *Roosevelt and Hopkins*, 804.
＊31　Asbell, ed., *Mother and Daughter*, 31.
＊32　Roll, *The Hopkins Touch*, 364.
＊33　AER Yalta Notes, 7, FDRL ARHP, Box 84. アナは日記の中で、船内におけるFDRのホプキンズに対するいら立ちを特に記した。「FDRと彼の最側近たちは、会談に関してハリーが行ったすべてのインタヴューの件で、彼に不意打ちをくらわそうとしている。彼は、つい最近のロンドン、パリそしてローマへの訪問の間、オフレコにして、インタヴューをしない、そのようにスティーヴと固くいい交わしていたらしい。ところが、ほとんど毎日と言っていいほど、三都市から会談で何が話題となる

＊72　Author's interview with Peter Duchin, July 19, 2018.
＊73　John Colville, *Winston Churchill and His Inner Circle* (New York: Wyndham Books, 1981), 120.
＊74　クレメンタイン・チャーチルのお気に入りのクロッケー仲間の一人だったハリマンは、仲間内で彼女を負かせられるただひとりの人間だった。Abramson, *Spanning the Century*, 299-300.
＊75　Elisabeth Bumiller, "Pamela Harriman," *Washington Post*, June 12, 1983.
＊76　WAH to Marie Harriman, April 17, 1941, LOC AHP B 03 F 01.
＊77　Ibid.
＊78　Smith, *Reflected Glory*, 91-92.
＊79　Ibid., 104-5.
＊80　Winston S. Churchill II, *Memories and Adventures* (New York: Weidenfeld and Nicholson, 1989), 20.〔ウィンストン・S. チャーチル『祖父チャーチルと私：若き冒険の日々』佐藤佐智子訳、法政大学出版局、1994年、p. 37〕
＊81　Lynne Olson, *Citizens of London* (New York: Random House Trade Paperbacks, 2010), 103-4.
＊82　Christopher Ogden interview with PC, 1991, LOC PHP B I-304.
＊83　Smith, *Reflected Glory*, 89.
＊84　Author's conversation with David Mortimer, December 5, 2018.
＊85　KLH to MHF, June 27, 1941, Mortimer Papers.
＊86　KLH to Elise Marshall, spring 1942, Mortimer Papers.
＊87　Christopher Ogden interview with PC, 1991, LOC PHP B I-304.
＊88　KLH to MHF, July 30, 1942, Mortimer Papers.
＊89　Smith, *Reflected Glory*, 104.
＊90　WAH to KLH, undated, October 1943, Mortimer Papers.
＊91　N. T. Bartlett to PC, August 9, 1943, LOC AHP B 04 F 07.
＊92　Smith, *Reflected Glory*, 108-9.　1943年における3000ポンドは2020年におけるおおよそ135,000ポンドにあたる。
＊93　KLH to PC, April 6, [1944], LOC PHP B I-21 Mar-Apr (no year).　何らかの問題があって、パメラは、ハリマンが手配した通りに、マックス・ビーヴァーブルックを介して、支払いを受けていなかった。キャシーはそれがビーヴァーブルックの落ち度と考え、パメラが「金欠」にならないことを祈ると彼女に伝えた。
＊94　戦時中のキャスリーンとパメラの文通、およびパメラとエイヴレル間の手紙については以下を参照のこと。LOC PHP B I-21 and I-22.　パメラとエイヴレル間のそのほかの手紙については以下を参照のこと。LOC AHP B 04.
＊95　KLH to PC, January 30, 1945, LOC PHP B I-21.　戦時中のキャシーの現存している文通の中で、これが唯一情事に明確に触れた手紙となっている。他にも同様な手紙があったかどうかはわからない。後になって、キャシーが情事に触れた手紙を取り除いたことはありうるが、彼女の手紙はロンドンとニューヨークの友人たちの間でたらい回しにされ、見られるので、だれかマリーを知っている人が手紙を読むかもしれないと心配して、彼女が手紙で情事のことに触れなかったのだとも考え得る。

第七章　一九四五年二月三日

＊1　チャーチルの通訳官アーサー・バースは人々の足音が人気のない宮殿にこだましたと記述した。*Memoirs of an Interpreter*, 180.
＊2　AER to JB, February 4, 1945, FDRL JBP, Box 6.
＊3　AER Yalta Notes, 12, 18, FDRL ARHP, Box 84.
＊4　Lelyveld, *His Final Battle*, 26.　史実に基づけば、国務省の職員の大半が政治的な見解が多岐にわたるキャリア組公務員から構成されていたので、同省の政治的な性向は歴代のどの大統領よりも中道的な傾向がある。彼らは平均すると全体として同省に穏健派的な立場をもたらしている。国務省がホワイトハウスほどローズヴェルトのリベラルな政治に熱心でなかったことは目についた。

＊46　KLH to PC, February 4, 1945, LOC PHP B I-21.
＊47　1942年11月10日、ロンドン市長公邸におけるロンドン市長主催の昼食会の席でのチャーチルの言葉。
＊48　KLH to MHF, May 17, 1941, Mortimer Papers.　キャスリーンは以下の新聞の寄稿欄においてこの観察を繰り返している。"War has brought many changes to London night life," *INS Fast Mail Service*, August 6, 1941, KLH scrapbook, Mortimer Papers.
＊49　KLH to MHF, May 17, 1941, Mortimer Papers.
＊50　WAH to Marie Harriman, May 20, 1941, LOC AHP B 03 F 01.
＊51　WAH to KLH and PC, August 1941, Mortimer Papers.
＊52　KLH to MHF, June 2 or 3, 1941, Mortimer Papers.
＊53　KLH to MHF, July 7, 1941, Mortimer Papers.
＊54　KLH to MHF, June 2 or 3, 1941, Mortimer Papers.
＊55　KLH to MHF, July 7, 1941, Mortimer Papers.
＊56　KLH to MHF, August 15, 1945, Mortimer Papers.
＊57　KLH to MHF, July 7, 1941, Mortimer Papers.
＊58　キャスリーンはそのような要望を伝える手紙をたびたびムーシュに書き送った。そのことは二人の文通を通じて何度も見受けられる。Mortimer Papers.
＊59　KLH to Marie Harriman, December 7, 1942, LOC AHP B 06 F 10.　マリーはセアラのための帽子をいくつかこの荷物に特別に含めた。
＊60　KLH to MHF, May 17, 1941, Mortimer Papers.
＊61　KLH to MHF, August 8, 1941, Mortimer Papers.
＊62　Pamela Harriman, "When Churchill Heard the News...," *Washington Post*, December 7, 1991.　ハリマンとエイバル（Harriman and Abel）は、チャーチルがキャシーに誕生日のプレゼントとして彼の署名入りの『川の戦争』【1896年から1899年にかけて、キッチナー卿が率いる英エジプト軍がスーダンを征服した歴史。チャーチルの二作目の著作】を与えた、と記している。*Special Envoy*, 111.
＊63　KLH to MHF, December 1941, Mortimer Papers.
＊64　戦時の回想録で、チャーチルは、「二人が長く苦しんできた苦痛から解放された、と人は思うかもしれない」、そのようにハリマンとワイナントについて語った。Winston S. Churchill, *The Second World War, Vol. III: The Grand Alliance* (Boston: Houghton Mifflin, 1986), 538.
＊65　Harriman and Abel, *Special Envoy*, 112.　ハリマンはアメリカの孤立主義に非常に強く反対し、アメリカ人はナチの脅威を過小評価していると危惧していたので、二日後（12月9日）、キャスリーンとパメラとアメリカ生まれのイギリス保守党国会議員のヘンリ・シャナンと夕食を共にしている時、（シャナンによれば）ハリマンは「人々を目覚めさせるため、アメリカの都市のいくつかが集中空爆されることを望む」と語った。James, ed., *Chips: The Diaries of Sir Henry Channon* (London: Weidenfeld and Nicolson, 1967), 314.
＊66　KLH to Elsie Marshall, January 5, 1942, Mortimer Papers.
＊67　KLH to MHF, June 2 or 3, 1941, Mortimer Papers.
＊68　Randolph Churchill to WSC, July 5, 1941, CAC CHAR 20/33/37-44.
＊69　KLH to MHF, undated, retyped, 1941, Mortimer Papers.
＊70　Ibid.
＊71　クリストファー・オグダンが書いたパメラの伝記の中で、パメラは自分がドーチェスターホテルにおいてエムラルド・キューナードが催した晩餐会でハリマンに会ったと述べた、とオグダンは記している。Christopher Ogden, *Life of the Party: The Biography of Pamela Digby Churchill Hayward Harriman* (Boston: Little, Brown and Company, 1994), 112.　しかしながら、サリ・バデル・スミス【Sally Bedell Smith】が以下の著作で示しているように、キューナードはそのころアメリカにいたので、パメラの述べたことは正確でない。したがって、二人が初めて出会ったのは、かなりの確率で、チェカーズにおける昼食の折、3月29日と思われる。*Reflected Glory: The Life of Pamela Churchill Harriman* (New York: Simon & Schuster, 1996), 84.

＊17　Stettinius, *Roosevelt and the Russians*, 82.
＊18　AER Yalta Notes, 18, FDRL ARHP, Box 84.
＊19　ハリマンは長らくボーレンの能力に一目置いていてモスクワの大使館に引き抜こうとしたが、成功しなかった。ボーレンの代わりに、彼はボーレンの同僚であったジョージ・ケナンを代理大使としてモスクワになんとか呼び寄せた。ハリマンはボーレンに次ぐケナンの鋭いソ連分析を評価していた。
＊20　Plokhy, *Yalta*, 69.
＊21　Ibid.
＊22　Harriman and Abel, *Special Envoy, 239-40*. モロトフと彼の同僚たちはハリマンを尊敬していたが、なぜ億万長者が運動のため雪かきをしたり、自ら薪を割りたがるのか理解しなかった。KLH to MHF, April 18, 1944, Mortimer Papers.
＊23　Charles Bohlen, "Memorandum of conversation between Harriman, Bohlen, Molotov and Pavlov," February 4, 1945, LOC AHP B 176 F 10. ステティニアスもこのやりとりを以下の著作で報告している。*Roosevelt and the Russians*, 83-84.
＊24　Charles Bohlen, "Memorandum of conversation between Harriman, Bohlen, Molotov and Pavlov," February 4, 1945, LOC AHP B 176 F 10.
＊25　Ibid.
＊26　Ibid.
＊27　John Martin to Charles Bohlen, February 3, 1945, LOC AHP B 176 F 10.
＊28　Charles Bohlen to John Martin, February 3, 1945, LOC AHP B 176 F 10.
＊29　SMHC to CSC, February 4, 1945, CAC SCHL 1/1/8.
＊30　SMHC to CSC, February 6, 1945, CAC SCHL 1/1/8.
＊31　Winston S. Churchill, *The Second World War, Vol. VI*, 347.
＊32　Astley, *The Inner Circle*, 193-94.
＊33　Averell Harriman's foreword to Gerald Pawle, *The War and Colonel Warden* (London: George G. Harrap, 1963), 4-5.
＊34　WAH to Marie Harriman, March 30, 1941, LOC AHP B 03 F01.
＊35　Diary of Alan Francis Brooke, 1st Viscount Alanbrooke of Brookeborough, February 2, 1945, Liddell Hart Military Archives, King's College London, ALANBROOKE 5/2/26. 生き残ったパイロットの証言を含む墜落の全調査の記録については以下を参照のこと。TNA AIR 8/841.
＊36　SMHC to CSC, February 4, 1945, CAC SCHL 1/1/8. 亡くなった方々のさらなる詳細については以下を参照のこと。https://www.chch.ox.ac.uk/fallen-alumni/captain-albany-kennett-charlesworth.
＊37　Moran, *Churchill at War*, 268.
＊38　KLH to PC, February 4, 1945, LOC PHP B I-21.
＊39　KLH to MHF, February 4-10, 1945, Mortimer Papers.
＊40　Sir Alexander Cadogan to Lady Theodosia Cadogan, February 2, 1945, in David Dilks, ed., *The Diaries of Sir Alexander Cadogan, O.M., 1938-1945* (New York: G. P. Putnam's Sons, 1971), 701.
＊41　CSC to WSC, February 3, 1945, in Soames, ed., *Winston and Clementine*,514.
＊42　Diary of Alan Francis Brooke, 1st Viscount Alanbrooke of Brookeborough, February 2, 1945, Liddell Hart Military Archives, King's College London, ALANBROOKE 5/2/26; see also "Loss of York MW. 116," TNA AIR 8/841.
＊43　Alex Danchev and Daniel Todman, eds., *War Diaries, 1939-1945: Field Marshal Lord Alanbrooke* (London: Weidenfeld and Nicolson, 2001), 661; see also Diary of Alan Brooke, February 10, 1945, ALANBROOKE 5/2/27.
＊44　KLH to MHF, May 30, 1941, Mortimer Papers.
＊45　週末を田舎でパメラとともに過ごした小別荘の近くの基地に駐屯していた戦闘機パイロットの友人たちについて、キャシーは姉に書き送った。彼女は、ある手紙で、彼らが出撃する前、地域のパブで彼らとともに一夕を過ごしたことを語った。「彼らが出発するのを見、彼らが全員帰還するかどうか疑問に思っていると、妙な気持ちになりました」と。KLH to MHF, July 7, 1941, Mortimer Papers.

*63　Ibid., 16.
*64　SMHC to CSC, February 4, 1945, CAC SCHL 1/1/8.
*65　Ibid.
*66　AER Yalta Notes, 16, FDRL ARHP, Box 84.
*67　Ibid.
*68　Ibid., 16-17.
*69　Ibid., 16.
*70　Ibid.
*71　FDR to WAH, January 16, 1945, LOC AHP B 176 F 06; FRUS, Conferences at Malta and Yalta, WAH to FDR, January 17, 1945, Document 60.
*72　AER to JB, February 4, 1945, FDRL JBP, Box 6.
*73　AER Yalta Notes, 16, FDRL ARHP, Box 84.
*74　Ibid. 最初に会って以来、アナはチャーチルをなにかしら戯画的人物として観ていた。彼女が最初にチャーチルに会ったのは、1943年5月、ワシントンにおけるトライデント会談【1943年5月に開催された第二回ワシントン会談のコード名】およびキャンプ・デイヴィッドにおいてだった。彼女は、5月15日付のジョンへの手紙のなかで、最初の印象を書き記した。その中で、彼女はチャーチルの語りの能力と観察眼の鋭さの二つに触れる一方、例えば、彼がカギタバコを使うこと、くしゃみをするマナーの悪さなど、彼の奇矯と思われる振る舞いやあまり魅力的でない個人的な癖にも触れた。ARB to JB, May 15, 1943, FDRL JBP, Box 5.
*75　SMHC to CSC, February 4, 1945, CAC SCHL 1/1/8.
*76　ウィンストンとセアラは二人ともそれぞれの回想において、ローズヴェルトがあたふたと出発したことを、はっきりと書き記した。つねに外交官であったウィンストンは「大統領の一行は明らかに気が付かず、通り過ぎた」と、それが本当でないことを知っていたにもかかわらず、寛大に述べた。*The Second World War, Vol. VI: Triumph and Tragedy*, 345. セアラは、ローズヴェルトが車を止めず走り続けた箇所の記述を含む、母親宛の手紙全体を、以下の著作に掲載した。*Keep on Dancing*, 127.

第六章　一九四五年二月三日

*1　"President's Log at Yalta," Document 319. 大統領の公式の航海日記において、ヤルタでローズヴェルトとその一行を出迎えた人物としてはっきりと名前が挙げられているのはキャスリーン・ハリマン一人だけである。
*2　KLH to PC, October 16, 1944, LOC PHP B I-21.
*3　キャスリーンは記者会見においてエリザベス女王（後の皇太后）にお会いした。食糧大臣【1939年から1958年まで、食料の配給を管轄】であり、アメリカの女性たちに基金協力の訴えを行ったウールタン卿が同席した。KLH to MHF, May 30, 1941, Mortimer Papers.
*4　KLH to MHF, February 4-10, 1945, Mortimer Papers.
*5　AER Yalta Notes, 17, FDRL ARHP, Box 84.
*6　Ibid.
*7　KLH to PC, February 13, 1945, LOC PHP B I-21.
*8　JB to WAH, November 18, 1941; WAH to JB, December 5, 1941, LOC AHP B 161 F 03.
*9　KLH to PC, January 30, 1945, LOC PHP B I-21.
*10　AER Yalta Notes, 17, FDRL ARHP, Box 84.
*11　Ibid.
*12　Ibid.
*13　KLH to MHF, February 4-10, 1945, Mortimer Papers.
*14　KLH to PC, February 4, 1945, LOC PHP B I-21.
*15　AER Yalta Notes, 18, FDRL ARHP, Box 84.
*16　Ibid., 17.

＊42　Moran, *Churchill at War*, 267. ギルバート【Gilbert】はこのたとえのもとを外務省政務次官のアリグザンダー・カドガンの日記としている。ギルバートの先例にならい、後に続く歴史家たちもまたそれをカドガンとしている。しかし、この発言はチャーチルアーカイブズセンターのカドガン日記には見当たらないので、この説は間違いのように思える。

＊43　Newsreel footage, "Official Pictorial Record of the Yalta Conference," January-February 1945, U.S. Army Signal Corps.

＊44　AER Yalta Notes, 13-14, FDRL ARHP, Box 84.

＊45　SMCH to CSC, February 15, 1945, CAC SCHL 1/1/8.

＊46　Astley, *The Inner Circle*, 181.

＊47　AER Yalta Notes, 13, FDRL ARHP, Box 84.

＊48　Photographs, February 3, 1945, LOC AHP F 882 B 19.

＊49　AER Yalta Notes, 13, FDRL ARHP, Box 84.

＊50　Photographs, February 3, 1945, LOC AHP F 882 B 19. その日、数人の目撃者がローズヴェルトの気にかかる様子について記した。モラン卿は、「大統領は老いて、痩せて、やつれて見えた。彼は肩にケープかショールをかけ、縮んで見えた。彼はまるで物事が目に入らないかのように、口を開け、まっすぐ前を見つめていた。だれもが彼の様子にショックを受け、後でそのことについておしゃべりしていた」と記した。Lord Moran, *Churchill at War*, 267. バース少佐は回想録で、「私はローズヴェルトの変わりようを見て驚いた。一年前、テヘランにおいて彼は元気いっぱいで朗らかに見えた。今、彼は年老いて見え、頰はこけ、蠟のような顔色で、彼は重篤に見えた」。Birse, *Memoirs of an Interpreter*, 181.

＊51　SMHC to CSC, February 4, 1945, CAC SCHL 1/1/8.

＊52　Robert Hopkins, *Witness to History*, 139.

＊53　クリミア半島の地理と地勢についてさらに知りたい場合は以下のホームページを参照のこと。NASA Earth Observatory: https://earthobservatory.nasa.gov/IOTD/view.php?id=47117.

＊54　SMHC to CSC, February 4, 1945, CAC SCHL 1/1/8.

＊55　Ibid.

＊56　Lord Moran, *Churchill at War*, 267.

＊57　SMHC to CSC, February 4, 1945, CAC SCHL 1/1/8.

＊58　ソ連における飢饉とウクライナにおけるホロドモールに関しては以下の著作を参照のこと。Anne Applebaum, *Red Famine: Stalin's War on Ukraine* (New York: Doubleday, 2017). タタール人の流浪は45年間続いた。以下の論文を参照のこと。Mara Kozelsky, "Casualties of Conflict: Crimean Tatars During the Crimean War," *Slavic Review*, Vol. 67, No. 4 (Winter2008), 866-91, https://www.jstor.org/stable/27653028?seq=1#page_scan_tab_contents. クリミア・タタール人の強制退去については以下の著作を参照のこと。Greta Lynn Uehling, *Beyond Memory: The Crimean Tatars' Deportation and Return* (New York: Palgrave Macmillan, 2004).

＊59　情景描写は、以下の人々を含む、会談に参加した多数の人々の手紙、日記、回想録をもとにしている。Charles E. Bohlen, *Witness to History*, 1929-1969 (New York: W. W. Norton, 1973), 173; AER Yalta Notes, 14-15, FDRL ARHP, Box 84; Oral History interview with Anna Roosevelt Halsted, 1975, Columbia Center for Oral History Archives, Rare Book and Manuscript Library, Columbia University in the City of New York; Birse, *Memoirs of an Interpreter*, 179, 181-82; SMHC to CSC, February 4, 1945, CAC SCHL 1/1/8; Winston S. Churchill, *The Second World War, Vol. VI: Triumph and Tragedy* (Boston: Houghton Mifflin, 1953), 345; Robert Hopkins, *Witness to History*, 139-40; Stettinius, *Roosevelt and the Russians*, 81; Moran, *Churchill at War*, 267; Ross T. McIntire, *White House Physician* (New York: G. P. Putnam's Sons, 1946), 213.

＊60　Oral History interview with Anna Roosevelt Halsted, 1975, Columbia Center for Oral History Archives, Rare Book and Manuscript Library, Columbia University in the City of New York.

＊61　AER Yalta Notes, 15, FDRL ARHP, Box 84.

＊62　Ibid., 14-15.

＊11 Plokhy, *Yalta*, 36; Kuter, *Airman at Yalta*, 10, 14.
＊12 Ibid., 10-11.
＊13 Ibid.
＊14 AER Yalta Notes, 10, FDRL ARHP, Box 84.
＊15 AER Yalta Notes, 11, FDRL ARHP, Box 84.
＊16 WSC to Field Marshal Sir Harold Alexander, January 29, 1945, CAC CHAR 20/211/62.
＊17 AER Yalta Notes, 12, FDRL ARHP, Box 84.
＊18 SMHC to CSC, February 4, 1945, CAC SCHL 1/1/8.
＊19 AER Yalta Notes, 12, FDRL ARHP, Box 84.
＊20 Ibid.
＊21 Plokhy, *Yalta*, 35.
＊22 Roberts, *Masters and Commanders*, 545.
＊23 Plokhy, *Yalta*, 35.
＊24 Howard Bruenn, Oral History, U.S. Naval Medical Department Oral History Program, January 31, 1990.
＊25 チャーチルの通訳官アーサー・バース少佐は一日早くサーキに到着し、大々的な準備が行われている様を記述した。A. H. Birse, *Memoirs of an Interpreter* (New York: Coward-McCann, 1967), 181.
＊26 ロバート・ホプキンズは回想録で、このカラーフィルムのいくつかを後に彼のお気に入りとなった彼の父とローズヴェルトの写真を撮るのに用いた、と書いた。彼はサーキに到着した時に撮ったものと記した。Robert Hopkins, *Witness to History: Recollections of a WWII Photographer* (Seattle: Castle Pacific Publishing, 2002), 139-40 (image on page 140). しかし、この写真は別な日に撮られたに違いない。ハリー・ホプキンズは到着後ただちにヤルタへ立ったし、ロバート・ホプキンズの指す写真で、モロトフは中折れのあるフェルト帽をかぶっているが、2月12日、彼はそれをかぶってサーキに向かった。2月3日、彼は耳覆いのある伝統的なロシアのウシャンカ帽をかぶっていた。これらの詳細を突き合わせると、写真は代表団がロシアを発った2月12日に撮られたものと思われる。
＊27 "To Deane from the Joint Chiefs of Staff," January 13, 1945, LOC AHP B 176 F 06. クーターは、彼がマーシャルとともに搭乗した飛行機が到着予定時刻から60秒以内の遅れで着陸した、と記している。Kuter, *Airman at Yalta*, 14.
＊28 Astley, *The Inner Circle*, 181.
＊29 Stettinius, *Roosevelt and the Russians*, 79.
＊30 Papers of George Catlett Marshall, Volume 5: The Finest Soldier, 5-031 Editorial Note on Combined Chiefs of Staff Meeting at Malta, January 29-February 2, 1945, George C. Marshall Foundation, https://marshallfoundation.org/library/digital-archive/editorial-note-on-combined-chiefs-of-staff-meeting-at-malta/.
＊31 Kuter, *Airman at Yalta*, 3.
＊32 Roberts, *Masters and Commanders*, 545.
＊33 Stettinius, *Roosevelt and the Russians*, 80; photographs, February 3, 1945, LOC AHP B 882 F 19.
＊34 AER Yalta Notes, 13, FDRL ARHP, Box 84.
＊35 Newsreel footage, "Official Pictorial Record of the Yalta Conference," January-February 1945, U.S. Army Signal Corps, http://www.criticalpast.com/video/65675033669_The-Yalta-Conference_Franklin-D-Roosevelt_Malta-Conference_Winston-Churchill.
＊36 Winston S. Churchill, *Great Battles and Leaders of the Second World War: An Illustrated History* (Boston: Houghton Mifflin, 1995), 296.
＊37 Ibid.
＊38 Plokhy, *Yalta*, 53.
＊39 Woolner, *The Last 100 Days*, 63.
＊40 Gilbert, *Winston S. Churchill, Vol. VII*, 1171.
＊41 Woolner, *The Last 100 Days*, 63.

＊24　Isaacson and Thomas, *The Wise Men*, 231. 1944年9月18日、やっとスターリンはアメリカが一度だけ食料と補給品を空中投下して、国内軍【第二次世界大戦中、ナチス・ドイツに対するポーランドの抵抗組織】を支援することに同意した。
＊25　ユニオン・パシフィック鉄道を分割しようとしたのみならず、テディ・ローズヴェルトはまたE・H・ハリマンを「好ましからざる市民にして共和国の敵」と呼び、かくして彼を「うそつきクラブ」の名簿に付け加えた。「うそつきクラブ」とは、テディ・ローズヴェルトがうそつきと弾劾した人々の増え続ける一覧表に、ワシントンの新聞社がつけた名称だった。Harriman and Abel, *Special Envoy*, 44.
＊26　Ibid., 14.
＊27　Isaacson and Thomas, *The Wise Men*, 210-11, 216. その際、イギリスはカイロ行きの軍の輸送機の出発を遅らせ、ハリマンは間に合った。飛行機にはもう一人乗客がおり、彼はアメリカの特使のせいで遅らせられることにイラついていた。シャルル・ド・ゴールだった。
＊28　"Memorandum of Conversations with the President During Trip to Washington, D.C., October 21-November 19, 1944," LOC AHP B 175 F 07. ハリマンがこの問題に直面した唯一の人間ではなかった。1944年11月、アメリカ合衆国陸軍長官のヘンリー・スティムソンはパールハーバーを予測しそこなうに至った軍の失敗を分析した報告を行おうとしたが、アナの前でどこまで言ってよいのかわからなかったため、報告を準備するため四週間を要したにもかかわらず、「昼食の間、私はおとなしく座って、延々と交わされる雑談に耳を傾けていた」、と記した。Lelyveld, *His Final Battle*, 260.
＊29　"Memorandum of Conversations with the President During Trip to Washington, D.C., October 21-November 19, 1944," LOC AHP B 175 F 07.
＊30　Reynolds, *Summits*, 110, 465-66, n20.
＊31　"Memorandum of Conversations with the President During Trip to Washington, D.C., October 21-November 19, 1944," LOC AHP B 175 F 07.
＊32　FDR to WSC, March 18, 1942, R-123/1, in Warren F. Kimball, ed., *Churchill and Roosevelt: The Complete Correspondence, Vol. I* (Princeton, NJ: Princeton University Press, 1984), 421.
＊33　"Memorandum of Conversations with the President During Trip to Washington, D.C., October 21-November 19, 1944," LOC AHP B 175 F 07.
＊34　WAH to Edward Stettinius, December 19, 1944, LOC AHP B 176 F 01.
＊35　AER Yalta Notes, 11, FDRL ARHP, Box 84.
＊36　Ibid.

第五章　一九四五年二月二日－三日

＊1　Laurence Kuter, *Airman at Yalta* (New York: Duell, Sloan and Pearce), 13.
＊2　SMHC to CSC, February 1, 1945, CAC SCHL 1/1/8.
＊3　"Arrangements for Conveyance of the British Air Party From 'CRICKET' to 'ARGONAUT,'" Lord Moran Archive, PP/CMW/M8/2, Wellcome Library, London.
＊4　Photographs, LOC AHP B 882 F 18.
＊5　Stettinius, *Roosevelt and the Russians*, 75.
＊6　Taylor Downing, *Spies in the Sky: The Secret Battle for Aerial Intelligence During World War II* (London: Little, Brown, 2011), 18, 85-89.
＊7　Sarah Churchill, *Keep on Dancing*, 110-1.
＊8　イーデンとカドガンは外務省の職員とともに同じ飛行機に搭乗し、一方、チャーチル父娘は、チャーチル付きの秘書たち、海軍補佐官、護衛たち、医師のモラン卿とともに、別な飛行機に搭乗した。"Arrangements for Conveyance of the British Air Party from 'CRICKET' to 'ARGONAUT,'" Lord Moran Archive, PP/CMW/M8/2, Wellcome Library, London.
＊9　Plokhy, *Yalta*, 35-36.
＊10　Kuter, *Airman at Yalta*, 11.

いる。*All in One Lifetime*, 256. しかし、アナは異なる証言を行った。医師の助言により、彼【FDR】は長時間仕事を続けなかったが、彼の部屋でこっそりと国務省の書類をおさらいしていた、と彼女は述べた。AER to John L. Snell, December 30, 1955, FDRL ARHP, Box 64, Roosevelt, Franklin D.: Correspondence with FDR, 1945-1955.

＊44　FDRが船上にあった日々、チャーチルがFDRに送った短信については以下を参照のこと。Kimball, ed., *Churchill and Roosevelt: The Complete Correspondence, Vol. III*, C-883 to C-889, 515-21.

＊45　David Reynolds, *Summits: Six Meetings That Shaped the Twentieth Century* (New York: Basic Books, 2007), 123.

＊46　Michael Dobbs, *Six Months in 1945: From World War to Cold War* (New York: Alfred A. Knopf, 2012), 78.

＊47　AER to JB, May 15, 1943, FDRL JBP, Box 5.

＊48　ER to AER, January 4, 1942, in Asbell, ed., *Mother and Daughter*, 141.

第四章　一九四五年二月二日

＊1　FRUS, Conferences at Malta and Yalta, "Roosevelt-Churchill Luncheon meeting," February 2, 1945, Document 316.

＊2　SMHC to CSC, February 1, 1945, CAC SCHL 1/1/8.

＊3　Ibid.

＊4　Marjorie W. Brown, *Arden House: A Living Expression of the Harriman Family* (New York: The American Assembly, Columbia University, 1981), 109-10.

＊5　この額は2020年におけるおよそ3500億ドルに相当する。

＊6　Harriman and Abel, *Special Envoy*, 412.

＊7　Logs of the President's Trips: Crimea Conference and Great Bitter Lake, Egypt, January 22-February 28, 1945, 16, FDRL Grace Tully Papers, Box 7.

＊8　AER Yalta Notes, 10, FDRL ARHP, Box 84.

＊9　Harriman and Abel, *Special Envoy*, 19.

＊10　Ibid., 108.

＊11　Walter Isaacson and Evan Thomas, *The Wise Men: Six Friends and the World They Made* (New York: Simon and Schuster Paperbacks, 1986), 214.

＊12　Kathleen Harriman, "Girl's Cheery Song Helped Londoners Forget Their Woes," *International News Service Fast Mail Service*, July 29, 1941, KLH scrapbook, newspaper clippings, Mortimer Papers.

＊13　Kathleen Harriman, "War Has Little Change on Women Living in London," June 5, 1941, KLH scrapbook (name of newspaper not visible in clipping), Mortimer Papers.

＊14　KLH Bennington College junior thesis papers, Mortimer Papers.

＊15　KLH to MHF, January 13, 1942, Mortimer Papers.

＊16　FDRは以前に一度、1941年末、ソヴィエト大使の職をハリマンに提示したが、その当時、モスクワが孤立した前哨地であったのに対し、ロンドンは戦時活動の中心であった。ハリマンはむしろロンドンに留まりたい旨表明したのだ。1943年秋までに状況は劇的に変化した。今回、彼は受諾した。

＊17　Isaacson and Thomas, *The Wise Men*, 223-24.

＊18　Harriman and Abel, *Special Envoy*, 206.

＊19　Ibid., 337-42.「連中〔ソヴィエト〕が一般良識から外れたことをした時には、連中に思い知らせなければいけない」、と怒り狂ったハリマンは友人のアイラ・エイカー将軍に書き送った。Ibid., 342.

＊20　KLH to MHF, August 20, 1944, Mortimer Papers.

＊21　Ibid.

＊22　KLH, "Do the crows still roost in the Spasopeckovskaya trees?" Mortimer Papers.

＊23　Harriman and Abel, *Special Envoy*, 344.

＊18 AER, "What Does It Feel Like to Be an Offspring of Famous Parents?" 5, later draft. FDRL ARHP, Box 84, Undated Writings.
＊19 Bernard Asbell, ed., *Mother and Daughter: The Letters of Eleanor and Anna Roosevelt* (New York: Coward, McCann & Geoghegan, 1982), 176.
＊20 Anna Roosevelt Halsted interview by Bernard Asbell, 1972, FDRL ARHP, Box 63.
＊21 Ibid.
＊22 Ibid.
＊23 Oral History interview with Anna Roosevelt Halsted, 1975, Columbia Center for Oral History Archives, Rare Book and Manuscript Library, Columbia University in the City of New York; AER, "What Does It Feel Like to Be an Offspring of Famous Parents?" FDRL ARHP, Box 84, Undated Writings.
＊24 Asbell, ed., *Mother and Daughter*, 39.
＊25 AER to FDR, undated, FDRL ARHP, Box 62, Folder 10.
＊26 John R. Boettiger, *A Love in Shadow: The Story of Anna Roosevelt and John Boettiger* (New York: Norton, 1978), 59.
＊27 Ibid., 94-95.
＊28 Transcript of conversation with Anna Roosevelt Halsted for TV series, February 13, 1962, FDRL Robert D. Graff Papers, Box 3.
＊29 "Franklin D. Roosevelt carrying daughter, Anna, on his shoulders at Campobello, New Brunswick, Canada," 1907, FDRL Photographs.
＊30 アナはFDRのことを、政治的な意味でも、世界の指導者としての意味でもなく、単に男性として、父親として、自分の「子供時代のヒーロー」と言っていた。Asbell, ed., *Mother and Daughter*,19.
＊31 Ibid., 175.
＊32 John Chamberlain, "F.D.R.'s Daughter," Life, March 5, 1945, 102. アナの息子カーティス・(ドール・)ローズヴェルトもまた、以下の著書で、ゲート《門》キーパー《番》としてのアナの役割を論じている。*Too Close to the Sun: Growing Up in the Shadow of My Grandparents, Franklin and Eleanor* (New York: PublicAffairs, 2008), 235.
＊33 Eleanor Roosevelt, *This I Remember*, 319.
＊34 Bishop, *FDR's Last Year*, 39.
＊35 Mary Jane G [Illegible] to Anna Roosevelt Boettiger, May 29, 1944, FDRL President's Personal File 7, Anna R. Boettiger, 1942-1945. 父親が大統領職に就いていた初期のころ、ホワイトハウスで働くことで、弟のジェイムズ・ローズヴェルトは一万ドルの報酬を受けていた。しかし、弟とは異なり、アナは報酬を受け取らなかった。Chamberlain, "FDR's Daughter," 96.
＊36 Logs of the Trips, 28, FDRL Grace Tully Papers, Box 7.
＊37 J. Currivan to FDR, November 11, 1944, FDRL William Rigdon Papers, Correspondence.
＊38 Michael Beschloss, *The Conquerors: Roosevelt, Truman, and the Destruction of Hitler's Germany, 1941-1945* (New York: Simon and Schuster, 2002), 177.
＊39 Frances Perkins, Oral History, Part VIII, 287, Columbia University, ttp://www.columbia.edu/cu/lweb/digital/collections/nny/perkinsf/transcripts/perkinsf_8_1_293.html.
＊40 JB to AER, January 25, 1945, FDRL JBP, Box 6.
＊41 Asbell, ed., *Mother and Daughter*, 175.
＊42 James Byrnes, *Speaking Frankly* (New York: Harper & Brothers Publishers, 1947), 22. 彼は観察に基づくこの見解を以下の著書においても繰り返している。*All in One Lifetime* (New York: Harper & Brothers, 1958), 253.
＊43 AER to JB, January 29, 1945, FDRL JBP, Box 6; 後にバーンズは、FDRが会談において議論の対象となる話題に関する概要説明を全くではないにしろ、ほとんど読まなかった、と指摘した。バーンズは、概要説明がほとんど手つかずのままFDRの海軍補佐官リグダン大尉の居所にあったのを発見した、と主張した。Byrnes, *Speaking Frankly*, 23. 彼はさらにこのことを以下の著作でも示唆して

Churchill aboard the USS Quincy at Malta before the Yalta Conference," February 2, 1945, FDRL.
＊64 FDR to WSC, January 7, 1945, R-693, in Kimball, ed., Complete Correspondence, Vol. III, 500.
＊65 WSC to FDR, January 7, 1945, C-879, in Kimball, ed., *Complete Correspondence, Vol. III*, 500.
＊66 SMHC to CSC, February 14, 1945, CAC SCHL 1/1/8.
＊67 SMHC to CSC, December 4, 1943, CAC SCHL 1/1/7.
＊68 SMHC to CSC, February 4, 1945, CAC MCHL 5/1/120.
＊69 Ibid.
＊70 SMHC to CSC, February 1, 1945, CAC MCHL 5/1/120.
＊71 SMHC to CSC, February 4, 1945, CAC MCHL 5/1/120.
＊72 Ibid.

第三章　一九四五年二月二日

＊1 Doris Kearns Goodwin, *No Ordinary Time: Franklin and Eleanor Roosevelt-The Home Front in World War II* (New York: Simon and Schuster, 1994), 491.【ドリス・カーンズ・グッドウィン『フランクリン・ローズヴェルト　下――激戦の果てに』砂村榮利子・山下淑美訳、中央公論新社、2014年、pp. 259-60】
＊2 Joe Lash, *Eleanor and Franklin: The Story of Their Relationship Based on Eleanor Roosevelt's Private Papers* (New York: W. W. Norton, 1971), 697.
＊3 Howard Bruenn, Oral History, U.S. Naval Medical Department Oral History Program, January 31, 1990.
＊4 Joseph Lelyveld, *His Final Battle: The Last Months of Franklin Roosevelt* (New York: Alfred A. Knopf, 2016), 93.
＊5 Howard Bruenn, "Clinical Notes on the Illness and Death of President Franklin D. Roosevelt," *Annals of Internal Medicine*, Vol. 72, No. 4 (April 1970): 579-80. アメリカ心臓協会は高血圧の診断基準を収縮期180mmHg以上かつ・あるいは拡張期120mmHg以上としている。
＊6 Philip Reichert, "A History of the Development of Cardiology as a Medical Specialty," *Clinical Cardiology*, Vol. 1, No. 1 (1978): 15?5, https://www.acc.org/latest-in-cardiology/articles/2016/10/06/11/00/a-history-of-the-development-of-cardiology-as-a-medical-specialty.
＊7 Bruenn, "Clinical Notes," 580-81.
＊8 Jim Bishop, *FDR's Last Year: April 1944-April 1945* (New York: William Morrow, 1974), 6.
＊9 Howard Bruenn, Oral History, U.S. Naval Medical Department Oral History Program, January 31, 1990.
＊10 FDRの食事は脂肪分が少なく炭水化物の多い食物を含むよう調整されていた。彼は、豚肉、ハム、鮭、タイセイヨウサバ、イワシ、チーズ（カテージチーズを除く）、脂肪分の多いデザート、そしてキャベツ、カリフラワー、ブロッコリ、芽キャベツ、きゅうり、玉ネギ、かぶ、カブカンラン、コショウ、ダイコン、乾燥豆類を含む「腸内ガスのもととなる食物」を食べないよう、はっきりと指示されていた。"Special Diet for the President," FDRL ARHP, Box 66, Folder 9.
＊11 "Treatment," FDRL ARHP, Box 66, Folder 16.
＊12 Goodwin, *No Ordinary Time*, 499, 502.【グッドウィン『フランクリン・ローズヴェルト　下――激戦の果てに』pp. 272-77】 遅くとも1944年4月半ばまでには、アナは父親が心臓病をかかえていることに気づいていた。
＊13 Ibid., 471-72.【同書pp. 227-28】
＊14 AER to JB, December 11, 1943, FDRL JBP, Box 6.
＊15 Copy of letter to ER, AER to JB, November 11, 1943, FDRL JBP, Box 6.
＊16 Oral History interview with Anna Roosevelt Halsted, 1975, Columbia Center for Oral History Archives, Rare Book & Manuscript Library, Columbia University in the City of New York.
＊17 Eleanor Roosevelt, *This I Remember* (New York: Harper and Brothers, 1949), 339.

Vol. III, とりわけ以下の短信参照。C-874, C-875, R-692/1, C-880, C-881, R-696, C-884, R-699, and C-889.
*34 Martin Gilbert, *Winston S. Churchill, Vol. VII: Road to Victory, 1941-1945* (Boston: Houghton Mifflin, 1986), 664.
*35 FRUS, Conferences at Malta and Yalta, FDR to Joseph Stalin, November 18, 1944, Document 21.
*36 FRUS, Conferences at Malta and Yalta, FDR to WSC, January 9, 1945, Document 49.
*37 FRUS, Conferences at Malta and Yalta, WSC to FDR, January 10, 1945, Document 50. 当時チャーチル付きの秘書官補佐であったジョン・コルヴィル卿の日記はその一部が出版されている。卿は、その中で、『創世記』には七日目は休息の日であると記されているので、首相の関心はすぐさま自分の発言のちょっとした不正確さに向けられた、とユーモアを交えて述べている。Sir John Colville, *The Fringes of Power: Downing Street Diaries, 1939-1955*, 551.【ジョン・コルヴィル『ダウニング街日記――首相チャーチルのかたわらで』都築忠七・見市雅俊・光永雅明訳、平凡社、1991年、下巻、p. 461】
*38 Winston S. Churchill, *The Second World War, Vol. I: The Gathering Storm* (Boston: Houghton Mifflin, 1948), 3.
*39 FRUS, Conferences at Malta and Yalta, WSC to FDR, January 8, 1945, Document 47.
*40 Gilbert, *Winston S. Churchill, Vol. VII*, 1170.
*41 Sarah Churchill, *A Thread in the Tapestry*, 17.
*42 Ibid., 28.
*43 Ibid., 26.
*44 時折、クレメンタインは飛行機を利用した。例えば、彼女がソヴィエト赤十字を支援していることに対し、スターリンが彼女を表彰した1945年4月、彼女はモスクワに飛んだ。彼女は飛ぶことを非常に怖がったので、セアラに彼女のためにお祈りしてほしいと頼んだし、万が一彼女の乗った飛行機が墜落して、彼女が死んだ場合、ウィンストンの面倒を見るため、女子国防軍を除隊させてもらうようメアリに示唆した。Sonia Purnell, *Clementine: The Life of Mrs. Winston Churchill* (New York: Viking, 2015), 338-39.
*45 Sarah Churchill, *Keep on Dancing* (New York: Coward, McCann and Geoghegan, 1981), 27.
*46 Purnell, *Clementine*, 200.
*47 Sarah Churchill, *A Thread in the Tapestry*, 31.
*48 Ibid., 32.
*49 Ibid., 33.
*50 Logs of the Trips, 14, FDRL Grace Tully Papers, Box 7.
*51 Stettinius, *Roosevelt and the Russians*, 68.
*52 SCHL to CSC, February 4, 1945, SCHL 1/1/8; AER Yalta Notes, 10, FDRL ARHP, Box 84.
*53 Newsreel footage, "Official Pictorial Record of the Yalta Conference," January-February 1945, U.S. Army Signal Corps.
*54 SMHC to CSC, February 4, 1945, SCHL 1/1/8.
*55 Ibid.
*56 Newsreel footage, "Official Pictorial Record of the Yalta Conference," January-February 1945, U.S. Army Signal Corps.
*57 FRUS, Conferences at Malta and Yalta, WSC to FDR, January 1, 1945, Document 38.
*58 AER Yalta Notes, 10, FDRL ARHP, Box 84; Newsreel footage, "Official Pictorial Record of the Yalta Conference," January-February 1945, U.S. Army Signal Corps.
*59 Sarah Churchill, *A Thread in the Tapestry*, 75.
*60 Eden, *The Reckoning*, 592.
*61 Logs of the Trips, 15, FDRL Grace Tully Papers, Box 7.
*62 AER Yalta Notes, 10, FDRL ARHP, Box 84.
*63 "Photograph of Franklin D. Roosevelt with Anna Boettiger, Sarah Churchill, and Winston

＊3　SMHC to CSC, February 4, 1945, CAC SCHL 1/1/8; Anthony Eden, *The Memoirs of Anthony Eden, Earl of Avon: The Reckoning* (Boston: Houghton Mifflin, 1965), 592; Logs of the President's Trips: Crimea Conference and Great Bitter Lake, Egypt, January 22–February 28, 1945, 14, FDRL Grace Tully Papers, Box 7.
＊4　SMHC to CSC, February 15, 1945, CAC SCHL 1/1/8.
＊5　Stettinius, *Roosevelt and the Russians*, 68.
＊6　Ibid.
＊7　AER Yalta Notes, 10, FDRL ARHP, Box 84.
＊8　Eden, *The Reckoning*, 592.
＊9　CSC to WSC, January 30, 1945, in Mary Soames, ed., *Winston and Clementine: The Personal Letters of the Churchills* (Boston: Houghton Mifflin, 1999), 511.　その日の平均気温は華氏58度【摂氏14.4度】だった。Trips, 16, FDRL Grace Tully Papers, Box 7.
＊10　"Photograph of Franklin D. Roosevelt with Anna Boettiger, Sarah Churchill and Winston Churchill aboard the USS Quincy at Malta before the Yalta Conference," February 2, 1945, FDRL Photographs.
＊11　Felicity Hill, IWM Oral History, December 6, 1985.
＊12　Sarah Churchill, *A Thread in the Tapestry* (New York: Dodd, Mead, 1967), 57.
＊13　Felicity Hill, IWM Oral History, December 6, 1985.
＊14　Logs of the Trips, 14, FDRL Grace Tully Papers, Box 7.
＊15　Logs of the Trips, 19, FDRL Grace Tully Papers, Box 7.
＊16　Sarah Churchill, *A Thread in the Tapestry*, 72.
＊17　Ibid., 57.
＊18　SMHC to CSC, December 4, 1943, CAC SCHL 1/1/7.
＊19　Sarah Churchill, *A Thread in the Tapestry*, 72.
＊20　SMHC to CSC, February 6, 1945, CAC MCHL 5/1/120.
＊21　Lord Charles Moran, *Churchill at War, 1940–45* (New York: Carroll and Graf, 2002), 264.
＊22　SMHC to CSC, January 31, 1945, CAC SCHL 1/1/8.
＊23　Ibid.
＊24　Moran, *Churchill at War*, 265.
＊25　Ibid.
＊26　SMHC to CSC, February 1, 1945, CAC SCHL 1/1/8.
＊27　Sarah Churchill, *A Thread in the Tapestry*, 76; Diary of Alan Brooke, 1st Viscount Alanbrooke of Brookeborough, Field Marshal, February 2, 1945, ALANBROOKE 5/1/10, Liddell Hart Military Archives, King's College London.,　チャールズ・(ピーター)・ポータル卿は、その朝、悲劇について知ったことをパメラ・チャーチル宛の手紙で記し、その日はその知らせで「台無しに」なったと述べている。Sir Charles Portal to PC, February 2, 1945 (continuous letter beginning January 29, 1945), LOC PHP B I-31.
＊28　AER Yalta Notes, 6, FDRL ARHP, Box 84.
＊29　WSC to FDR, January 26, 1945, C-896 in Kimball, ed., *Churchill and Roosevelt: The Complete Correspondence*, Vol. III, 519.
＊30　Joan Bright Astley, *The Inner Circle: A View of War at the Top* (Boston: Atlantic Monthly Press, 1971), 182.
＊31　James Holland, *Fortress Malta: An Island Under Siege, 1940–43* (New York: Miramax Books, 2003), 274.
＊32　Winston S. Churchill, *The Second World War, Volume IV: The Hinge of Fate* (Boston: Houghton Mifflin, 1950), 268–69, 273.
＊33　チャーチルは会いたがったが、ローズヴェルトは会いたがらなかった経緯は以下の書簡集における二人のやりとりに見てとれる。Kimball, ed., *Churchill and Roosevelt: The Complete Correspondence*,

＊56 KLH to MHF, June 19, 1944, Mortimer Papers.
＊57 AER Yalta Notes, 20, FDRL ARHP, Box 84.
＊58 WAH to KLH, February 16, 1936, Mortimer Papers.
＊59 "Personalities," *Hampton's Magazine*, January 1910, 125.
＊60 Ibid.
＊61 Harriman and Abel, *Special Envoy*, 39-41. ある地点で、ハリマン探検隊は国境を越え、シベリアに入った。エイヴレルの孫にあたるデイヴィッド・モーティマーが明かしたように、エイヴレルは、これがロシアへの彼の最初の訪問――パスポートなしで行われた訪問だった、と楽しそうに語った。
＊62 Author's interview with Kitty Ames, October 21, 2019.
＊63 KLH to Harry Hopkins, Georgetown University, Booth Family Center for Special Collections, HLHP3, Box 4, Folder 14.
＊64 KLH to Elsie Marshall, January 14, 1943; February 18, 1943; July 5, 1943; Mortimer Papers.
＊65 WAH to KLH, undated, 1943, Mortimer Papers.
＊66 KLH to MHF, January 14, 1944; February 9, 1944; Mortimer Papers. 6ヶ月におよぶお役所的で難儀な交渉の末、ついに彼女はソヴィエト政府から『アメリカ』というタイトルの小雑誌を発行する許可を得た。彼女はアメリカ戦時情報局の協力を得て、平凡なロシア人がアメリカ文化と生活をより理解する一助となるよう、それを創刊したのだった。KLH to MHF, December 24, 1943, and June 14, 1944, Mortimer Papers. See also Abramson, *Spanning the Century*, 360-61.
＊67 KLH to Elsie Marshall, February 1, 1945, Mortimer Papers.
＊68 Ibid.
＊69 KLH to MHF, October, no date, 1943, Mortimer Papers.
＊70 Ibid.
＊71 KLH to MHF, October 26, 1943, Mortimer Papers.
＊72 KLH to MHF, November 5, 1943, Mortimer Papers.
＊73 KLH to MHF, October 27, 1943, Mortimer Papers.
＊74 KLH to MHF, November 5, 1943, Mortimer Papers.
＊75 KLH to MHF, December 24, 1943, Mortimer Papers.
＊76 "Samuel N. Harper," Red Press: Radical Print Culture from St. Petersburg to Chicago, Exhibition, University of Chicago Special Collections Research Center, 2017, https://www.lib.uchicago.edu/collex/exhibits/red-press/samuel-n-harper/.
＊77 KLH, "Do the crows still roost in the Spasopeckovskaya trees?" Mortimer Papers.
＊78 KLH to CSC, February 27, 1944, CAC MCHL 5/1/106.
＊79 George Kennan to Edward Stettinius, February 2, 1945, LOC AHP B 176 F 10.
＊80 Kitty Lanier Harriman Pool to Elsie Marshall, May 22, 1935, Mortimer Papers.
＊81 KLH to Marie Harriman, December 7, 1942, LOC AHP B 06 F 10.
＊82 KLH to MHF, mid-June 1941, Mortimer Papers.
＊83 Ira Eaker to KLH, June 10, 1944, Mortimer Papers.
＊84 KLH to MHF, October 27, 1943, Mortimer Papers.
＊85 KLH to MHF, June 4, 1944, Mortimer Papers.
＊86 KLH to MHF, June 9, 1944; KLH, "Do the crows still roost in the Spasopeckovskaya trees?" Mortimer Papers.

第二章　一九四五年二月二日

＊1 Newsreel footage, "Official Pictorial Record of the Yalta Conference," January-February 1945, U.S. Army Signal Corps, http://www.criticalpast.com/video/65675033669_The-Yalta-Conference_Franklin-D-Roosevelt_Malta-Conference_Winston-Churchill.
＊2 SMHC to CSC, November 19, 1943, CAC SCHL 1/1/7.

*19 R. P. Meiklejohn Itinerary, Crimea Conference Trip, January 22–February 12, 1945, LOC AHP B 176 F 08.
*20 KLH to MHF, mid-October 1943, Mortimer Papers.
*21 KLH to Elsie Marshall, March 10, 1944; KLH to Elsie Marshall, February 27, 1945; Mortimer Papers.
*22 KLH to PC, November 16, 1943, LOC PHP BI-21.
*23 1941 Sun Valley Promotional Pamphlet, FDRL JBP, Box 28, "Sun Valley."
*24 Exchanges between WAH and KLH, January 19, 1939; January 29, 1939; February 5, 1939; January 10, 1940; December 17, 1940; LOC AHP B 05 F 03.
*25 "Foxcroft, 1930s," courtesy of the Foxcroft School, Middleburg, VA.
*26 Jeff Cordes, "Skiing's the Life for Kathleen Harriman Mortimer," Idaho Mountain Express, February 1, 1989; photographs of KLH at Sun Valley, Mortimer Papers.
*27 Author's conversation with David Mortimer, December 12, 2017.
*28 Plokhy, *Yalta*, 44–45.
*29 Andrew Roberts, *Masters and Commanders: How Four Titans Won the War in the West, 1941–1945* (New York: Harper, 2009), 546.
*30 KLH to Elsie Marshall, February 1, 1945, Mortimer Papers.
*31 "Report of Medical Department Activities at Crimean Conference," February 18, 1945, FDRL, Ross T. McIntire Papers, Box 4, "Crimea Conference."
*32 KLH to MHF, February 4, 1945, Mortimer Papers.
*33 WAH to FDR, January 17, 1945, LOC AHP B 176 F 07.
*34 WAH to FDR, January 19, 1945, LOC AHP B 176 F 07.
*35 FDR to WAH, January 17, 1945, LOC AHP B 176 F 07.
*36 KLH to MHF, January 1, 1942; KLH to MHF, March 30, 1942, Mortimer Papers.
*37 KLH to MHF, October 1943, Mortimer Papers.
*38 KLH to MHF, December 16, 1941, Mortimer Papers.
*39 Kathleen Harriman, "Adele Astaire, Amanuensis," Newsweek, May 31, 1943.
*40 Ibid.
*41 KLH to Marie Harriman, July 19, 1943, LOC AHP B 06 F 10.
*42 WAH to Marie Harriman, April 17, 1941, LOC AHP B 03 F 01.
*43 KLH to Marie Harriman, July 19, 1943, LOC AHP B 06 F 10.
*44 AER Yalta Notes, 17, FDRL ARHP, Box 84.
*45 "Report of Medical Department Activities at Crimean Conference," February 18, 1945, FDRL Ross T. McIntire Papers, Box 4, "Crimea Conference."
*46 Plokhy, *Yalta*, 45.
*47 Norris Houghton, "That Was Yalta: Worm's Eye View," *The New Yorker*, May 23, 1953; photograph of FDR's suite at Livadia Palace, in Edward R. Stettinius Jr., *Roosevelt and the Russians: The Yalta Conference* (New York: Doubleday, 1949), insert facing page 129.
*48 KLH to MHF, February 4, 1945, Mortimer Papers.
*49 Plokhy, *Yalta*, 45–46.
*50 Ibid.
*51 Atkinson, *The Guns at Last Light*, 509.
*52 Rudy Abramson, *Spanning the Century: The Life of W. Averell Harriman, 1891–1986* (New York: William Morrow, 1996), 371.
*53 Roberts, *Masters and Commanders*, 546.
*54 W. Averell Harriman and Elie Abel, *Special Envoy to Churchill and Stalin, 1941–1946* (New York: Random House, 1975), 384, 393; Abramson, *Spanning the Century*, 371.
*55 KLH to PC, January 30, 1945, LOC PHP B I-21.

原　注

第一章　一九四五年二月一日

＊1　KLH to PC, January 30, 1945, LOC PHP B I-21; S. M. Plokhy, *Yalta: The Price of Peace* (New York: Viking, 2010), 44-45; David B. Woolner, *The Last 100 Days: FDR at War and at Peace* (New York: Basic Books, 2017), 67; Rick Atkinson, *The Guns at Last Light: The War in Western Europe, 1944-1945* (New York: Picador, 2013), 506. Eddie Page to Teresita Page, January 26, 1945.

＊2　Greg King, *The Court of the Last Tsar: Pomp, Power, and Pageantry in the Reign of Nicholas II* (Hoboken, NJ: John Wiley and Sons, 2006), 440.

＊3　Robert K. Massie, *Nicholas and Alexandra: The Classic Account of the Fall of the Romanov Dynasty* (New York: Random House Trade Paperbacks, reprint ed., 2000), 177-78.

＊4　Ibid.

＊5　Plokhy, *Yalta*, 44-45. ソヴィエトの官吏たちは、労働者たちがどこへ行くのか、労働者自身にも家族にも知らせなかった。多くの者たちに恐怖心を植え付けて、官吏たちは単に労働者を列車に詰め込んだ。列車に乗って丸一日経ってから、政府公認の写真家ボリス・コサレフは彼らがヤルタへ行くことになっていると告げたのだ。彼は、「私は2月までヤルタにいるだろう」との電報を妻に送ることが許された。Author's correspondence with Maria Kosareva, January 2, 2020.

＊6　KLH to MHF, February 4, 1945, Mortimer Papers, private collection, New York, NY.

＊7　KLH to PC, January 30, 1945, LOC PHP B-I 21.

＊8　Ibid.

＊9　KLH to Elsie Marshall, February 1, 1945, Mortimer Papers.

＊10　KLH to MHF, February 4, 1945, Mortimer Papers.

＊11　FRUS, Conferences at Malta and Yalta, WAH to FDR, September 24, 1944, Document 6; Joseph Stalin to FDR, October 29, 1944, Document 16.

＊12　FRUS, Conferences at Malta and Yalta, WAH to FDR, December 27, 1944, Document 32. 電信で、エイヴレル・ハリマンは彼がモロトフに語ったことをローズヴェルトに次のように伝えた。「首相はあなた【ローズヴェルト】が決めたところならどこへでも行くと同意されたので、あなたがそうされる機会を持たれるまで、元帥はチャーチル氏と連絡を取り合うべきでありません、あなたがチャーチル氏と連絡を取られた後、スターリン元帥は彼【チャーチル】に招待状を送りたいと思われるだろうと私は愚考いたします」と。「私はあなたが最近の事態の展開をどこまで首相に伏せておられるのかわかりませんので、このようにいたしました。この点に関して情報をいただければ幸いです」。

＊13　FRUS, Conferences at Malta and Yalta, WAH to FDR, December 14, 1944, Document 28; FDR to WSC, December 23, 1944, Document 30.

＊14　WSC to FDR, November 5, 1944, C-815, in Warren F. Kimball, ed., *Churchill and Roosevelt: The Complete Correspondence*, Vol. III (Princeton, NJ: Princeton University Press, 1984), 380.

＊15　FRUS, Conferences at Malta and Yalta, FDR to WSC, December 31, 1944, Document 36; WSC to FDR, January 1, 1945, Document 38.

＊16　AER Yalta Notes, "Notes on the Crimea," 5, FDRL ARHP, Box 84. ラスプーチン殺害を企み、実行を手助けしたとされるフェリックス・ユスポフ公は、ロシア革命後、フランスへの亡命を余儀なくされた。ユスポフ宮殿【コレイズ・ヴィラ】は地域における陰謀の温床であり続けている。1991年～2014年まで、そこはウクライナ大統領が所有者だった。注目すべきことに、2014年秋、この地域でロシアとウクライナ間の戦闘が勃発した時、クリミア閣僚評議会はその所有権をロシア大統領ウラジーミル・プーチンに移した。

＊17　Plokhy, *Yalta*, 44-45.

＊18　Simon Sebag Montefiore, *Stalin: The Court of the Red Tsar* (New York: Alfred A. Knopf, 2004), 480.

Smith, A. Merriman. *Thank You, Mr. President: A White House Notebook.* New York: Harper and Brothers, 1946.

Soames, Mary. *A Daughter's Tale: The Memoir of Winston Churchill's Youngest Child.* New York: Random House, 2011.

Soames, Mary, ed. *Winston and Clementine: The Personal Letters of the Churchills.* Boston: Houghton Mifflin, 1999.

Standley, William H., and Arthur A. Ageton. *Admiral Ambassador to Russia.* Chicago: Henry Regnery, 1955.

Stettinius, Edward R. *Roosevelt and the Russians: The Yalta Conference.* New York: Doubleday, 1949.

Sudoplatov, Pavel, and Anatoli Sudoplatov. *Special Tasks.* Boston: Back Bay Books, 1995.

Tully, Grace. F.D.R., *My Boss.* New York: Charles Scribner's Sons, 1949.

Wallace, Henry A. *The Price of Vision: The Diary of Henry A. Wallace, 1942-1946.* Boston: Houghton Mifflin, 1973.

Ward, Geoffrey, ed. *Closest Companion: The Unknown Story of the Intimate Friendship Between Franklin Roosevelt and Margaret Suckley.* Boston: Houghton Mifflin, 1995.

Winant, John Gilbert. *Letter from Grosvenor Square: An Account of a Stewardship.* Boston: Houghton Mifflin, 1947.

Dilks, David, ed. *The Diaries of Sir Alexander Cadogan, O.M., 1938-1945*. New York: G. P. Putnam's Sons, 1972.

Eden, Anthony. *The Memoirs of Anthony Eden, Earl of Avon: The Reckoning*. Boston: Houghton Mifflin, 1965.

Gorodetsky, Gabriel, ed. *The Maisky Diaries: Red Ambassador to the Court of St. James's, 1932-1943*. New Haven, CT: Yale University Press, 2015.

Gromyko, Andrei Andreevich. *Memoirs*. New York: Doubleday, 1989.

Harriman, W. Averell, and Elie Abel. *Special Envoy to Churchill and Stalin, 1941-1946*. New York: Random House, 1975.

Hiss, Alger. *Recollections of a Life*. New York: Seaver Books, 1988. 〔アルジャー・ヒス『汚名——アルジャー・ヒス回想録』井上謙治訳、晶文社、1993年〕

Hopkins, Robert. *Witness to History: Recollections of a WWII Photographer*. Seattle: Castle Pacific Publishing, 2002.

Houghton, Norris. "That Was Yalta: Worm's Eye View," *The New Yorker*, May 23, 1953.

Kennan, George. *Memoirs, 1925-1950*. Boston: Little, Brown, 1967.

Khrushchev, Nikita. *Memoirs of Nikita Khrushchev, Vol. 1: Commissar, 1918-1945*. University Park, PA: Pennsylvania State University Press, 2004.

Kimball, Warren F., ed. *Churchill and Roosevelt: The Complete Correspondence, Vol. III*. Princeton, NJ: Princeton University Press, 1984.

Kuter, Laurence S. *Airman at Yalta*. New York: Duell, Sloan and Pearce, 1955.

Leahy, William D. *I Was There*. New York: Whittlesey House, 1950.

Lockhart, Robert Bruce. *The Diaries of Sir Robert Bruce Lockhart, Vol. 2: 1938-65*. London: Macmillan, 1980.

McIntire, Ross T. *White House Physician*. New York: G. P. Putnam's Sons, 1946.

Moran, Lord Charles. *Churchill at War, 1940-45*. New York: Carroll and Graf, 2002.

Nel, Elizabeth. *Mr. Churchill's Secretary*. New York: Coward-McCann, 1958.

Oliver, Vic. *Mr. Showbusiness*. London: George G. Harrap, 1954.

Pawle, Gerald. *The War and Colonel Warden*. New York: Alfred A. Knopf, 1963.

Payne, Graham, and Sheridan Morley, ed. *The Noël Coward Diaries*. Boston: Da Capo Press, 2000.

Perkins, Frances. *The Roosevelt I Knew*. New York: Viking, 1946.

Ranfurly, Hermione. *To War with Whitaker: The Wartime Diaries of the Countess of Ranfurly, 1939-1945*. London: Heinemann, 1994.

Reilly, Michael. *Reilly of the White House*. New York: Simon and Schuster, 1947.

Reynolds, David, and Vladimir Pchatnov, eds. *The Kremlin Letters: Stalin's Wartime Correspondence with Churchill and Roosevelt*. New Haven, CT: Yale University Press, 2018.

Rhodes James, Robert, ed. *Chips: The Diaries of Sir Henry Channon*. London: Weidenfeld and Nicolson, 1967.

———, *Churchill Speaks, 1897-1963: Collected Speeches in Peace and War*. New York: Barnes and Noble Books, 1980.

Roosevelt, Curtis. *Too Close to the Sun: Growing Up in the Shadow of My Grandparents, Franklin and Eleanor*. New York: PublicAffairs, 2008.

Roosevelt, Eleanor. *This I Remember*. New York: Harper and Brothers, 1949.

Roosevelt, Elliott, ed. *F.D.R.: His Personal Letters, 1928-1945*. New York: Duell, Sloan and Pearce, 1950.

Roosevelt, James. *My Parents: A Differing View*. Chicago: Playboy Press, 1976.

Rosenman, Samuel I. *Working with Roosevelt*. New York: Harper and Brothers, 1952.

Shevchenko, Arkady N. *Breaking with Moscow*. New York: Alfred A. Knopf, 1985. 〔アルカジー・N・シェフチェンコ『モスクワとの訣別』読売新聞外報部訳、読売新聞社、1985年〕

フランシス・パーキンズのインタヴュー、1951～1955年、コロンビア大学、声による歴史証言センター
Frances Perkins interview, 1951-1955, Columbia University Center for Oral History
ヘイゼル・スコット（帝国戦争博物館）、2001年8月17日〔トリニダード島出身のジャズ およびクラシックピアニスト、歌手〕
Hazel Scott (IWM), 17 August 2001
エリノア・シーグレイヴズのインタヴュー、1978年2月2日と1978年6月21日、フランクリン・D・ローズヴェルト大統領図書館
Eleanor Seagraves interview, 2 February 1978 and 21 June 1978, FDRL

出版された第一次資料と回想録　Published Primary Sources and Memoirs

Alliluyeva, Svetlana. *Twenty Letters to a Friend.* New York: Harper and Row, 1967.
Asbell, Bernard, ed. *Mother and Daughter: The Letters of Eleanor and Anna Roosevelt.* New York: Coward, McCann and Geoghegan, 1982.
Astley, Joan Bright. *The Inner Circle: A View of War at the Top.* Boston: Atlantic Monthly Press, 1971.
Berezhkov, Valentin M. *At Stalin's Side: His Interpreter's Memoirs from the October Revolution to the Fall of the Dictator's Empire.* New York: Birch Lane Press, 1994.
Beria, Sergo. Beria, *My Father: Inside Stalin's Kremlin.* London: Duckworth, 2001.
Birse, A. H. *Memoirs of an Interpreter.* New York: Coward-McCann, 1967.
Bohlen, Charles E. *Witness to History 1929-1969.* New York: W. W. Norton, 1973.
Bruenn, Howard G. "Clinical Notes on the Illness and Death of President Franklin D. Roosevelt," *Annals of Internal Medicine*, Vol. 72, No. 4 (April 1970).
Byrnes, James. *All in One Lifetime.* New York: Harper and Brothers, 1958.
———, *Speaking Frankly.* New York: Harper and Brothers, 1947.
Campbell, Thomas M., and George C. Herring, eds. *The Diaries of Edward R. Stettinius, Jr., 1943-1946.* New York: New Viewpoints, 1975.
Chamberlain, John. "F.D.R's Daughter," *Life*, March 5, 1945.
Churchill, Sarah. *Keep on Dancing.* New York: Coward, McCann and Geoghegan, 1981.
———, *A Thread in the Tapestry.* New York: Dodd, Mead, 1967.
Churchill, Winston S. *Great Battles and Leaders of the Second World War: An Illustrated History.* Boston: Houghton Mifflin, 1995.
———, *My Early Life, 1874-1904.* New York: Simon and Schuster, 1996.
———, *The Second World War, Volumes 1-6.* Boston: Houghton Mifflin, 1948-1953. 〔完訳ではないが、ウィンストン・チャーチル『第二次世界大戦』全4巻、佐藤亮一訳、河出文庫、2001年。完訳版は以下の第二巻まで出版されている。ウィンストン・チャーチル『第二次世界大戦　1――湧き起こる戦雲』伏見威蕃訳、みすず書房、2023年、『第二次世界大戦　2――彼らの最良のとき』伏見威蕃訳、みすず書房、2024年〕
Churchill, Winston S. (II), *Memories and Adventures.* New York: Weidenfeld and Nicholson, 1989.〔ウィンストン・S・チャーチル『祖父チャーチルと私：若き冒険の日々』佐藤佐智子訳、法政大学出版局、1994年〕
Colville, John. *The Fringes of Power: 10 Downing Street Diaries, 1939-1955.* New York: W. W. Norton, 1985. 〔ジョン・コルヴィル『ダウニング街日記――首相チャーチルのかたわらで』上下　都築忠七・見市雅俊・光永雅明訳、平凡社、1990～1991年〕
———, *Winston Churchill and His Inner Circle.* New York: Wyndham Books, 1981.
Custine, Astolphe, Marquis de. *Empire of the Czar: A Journey Through Eternal Russia.* New York: Doubleday, 1989.
Davies, Joseph E. *Mission to Moscow.* New York: Simon and Schuster, 1941.
Deane, John R. *The Strange Alliance: The Story of our Efforts at Wartime Co-Operation with Russia.* New York: Viking, 1947.

ハリマン夫妻に育てられた〕
Peter Duchin
クラリサ・イーデン、エイヴァン伯爵夫人（旧姓クラリサ・スペンサー＝チャーチル）〔ウィンストン・チャーチルの弟ジャック・チャーチルの娘〕
Clarissa Eden, Countess of Avon (née Clarissa Spencer-Churchill)
マリーヤ・コサレヴァ〔ソ連の写真家ボリス・コサレフの縁者〕 Maria Kosareva
エイヴレル・モーティマー〔キャスリーン・ハリマンの息子〕 Averell Mortimer
デイヴィッド・モーティマー〔キャスリーン・ハリマンの息子〕 David Mortimer
シーリア・サンズ〔セアラ・チャーチルの姉ダイアナの娘〕 Celia Sandys
エリノア・ドール・シーグレイヴズ〔アナ・ローズヴェルトの娘エリーの娘〕 Eleanor Dall Seagraves
エマ・ソウムズ〔ウィンストン・チャーチルの娘メアリの娘〕 Emma Soames
ウィリアム・ヴァンダン・ハーヴェル〔1953年から1954年まで、タイ駐在アメリカ大使。1987年、リベラル系シンクタンクのローズヴェルト研究所設立〕
William vanden Heuvel
ウィリアムズ・オブ・エルヴェル男爵夫人（旧姓ジェイン・ポータル）〔1949年から1955年までウィンストン・チャーチルの個人秘書〕
Lady Williams of Elvel (née Jane Portal)

声による歴史証言　Oral Histories
セルゴ・ベリヤ（帝国戦争博物館）、1996年10月19日　Sergo Beria (IWM), 19 October 1996
ハワード・ブルーン、アメリカ海軍医療部門声による証言プログラム、1990年1月31日
Howard Bruenn, U.S. Navy Medical Department Oral History Program, 31 January 1990
マイアラ・コリャー（帝国戦争博物館）、2002年10月24日〔イギリス政府の速記者としてチャーチル首相の内閣戦時執務室に勤務〕
Myra Collyer (IWM), 24 October 2002
アナ・ローズヴェルト・ホールステッドのインタヴュー、1973年5月11日、コロンビア声による歴史証言センター
Anna Roosevelt Halsted interview, 11 May 1973, Columbia Center for Oral History
アナ・ローズヴェルト・ホールステッドのインタヴュー、1972年、ホールステッド文書、フランクリン・D・ローズヴェルト大統領図書館
Anna Roosevelt Halsted interview, 1972, Halsted Papers, FDRL
W・エイヴレル・ハリマンのインタヴュー、1960年12月8日、コロンビア声による歴史証言センター
W. Averell Harriman interview, 8 December 1960, Columbia Center for Oral History
W・エイヴレル・ハリマンのインタヴュー、1969年5月～7月、コロンビア声による歴史証言センター
W. Averell Harriman interview, May-July 1969, Columbia Center for Oral History
W・エイヴレル・ハリマン（帝国戦争博物館）、1972年　W. Averell Harriman (IWM), 1972
アーサー・シュレジンジャー・ジュニアによるエイヴレル・ハリマンとのインタヴュー、1981年5月24日
Averell Harriman interview by Arthur Schlesinger Jr., 24 May 1981
キャスリーン・ハリマン・モーティマー（帝国戦争博物館）1996年9月10日
Kathleen Harriman Mortimer (IWM), 10 September 1996
フィリサティ・ヒル（帝国戦争博物館）、1985年12月6日〔空軍婦人補助部隊士官。セアラ・チャーチルの面接を担当〕
Felicity Hill (IWM), 6 December 1985
アルジャー・ヒス（帝国戦争博物館）、1972年　Alger Hiss (IWM), 1972
ジョン・メルビのインタヴュー、1989年6月16日、外交研究および訓練協会による外交問題声による歴史証言プロジェクト、米国議会図書館
John Melby interview, 16 June 1989, Association for iplomatic Studies and Training Foreign Affairs Oral History Project, Library of Congress

ハリー・ホプキンズ文書　Harry Hopkins Papers
ロバート・ホプキンズ文書　Robert Hopkins Papers

リデル・ハート軍事アーカイブズ　Liddell Hart Military Archives
アランブルック、ファーマナ県　アラン・フランシス、初代ブルックバラのアランブルック子爵
ALANBROOKE, FM Alan Francis, 1st Viscount Alanbrooke of Brookeborough

ウェルカム図書館〔ロンドン〕　Wellcome Library
モラン卿（チャールズ・マクモラン・ウィルソン）文書
Lord Moran (Charles McMoran Wilson) Papers (PP/CMW)

ニューベリー図書館（シカゴ）　Newberry Library (Chicago)
ラルフ・L・グレイアム文書　Ralph L. Graham Papers

クレムソン大学図書館の特別コレクションとアーカイブズ　Clemson University Libraries' Special Collections and Archives
ジェイムズ・フランシス・バーンズ文書　James Francis Byrnes Papers

他の精選第一次資料記録　Other Select Primary-Source Records
帝国戦争博物館、音声アーカイブ　Imperial War Museum, Sound Archive
コロンビア声による歴史証言アーカイブズ、稀覯書、および写本図書館センター、コロンビア大学、ニューヨーク市
Columbia Center for Oral History Archives, Rare Book and Manuscript Library, Columbia University in the City of New York
アメリカ合衆国外交文書　Foreign Relations of the United States
ハンサード、イギリス下院議事録〔議会に印刷物を納める最初の公式印刷業者であったロンドンの印刷・出版業者トーマス・カーソン・ハンサードにちなんで名づけられた〕
Hansard, House of Commons Debate Minutes
ジョージ・マーシャル文書　George Marshall Papers
タキシィードゥ・パーク歴史協会、タキシィードゥ・パーク、ニューヨーク州
Tuxedo Park Historical Society, Tuxedo Park, NY
フォックスクロフト・スクール、ミドルバーグ、ヴァージニア州
Foxcroft School, Middleburg, VA
ドーチェスターホテル　Dorchester Hotel
『ライフ』誌　*Life* magazine
『タイム』誌　*Time* magazine
『ニューズウィーク』誌　*Newsweek* magazine
『ニューヨーク・タイムズ』紙　*New York Times*
『ニューヨーカー』誌　*The New Yorker*
『ワシントン・ポスト』紙　*Washington Post*

著者のインタヴューおよび会話　Author's Interviews and Conversations
キティ・エイムズ〔キャスリーン・ハリマンの娘〕　Kitty Ames
ジョン・ローズヴェルト・ベティガー〔アナ・ローズヴェルトの息子〕　John Roosevelt Boettiger
アマンダ・バーデン〔キャスリーン・ハリマンの継子〕　Amanda Burden
ジェニー・チャーチル〔パメラ・チャーチルの息子ウィンストン二世の娘〕　Jennie Churchill
ランドルフ・チャーチル〔パメラ・チャーチルの息子ウィンストン二世の息子〕　Randolph Churchill
ピーター・ドゥーチャン〔ピアニストでバンドリーダー。両親の死後、両親が親しかったエイヴレル・

精選参考文献目録　Selected Bibliograph

アーカイブ内コレクションズ　Archival Collections

フランクリン・D・ローズヴェルト大統領図書館　Franklin D. Roosevelt Presidential Library
ジョン・ベティガー文書　John Boettiger Papers
ハワード・ブルーン文書　Howard Bruenn Papers
スティーヴン・アーリー文書　Stephen T. Early Papers
エドワード・J・フリン文書　Edward J. Flynn Papers
ロバート・D・グラーフ文書　Robert D. Graff Papers
アナ・ローズヴェルト・ホールステッド文書　Anna Roosevelt Halsted Papers
ロス・T・マッキンタイア文書　Ross T. McIntire Papers
ウィリアム・リグドン文書　William Rigdon Papers
アナ・エリノア・ローズヴェルト文書　Anna Eleanor Roosevelt Papers
フランクリン・D・ローズヴェルト文書、大統領個人ファイル7
　Franklin D. Roosevelt Papers, President's Personal File 7
グレイス・タリ文書　Grace Tully Papers
ジョン・G・ワイナント文書　John G. Winant Papers

米国議会図書館　Library of Congress
チャールズ・E・ボーレン文書　Charles E. Bohlen Papers
パメラ・ディグビー・チャーチル・ヘイワード・ハリマン文書
　Pamela Digby Churchill Hayward Harriman Papers
W. エイヴレル・ハリマン文書　W. Averell Harriman Papers
ウィリアム・D・レイヒ文書　William D. Leahy Papers

チャーチル・アーカイブズ・センター　Churchill Archives Centre
セアラ・チャーチル文書　The Papers of Sarah Churchill
ウィンストン・チャーチル卿文書、チャートウェル文書
　The Papers of Sir Winston Churchill, Chartwell Papers
ウィンストン・チャーチル卿文書、チャーチル文書
　The Papers of Sir Winston Churchill, Churchill Papers
ソウムズ男爵夫人文書　The Papers of Lady Soames

モーティマー文書　Mortimer Papers
キャスリーン・ハリマン・モーティマー文書　Kathleen Harriman Mortimer Papers

アメリカ国立公文書記録管理局　National Archives and Records Administration (US)
大統領秘書ファイル　President's Secretary's File
国務省の一般記録　General Records of the Department of State

(英) キュー国立公文書館　National Archives at Kew (UK)
空軍省文書　Air Ministry Papers
外務省文書　Foreign Office Papers
戦時内閣文書　War Cabinet Papers

ジョージタウン大学アーカイブズ　Georgetown University Archives

ワ 行

ヤ 行

ラ 行

マ　行

タ 行

サ 行

索 引

ア 行

カ 行

著　者
キャサリン・グレイス・キャッツ
Catherine Grace Katz

シカゴ出身の作家・歴史家。2013年にハーヴァード大学にて、歴史学で学士号を取得。2014年には、防諜活動の起源に関する論文を執筆し、ケンブリッジ大学のクライスト・コリッジにて、近・現代ヨーロッパ史研究で修士号を取得。卒業後、金融関係の仕事に従事。マンハッタンの彼女のオフィスが入っているビルのロビーにある書店を偶然訪れたことが、歴史学の研究と執筆に戻るきっかけとなった。本書を2020年に出版。2023年に、ハーヴァード・ロースクールにて法務博士号を取得。本書『ヤルタの娘たち』は、最初の単行本作品である。

訳　者
砂村榮利子（すなむら・えりこ）

東京都生まれ。東京外国語大学英米語学科卒業。東京都立大学人文科学研究科修士課程にて、修士号を取得。2018年まで大学非常勤講師。訳書にキャスリン・ウィーラー『‘モダニスト’女性作家――語りの戦略――』（共訳、八潮出版社、1998年）、ドリス・カーンズ・グッドウィン『フランクリン・ローズヴェルト』上下（共訳、中央公論新社、2014年）。

装　幀　中央公論新社デザイン室

The Daughters of Yalta:
The Churchills, Roosevelts, and Harrimans:
A Story of Love and War
by Catherine Grace Katz

ヤルタの娘《むすめ》たち
――チャーチル、ローズヴェルト、
ハリマン 父娘《おやこ》の愛《あい》と戦争《せんそう》の物語《ものがたり》

2025年 3 月10日　初版発行

著　者　キャサリン・グレイス・キャッツ
訳　者　砂村榮利子《すなむらえりこ》
発行者　安 部 順 一
発行所　中央公論新社
〒100-8152　東京都千代田区大手町 1-7-1
電話　販売 03-5299-1730　編集 03-5299-1740
URL　https://www.chuko.co.jp/

ＤＴＰ　今井明子
印　刷　TOPPANクロレ
製　本　大口製本印刷

Published by CHUOKORON-SHINSHA, INC.
Printed in Japan　ISBN978-4-12-005892-9　C0022
定価はカバーに表示してあります。
落丁本・乱丁本はお手数ですが小社販売部宛にお送りください。
送料小社負担にてお取り替えいたします。

中央公論新社 好評既刊

検証 空母戦
日米英海軍の空母運用構想の発展と戦闘記録

ラース・サレンダー著
川村幸城訳

世界初の航空母艦同士の戦闘について、空母の設計思想や船体構造・航行、艦載機の発艦・着艦に伴う技術、格納庫の仕組みや整備員の稼働状況、ハトの運用に至るまで様々な観点から分析

ノルマンディ戦の六ヵ国軍
Dデイからパリ解放まで

ジョン・キーガン著
並木 均訳

第二次世界大戦の大転換となった史上最大の作戦について、名将たちの思惑と作戦立案の経緯、参加した様々な民族の気質を考察、英米独仏、カナダ、ポーランド軍の各部隊の来歴と奮闘を描く

撤退戦
戦史に学ぶ決断の時機と方策

齋藤達志著

ガリポリ、ダンケルク、スターリングラード、ガダルカナル、インパール、キスカなどにおいて、政府、軍統帥機関、現場指揮官が下した決断と背景との因果関係・結果を分析

増補新版 補給戦
ヴァレンシュタインからパットンまでのロジスティクスの歴史

マーチン・ファン・クレフェルト著／石津朋之監訳・解説／佐藤佐三郎訳

16世紀以降、ナポレオン戦争、二度の大戦を「補給」の観点から分析。戦争の勝敗は補給によって決まることを初めて明快に論じた名著の第二版補遺（石津訳）と解説（石津著）を増補

第二次世界大戦
上 一九三九－四二
下 一九四三－四五

B・H・リデルハート著／上村達雄訳／石津朋之監修・解説

指揮官は何を考え、いかに決断したのか？ 20世紀で最も偉大なイギリスの軍事史家が、第一次史料をもとに生涯をかけて、さまざまな局面を詳細に分析した不朽の名著。戦況図・年表付

軍事史としての第一次世界大戦
西部戦線の戦いとその戦略

石津朋之著

戦車・毒ガス・航空機等新兵器が登場、戦いの様相と戦略思想や戦術概念の変化、政治・軍事指導者のリーダーシップを多角的に再検証する最新研究。20世紀の幕開けを告げた総力戦の全貌